中國歷代墓誌全集

北魏卷 一

本卷主編：余扶危　郭茂育

總編：史家珍　余扶危　郭茂育

中州古籍出版社
·鄭州·

图书在版编目（CIP）数据

中国历代墓志全集．北魏卷 / 余扶危，郭茂育主编．—郑州：中州古籍出版社，2019.10

ISBN 978-7-5348-8786-4

Ⅰ．①中… Ⅱ．①余… ②郭… Ⅲ．①墓志－汇编－中国－北魏 Ⅳ．① K877.45

中国版本图书馆 CIP 数据核字（2019）第 176040 号

责任编辑：吕兵伟

责任校对：周 媛

出 版 社：中州古籍出版社

（地址：郑州市祥盛街 27 号 6 层 邮政编码：450016）

发行单位：新华书店

承印单位：郑州新海岸电脑彩色制印有限公司

开 本：787mm × 1092 mm 1/8

印 张：110

字 数：860 千字

印 数：1—1000 套

版 次：2019 年 10 月第 1 版

印 次：2019 年 10 月第 1 次印刷

定 价：1520.00 元（全二册）

凡　例

一、本書編排依誌主葬期先後爲序，無葬期可考者，依卒年爲序，有年無月者列於該年之末。年代看不清者，經對比核查後以所核年月日列入。

二、本書收録之墓誌，一般以墓誌的首題爲題目，無首題或首題不能準確表達意思者，自擬合適標題。

三、爲方便檢索，誌主名諱均以“【 】”形式標注在志文首題中。若志主無名，則標注首題中相關人員的名諱。爲方便閲讀，碑誌介紹中解釋的公元紀年以“（ ）”表示，其字體為楷體。

四、文中錯别字，以“（ ）〔 〕”列出，前爲錯字，後爲訂正字，訂正字略小；原碑文缺失的字，也以“〔 〕”補充；多字用“（ ）”表示。

五、誌石因年代久遠，風雨剥蝕和出土過程中形成的刮痕、石花等，字跡無法辨識者，録文中統一用“口”標出。若缺失文字過多，無法確定具體數字，則用“……”標示。

六、除因書法藝術、隨意使用偏旁、減增筆畫等造成的俗字、異體字外，全書文字盡量與拓片保持一致；部分已經廢除的舊字形，則爲通用新字形；異體字與現代簡化字相同的，則保留。

七、誌主索引依誌主姓名的漢語拼音音序排列。首字相同，則以第二字爲準，以此類推。

編委會

總 策 劃：史家珍　余扶危　王小方

總　　編：史家珍　余扶危　郭茂育

執行總編：郭茂育　余扶危　鄭學通

副 總 編：王木鐸　顧　濤　繆　韻　王治濤　鄭學通　劉祥輝

总序

墓誌如同死者的悼詞，或一篇簡歷、傳記。與傳世的記録相比，是當時人寫就，更爲原始，使冰冷的誌石，似乎帶有死者體温，鮮活地描述着一個人的前生。

至少在清代，人們就開始關注墓誌，用來和文獻對勘考辨，補史證史。現代學術又從中尋找人物史、制度史、民族史、宗教史和中外關系史等史料。

墓誌相對于官方的正史立傳來説，可以不太拘泥，帶有些私自的表達，利用這個空間，述説一些親屬朋友的感受，有時就會透露出正史不大記録的事情。如西晋華芳墓誌，是少見的由丈夫王浚來執筆寫成的。志文大部分詳細述説自己的三代考妣、官爵和葬處，如同“意識流”的寫法，不受時間和空間的束縛，把女兒、女婿的姓名、爵里，前後三個夫人的祖父母、父母、兄姐以及她們的外祖父母、舅父母統統寫下。簡直是爲自己寫大家譜，織出了一個親戚網絡。這并非是單純的自戀，此時的王浚任幽州刺史，正想擴張勢力，割據一方，企圖稱“尊號”。在當時門閥制度下，墓誌文中對其族望、姓名不厭其煩地叙述，正是時代特色的體現。

有時墓誌還會透露出禮儀制度的執行情況。如唐代薛儆墓誌，結合墓葬來讀，會發現有趣的問題。這座墓由墓道、天井、過洞、小龕、甬道、墓室組成，墓内有廡殿頂建築狀的石椁。按《通典·棺椁制》載：“大唐制，諸葬不得以石爲棺椁及石室，其棺椁皆不得雕鏤彩畫。”薛儆雖貴爲皇婿，實無顯职，爲什麽使用了石椁呢？發掘者發現，墓葬在“下葬時就擾亂過了”。石墓表、武士出土在天井底部，墓道填土中有壁畫殘塊。即石墓表、武士、壁畫是下葬當時被打壞埋入墓内的。這一現象十分重要。再看墓誌，又一個奇怪之處是“謚號”之下留出了空格，却没文字。唐代制度，衹有皇帝、職事官三品以上、散官二品以上才有請謚的特權。謚號的給予非常嚴肅，先由佐史評定死者生前的功過、品德，行狀申報考功，再由太常寺擬定，上報都堂集省官覆議，最後奏聞皇帝批準。謚號的擬定有時會引起激烈的争執，因爲不僅是對逝者的定論表彰，也直接影響家族榮譽和子孫後代的前程。薛儆死前是絳州、汾州別駕，不過是州刺史的僚屬，地位是從四品下，不够資格獲得謚號。墓誌稱薛儆“開元八年十二月七日，春秋卌二，薨於安業里”。《新唐書·百官一》列舉唐代喪葬規定，“凡喪，三品已上稱薨，五品已上稱卒，自六品達於庶人稱死”，薛儆也没有資格稱“薨”。如果參照墓葬内的石墓表、武士、壁畫在下葬時有意毀壞，就可以推測，薛儆家族很想利用薛儆之死以獲得榮譽，準備了豪華的葬禮，甚至請人寫好了墓誌，空出“謚曰□□□”，等待謚號頒下。没想到請謚未得其果，爲了避免違禮僭越的罪名，衹好毀壞已經繪制完畢的壁畫，打碎石墓表、武士，最後衹剩下盛放尸體的石椁，草草收葬。

與薛儆相關的還有萬泉縣主薛氏墓誌，薛氏是太平公主與前夫薛紹所生，薛紹與薛儆是表兄弟，其家族爲河東望姓，屢與皇室連姻，薛瓘尚太宗女城陽公主，薛儆尚睿宗女鄎國公主，薛紹尚高宗女太平公主，薛璥尚玄宗女唐昌公主。萬泉縣主薛氏是在母親太平公主權力顯赫時埋葬的，用了雙室墓和石椁葬具。而薛儆是“開元八年十二月七日”死，當朝皇帝正是鏟平太平公主勢力的玄宗李隆基。薛儆曾擔任殿中少監，這一職務掌皇族及宫廷事務，多以貴戚幸臣爲之。而薛儆最後却是絳州、汾州别駕，職務降低，又由内朝轉爲地方官，顯然是被貶。

墓誌也能透露出激烈的宫廷鬥争。墓誌由於主要按親屬的意願來寫，總要對逝者抒發些情感，也是一篇文學作品。這裏所説的文學，并非單指文辭寫作，更是叙述方式和技巧。唐代永泰公主墓誌就是一篇難做的文章。李仙蕙之死，傳世文獻記載清楚。《資治通鑒·則天順聖皇后》説“太后春秋高，政事多委張易之兄弟，邵王重潤與其妹永泰郡主、主婿魏王武延基竊議其事，易之訴於太后，九月，壬申，太后皆逼令自殺”。《舊唐書·懿德太子重潤傳》説，李重潤、李仙蕙因“竊議‘張易之兄弟何得恣入宫中’，則天令杖殺”，《舊唐書·張易之張昌宗傳》説：“太子男邵王重潤，及女弟永泰郡主，竊言二張專政，易之訴於則天，付太子自鞫問處置，太子并自縊殺之。”

究竟是武則天直接下令亂棒打死或逼令自殺，還是太子被迫讓自己親生子女自縊可不論，死因都是源於議論武則天的私生活。而永泰公主墓誌對其死因的表述却離奇隱晦，説是“鸞愁孤影”“珠胎毁月”，意思是死於難産。一般情况下，史書和墓誌之間出現矛盾，人們多信墓誌，因爲墓誌是當時人、死者熟人撰寫，可信度總比後來編寫的史書高。但永泰公主墓誌却是例外。她死于大足元年（701），埋在哪裏没有記録，唐中宗上位後將其墓遷到唐高宗乾陵陪葬，時爲706年。這時武則天剛死，武氏勢力尚在，也許墓誌撰寫者還不敢直書永泰公主的死因。或許當時她已經懷孕，丈夫和哥哥一下子死於非命，承受不了這種心理打擊，就早産或難産而死。總之，含糊不清的表述，是寫作技巧，表露出難以啓齒的隱晦。而隆重改葬，用了“號墓爲陵”的最高等級，透露出一種平反雪恨的意味。後晋和宋代人編寫史書時，尊重史實没什麽可怕的了，才直接寫出了其死亡的真正原因。

墓誌與傳記出現矛盾，史家常常興奮，因爲可能透露某種神秘，引起對正史的懷疑。李賢墓誌更具代表性。這位皇太子曾一度監國，是武則天獨攬大權、預謀登基的障礙，最終被武則天以謀反罪將其廢爲庶人，遷往巴州。文明元年（684）又派“丘神勣往巴州，檢校賢宅，以備外虞。神勣遂閉於别室，逼令自殺”[1]。706年8月13日，昭雪改葬。蹊蹺的是墓中地出土兩方墓誌，一爲“故雍王”墓誌，一爲“章懷太子”墓誌。原來李賢最初是以雍王的身份改葬，墓誌還出現一個罕見的“失誤”，即“故”字上有清晰地改刻爲“大唐”二字的痕迹。爲皇室成員撰寫磨刻墓誌是嚴肅認真的事，怎麽會出現如此重大的失誤而改刻？當時的背景是這樣：公元705年武則天病重，身邊僅張易之、張昌宗侍側，操縱大權，羽林軍突然斬關而入，怒殺二張，逼迫武則天讓位於太子李顯，這顯然是場宫廷政變。李顯登基，但滿朝官員仍是武則天的人馬，他無法立刻使武氏的統治畫上句號，於是采取了非同尋常的舉措，即利用喪葬做文章。706年5月葬武則天，706年6月8日改葬懿德太子。706年7月2日改葬永泰公主。706年8月13日改葬雍王李賢。三位都是被武則天殺害的，一連串奇异的改葬，無疑會唤起人們對三人死因的回憶，然而對李唐宗室親生骨肉厚禮改葬，是充滿親情的舉動，容易得到同情與支持，武氏集團的勢力也無法對符合人情又合乎禮法事件加以阻撓。改葬太子、公主是國之大禮，大張旗鼓的送葬像是政治宣言，是李唐復辟的信號。

墓誌透露出來的是，李賢的“故雍王墓誌”，刻寫在武則天尸骨未寒的706年8月13日，當時該刻“大周”還是“大唐”呢？索性以“故雍王”來含糊其辭，直到下葬前才决定要以“大唐”爲號，於是在“故”字上重叠補刻，是政治因素導致的正式表態。改葬五年後又追贈太子，將“章懷太子”墓誌放入墓中。誌文在稱謂、語氣上不同了，“雍王墓誌”説李賢是“恩制追封雍王”，“太子墓誌”却説“皇太后使司善卿李知十持節册命，追封爲雍王”。措辭的巧妙在於把武則天由“皇帝”變成了“李家夫人”，不得不佩服這曲折的表述。

很多墓誌如果與墓葬結合，都會反映些問題。唐嗣聖元年（684）李顯由皇太子被貶爲廬陵王，其妻韋氏全家被流放嶺南欽州，當地蠻首甯承兄弟欲逼韋氏二妹爲妾，母崔氏不從，結果崔氏及韋氏年齡均在十幾歲的四個弟弟被殺[2]。中宗復位，韋氏立爲皇後，得勢後對家族成員“内外封拜，遍列清要”[3]，對死去的人也追贈改葬，追贈韋氏之父玄貞爲上洛郡王，追贈韋氏兄弟韋洵爲吏部尚書、汝南郡王，韋浩爲太常卿、武陵郡王，韋洞爲衛尉卿、淮陽郡王，韋泚爲太僕卿、上蔡郡王，一并遷回長安改葬，采用雙室磚墓，使用雕刻精美的石椁，其豪華在唐墓中實爲罕見[4]。爲了發泄對當年遭貶的不滿，改葬之日盛况空前，中宗李顯與韋后親登長樂宫望柩痛哭。墓誌内容空洞、重復，却强調“皇后仁愛之心合於天地，友悌之德通於神明”[5]，表面上是爲死者，主要是歌頌韋氏。韋氏落敗，睿宗即位，下令鏟平韋后之父韋玄貞、韋洵等的墳墓。唐玄宗在天寶九載（750）又舊賬重提，“復詔發掘”韋氏墓地，又一次進行了政治報復。古代“唯名與器，不可以假人”，但“蓋棺定論”却難以行得通，不斷出現冤案，不斷平反昭雪，反映出古代政治歷史的真實。

根據典籍研究歷史，難以克服的局限是，文獻多是叙述上層社會、精英階層、都城生活等。而很多墓誌的死者是小官小吏，甚至是平民，不見於史傳。這類人恰恰是社會的大多數，提供了社會底層的生活狀態、思想意識、文化心態。墓誌原本放在墓葬中，是中國古代文化中特有的現象。考古學出現後，墓誌很多是通過科學發掘獲得，即有明確的出土地點，并與墓葬和逝者身前、死後的一些物品共存，能與遺迹和遺物共同説明的問題更多，多層次地勾勒時代面貌，立體化地展示歷史。

唐代七、八品官大概是什么生活狀態？西安發現有卒於唐萬歲通天二年（697）姚無陂墓，他是正八品下的平洲司倉。墓内的隨葬品除了專爲死人下葬用的陶俑之外，還有銀杯一件，銅鉢兩件，銅盆四件，葡萄紋銅鏡一枚等，其中的銀花飾、鋪首等應該是精美的漆木器上的附件[6]。這些物品在當時十分珍貴，一定程度地反映了基層官吏的生活狀態。

河南偃師發現的唐代縣令李景由夫婦合葬墓[7]，出土有銀平脱漆盒，裏面放有木梳、金釵、漆粉盒、鎏金銀盒、小銀碗、小鎏金鏡、花飾。這是其夫人的梳妝用具。李歸厚墓[8]其夫人的棺中出土了銀盒、瓷粉盒、鐵剪、漆盒等物。王墓[9]有小圓筒狀鑷盒。河北邢臺市橋西區唐康氏夫人墓[10]，銅鏡位于頭骨附近，漆梳妝匣位于木棺外東側，匣内有銅鑷子、緑釉水盂、骨釵等。這些墓葬有墓誌、器物，反映了不同身份的女性生活的面貌。

墓誌誌文經常提到埋葬的地域方位，可幫助確定重要遺迹的位置。北魏洛陽城的邊界就是依據多方墓誌提供的綫索進行考古調查尋找的。西晋帝陵也是根據墓誌所載的位置和發現的墓葬來推定的。近現代不少學者對清代徐松《兩京城坊考》作“補考”，所依據的也多是墓誌提供的新材料。

墓誌上精美的綫刻不僅有極高的藝術價值，也爲美術史中紋樣演變編年提供了最準確的證據。有些文字書寫雖然不是作爲藝術而創，却十分精彩，如以草書著稱的張旭用楷書書寫的墓誌、書法名家韓愈的叔父韓擇木書寫的墓誌。更多的是不知名但書法絶佳的各代墓誌，是書法研究中珍貴的實物標本。學界曾出現過有關《蘭亭序》真僞的大論辯，起因就是南京王氏家族墓地出土了王興之墓誌。由於王興之比王羲之小三歲，是從兄弟，還在一起共事[11]。其墓誌文的書法，與傳世的《蘭亭序》帖迥然不同，從而引起了《蘭亭序》是否爲王羲之筆迹的討論。《蘭亭序》是否代表王羲之的原文及書法可不論，涉及文字書體的演變，東晋及其前後出土的墓誌[12]，無疑是極有説服力的第一手資料。

墓誌文字内容能證史補史，文字與文學的史料固然重要，而作爲實體的體量、字體、花紋等，很多還難得能和遺迹遺物結合起來以獲得更多的、綜合的歷史信息，不必諱言，以往的研究雖然成果顯著，却都是把墓誌當作文字史料來讀，遠遠没有發揮墓誌的歷史價值。這部“中國歷代墓誌全集”叢書的出版，必將推動墓誌利用，極大地豐富我們對歷史的整體把握。

齊東方

---

［1］〔後晋〕劉昫．章懷太子賢傳 // 舊唐書［M］．北京：中華書局，2002：2832.

［2］《舊唐書・韋温傳》：“及帝降爲廬陵王，玄貞配流欽州而死。後母崔氏，爲欽州首領甯承兄弟所殺，玄貞有四子：洵、浩、洞、泚，亦死於容州，後二妹逃竄獲免，間行歸長安。”

［3］〔後晋〕劉昫．中宗韋庶人傳 // 舊唐書［M］．北京：中華書局，2002：2172.

［4］陝西省文管會．長安縣南里王村唐韋洞墓發掘記［J］．文物，1959（8）.

［5］吴鋼．大唐贈衛尉卿并州大都督淮陽郡王京兆韋府君（洞）墓志銘并序 // 全唐文補遺［M］．西安：三秦出版社，1994：86—88.

［6］西安市文物保護考古所．唐姚無陂墓發掘簡報［J］．文物，2002（12）：72—81.

［7］中國社會科學院考古研究所河南第二工作隊．河南偃師杏園村的六座紀年唐墓［J］．文物，1986（5）；中國社會科學院考古研究所．偃師杏園唐墓［M］．北京：科學出版社，2001：149—152；邢臺市文物管理處．河北邢臺市唐墓的清理［J］．考古，2004（5）．鄭州二里岡唐代小型磚墓也曾出土類似漆盒，成組的妝奩在河北邢臺市橋西區唐墓出土一套。

［8］中國社會科學院考古研究所．偃師杏園唐墓［M］．北京：科學出版社，2001：175.

[9] 中國社會科學院考古研究所．偃師杏園唐墓［M］．北京：科學出版社，2001：圖版 29-4。

[10] 邢臺市文物管理處．河北邢臺市唐墓的清理［J］．考古，2004（5）：40.

[11] 從史書和墓誌透露的幾個時間節點推算，兩人確有共事的可能。庾亮任征西將軍是在咸和九年（334）六月陶侃逝世之後，即“陶侃薨，遷亮都督江、荆、豫、益、梁、雍六州諸軍事，領江、荆、豫三州刺史，進號征西將軍、開府儀同三司、假節。亮固讓開府，乃遷鎮武昌”（《晋書》卷七十三《庾亮傳》），一直到咸康六年（340）正月去世。墓誌記載興之卒於咸康六年（340）十月，而王羲之直至庾亮臨死前，一直在其麾下任職，即“亮臨薨，上疏稱羲之清貴有鑒裁。遷寧遠將軍、江州刺史”（《晋書》卷八十《王羲之傳》）。可推知在公元 4 世紀 30 年代中後期，王興之和王羲之同在征西將軍庾亮府中供職。

[12] 南京市文物保管委員會．南京象山東晋王丹虎墓和二、四號墓發掘簡報［J］．文物，1965（10）：29—45；南京市博物館．南京象山 5 號、6 號、7 號墓清理簡報［J］．文物，1972（11）：23—36；南京市博物館．《南京象山 8 號、9 號、10 號墓發掘簡報［J］．文物，2000（7）：4—20；南京市博物館．南京象山 11 號墓清理簡報［J］．文物，2002（7）：35—40.

序

在數以萬計的中國古代石刻遺存中，北魏墓誌并不占太大的比重，但它却是中國古代書法史研究中早已被人們重視的一批文字藝術資料，也是中國文字學與金石學的重要研究對象，更蘊含着豐富的歷史文獻，因而具有較高的文物價值與歷史文化價值，近年來越來越受到各方面研究者的關注。

有關北魏墓誌的收集與研究，早在清代就已經蔚然成風。尤其是清代末年，河北、河南等地陸續有北魏墓誌出土。這些石刻上面端莊秀美的書體與北朝造像題記、碑刻中豐富多樣的書體一起展示出截然不同的書法風格，一洗明清習見的館閣體書風，引起了文人墨客的注意，學習北朝書體的風氣由此興起。很多文人收集北朝石刻拓本，學習北朝書體，如康有爲就曾經大力提倡過北朝石刻書法。他在《廣藝舟雙楫》一書中介紹了多種北朝墓誌碑刻及龍門石刻造像題記等拓本，影響深遠。葉昌熾對北朝石刻更是給予極高的評價，他在《語石》一書中稱贊今山東保存的北朝鄭道昭諸題記，如雲峰山各碑、論經詩等，“其筆力之健，可以剸犀兕，搏龍蛇，而游刃于虛，全以神運。唐初歐虞褚薛諸家，皆在籠罩之中。不獨北朝第一，自有真書以來，一人而已”。對北朝墓志碑刻書體的喜好甚至波及海外，日本國内就曾興起搜尋北朝石刻的熱潮，楊守敬等人去日本訪書時，還可以用北朝石刻拓本换到珍貴的傳世古籍。

從清代末年到20世紀30年代，北朝墓誌的出土達到了一個高潮。主要的出土地點有曾爲北魏首都的河南洛陽地區，曾爲東魏與北齊首都的河北鄴城地區，曾爲西魏、北周首都的陝西西安附近等地。出土墓誌多爲這些朝代皇族戚屬與貴族官員的陪葬品，如元簡、元羽、元鸞、元緦、元乂、元顯儁等墓誌。這些石刻由於書體精美、具有豐富的歷史資料價值，馬上受到了國内學者與文人收藏家的重視。部分極爲精致的墓誌甚至被日本等國文物商搶購而去。國内的著名藏家如羅振玉，繆荃孫、關葆益、董康、李盛鐸、于右任、徐森玉、李根源等人，均大量收集了這時出土的墓志材料。有關情況在當時學者柯昌泗的《語石异同評》一書中有詳細記録。據柯氏統計：“後魏誌出洛下，以元氏宗室爲大宗，餘則妃主勛戚縉紳。三十年來計有二百餘石。”但這時的墓誌多屬於盗掘所得。盗墓者對墓葬肆意破壞，而收藏墓誌者又大多衹注意墓誌的文字内容，不作實地調查，因而極大地喪失了出土墓誌等石刻材料的考古學研究價值。甚至有些出土墓誌流至海外，也有一些墓誌佚失不存。郭玉堂的《洛陽出土石刻時地記》一書中曾經詳細記録了在洛陽出土的北朝墓誌，尤其是元氏皇族諸誌的出土與流傳情况。

北魏墓誌最引人注目的，是它獨特的書法藝術，即所謂“魏碑體”，處於隸書向真書轉變的歷史階段，在中國書法史上具有重要的地位。而其字體端正穩重，兼備强勁力量，結構又華美可觀。也深受世人喜愛。民國元老于右任不僅大力收藏北朝墓誌，還以所收到的七對北朝夫婦墓誌命齋，即著名的“鴛鴦七誌齋”，這也是散布各地的北朝墓誌中最重要的一批收藏。

北朝墓誌以其書法藝術引起社會矚目，廣泛流行後，隨之而來的就是金石學者、歷史學家對它的研究與關注。這一北朝墓誌的匯集與考釋研究工作在 20 世紀中期有了明顯的成果。即著名版本、金石學家趙萬里編撰的《漢魏南北朝墓誌集釋》一書。它將當時所能收集到的漢魏南北朝與隋代墓誌全部匯集，印制拓本圖録，并對各件墓誌中的歷史人物、史實等材料進行考釋研究。特別是對其中大量元氏墓誌按照家族世系進行梳理，充分展現了北朝墓誌的歷史文獻價值。

北朝墓誌零散盗掘出土的情況在 1949 年以後有了明顯改變。隨着科學的田野考古發掘工作日益深入，經發掘清理出土的北朝墓誌已占了較大比例。它們對有關北朝墓葬斷代與考古學研究具有重要的意義。王世民等人編集的《1949—1989 四十年出土墓誌目録》中就收録了 92 件發掘出土的北朝墓誌。通過這些記録，可以看到這一時期考古工作的重要成果。自 1989 年以後，有關考古發掘中又有一些新出土的北朝墓誌問世。在此以前的北朝墓誌也基本上都被收藏在國家考古文博機構中，使這些重要的歷史文物得以保存。但是在近三十年間，情況有所改變，最爲痛心的是盗掘墓葬、偷挖墓誌與僞造墓誌的罪惡風氣日益盛行，造成衆多北朝墓誌流散在社會上，其出土地點與真僞情況都無從得知。私人收藏相應逐漸興起，各地陸續編印了多種有關墓誌的圖録和集釋性著作，其中大多包含有北魏墓誌，甚至有專門收録北魏或北朝時期墓誌的著作。但是在這些著録中都存在着或多或少的問題，如收録數量有限、真僞混淆、釋文存在錯誤、圖版欠佳、有關信息不够完善等等。因此，編著一種涵蓋完全、資料真實、學術性强又印制精美的北朝墓誌全集，就是社會各界一致期待的一件重要工作了。

洛陽地區是北魏墓誌的主要出土地。元氏墓誌大多出自洛陽北邙山一帶。現存的北魏墓誌中也有相當數量保存在洛陽的各個文博單位中。由洛陽地區的考古文物工作者來編著北魏墓誌全集，正是順理成章、衆望所歸。洛陽市文物工作隊的老領導余扶危先生與其組織的學術班子，多年來一直爲宣傳介紹河洛地區的石刻資料貢獻力量，編著了多種石刻著作與圖録。現在他們又將所能見到的北魏墓誌匯編成集，數百種墓誌精心編印，圖文并茂，洋洋大觀。相信它一定會受到學術界的歡迎，有助於歷史研究、文物研究與書法藝術欣賞。謹以是序，賀此盛舉。

趙　超

二〇一六年十一月一日

目　録

中國歷代墓誌全集

北魏卷一

〇〇一 萬縱及妻樊氏墓記

太延二年（436）四月九日葬。志文3行，行字數不定，楷書。志石高29釐米、寬13釐米，河南洛陽出土。

【释文】

大魏太延二年四月九日，萬縱□□妻樊合會塜墓記。

〇〇二 魏故威遠軍監軍使中大夫温公【文清】墓誌銘并序

太延六年（440）卒。

誌文26行，滿行25字，楷書。誌石高63釐米，寬63釐米，河南洛陽出土。

【释文】

公諱文清，字希聲，高陽人也。瑞雀流輝，祥鯉演□，□傳丕績，時籍嘉猷。曾祖黎景，皇任瓊林庫判官、內侍（弟）〔省〕朝議郎，行尚書員外郎。嗚呼，希聲苗氏，生於登國元年七月丁丑，終太延六年乙亥，凡春秋六十有一，以其年五月十三日葬。嗚呼！我何心，尚忍執筆以誌吾兄之墓耶？其顧矣，公大生堅健，俊氣外蔟，若鷙鳥脱鞘而凌秋空，其裏盪盪，不貯一物，其事可為矣。夾為之，不顧百橫以趣一善。始年十五六，時以明經請試有司，不中第，退而言曰：今之明經，書卷中掩三字使我之驗中否以進退，此蓋樵兒豎子求脱身計也。我之先所業何如哉，而欲矻矻於是耶。遂博覽群書，為進士業。始為詩，次著述古義，或譏刺當今，為文章數十篇。終善八韻賦，觀其□彩，灼灼炬舒錦鬪翠，吟之齒丁丁當有聲。衆皆繼夕遲旦，公獨日未入轍就。既獲第，變為諸侯府所辟。自脱黃衣，授校書，六遷至侍御史，賜緋衣象簡，垂銀魚。李尚書拭為京兆，請於上曰，王畿皆以禁旅殿，遏因緣內司常使姧豪漁攘平人，以收百利，醉呼怒罵，垂手見邑官，官不敢轍（何）〔問〕，其中昭應尤叢雜，民無生路。前後用幹吏為政，比敗。今請以文士名人補之，庶乎迎而畏之，以幾於治也。遂奏請公為昭應□，未朞歲，果稱治。風毒害手足，不堪拜起，優詔授汝州長史，改華州別駕而終。嗚呼！天遂無意於善人也耶！五代祖諱襲毅，利州刺史，封上黨縣侯；四代祖諱延嗣，始光中，與蘇□同時以制舉入仕，至中書舍人、內供奉、桂管採訪使。曾大父諱舍□，進士策名，入省為尚書祠部員外郎。大父諱颖，揚州録參軍。皇考諱蕃，中進士甲科，佐江西、河東二府官，終太原府參軍，贈中書舍人。舍人娶河內張夫人，生三子，公次第為二。公娶河間劉氏女，先亡。有一男四女，子恪始聞喪，拜章往奔之，既而命猶子、前進士三子，護柩葬於洛陽城北先塋。銘石。

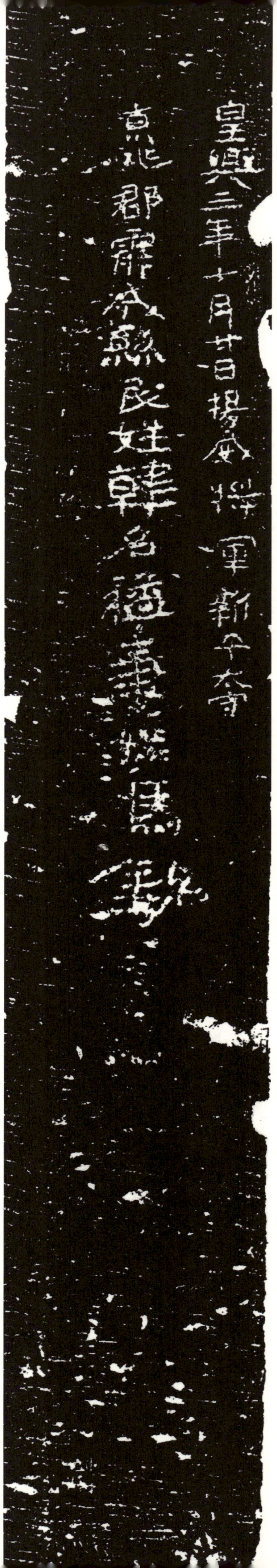

〇〇三 韓猛妻綏馬墓誌

皇興三年（469）十月廿日葬。誌文2行，行字數不定，楷書。誌石高113.2釐米、寬17.8釐米，河南洛陽出土。

【释文】

皇興三年十月廿日揚威将軍、新平太守、京兆郡霸成縣民姓韓名猛妻婬馬銘。

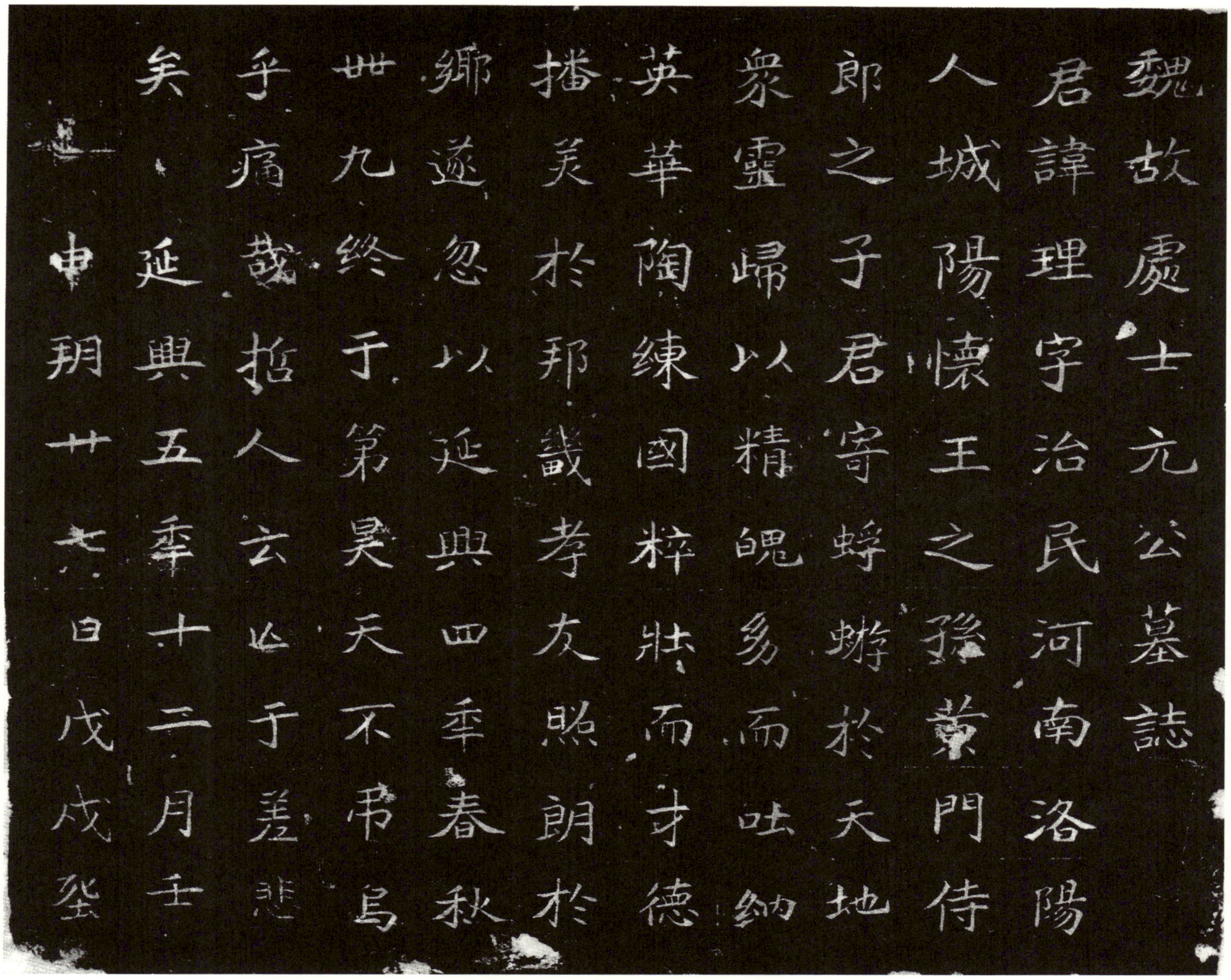
魏故處士元公墓誌
君諱理字治民河南洛陽
人城陽懷王之孫黄門侍
郎之子君寄蜉蝣於天地
衆靈歸以精魄多而吐納
英華陶練國粹壯而才德
播美於邦畿孝友照朗於
鄉遂忽以延興四年春秋
卅九終于第宅天不弔烏
乎痛哉哲人云亡于嗟悲
矣　延興五年十二月壬
申朔廿七日戊戌塟

〇〇四 魏故處士元公【理】墓誌

延興四年（474）卒，延興五年（475）十二月二十七日葬。

誌文12行，滿行10字，楷書。誌石高31釐米、寬37釐米，河南洛陽出土。

【释文】

君諱理，字治民，河南洛陽人。城陽懷王之孫，黄門侍郎之子。君寄蜉蝣於天地，衆靈歸以精魄。幼而吐納英華，陶練國粹，壯而才德播美於邦畿，孝友照朗於鄉。遂忽以延興四季，春秋卌九，終于第。昊天不弔，烏乎痛哉！哲人云亾，于差矣。延興五季十二月壬申朔廿七日戊戌葬。

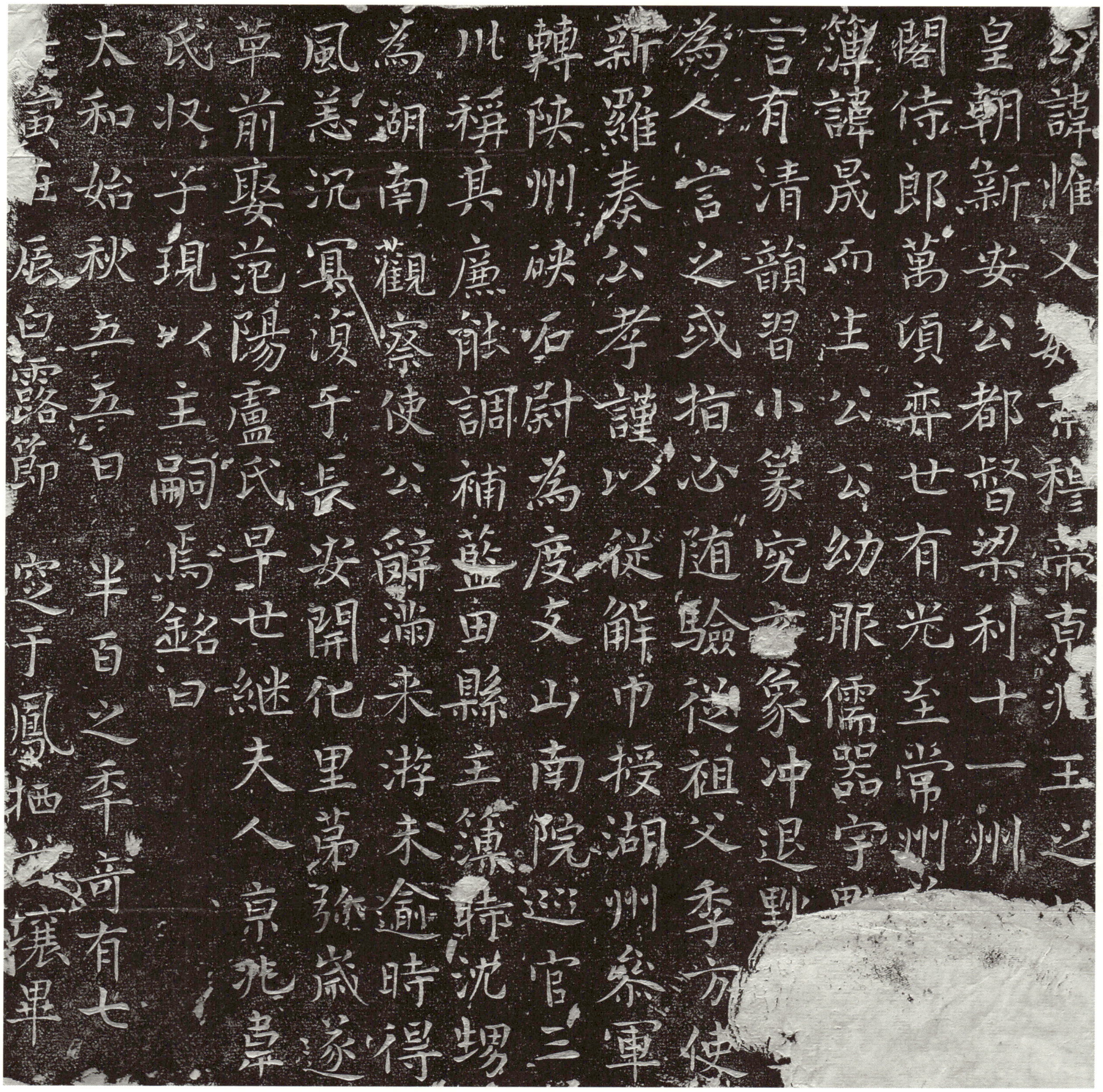

〇〇五 元惟又墓誌

太和元年（477）卒。

誌文15行，滿行15字，楷書。誌石高34釐米，寬34釐米，陝西出土。

【释文】

公諱惟乂，魏景穆帝、京兆王之□□□，皇朝新安公、都督梁利十一州□□□閣侍郎萬頃，弈世有光，至常州□□□簿諱晟，而生公。公幼服儒，器宇□□□言有清韻，習小篆、究玄象，冲退默□□為人言之，或指必随驗。從祖父季方使新羅，奏公孝謹以從，解巾授湖州參軍，轉陝州硤石尉，為度支山南院巡官。三川稱其廉能，調補藍田縣主簿，時沈甥為湖南觀察使，公辭滿來游，未逾時得風恙，沉冥復于長安開化里第，弥歲遂革。前娶范陽盧氏，早世，繼夫人京兆韋氏，收子現以主嗣焉。銘曰：

太和始秋五五日，半百之季奇有七，□寅在辰白露節，窆于鳳栖玄壤畢。

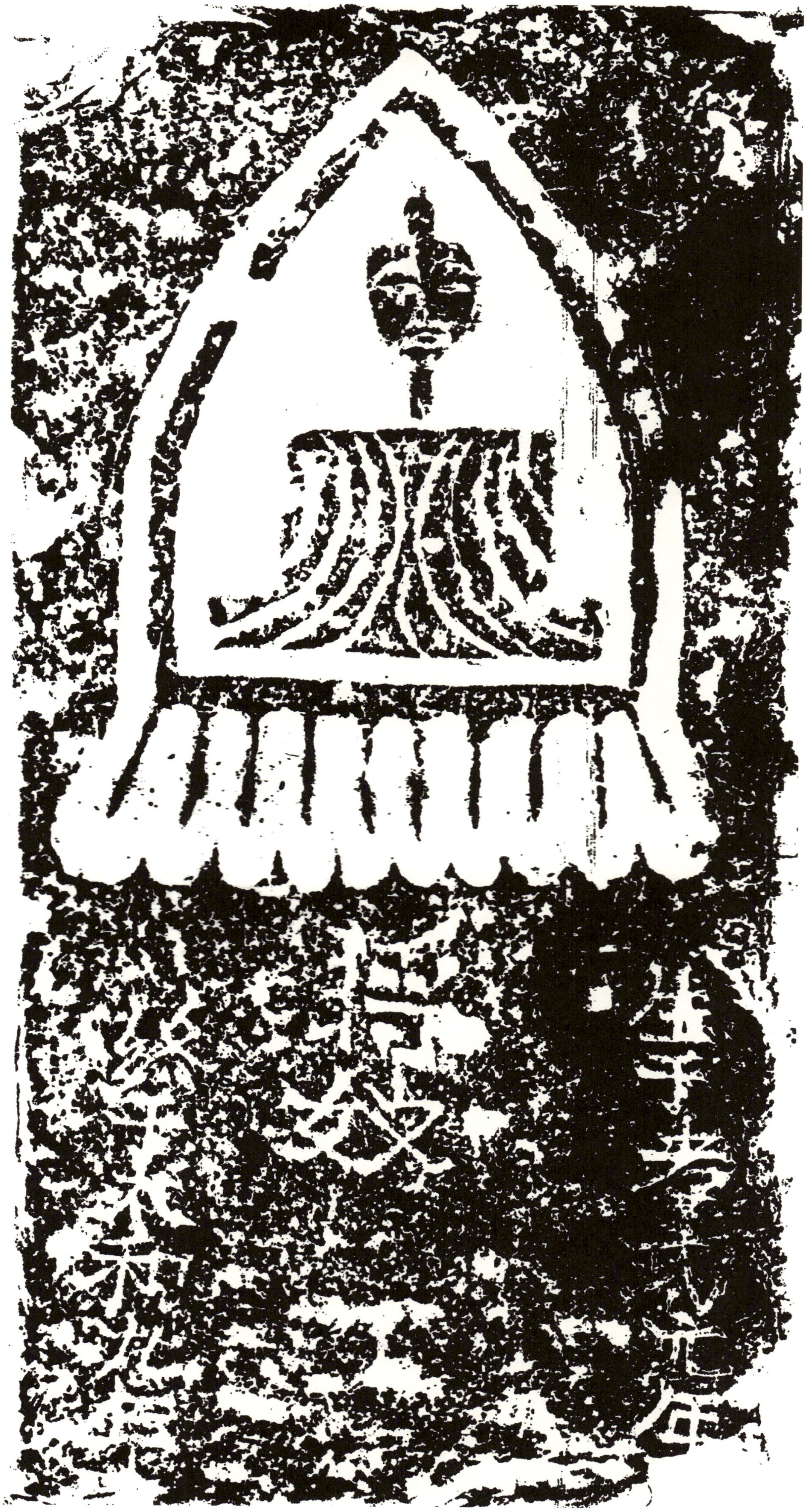

〇〇六 将奴磚銘

太和九年（485）卒。

誌文3行，行字數不等，楷書。誌石高36.5釐米、寬17.5釐米，河南洛陽出土。

【释文】

将奴，生于孝武元年，終于太和九年。

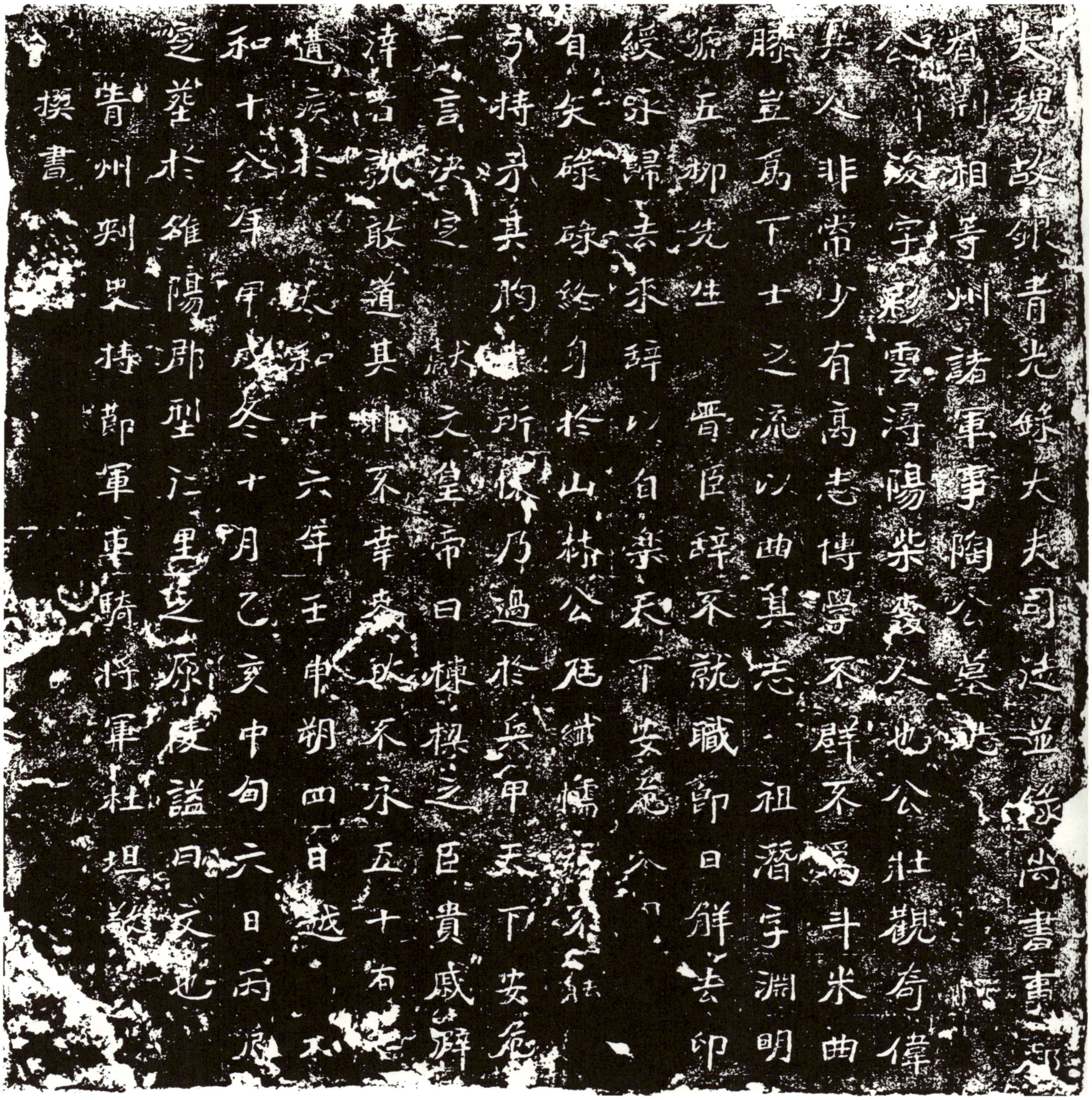

〇〇七 大魏故銀青光（錄）【祿】大夫司徒並錄尚書事都督荊湘等州諸軍事陶公【浚】墓誌

太和十六年（492）四日卒，太和十八年（494）十月十六日葬。

誌文16行，滿行17字，楷書。誌石高51釐米，寬49.5釐米，河南洛陽出土。

【释文】

公諱浚，字彩雲，潯陽柴桑人也。公壯觀奇偉，異人非常。少有高志，博學不群，不爲斗米曲膝，豈爲下士之流以曲其志。祖潛，字淵明，號五柳先生，晋臣，辭不就職，即日解去印綬，咏《歸去來辭》以自樂，天下安危不聞，□□自矢，碌碌終身於山林。公尫纖懦弱，不能□弓持矛。其胸中所懷，乃過於兵甲，天下安危，一言决定。獻文皇帝曰棟樑之臣，貴戚（僻滓）（孌倖）者，孰敢道其非？不幸春秋不永，五十有七遘疾於太和十六年壬申朔四日，越太和十八年甲戌冬十月乙亥中旬六日丙辰，窆塟於雒陽郡型仁里之原陵。謚曰文也。青州刺史、持節軍、車騎将軍杜坦敬撰書。

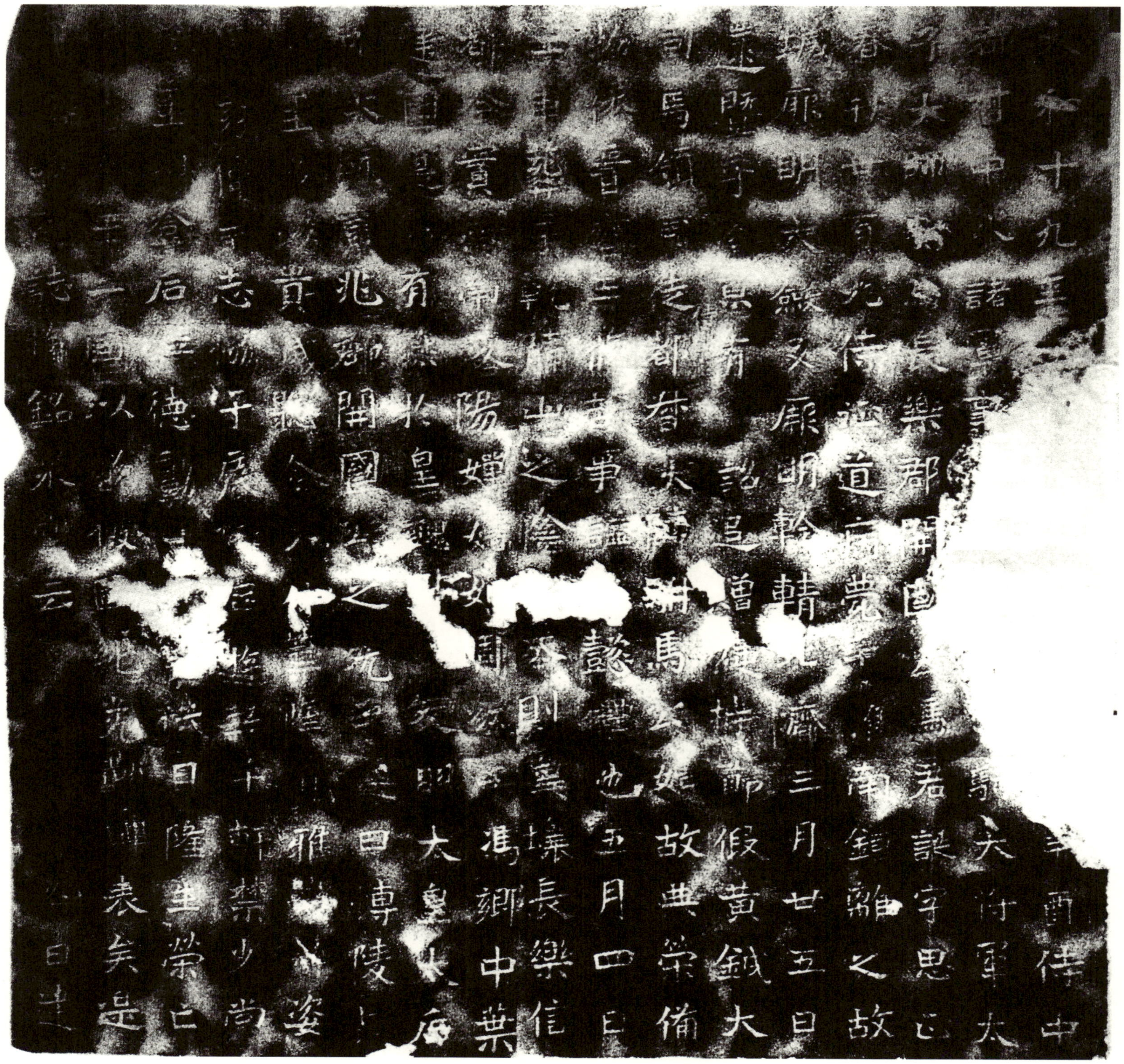

〇〇八 馮誕墓誌

太和十九年（495）卒，同年五月四日葬。

誌文17行，滿行17字，楷書。誌石高61.5釐米，寬60.5釐米，河南洛陽出土。

【释文】

太和十九季□□□□□□□□辛酉，侍中、都督中外諸軍事、□□□□□騎大将軍、太子太師、□□、長樂郡開國公馮君誕，字思正，春秋廿有九，侍征道病，薨于淮南鍾離之故城，厥明大斂，又厥明輇轄北濟，三月廿五日還，曁乎洛京，有詔追贈使持節、假黄鉞、大司馬、領司徒、都督、太師、駙馬公如故。典筞備物，依晉齊王修故事，謚曰懿，禮也。五月四日壬申，葬于乾脯山之陰。□盛則冀壤長樂信都，今實河南洛陽。嬋嫱姬周，繁於馮鄉，中葉建國，寔曰有燕於皇魏。則文明太皇太后兄、太師、京兆郡開國公之元子，妻曰博陵長公主，多以貴戚聽令，入□□幄，寬雅□□，姿儀秀偉。秉志協于宸□，□遊絜乎軒禁。少尚公主，妹登后位，德勳日□，□祑日隆，生榮亡哀，古今平一。固以昭被圖紀，光勒碑表矣。是用略曉□誌，犝銘泉堂云。葬日建。

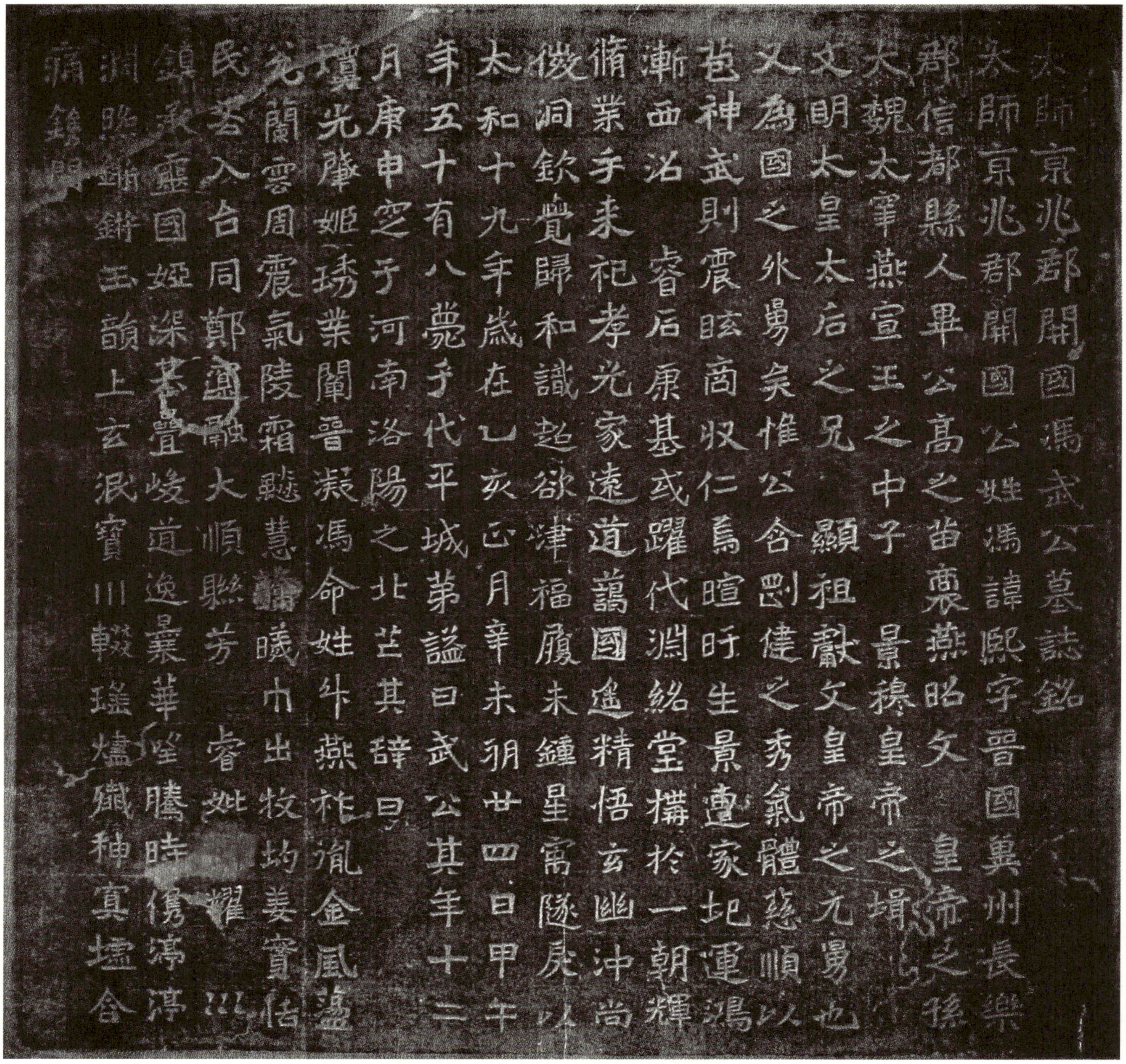
太師京兆郡開國馮武公墓誌銘
太師京兆郡開國公姓馮諱熙字晉國冀州長樂
郡信都縣人畢公高之苗裔燕昭文皇帝之孫
大魏太宰燕宣王之中子景穆皇帝之甥
文明太皇太后之兄顯祖獻文皇帝之元舅也
又為國之外舅矣惟公含剛健之秀氣體慈順以
苞神武則震眩商服仁鳥暄旴生景靈家圮運鴻
漸西沼睿后康基式躍代淵紹堂構於一朝輝
脩業手來祀孝光家遠道藹國追精悟玄幽沖尚
微洞欽覺歸和識超欲津福履未鍾星霜隧虎以
太和十九年歲在乙亥正月辛未朔廿四日甲午
年五十有八薨于代平城第謚曰武公其年十二
月庚申窆于河南洛陽之北芒其辭曰
瓊光聲姬琇業蘭晉凝馮命姓牛燕祚胤金風藹
光蘭雲周震氣陵霜飈慧[illegible]曦巾出牧均姜寶佑
民喜入台同鄭[illegible]融大順聯芳睿姒[illegible]耀以
鎮承靈國姒深[illegible]豈峻道逸曩華[illegible]騰時傷渟渟
潤照鏘鏘玉韻上玄泯寶川輟瑤爐織神真墟合
痛鏘閑

〇〇九 太師京兆郡開國馮武公【熙】墓誌銘

太和十九年（495）正月二十四日卒，同年十二月二十六日葬。

誌文19行，滿行19字，楷書。誌石高72釐米，寬72釐米，河南洛陽出土。

【释文】

太師、京兆郡開國公姓馮，諱熙，字晉國。冀州長樂郡信都縣人，畢公高之苗裔，燕昭文皇帝之塤，大魏太宰、燕宣王之中子，景穆皇帝之塤，文明太皇太后之兄，顯祖獻文皇帝之元舅也，又為國之外舅矣。惟公含𠠇健之秀氣，體慈順以苞神，武則震眩商收，仁焉暄盱生景，遭家圮運，鴻漸西沼。睿后康基，或躍代淵，紹堂構於一朝，輝脩業乎来祀。孝光家遠，道藹國遥，精悟玄幽，沖尚微洞。欽覺歸和，識超欲津，福履未鍾，星寓隧戾。以太和十九秊歲在乙亥正月辛未朔廿四日甲午，年五十有八，薨于代平城第，謚曰武公。其年十二月庚申，窆于河南洛陽之北芒。其辭曰：

瓊光肇姬，琇業闡晉；凝馮命姓，升燕祚胤。金風藹兑，蘭雲周震；氣陵霜颷，慧翰曦巿。出牧均姜，實恬民茗；入台同鄭，寔融大順。聮芳睿妣，□耀川鎮；承靈國娅，深基疊峻。道逸曩華，望騰時儁；渟渟淵照，鏘鏘玉韻。上玄泯寶，川輟瑤爐，殲神窴墟，含痛鐫問。

〇一〇 趙阿祥妻石定姬墓銘

太和十九年（495）葬。

誌文4行，行字數不定，楷書。誌石高30釐米，寬30釐米，河北唐縣出土。

【释文】

□定唐郡唐縣固城趙阿祥居妻石定姬銘。太和十九年□□□日。

使持節鎮北大將軍相州刺史南安王楨
恭宗之第十一子　皇上之從祖也惟王體
暉霄極列耀星華茂德基於紫墀凝操形於天
㣧用能端玉河山聲金岳鎮爰在知命孝性諶
越是使庶揆歸仁帝宗傾式暨寶衡徙御大誥
戎言王應機響發首謀　乾衷遂乃寵彰司勳
賞延金石而天不遺德宿耀淪光以太和廿年
歲在丙子八月壬辰朔二日癸巳春秋五十薨
於鄴　皇上震悼謚曰惠王葬以彝典以其年
十一月庚申朔廿六日乙酉窆於芒山松門巳
杳玄闥將燕故刊茲幽石銘德熏壚其辭曰
帝緒昌紀懋業昭靈浚源流崐系王層城惟王
集慶誕耀曦明育躬紫禁秀發蘭坰洋洋雅韻
遙遙淵渟瞻山凝量援風烈馨眷命夙降未紱
卑齡基牧函轢終撫魏亭威懃西黔惠結東泯
旻不錫嘏景儀墜傾鑾和歇響委櫬窮塋泉宮
永晦深埏長扃敬勒玄瑤式播徽名

〇二一 元楨墓誌

太和二十年（496）八月二日卒，同年十一月二十六日葬。

誌文17行，滿行18字，楷書。誌石高66釐米，寬66釐米，河南洛陽出土。

【释文】

使持節、鎮北大将軍、相州刺史、南安王楨，恭宗之第十一子，皇上之從祖也。惟王體暉霄極，列耀星華，茂德基於紫墀，凝操形於天□。用能端玉河山，聲金岳鎮，爰在知命，孝性諶越，是使庶族歸仁，帝宗修式。暨寶衡徒御，大訊羣言。王應機響發，首契乾衷，遂乃寵彰司勳，賞延金石。而天不遺德，宿耀淪光，以太和廿年歲在丙子八月壬辰朔二日癸巳，春秋五十，薨於鄴。皇上震悼，謚曰惠王，葬以彝典。以其年十一月庚申朔廿六日乙酉窆於芒山。松門已杳，玄闥将蕪，故刊兹幽石，銘德熏壚。其辭曰：

帝緒昌紀，懋業昭靈，浚源流岷，系玉層城。惟王集慶，託耀曦明，育躬紫禁，秀發蘭坰。洋洋雅韻，遥遥淵渟，瞻山凝量，援風烈馨。卷命夙降，未㪉早齡，基牧函櫟，終撫魏亭。威整西黔，惠結東氓，旻不錫嘏，景儀墜傾。鑾和歇轞，委櫬窮塋，泉宮永晦，深埏長鉤。敬勒玄瑶，式播徽名。

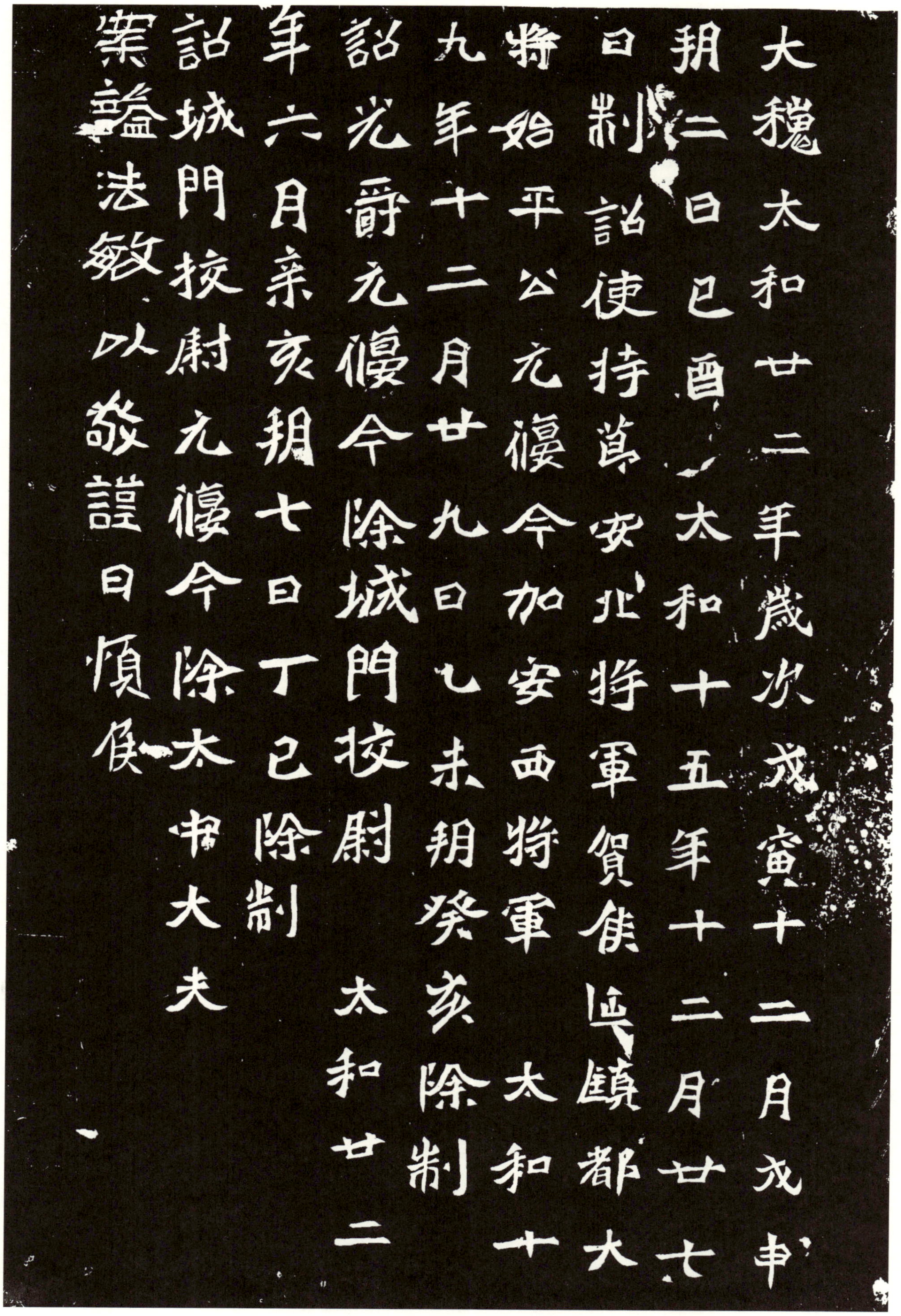
大魏太和廿二年歲次戊寅十二月戊申
朔二日己酉 太和十五年十二月廿七
日制詔使持節安北將軍賀侯延鎮都大
將始平公元偃今加安西將軍 太和十
九年十二月廿九日乙未朔癸亥除制
詔光爵元偃今除城門校尉 太和廿二
年六月辛亥朔七日丁巳除制
詔城門校尉元偃今除太中大夫
案謚法敏以敬謹曰傾侯

〇二一 元偃墓誌

太和二十二年（498）十二月二日葬。誌文9行，滿行16字，楷書。誌石高68.7 七釐米，寬35.5釐米，河南洛陽出土

【释文】

大魏太和廿二年歲次戊寅十二月戊申朔二日己酉。太和十五年十二月廿七日制詔：使持節、安北将軍、賀侯延鎮都大将、始平公元偃，今加安西将軍。太和十九年十二月廿九日乙未朔癸亥除制詔：光爵元偃，今除城門校尉。太和廿二年六月辛亥朔七日丁巳除制。

詔：城門校尉元偃，今除太中大夫。案謚法，敏以敬謹曰順侯。

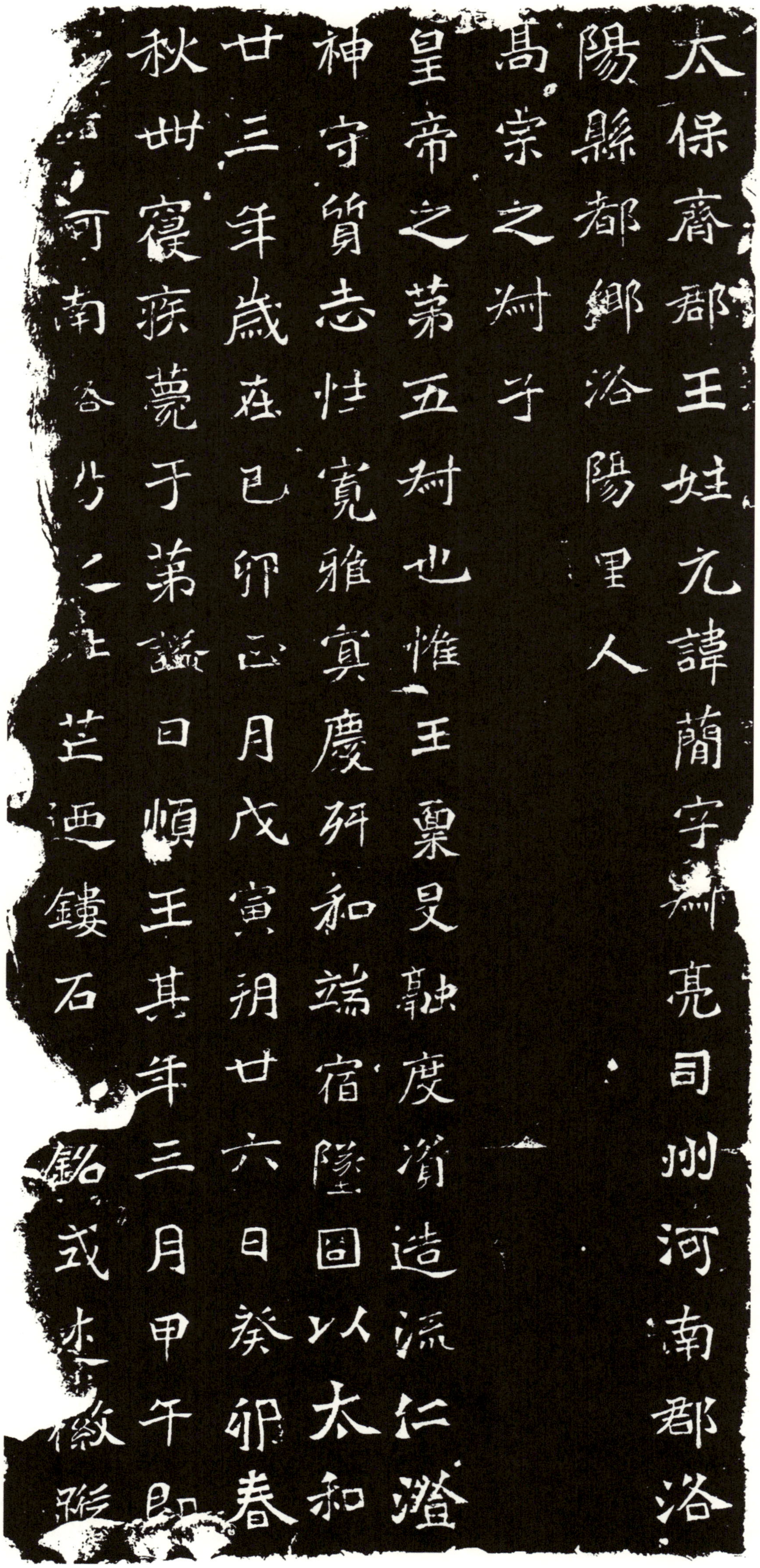
太保齊郡王姓元諱簡字叔亮司州河南郡洛
陽縣都鄉洛陽里人
高宗之叔子
皇帝之第五叔也惟王稟旻融度資造流仁澄
神守質志性寬雅真慶研和端宿隆固以太和
廿三年歲在己卯正月戊寅朔廿六日癸卯春
秋卌寢疾薨于第謚曰順王其年三月甲午卽
河南洛陽之北芒迺鏤石銘[illegible][illegible]徽[illegible]

〇一三 元簡墓誌

太和二十三年（499）正月二十六日卒，同年三月十八日葬。

殘誌，存8行，行18字，楷書。誌石高70.3釐米，寬32.7釐米，河南洛陽出土。

【释文】

太保齊郡王姓元，諱𦶇，字叔亮，司州河南郡洛陽縣都鄉洛陽里人，高宗之叔子，皇帝之第五叔也。惟王稟旻融度，資造流仁，澄神守質，志性寬雅，冥慶外和，端宿墜囹。以太和廿三年歲在己卯正月戊寅朔廿六日癸卯，春秋卌，寢疾，薨于第。謚曰順王。其年三月甲午，即窆於河南洛陽之北芒。迺鏤石□銘，式述徽蹤。……

魏故元諮議墓誌銘
君諱弼字扶皇河南洛陽人也高祖　昭成皇帝曾
祖根清河桓王祖突肆州刺史父崘秦雍二州刺史
隴西定公君祏緒岐陰輝攜翔垂公族載興仁驎脩
公是以霄光唯遠綴彩方滋淵源既清餘波且澈君
體內景於金水敷外潤於鍾楚名樹震族聲華樞苑
臨風致詠藻思情流鬱若相如之美上林子雲之賦
雲陽也然凝神瑋貌廉正自居淹辭雅韻顧盻生規
釋褐起家為荊州廣陽王中兵參軍頗以顯翼荊蠻
允彼淮夷接理南嵎而竹馬相迎還朝為太子步兵
校尉自以股肱皇儲溫恭夙夜然　高祖孝文皇帝
思褒職之任懷託孤之委以君骨鯁之風遷為太尉
府諮議參軍莊志爲達祿願已終昊天不弔殲此良
人春秋卌七以太和廿三年九月廿九日薨于洛陽
與夫人張氏合窆于西陵趙郡李琮悲春秋之無始
託金石以遺文乃作銘曰
巖巖垂岫岋岋高雲鑒茲既鏡懷我哲人重淵餘靜
樹孽方紛如何斯艷湮此青春騷騷墟壟容容幽途
悲哉身世逝矣親疎沉沉夜戶瑟瑟松門月堂夕閑
將景長昏感哀去友即影浮原脩脩靡弔莫莫不存

〇一四 魏故元諮議【弼】墓誌銘

太和二十三年（499）十一月二十日卒。

誌文20行，滿行20字，楷書。誌石高59.8釐米，寬59.8釐米，河南洛陽出土。

【释文】

君諱弼，字扶皇，河南洛陽人也。高祖昭成皇帝；曾祖根，清河桓王；祖突，肆州刺史；父崘，秦雍二州刺史、隴西定公。君祏緒岐陰，輝構朔垂，公族載興，仁麟攸止。是以霄光唯遠，綴彩方滋，淵源既清，餘波且澈。君體内景於金水，敷外潤於鍾楚，名標震族，聲華樞苑。臨風致詠，藻思情流，鬱若相如之美上林，子雲之賦雲陽也。然凝神瑋貌，廉正自居，淹辭雅韻，顧盼生規。釋褐起家為荆州廣陽王中兵參軍。頗以顯翼荆蠻，允彼淮夷，接理南嵎，而竹馬相迎。還朝為太子步兵校尉。自以股肱皇儲，温恭夙夜。然高祖孝文皇帝思衮職之任，懷託孤之委，以君骨鯁之風，遷為太尉府諮議參軍。莊志焉達，禄願已終，昊天不弔，殲此良人！春秋卌七，以太和廿三年九月廿九日，薨于洛陽，与夫人張氏合窆于西陵。趙郡李珍悲春秋之無始，託金石以遺文。乃作銘曰：

巖巖垂岫，岋岋高雲，鑒兹既鏡，懷我哲人。重淵餘静，柎蕚方紛，如何斯艶，湮此青春。騷騷墟壟，密密幽途，悲哉身世，逝矣親疎。沉沉夜户，瑟瑟松門，月堂夕閇，窮景長昏。感哀去友，即影浮原，攸攸靡弔，莫莫不存。

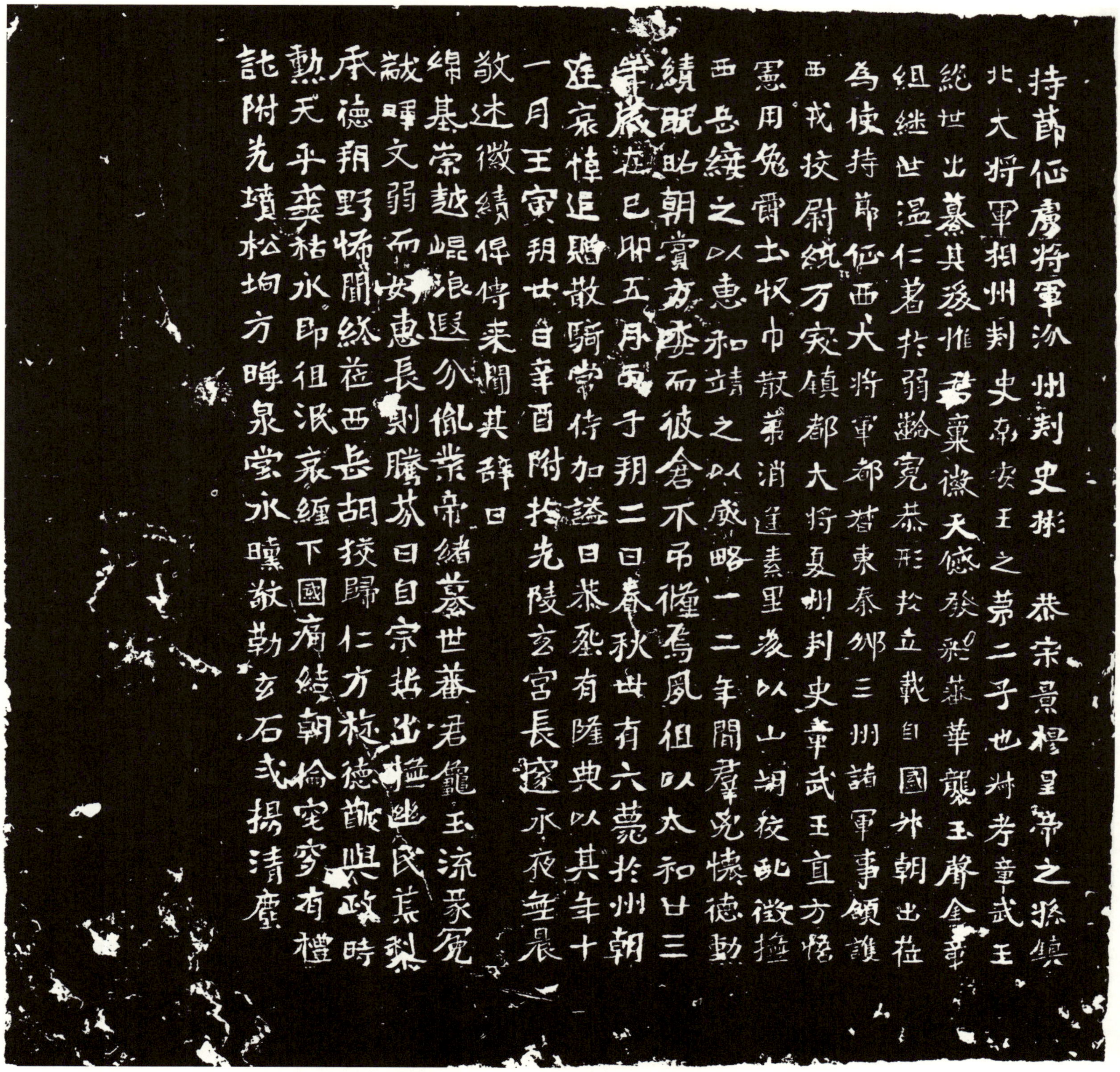

〇一五 元彬墓誌

太和二十三年（499）五月二日卒，同年十一月二十日葬。

誌文18行，滿行20字，楷書。誌石高53.7釐米，寬55.4釐米，河南洛陽出土。

【释文】

持節、征虜将軍、汾州刺史彬，恭宗景穆皇帝之孫，鎮北大将軍、相州刺史、南安王之第二子也。叔考章武王绝世，出纂其後。惟君稟徽天感，發彩蕃華，襲玉聲金，章組繼世。温仁著於弱齡，寬恭形於立載。自國升朝，出莅為使持節、征西大将軍、都督東秦邠三州諸軍事、領護西戎校尉、統万突鎮都大将、夏州刺史。章武王直方悟憲，用勉爵土，收巾散第，消遥素里。後以山胡狡亂，徵撫西岳，綏之以惠和，靖之以威略，一二年間，羣兇懷德。勳績既昭，朝賞方委。而彼倉不弔，儵焉夙徂。以太和廿三年歲在己卯五月丙子朔二日，春秋卅有六，薨於州。朝庭哀悼，追贈散騎常侍，加謚曰恭，葬有隆典。以其年十一月壬寅朔廿日辛酉附於先陵。玄宫長邃，永夜無晨，敬述徽績，俾傳来聞。其辭曰：

綿基崇越，崐浪遐分。胤業帝緒，纂世蕃君。龜玉流象，冕黻暉文。弱而好惠，長則騰芬。曰自宗哲，出撫幽民。荒黎承德，朔野怖聞。終莅西岳，胡狡歸仁。方旋德猷，與政時勳。天乎爽祐，永即徂泯。哀纏下國，痛結朝倫。窀穸有禮，託附先墳。松垌方晦，泉堂永曛。敬勒玄石，式揚清塵。

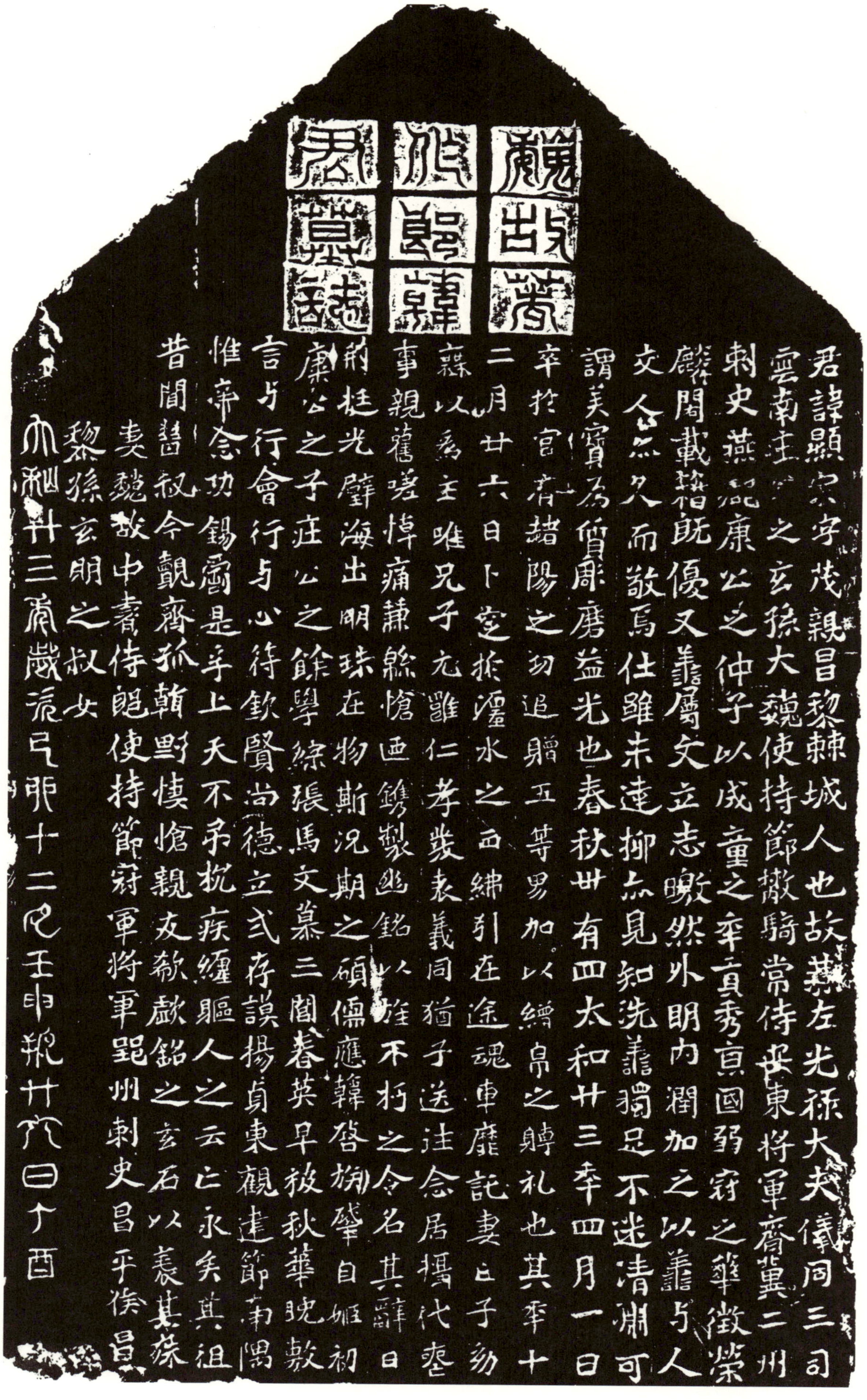

〇一六 韓顯宗墓誌

太和二十三年（499）四月一日卒，同年十二月二十六日葬。誌文19行，滿行24字，楷書。誌石高55.5釐米，寬32.8釐米，河南洛陽出土。

【释文】

君諱顯宗，字茂親，昌黎棘城人也。故燕左光禄大夫、儀同三司、雲南莊公之玄孫，大魏使持節、散騎常侍、安東将軍、齊冀二州刺史、燕郡康公之仲子。以成童之秊，貢秀京國；弱冠之華，徵榮麟閣。載籍既優，又善屬文，立志皦然，外明内潤。加之以善与人交，人亦久而敬焉。仕雖未達，抑亦見知，洗善獨足，不迷清淵。可謂美寶為質，彫磨益光也。春秋卅有四，太和廿三秊四月一日卒於官。有赭陽之功，追贈五等男，加以繒帛之賻，禮也。其秊十二月廿六日，卜窆於瀍水之西。紼引在途，魂車靡託，妻亡子幼，無以為主。唯兄子元雖，仁孝發表，義同猶子，送往念居，攝代喪事。親舊嗟悼，痛兼緦愴，迺鐫製幽銘，以旌不朽之令名。其辭曰：

荆挺光璧，海出明珠。在物斯況，期之碩儒。應韓啓族，肇自姬初。康公之子，莊公之餘。學綜張馬，文慕三閭。春英早被，秋華晚敷。言与行會，行与心符。欽賢尚德，立式存謨。揚貞東觀，建節南隅。惟帝念功，錫爵是孚。上天不弔，枕疾纏軀。人之云亡，永矣其徂。昔聞晉叔，今覿齊孤。朝野悽愴，親友欷歔。銘之玄石，以表其殊。

妻魏故中書侍郎、使持節、冠軍将軍、豳州刺史、昌平侯、昌黎孫玄明之叔女。大和廿三年歲次己卯十二月壬申朔廿六日丁酉。

魏故著作郎韓君墓誌。

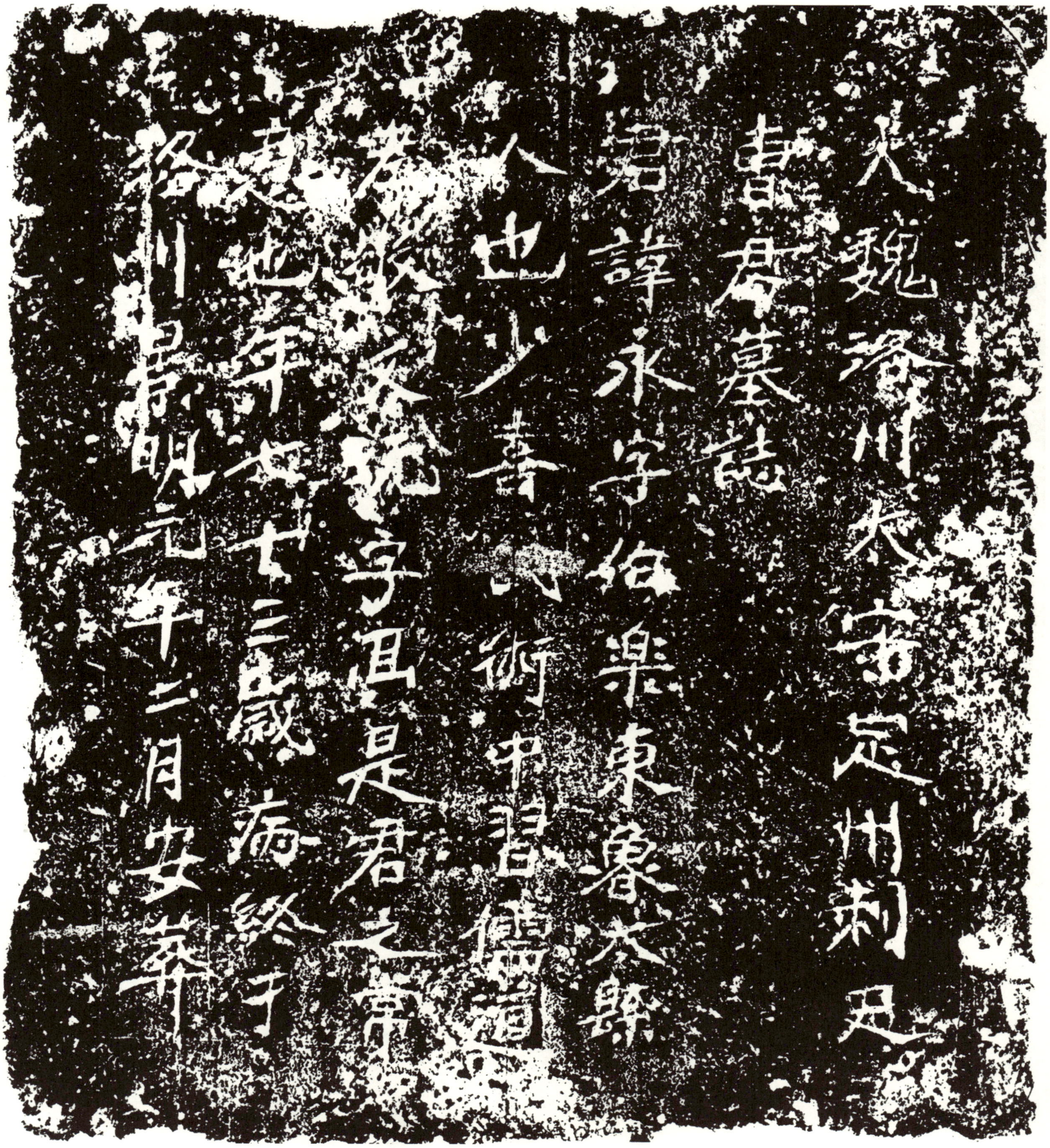

〇一七 大魏洛州太守定州刺史曹君【永】墓誌

景明元年（500）二月葬。

誌文7行，滿行10字，楷書。誌石高43釐米，寬37釐米，河南洛陽出土。

【释文】

君諱永，字伯樂，東魯太縣人也。少喜武術，中習儒道，老收文玩字畫，是君之常意也。年七十三歲，病終于洛州。景明元年二月安葬。

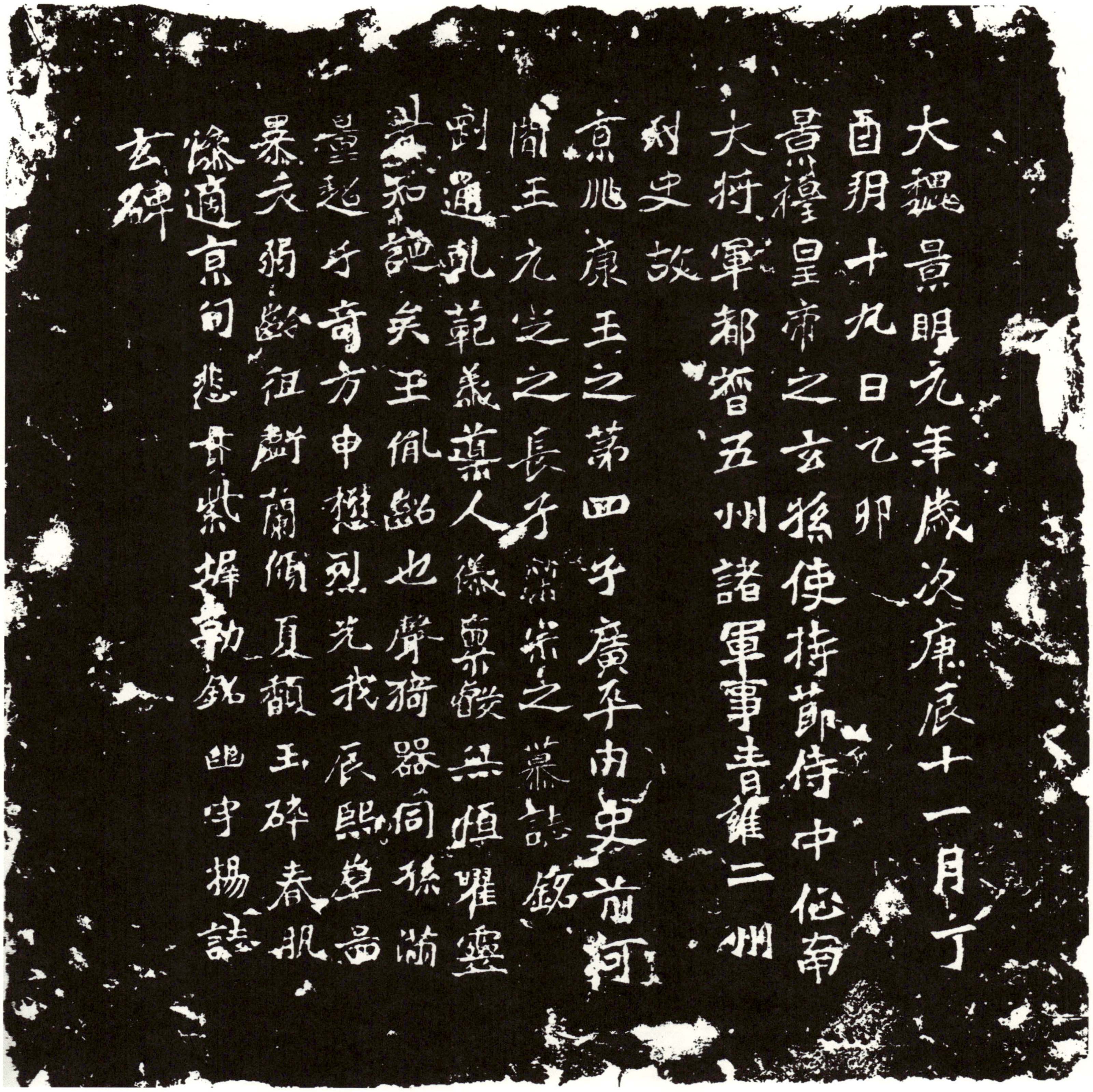

〇一八 元榮宗墓誌

景明元年（500）十一月十九日葬。

誌文 13 行，行字數不等，楷書。誌石高 54 釐米，寬 51.5 五釐米，河南洛陽出土。

【释文】

大魏景明元年歲次庚辰十一月丁酉朔十九日乙卯，景穆皇帝之玄孫，使持節、侍中、征南大将軍、都督五州諸軍事、青雍二州刺史、故京兆康王之第四子廣平内史、前河間王元定之長子榮宗之墓誌銘：剛通乾範，義導人儀。稟叡無恒，曜靈□知。誕矣王胤，齠也聲猗。器同孫滿，量超子奇。方申懋烈，光我辰熙。豈圖暴夭，弱齡徂虧。蘭傾夏馥，玉碎春肌。惨適京甸，悲貫紫墀。勒銘幽宇，揚誌玄碑。

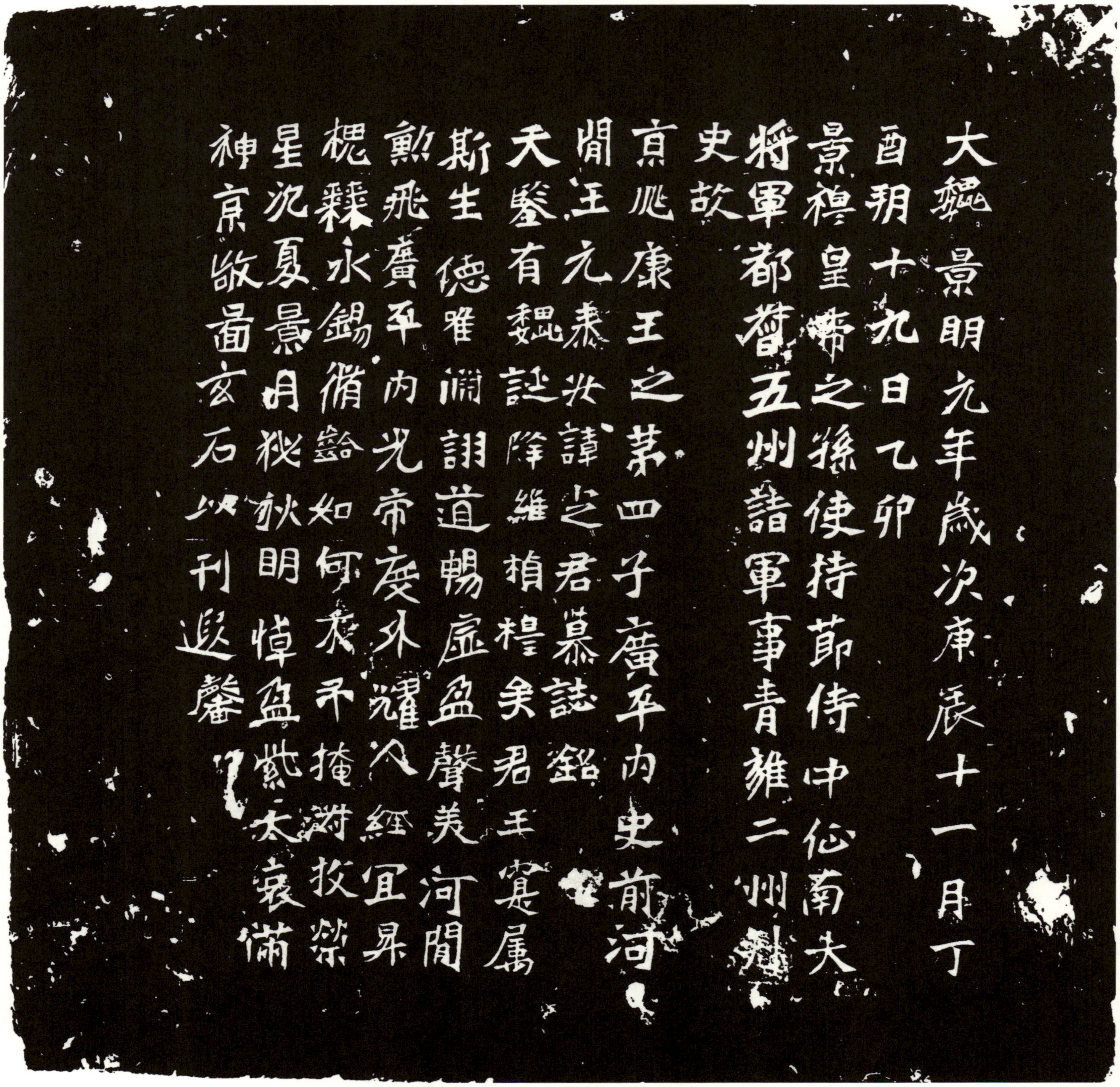

大魏景明元年歲次庚辰十一月丁
酉朔十九日乙卯
景穆皇帝之孫使持節侍中征南大
將軍都督五州諸軍事青雍二州刺
史故
京兆康王之第四子廣平內史前河
間王元泰安諱定之君墓誌銘
天鑒有魏誕降維楨楨美君王寔屬
斯生德雅淵詡道暢屈盈聲美河間
勳飛廣平內光帝庭外耀入經宜昇
槐彝永錫備齡如何夭不掩游拔榮
星沉夏景月殺秋明悼盈紫太衰備
神京敬圖玄石以刊遐馨

〇一九 元定墓誌

景明元年（500）十一月十九日葬。

誌文13行，滿行14字，楷書。誌石高52.7釐米，寬52.7釐米，河南洛陽出土。

【释文】

大魏景明元年歲次庚辰十一月丁酉朔十九日乙卯，景穆皇帝之孫，使持節、侍中、征南大将軍、都督五州諸軍事、青雍二州刺史、故京兆康王之第四子廣平内史、前河間王元泰安諱定君墓誌銘：

天鑒有魏，誕降維楨。穆矣君王，寔屬斯生。德唯淵詡，道暢虚盈。聲美河間，勳飛廣平。内光帝度，外耀人經。宜昇槐棘，永錫脩齡。如何不弔，掩淑收榮。星沉夏景，月祕秋明。悼盈紫太，哀滿神京。敬啚玄石，以刊遐馨。

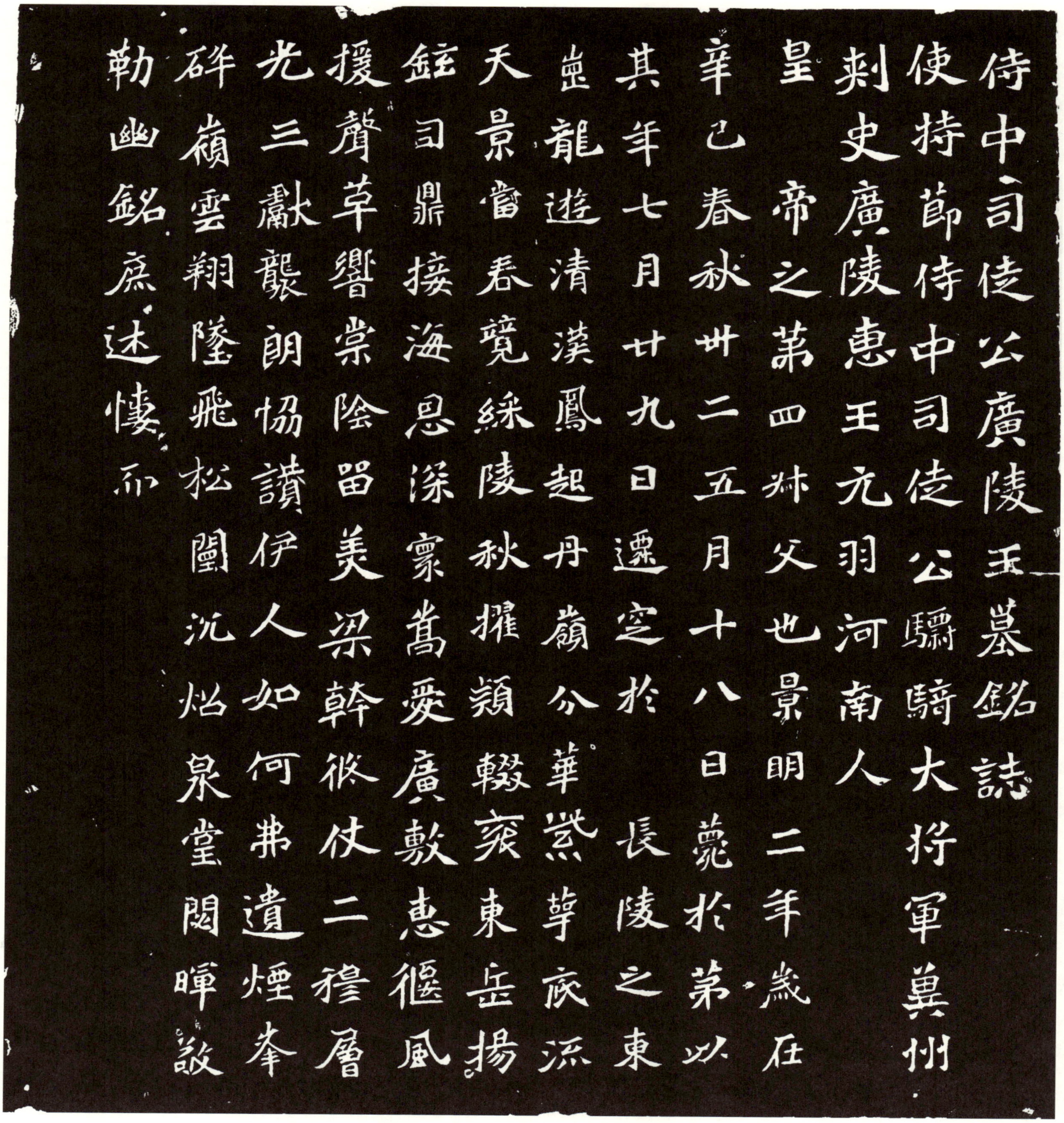

〇二〇 侍中司徒公廣陵王【元羽】墓銘誌

景明二年（501）五月十八日卒，同年七月二十九日葬。

誌文13行，滿行15字，楷書。誌石高55釐米，寬51.2釐米，河南洛陽出土。

【释文】

使持節、侍中、司徒公、驃騎大将軍、冀州刺史、廣陵惠王元羽，河南人，皇帝之第四叔父也。景明二年，歲在辛巳，春秋卅二，五月十八日薨於第。以其年七月廿九日，遷窆於長陵之東崗。

龍遊清漢，鳳起丹嶺，分華紫蕚，底流天景。當春競綵，陵秋擢穎，輟究東岳，揚鉉司鼎。接海恩深，褰嵩愛廣，敷惠偃風，援聲革響。棠陰留美，梁幹攸仗，二穆層光，三獻襲朗。協讚伊人，如何弗遺，煙峯碎嶺，雲翔墜飛。松闉沉炤，泉堂閟暉，敬勒幽銘，庶述悽而。

大魏故持節龍驤將軍定州刺史趙郡
趙謐墓誌銘
遠源洪休與嬴分流秩興夏商錫氏隆
周曰維漢魏名哲繼進行義則恭履仁
必信篤生君侯體苞玉潤文以表華質
以居鎮含素育志非道弗崇聲貞琁響
蹤馥蘭風貴閑養朴去競違豐形屈百
里情寄丘中款善芒昧仁壽多謇辝光
白日掩駕松山深燈滅彩龍草將繁德
儀永注清塵空傳
魏景明二年歲次辛巳十
月壬戌朔廿四日乙酉造

〇三 大魏故持節龍驤將軍定州刺史趙郡趙謐墓誌銘

景明二年（501）十月二十四日葬。
誌文12行，滿行15字，楷書。誌石高44釐米、寬36釐米，河北趙縣出土。

【释文】

遠源洪休，與嬴分流。族興夏商，錫氏隆周。曰維漢魏，名哲繼進。行義則恭，履仁必信。篤生君侯，體苞玉潤。文以表華，質以居鎮。含素育志，非道弗崇。聲貞琁響，跡馥蘭風。貴閑養朴，去競違豐。形屈百里，情寄丘中。報善芒昧，仁壽多褰。辭光白日，掩駕松山。深燈滅彩，壟草将繁。德儀永注，清塵空傳。魏景明二年歲次辛巳十月壬戌廿四日乙酉造。

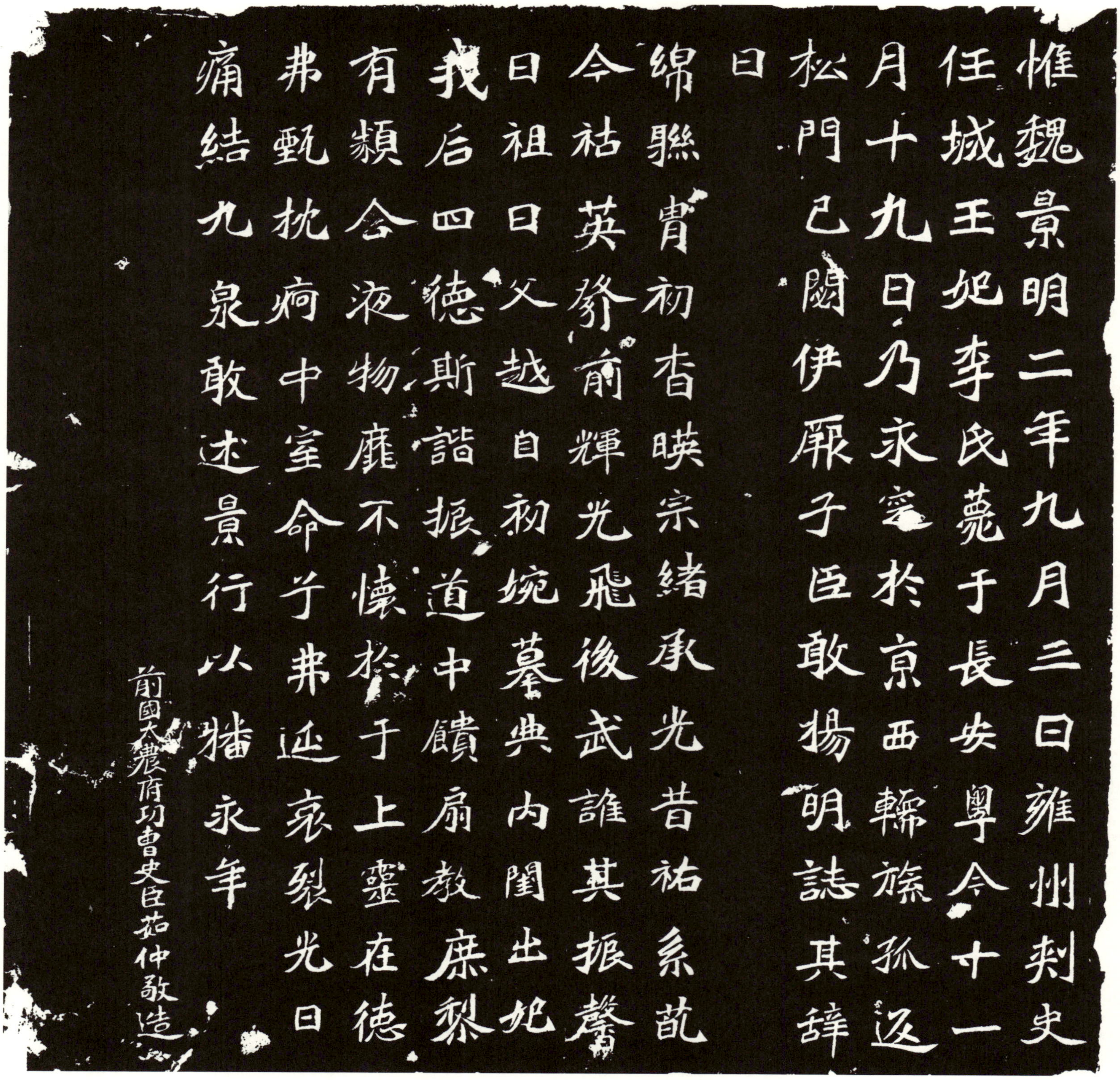
惟魏景明二年九月三日雍州刺史
任城王妃李氏薨于長安粵今十一
月十九日乃永窆於京西轜旐孫返
松門已闔伊厥子臣敢揚明誌其辭
日
綿聯胄初杳暎宗緒承光昔祐系胤
令祜英猗前輝光飛後武誰其振馨
日祖日父越自初婉纂典内闈出妃
我后四德斯諧振道中饋扇教庶黎
有穎含液物靡不懷於于上靈在德
弗甄抗痾中室命兮弗延哀裂光日
痛結九泉敢述景行以播永年
前國大農府功曹史臣茹仲敬造

〇三三 元澄妃李氏墓誌

景明二年（501）九月三日卒，同年十一月十九日葬。誌文13行，滿行14字，楷書。誌石高48.4釐米，寬49.7釐米，河南洛陽出土。

【释文】

惟魏景明二年九月三日，雍州刺史、任城王妃李氏薨于長安。粤今十一月十九日乃永窆於京西。轜旒孤返，松門已閟，伊厥子臣，敢揚明誌。其辭曰：

綿聯胄初，杳映宗緒，承光昔祐，系葩今祜。英發前輝，光飛後武，誰其振馨，曰祖曰父。越自初婉，摹典内闈，出妃我后，四德斯諧。振道中饋，扇教庶黎，有類含液，物靡不懷。於于上靈，在德弗甄，枕痾中室，命于弗延。哀裂光日，痛結九泉，敢述景行，以播永年。前國太農府功曹史臣茹仲敬造。

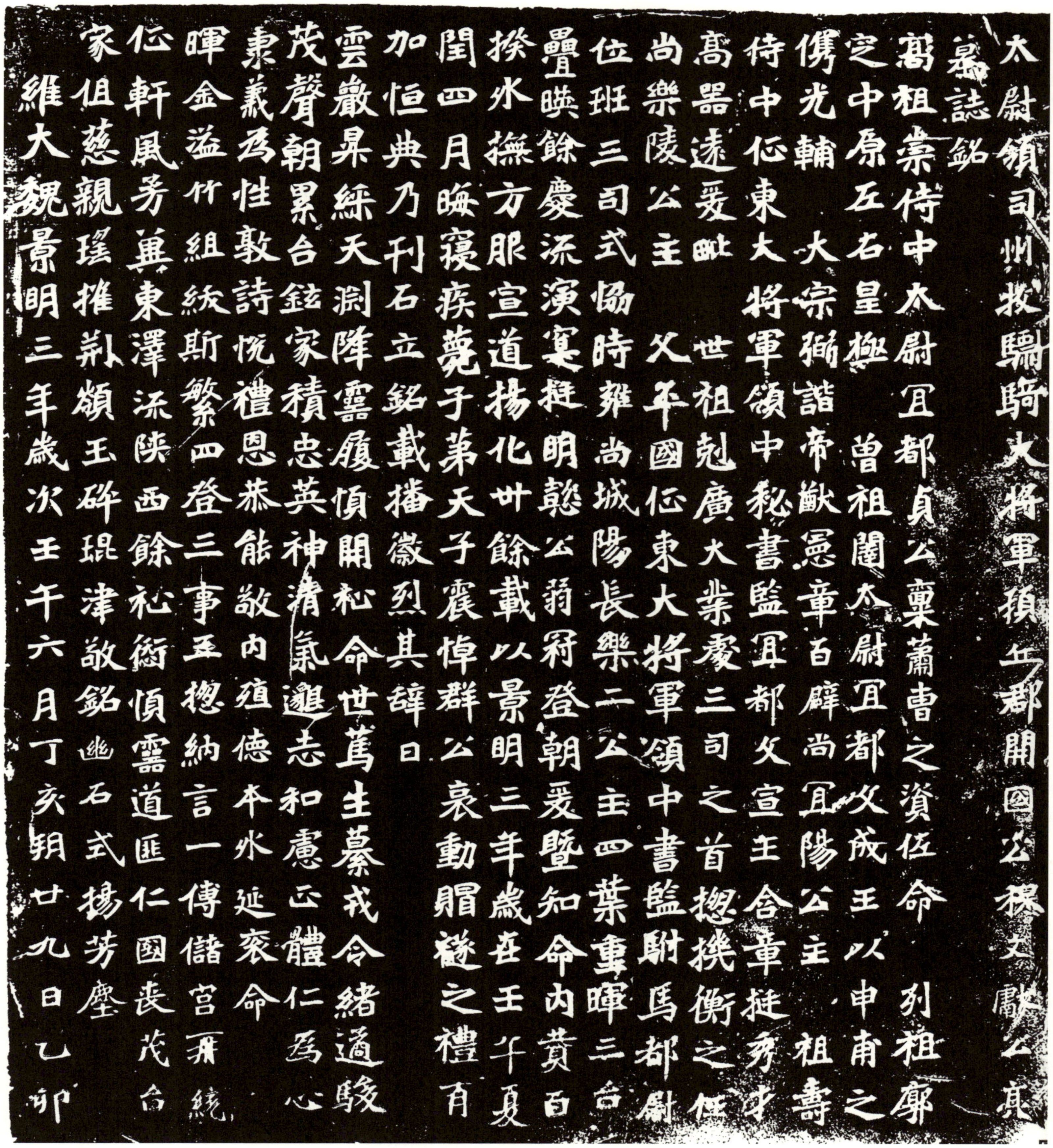
太尉領司州牧驃騎大將軍頓丘郡開國公穆文獻公亮
墓誌銘
高祖崇侍中太尉宜都貞公稟蕭曹之資佐命列祖廓
定中原左右皇極　曾祖闐太尉宜都文成王以申甫之
儁光輔　大宗猶諾帝猷憲章百辟尚宜陽公主祖壽
侍中征東大將軍領中秘書監宜都文宣王含章挺秀才
高器遠爰毗　世祖剋廣大業處三司之首摠攬衡之任
尚樂陵公主　父平國征東大將軍領中書監駙馬都尉
位班三司式協時雍尚城陽長樂二公主四葉重暉三台
疊暎餘慶流演寔挺明懿公蒻冠登朝爰暨知命內贊百
揆外撫方服宣道揚化廿餘載以景明三年歲在壬午夏
閏四月晦寢疾薨　天子震悼群公哀慟贈謚之禮有
加恒典乃刊石立銘載播徽烈其辭曰
雲徽昇緒天潤降靈履慎開祕命世篤生纂戎令緒遹駿
茂聲朝累台鉉家積忠英神清氣邈志和慮正體仁為心
秉義為性敦詩悅禮恩恭能敬內殖德本外延衮命
暉金溢竹組紱斯繁四登三事五揔納言一傳儲宮再綂
征軒風勇萬東澤流陝西餘祕衍慎靈道匪仁國喪茂台
家但慈親瑤摧荊穎玉碎琨津敬銘幽石式揚芳塵
維大魏景明三年歲次壬午六月丁亥朔廿九日乙卯

〇二三 太尉領司州牧驃騎大將軍頓丘郡開國公穆文獻公亮墓誌銘

景明三年（502）閏四月卒，同年六月二十九日葬。

誌文20行，滿行22字，楷書。誌石高65.4釐米，寬58.6釐米，河南洛陽出土。

【释文】

高祖崇，侍中、太尉、宜都貞公，稟蕭曹之資，佐命列祖，廓定中原，左右皇極。曾祖閭，太尉、宜都文成王，以申甫之儁，光輔太宗，弼諧帝猷，憲章百辟。尚宜陽公主。祖壽，侍中、征東大将軍、領中秘書監、宜都文宣王，含章挺秀，才高器遠，爰毗世祖，剋廣大業。處三司之首，揔機衡之任。尚樂陵公主。父平國，征東大将軍、領中書監、駙馬都尉，位班三司，式協時雍。尚城陽、長樂二公主。四葉重暉，三台疊暎，餘慶流演，寔挺明懿。公弱冠登朝，爰暨知命，内贊百揆，外撫方服，宣道揚化卅餘載。以景明三年歲在壬午夏閏四月晦寢疾， 薨于第。天子震悼，群公哀動，賵襚之禮，有加恒典。乃刊石立銘，載播徽烈。其辭曰：

雲巖昇綵，天淵降靈，履順開祉，命世篤生。纂戎令緒，適駿茂聲，朝累台鉉，家積忠英。神清氣邈，志和慮正，體仁為心，秉義為性。敦詩悦禮，恩恭能敬，内殖德本，外延究命。暉金溢竹，組紱斯繁，四登三事，五揔納言。一傅儲宮，再統征軒，風芳冀東，澤流陝西。餘祉愆順，靈道匪仁，國喪茂台，家徂慈親。瑶摧荆嶺，玉碎琨津，敬銘幽石，式揚芳塵。

維大魏景明三年歲次壬午六月丁亥朔廿九日乙卯。

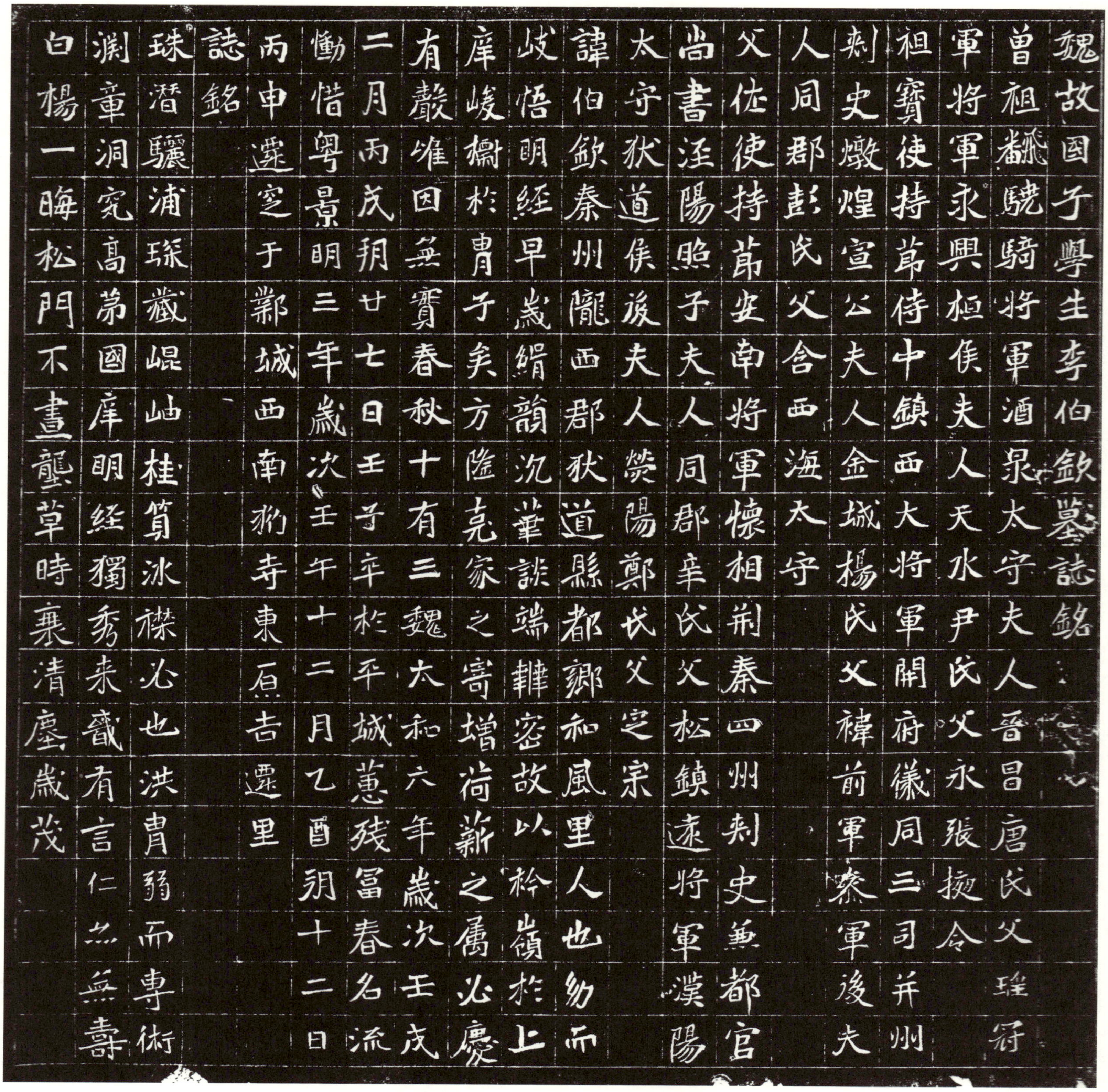
魏故國子學生李伯欽墓誌銘
曾祖𪊨驍騎將軍酒泉太守夫人晉昌唐氏父瑾府
軍將軍永興柏侯夫人天水尹氏父永張掖令
祖寶使持節侍中鎮西大將軍開府儀同三司并州
刺史燉煌宣公夫人金城楊氏父禕前軍參軍後夫
人同郡彭氏父舍西海太守
父佐使持節安南將軍懷相荊秦四州刺史兼都官
尚書涇陽照子夫人同郡辛氏父松鎮遠將軍漢陽
太守狄道侯夫人滎陽鄭氏父崇宗
諱伯欽秦州隴西郡狄道縣都鄉和風里人也幼而
岐悟明經早歲緝韻沈華談端韡密故以衿嶺於上
庠峻擢於胄子矣方隆堯家之寄增荷薪之屬必慶
有鍾惟因無實春秋十有三魏太和六年歲次壬戌
二月丙戌朔廿七日壬子卒於平城萬殘冨春名流
慟惜粤景明三年歲次壬午十二月乙酉朔十二日
丙申遷窆于鄴城西南豹寺東原吉還里
誌銘
珠潛驪浦琛藏崐岫桂質冰襟必也洪胄弱而專術
淵童洞究高第國庠明經獨秀来識有言仁無無壽
白楊一晦松門不晝蘭草時衰清塵歲茂

〇二四 魏故國子學生李伯欽墓誌銘

太和六年（482）二月二十七日卒，景明三年（502）十二月十二日葬。

誌文20行，滿行20字，楷書。誌石高48釐米、寬48.5釐米，河北臨漳出土。

【释文】

曾祖龢，驍騎将軍、酒泉太守；夫人晉昌唐氏，父瑶，冠軍将軍、永興桓侯；夫人天水尹氏，父永，張掖令。

祖寶，使持節、侍中、鎮西大将軍、開府儀同三司、并州刺史、燉煌宣公；夫人金城楊氏，父禕，前軍參軍；後夫人同郡彭氏，父含，西海太守。

父佐，使持節、安南将軍、懷相荆秦四州刺史、兼都官尚書、涇陽照子；夫人同郡辛氏，父松，鎮遠将軍、漢陽太守、狄道侯；後夫人滎陽鄭氏，父定宗。

諱伯欽，秦州隴西郡狄道縣都鄉和風里人也。幼而岐悟明經，早歲輯韻沉筆，談端辨密，故以矜嶺於上庠，峻標於胄子矣。方隆克家之寄，增荷薪之屬，必慶有聲。唯因無實，春秋十有三，魏太和六年歲次壬戌二月丙戌朔廿七日壬子，卒於平城。蕙殘富春，名流慟惜。粤景明三年歲次壬午十二月乙酉朔十二日丙申，還窆于鄴城西南豹寺東原吉還里。誌銘：

珠潛驪浦，琛藏崑岫。桂質冰襟，必也洪胄。弱而專術，淵章洞究。高第國庠，明經獨秀。来戩有言，仁亦無壽。白楊一晦，松門不晝。壟草時衰，清塵歲茂。

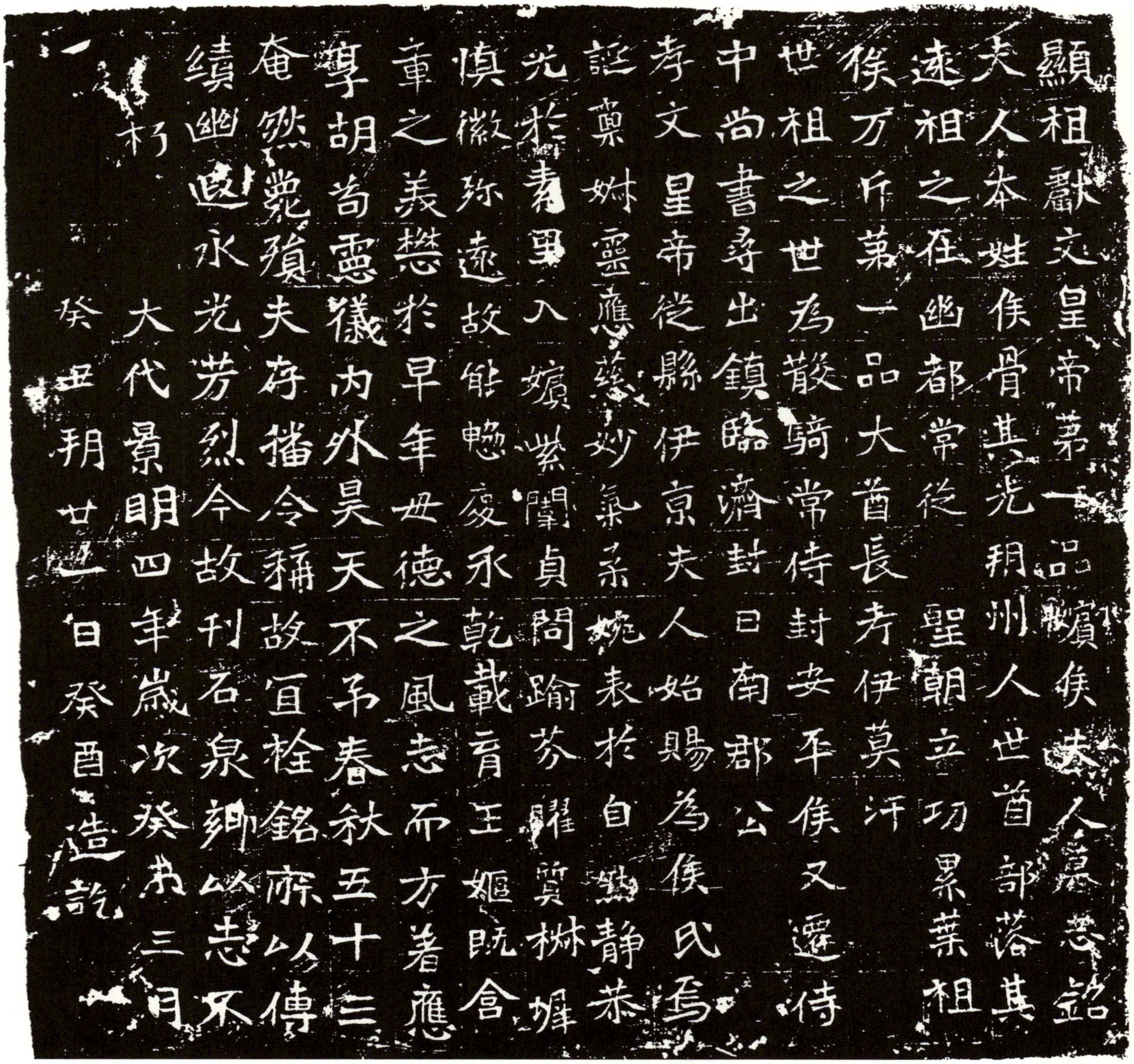
顯祖獻文皇帝第一品嬪侯夫人墓志銘
夫人本姓侯骨其先朔州人世首部落其
遠祖之在幽都常從聖朝立功累葉祖
侯万斤第一品大酋長考伊莫汗
侯祖之世為散騎常侍封安平侯又遷侍
中尚書尋出鎮臨濟封日南郡公
孝文皇帝從縣伊京夫人始賜為侯氏爲
誕稟婉靈應蕊妙氣柔婉表於自然静恭
光於素里入嬪紫闈貞問踰芬耀質峨墀
慎徽弥遠故能勰夔永乾載育王姬既含
章之義懋於早年毋德之風志而方著應
享胡筍靈儀内外昊天不弔春秋五十三
奄然覺殯夫存播令稱故宜栓銘旂以傳
績幽遐永光芳烈今故刊石泉鄉以志不
朽　大代景明四年歲次癸未三月
癸丑朔廿一日癸酉造訖

〇二五 顯祖獻文皇帝第一品嬪侯夫人墓志銘

景明四年（503）三月二十一日葬。

誌文16行，滿16字，楷書。誌石高40.6釐米，寬41.5釐米，河南洛陽出土。

【释文】

夫人本姓侯骨，其先朔州人，世酋部落。其遠祖之在幽都，常從聖朝，立功累葉。祖侯万斤，第一品大酋長；考伊莫汗，世祖之世，為散騎常侍，封安平侯，又遷侍中尚書，尋出鎮臨濟，封曰南郡公。孝文皇帝徙縣伊京，夫人始賜為侯氏焉。誕稟淑靈，應慈妙氣，柔婉表於自然，静恭光於素里。入嬪紫闈，貞問踰芬；曜質椒堚，慎徽弥遠。故能協慶永乾，載育王姬。既含章之美，懋於早年；母德之風，志而方著。應享胡苟，靈儀内外。昊天不弔，春秋五十三，奄然薨殞。夫存播令稱，故宜旌銘，所以傳績幽遐，永光芳烈。今故刊石泉鄉，以志不朽。大代景明四年歲次癸未三月，癸丑朔廿一日癸酉造訖。

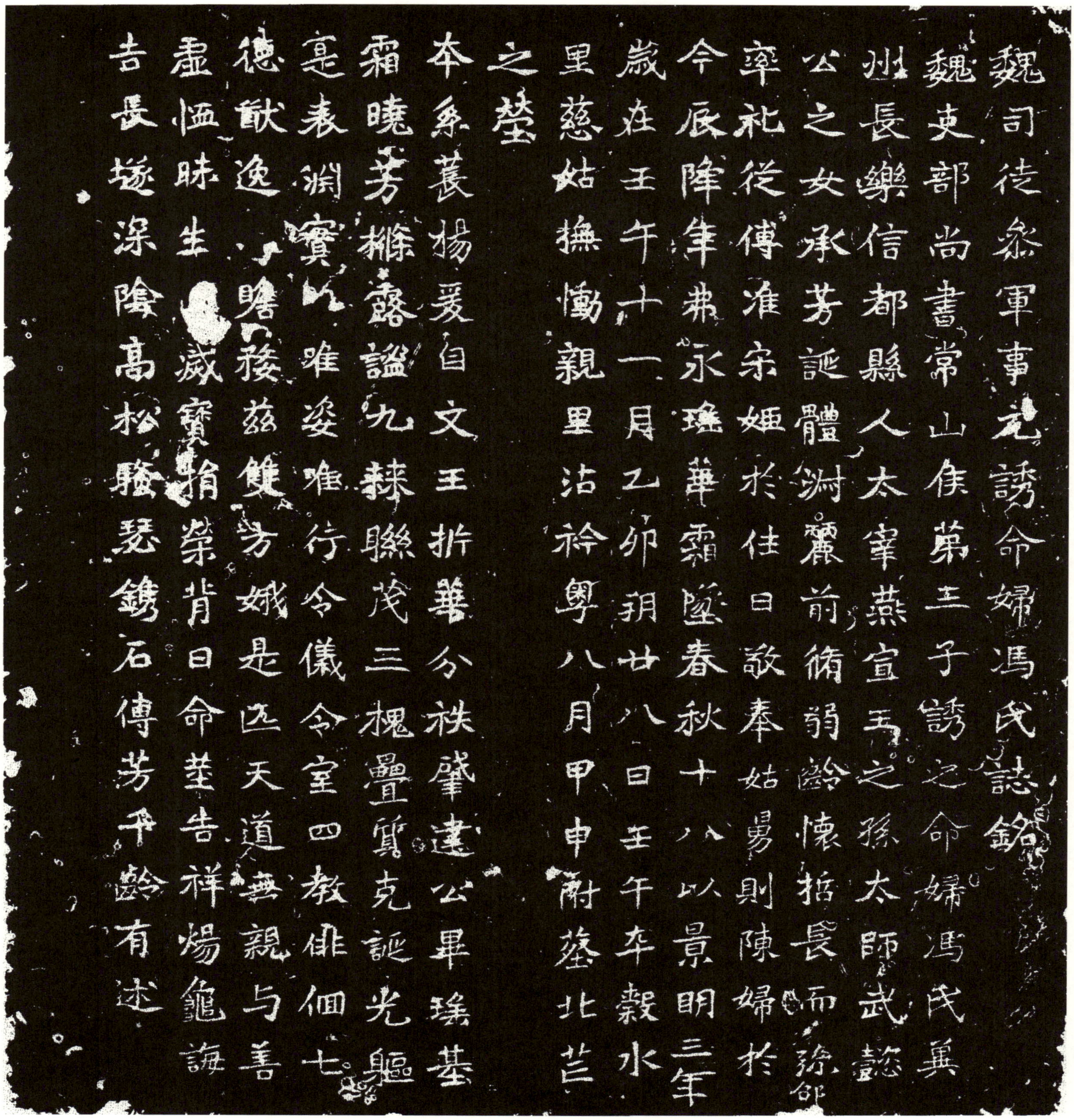
魏司徒參軍事元誘命婦馮氏誌銘
魏吏部尚書常山侯第三子誘之命婦馮氏冀
州長樂信都縣人太宰燕宣王之孫太師武懿
公之女承芳誕體淑靈前脩弱齡懷括長而孫卲
率禮從傳准宗姬於佳日敬奉姑舅則陳婦於
令辰降年弗永璲華霜墜春秋十八以景明三年
歲在壬午十一月乙卯朔廿八日壬午卒穀水
里慈姑撫慟親里沾衿粵八月甲申附葬北芒
之塋
本系蕃揚爰自文王折華分枝肇建公畢琛基
霜曉芳椒露謐九棘聯茂三槐疊質克誕光軀
寔表淑寶唯姿唯行令儀令室四教俳佪七
德猷逸瞻稜茲雙芳娥是匹天道無親与善
虛恆昧生滅寶掮榮背日命莝告祥煬龜詵
吉長遂深隂高松驗瑟鐫石傳芳千齡有述

〇二六 魏司徒參軍事元誘命婦馮氏誌銘

景明三年（502）十八日卒。誌文15行，滿行18字，楷書。誌石高60.3釐米，寬52.8釐米，河南洛陽出土。

【释文】

魏吏部尚書、常山侯第三子誘之命婦馮氏，冀州長樂信都縣人，太宰燕宣王之孫，太師武懿公之女。承芳誕體，淑麗前脩，弱齡懷哲，長而弥邵。率礼從傅，准宋姬於往日；敬奉姑舅，則陳婦於今辰。降年弗永，瑶華霜墜，春秋十八，以景明三年歲在壬午十一月乙卯朔廿八日壬午，卒穀水里。慈姑撫慟，親里沾衿。粤八月甲申附葬北芒之塋。

本系萇揚，爰自文王。析華分族，肇建公畢。瑶基霜曉，芳條露謐。九棘聯茂，三槐疊質。克誕光軀，寔表淵實。唯姿唯行，令儀令室。四教徘徊，七德猷逸。瞻婺茲雙，方娥是匹。天道無親，与善虚恤。昧生滅寶，捐榮背日。命筮告祥，煬龜誨吉。長隧深陰，高松騷瑟。鐫石傳芳，千齡有述。

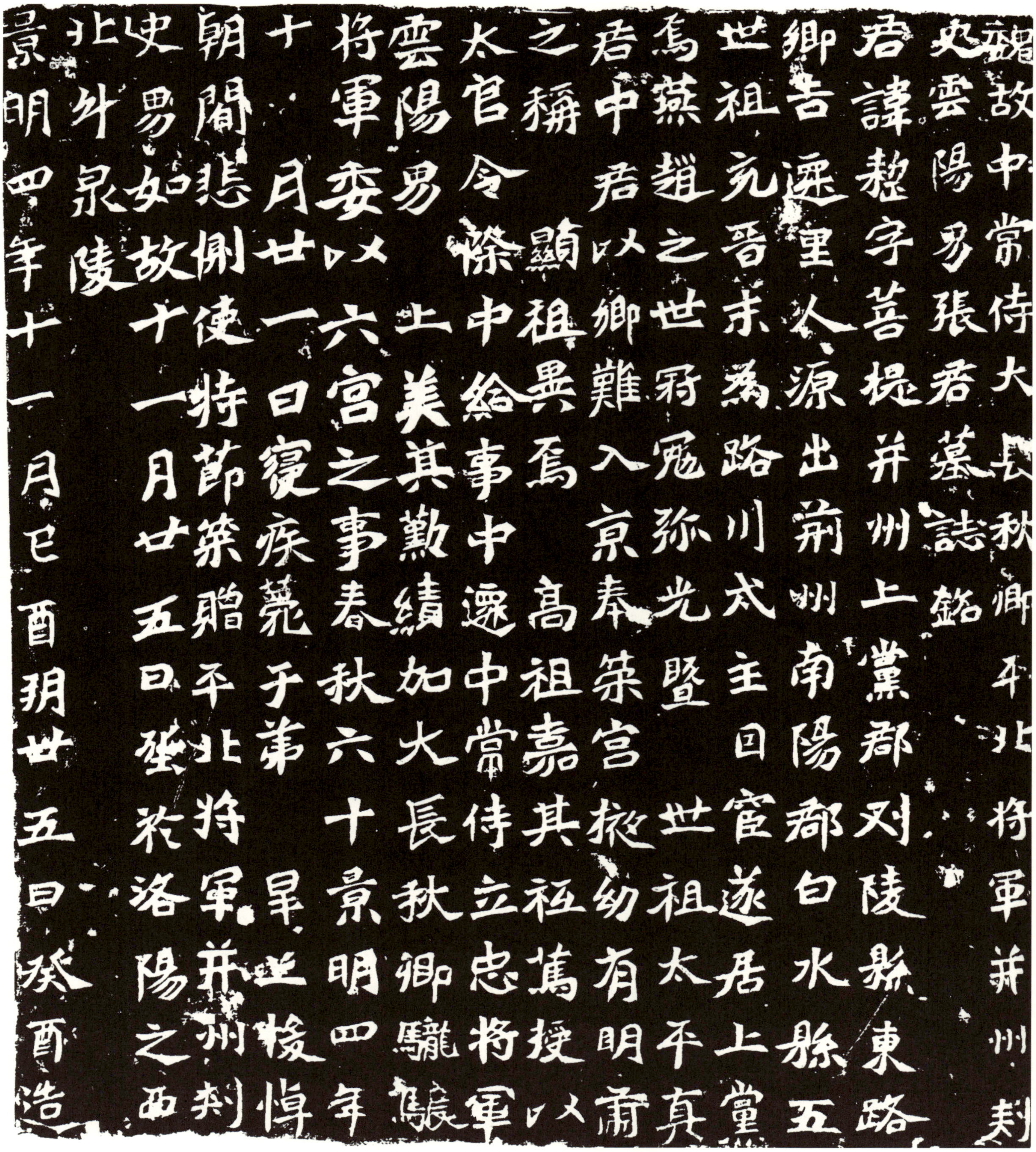

魏故中常侍大長秋卿平北將軍并州刺
史雲陽男張君墓誌銘
君諱整字菩提并州上黨郡刘陵縣東路
鄉吉遷里人源出荊州南陽郡白水縣五
世祖充晉末為路川太主曰官遂居上黨
為燕趙之世冠冕孫光暨世祖太平真
君中君以鄉難入京奉策宮掖幼有明肅
之稱顯祖異為高祖嘉其祐篤授以
太官令除中給事中遷中常侍立忠將軍
雲陽男上美其勤績加大長秋卿驡驤
將軍委以六宮之事春秋六十景明四年
十月廿一日寢疾薨于第旱逝悛悼
朝闈悲惻使持節策贈平北將軍并州刺
史男如故十一月廿五日塟於洛陽之西
北外泉陵
景明四年十一月己酉朔廿五日癸酉造

〇二七 魏故中常侍大長秋卿平北将軍并州刺史雲陽男张君【整】墓誌铭

景明四年（503）十月二十一日卒，十一月二十五日葬。

誌文16行，满行16字，楷書。誌石高38釐米，寬33.5釐米，河南洛陽出土。

【释文】

君諱整，字菩提，并州上黨郡刈陵縣東路鄉吉遷里人，源出荆州南陽郡白水縣。五世祖充，晉末為路川戍主，因宦遂居上黨焉。燕趙之世，冠冕弥光。曁世祖太平真君中，君以鄉難入京，奉策宫掖。幼有明肅之稱，顯祖異焉。高祖嘉其祇篤，授以太官令，除中給事中，遷中常侍、立忠将軍、雲陽男。上美其勳績，加大長秋卿、驍驤将軍，委以六宫之事。春秋六十，景明四年十月廿一日寢疾，薨于第。皇上悛悼，朝間悲惻。使持節策贈平北将軍、并州刺史，男如故。十一月廿五日塟於洛陽之西北升泉陵。景明四年十一月己酉朔廿五日癸酉造。

〇二八 殘誌

正始元年（504）五月葬。

誌文20行，行字數不定，楷書。誌石高58釐米、寬56釐米，河南安陽出土。舊作『崔秀芬墓誌』。

【释文】

……景明四年壬申五日遘疾，……正始元年歲次甲申五月乙□□□朔廿日丙午，葬於鄴城西南之高原，東望岱……，刊石立銘。……

魏故使持節平北將軍恒州刺史行唐伯元使君墓誌銘
君諱龍字平城河南洛陽人 平文皇帝之六世孫也縱天爲構帶地稱源
盛德顯於遐雲雄略煥於羈康祖功符彼相瞻八命以高驤父任屬維城守
四方而作鎮君幼挺奇姿生而秀穎早深漠北之志少稟山西之風 高祖
宸居而搵志清九服有念名駒顧懷帝子太和之始襲爵平舒男雖猛志未
申而雄姿蘭 帝會北虜寇邊烽燧時警妙簡勳胄以啟戎行乃假君寧朔
將軍領行北討 帝親臨慰勉將以殊績君前無横陣戰必先登以擴敵之
功拜奉車都尉及大軍南伐師指義陽復假君龍驤將軍大將軍司馬君被
堅執銳斬將搴旗 肅嘉厥庸眷言捨爵進授行唐伯授前軍將軍趙王以
帝弟之尊作蕃列岳司武之任非君勿居授開府司馬及鑾駕親戎問罪南
服誠聘之恩允屬伊人復以安遠將軍爲右軍統軍司馬如故以母憂去官
君至性通神哀感行路豈准致歎加人故之非扶不起既而汾陽即序江右
未賓金革既興呼門復及復以驍騎將軍扈駕南討還加閒野將軍驍騎如
故景明在運遏亭息警我求明牾屬以共治乃除清河內史伯如故復以荊
蠻蠢動將毀王略轄彼飛軨統茲戎馬以龍驤將軍東麾南伐又以義陽尚
阻南師觀進勝負未形先鳴莫在以君功宣應識氣蓋當時選衆而舉朝無
異議君臨機電決猛志衝冠郢城請罪與有其力方當驍茲果毅運此奇謀
掃狡寇於塞垂追衛刀於江右而輔善無驗大賓多違愁阻卷歌奄捐館舍
以正始元年十月十六日薨於第塋於首陽之巔朝廷興嗟舊德永念勳庸
追贈使持節平北將軍恒州刺史謚曰武侯今重啟幽延聿遵合骨故刊石
玄泉式揚不朽其辭曰
長發 帝緒建德應韓暐暐枝葉弈弈波瀾犬牙敘在磐石斯觀三千以擊
九万伊摶閑和有素道術時鑽北撫獄敵南翼行鸞祿惟正師必極拒居
難以易處險而安運促天長生危事久忽變市朝奄淪丘阜兩宮貽念六龗
驤首永酸易及長悲夜亭
祖諱何斤冊侍中內都大官都督河西諸軍事啟府儀同三司高梁王
父諱度和散騎常侍外都大官使持節鎮北將軍度斤鎮大將平舒男
夫人洛陽紇干氏祖和突南部尚書新城侯 父萇命代郡尹
夫人下邳皮氏祖豹侍中儀同三司淮陽王父欣侍中豫州刺史廣川公

〇二九 魏故使持節平北將軍恒州刺史行唐伯元使君【龍】墓誌銘

正始元年（504）十月十六日卒。

誌文29行，滿行29字，楷書。誌石高69.2釐米，寬69.2釐米，河南洛陽出土。

【释文】

君諱龍，字平城，河南洛陽人，平文皇帝之六世孫也。極天為構，帶地稱源，盛德顯於望雲，雄啚焕於羁鹿。祖功符彼相，瞻八命以高驤；父任屬維城，守四方而作鎮。君幼挺奇姿，生而秀穎，早深漠北之志，少稟山西之風。高祖宸居兩楹，志清九服，有念名駒，顧懷虎子。太和之始，襲爵平舒男，雖猛志未申，而雄姿簡帝。會北虜寇邊，烽燧時警，妙簡勳冑，以啓戎行，乃假君寧朔将軍，襲行北討。帝親臨慰勉，獎以殊績。君前無横陣，戰必先登，以攘敵之功，拜奉車都尉。及大軍南伐，師指義陽，復假君龍驤将軍、大将軍、司馬。君被堅執鋭，斬将搴旗。帝嘉厥庸，眷言捨爵，進授行唐伯，授前軍将軍。趙王以帝弟之尊，作蕃列岳，司武之任，非君勿居，授開府司馬。及鑾駕親戎，問罪南服，鼓鞞之思，允屬伊人，復以安遠将軍為右軍統軍，司馬如故。以母憂去官。君至性通神，哀感行路，豈唯致歎加人，故亦非扶不起。既而沔陽即序，江右未賓，金革既興，呼門復及。復以驍騎将軍扈駕南討，還加閉野将軍，驍騎如故。景明在運，邊亭息警，我求明哲，屬以共治，乃除清河内史，伯如故。復以荆蠻蠢動，将毁王略，輟彼飛軨，統兹戎馬，以龍驤将軍秉麾南伐。又以義陽尚阻，南師競進，勝負未形，先鳴莫在。以君功宣歷識，氣蓋當時，選衆而舉，朝無異議。君臨機電决，猛志衝冠，郢城請罪，與有其力。方當騁兹果毅，運此奇謀，掃狡寇於塞垂，追衛刀於江右。而輔善無驗，大寶多違，忽阻巷歌，奄捐館舍。以正始元年十月十六日薨於第，瘞於首陽之巔。朝庭興嗟舊德，永念勳庸，追贈使持節、平北将軍、恒州刺史，謚曰武侯。今重啓幽延，聿遵合骨，故刊石玄泉，式揚不朽。其辭曰：

長發帝緒，建德應韓。暐暐枝葉，弈弈波瀾。犬牙攸在，磐石斯觀。三千以擊，九萬伊搏。閑和有素，道術時鑽。北掃嚴敵，南翼行鑾。旅惟正正，師必桓桓。居難以易，處險而安。運促天長，生危事久。忽變市朝，奄淪丘阜。兩宫貽念，六轡驤首，永酸易及，長悲夜厚。

祖諱阿斗那，侍中、内都大官、都督河西諸軍事、啓府儀同三司、高梁王。父諱度和，散騎常侍、外都大官、使持節、鎮北将軍、度斤鎮大将、平舒男。夫人洛陽紇干氏，祖和突，南部尚書、新城侯；父萇命，代郡尹。夫人下邳皮氏，祖豹，侍中、儀同三司、淮陽王；父欣，侍中、豫州刺史、廣川公。

〇三〇 許和世磚銘

正始元年（504）十二月十三日葬。

誌文6行，滿行8字，楷書。誌石高28釐米，寬31釐米，河南獲嘉縣出土。

【释文】

正始元年歲次甲申十二月癸酉朔十三日乙酉，高陽郡新城縣前鎮北府參軍事故許和世墓銘。

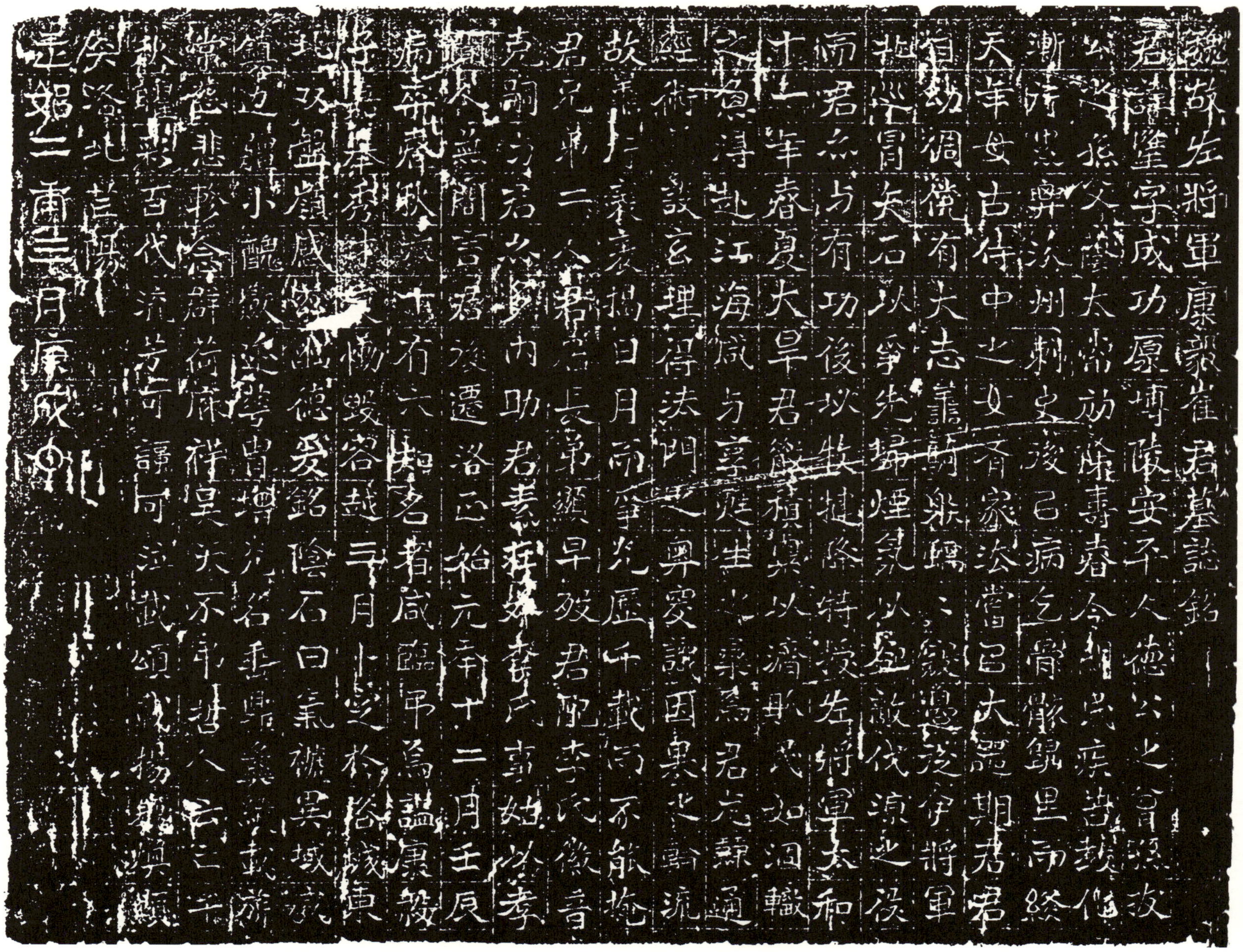

〇三一 魏故左將軍康毅崔君【隆】墓誌銘

正始元年（504）十二月壬辰卒，正始二年（505）三月葬。誌文22行，滿行18字，楷書。誌石高32釐米，寬40.5釐米，河南洛陽出土。

【释文】

君諱隆，字成功，原博陵安平人。德公之曾孫，拔公之孫。父蔭，太常初，除壽春令。問民疾苦，教化漸行。累舉汾州刺史，後㠯病乞骨骸歸里，而終天年。母古侍中之女，有家法，嘗㠯大器期君。君自幼倜傥有大志，善騎射。蠕蠕寇邊，從伊將軍北巡，冒矢石以争先，埽煙氛以却敵。伐涼之役，而君亦与有功。後以牧犍降，特授左將軍。太和十一年春夏大旱，君散積粟以濟，貧民如涸轍之魚，得赴江海，咸与享甦生之樂焉。君尤秉通經術，善談玄理，得法門之奥窔，識因果之輪流，故善行表表，揭日月而争光，歷千載而不能掩。君兄弟二人，君居長，弟顯，早歿。君配李氏，徽音克嗣，与君亦多内助。君素在外，李氏事姑以孝聞，人無間言。君後還洛，正始元秊十二月壬辰病卒，春秋六十有六。知名者咸臨弔焉。謚康毅。子嘉，舉秀才，哀慟毁容。越三月卜窆於洛城東北双盤嶺。感兹幽德，爰銘陰石。曰：

氣褫異域，威鎮邊疆，小醜斂迹，華胄增光。名垂鼎彝，績載旂常，慈悲軫念，群荷庥祥。昊天不弔，哲人云亡，千秋曜彩，百代流芳。可歌可泣，載頌載揚，巍焕顯奕，洛北芒陽。

正始二年三月日庚戌。

〇三一 魏故處士李君【端】墓誌銘

正始二年（505）五月十四日卒，同年同月二十五日葬。

誌文 20 行，滿行 19 字，楷書。誌石高 44 釐米、寬 44 釐米，河南洛陽出土。

【释文】

君諱端，字行端，隴西（城）［成］紀人也，緣官流宅河南焉，漢将軍廣之苗裔。自玉弩西遷，金刀東徙，□□起通家之號，灞陵有故時之名。豈直弈葉弥□，翹枝俊茂而已。祖遊，並器宇凝邃，風規秀逸，顧檥雞之絕尾，輕軒駟之将危，取適芳年，優遊語默。君志敦沖寂，性鄙□訛，不干禄以希榮，不矯時而激俗，如衡自得，澹若依玄。既而風樹長摇，逝川難駐，驚飈拂木，迴榦先摧。以正始二年五月十四日卒於嘉善坊，春秋六十八。夫人樂安任氏，即任少君之後也，少閑四德，早備三從，既曰終天，果窮斯志，以（去）太和八年正月四日終於私寢。偕老之期雖爽，共穴之路同歸。即以其月廿五日合葬於北芒平樂鄉郝里，禮也。故勒斯誌，式旌泉戶。其詞曰：

唯人有悊，如蘭有薰；神途何爽，獨昧斯君。匪伊人百，孰可為群；持□寬酌，空挹餘芬。其一。崗連鶴岫，墳迩龍津；□□□□，□水遊神。信封鑾之可固，依武庫之□辰，□□□男夫，番番良士，國之藩扞，寔唯斯子。勝□難謀，高行誰擬，蘭摧玉碎，掩歸山阯。隴霧晨浮，松風夜起，千載傳名，流芳不已。其二。

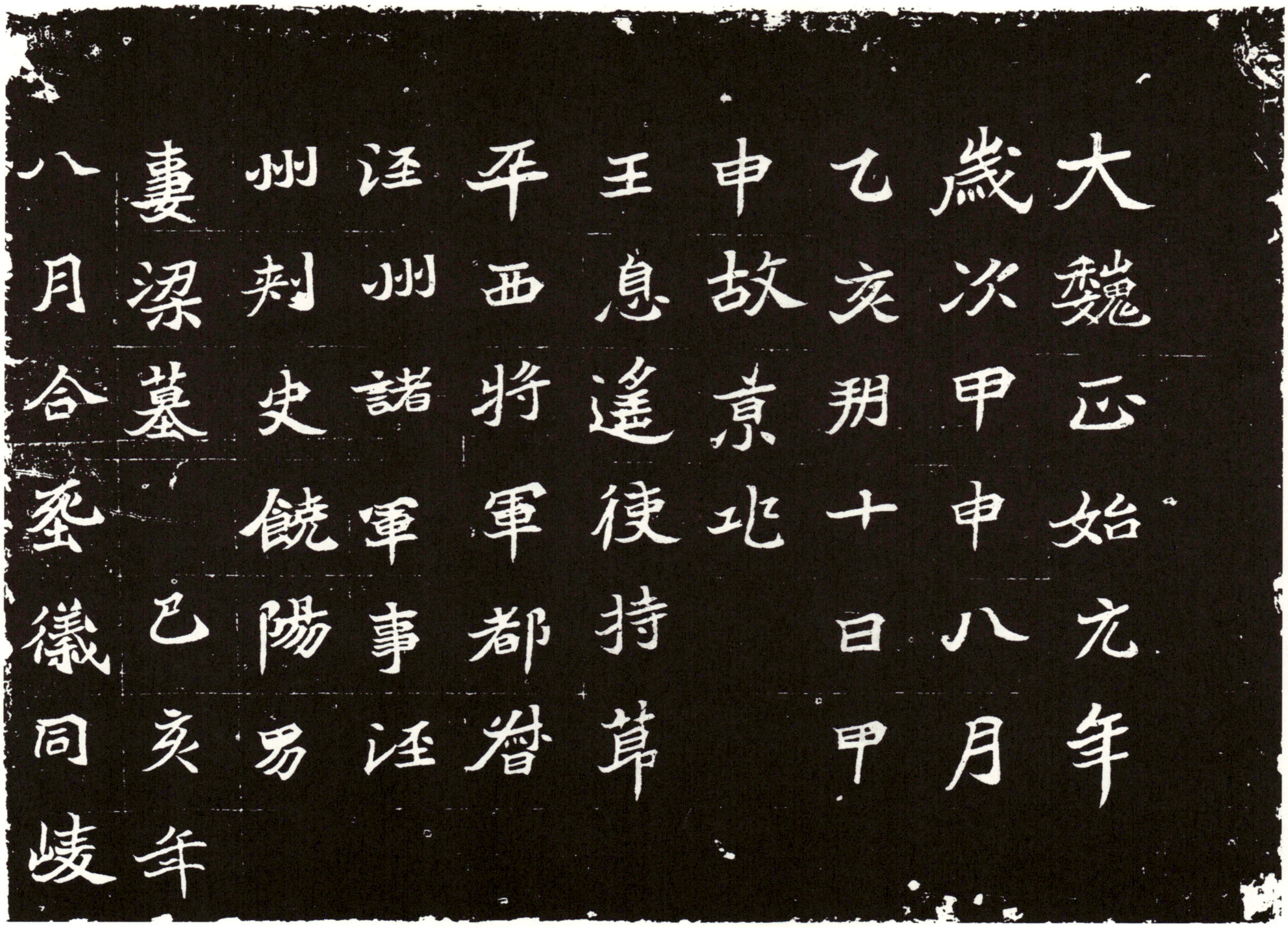

○三三 梁氏墓誌

正始元年（504）八月十日卒，正始二年（505）八月合葬。誌文10行，滿行7字，楷書。誌石高38釐米，寬48.3釐米，河南洛陽出土。

【释文】

大魏正始元年歲次甲申八月乙亥朔十日甲申，故京兆王息遥使持節、平西将軍、都督涇州諸軍事、涇州刺史、饒陽男妻梁墓。己亥年八月，合葬儀同峻。

〇三四 元鸞墓誌

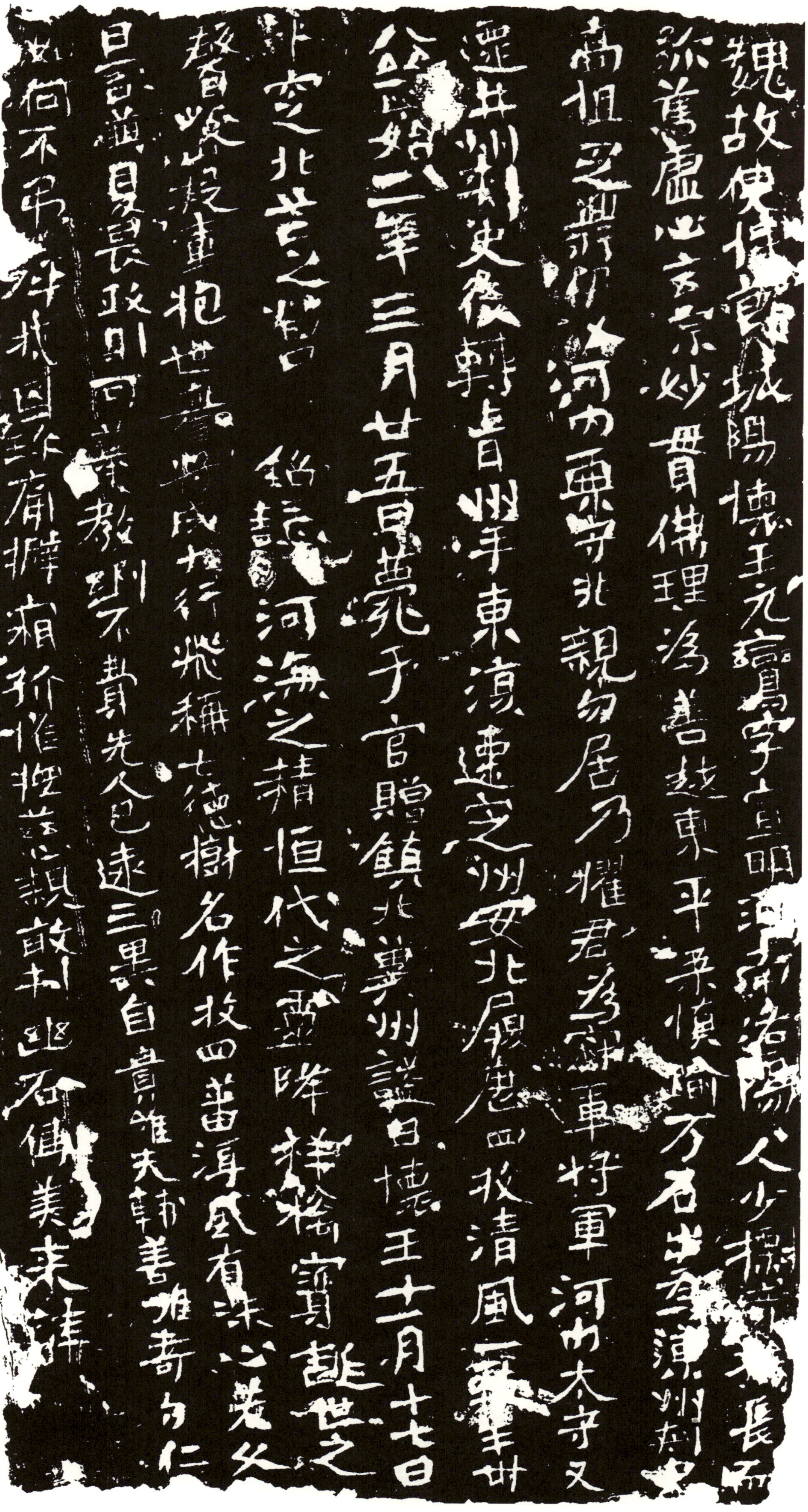
魏故使持節城陽懷王元鸞字宣明河南洛陽人少擅英[illegible]長而
彌篤虛心玄宗妙貫佛理洛善趙東平深慎淪方石出爲涼州刺
高祖之興作[illegible]河內秉守北親分居乃擢君爲征虜將軍河內太守又
遷并州刺史後轉青州刺史東瀆遠之州安北展患四牧清風一振年卅
正始二年三月廿五日薨于官贈鎮北冀州謚曰懷王十一月十七日
葬[illegible]北芒之嶺 銘曰 河海之精恒代之靈降祥[illegible]寶誕世之
聲昭凝重抱世彝[illegible]成於行德稱七德樹名作牧四蕃淳風有洙之羨久
旦奭[illegible]具瞻政則可範教訓不貴先人已遠三異自貴惟夫韓善惟壽句仁
如何不弔殲我國紀扃攢箱旂惟[illegible][illegible]敬刊幽石傳美來[illegible]

正始二年（505）三月二十五日卒，同年十一月十七日葬。

誌文9行，行字數不等，楷書。誌石高42釐米，寬22釐米，河南洛陽出土。

【释文】

魏故使持節、城陽懷王元鸞，字宣明，河南洛陽人。少欙奇操，長而弥篤，虚心玄宗，妙貫佛理。為善越東平，柔慎踰万石。出為涼州刺史。高祖定鼎伊洛，河内典守，非親勿居，乃擢君為冠軍将軍、河内太守。又遷并州刺史，後轉青州平東，復遷定州、安北。履歷四牧，清風一致。年卅八，以正始二年三月廿五日薨于官。贈鎮北、冀州，謚曰懷王。十一月十七日卜窆北芒之塋。銘記：

河海之精，恒代之靈，降祥摛寶，誕世之馨。岐嶷童抱，世譽将成，九行飛稱，七德樹名。作牧四蕃，淳風有洙，心若冬日，言兼夏長。政則可摹，教訓不費，先人已遠，三異自貴。唯夫輔善，唯壽與仁，如何不弔，殲我國珍。痛擗孀孩，惟撫慈親，故刊幽石，傳美来辭。

元始和字靈光河南洛陽人也大魏景祖
皇帝之曾孫故使持節侍中征西大將軍儀同三
司領護西域校尉都督涼州諸軍事涼州刺史汝
陰王賜之孫冠軍將軍驍騎將軍逞之元子春秋
一十有七以正始二年歲在乙酉七月十二日寢
疾薨于京第即卜其年十一月十八日遷葬西陵
之北崗惟光天誠至重皇室懿近行超清韶肯量
自遠風節侔於古賢雅操樹于皇代凝志陵松忠
嘉瞰見衆文之業于蒼於楊向執武之籌謀騰
韓白德可以範時成是以摧醜而昊天不弔奄録
薨祖慈親悲憐如不勝同氣歸憶以自絶國人愍
悼窩內痛惜故刊石述誌而銘斯德其辭曰
邈矣靈化誥陰調陽覆載大魏誕育英良挺哲沖
遂仁德邀芳神凝內顯體窅外彰識達今古澄鑒
是常文藝類世聲振帝鄉秀如不實玉質摧上皇
家默暉庶室絕光父母號庭弟妹悲當宗人泣痛
行路沸慟四海悽涙八表悼傷咸哀贈璽永背世
昌

〇三五 元始和墓誌

正始二年（505）七月十二日卒，同年十一月十八日葬。

誌文18行，滿行19字，楷書。誌石高43釐米，寬40釐米，河南洛陽出土。

【释文】

元始和，字靈光，河南洛陽人也。大魏景穆皇帝之曾孫，故使持節、侍中、征西大将軍、儀同三司、領護西域校尉、都督涼州諸軍事、涼州刺史、汝陰王賜之孫，冠軍将軍、驍騎将軍逞之元子。春秋一十有七，以正始二年歲在乙酉七月十二日寢疾，薨于京第。即卜其年十一月十八日遷塟西崚之北崗。唯光天戚至重，皇室懿近，行超清韶，睿量自遠。風節侔於古賢，雅操穮于皇代。凝志陵松，忠嘉皦見。秉文之舉，才溢於楊向；執武之籌，謀騰于韓白。德可以範時，威足以摧敵。而昊天不弔，奄臻薨徂。慈親悲憐如不勝，同氣號憶以自絶。國人愍悼，寓内痛惜，故刊石建誌，而銘斯德。其辭曰：

邈矣靈化，諧陰調陽，覆載大魏，誕育英良。挺哲沖邃，仁德遐芳，神凝内顯，體睿外彰。識達今古，澄鑒是常，文藝穎世，聲振帝鄉。秀如不實，玉質摧亡，皇家缺暉，庶室絶光。父母號庭，弟姊悲堂，宗人泣痛，行路涕愴。四海悽淚，八表悼傷，咸哀賢喪，永背世昌。

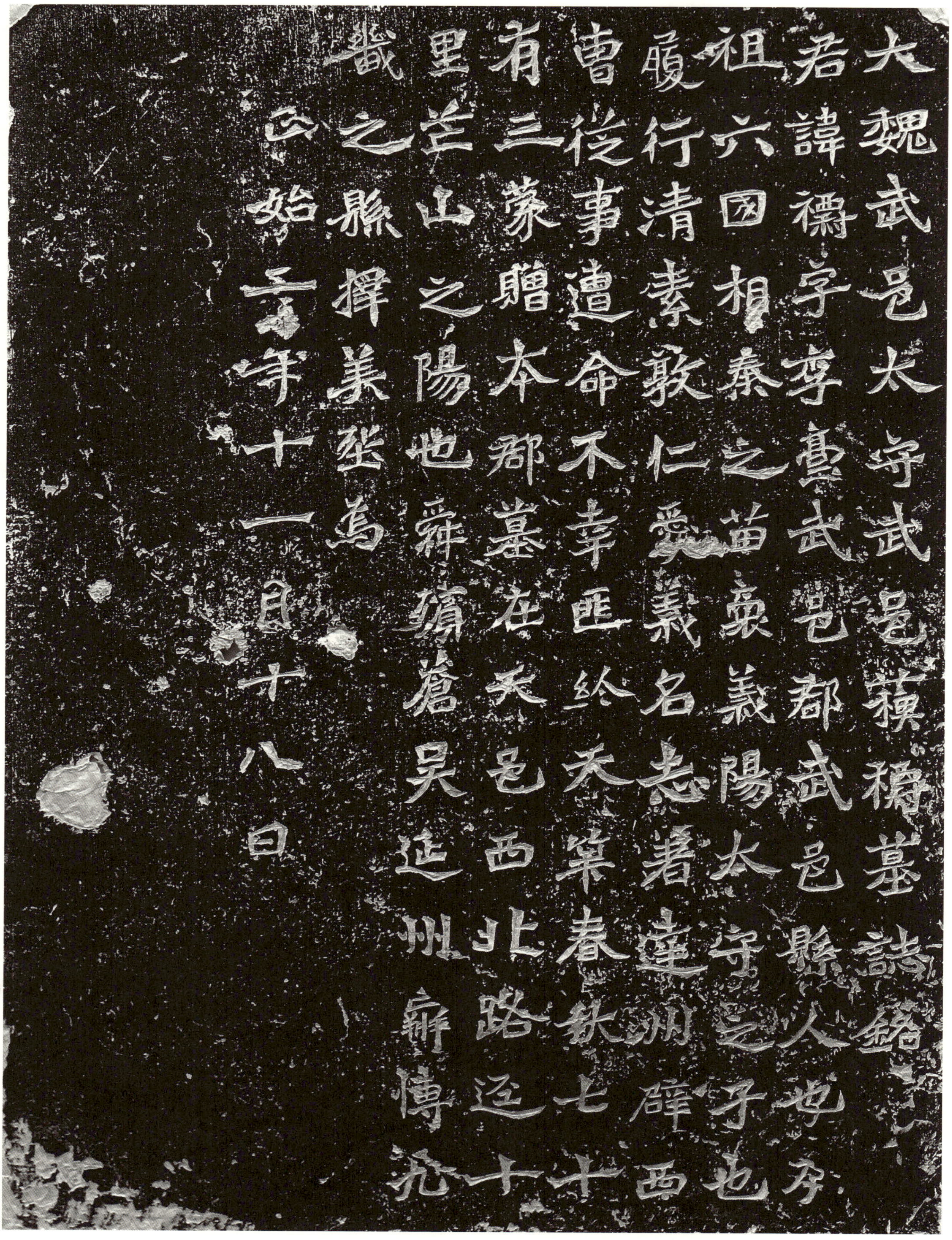

〇三六 大魏武邑太守武邑蘇禰墓誌銘

正始二年（505）十一月十八日葬。

誌文9行，滿行15字，楷書。誌石高64釐米，寬17釐米，河南洛陽出土。

【释文】

君諱禰，字季臺，武邑郡武邑縣人也。乃祖六國相秦之苗裔，義陽太守之子也。履行清素，敦仁愛義，名志著達，州辟西曹從事。遭命不幸，匪終天算，春秋七十有三。蒙贈本郡，墓在天邑西北路迳十里芒山之陽也。舜殯蒼吴，延州廨博，九畿之縣，擇美葬焉。正始二年十一月十八日。

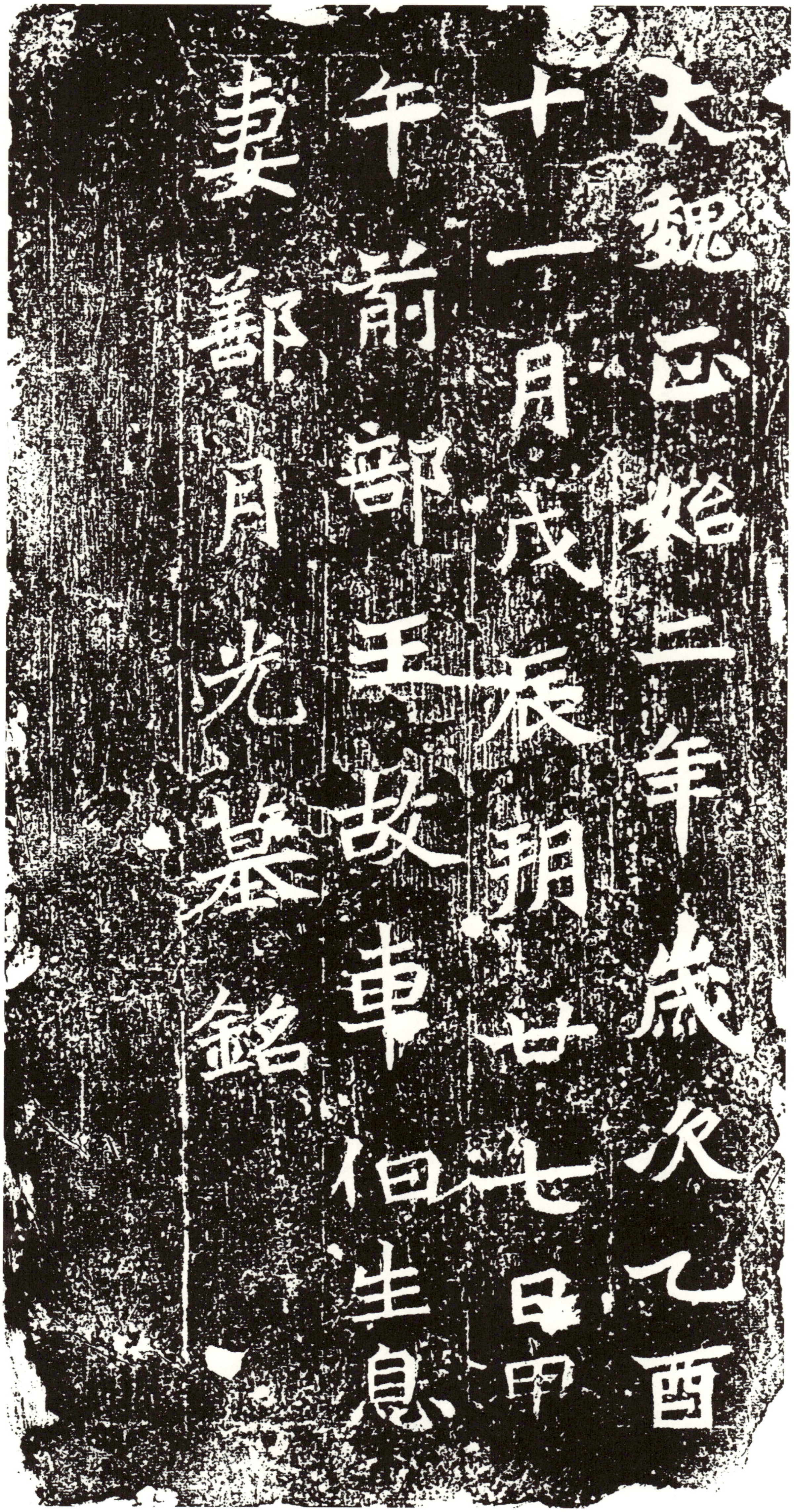
大魏正始二年歲次乙酉
十一月戊辰朔廿七日甲
午前部王故車伯生息
妻鄯月光墓銘

〇三七 鄯月光墓誌

正始二年（505）十一月二十七日葬。

誌文4行，行字數不等，楷書。誌石高45.8釐米，寬23釐米，河南洛陽出土。

【释文】

大魏正始二年歲次乙酉十一月戊辰朔廿七日甲午，前部王故車伯生息妻鄯月光墓銘。

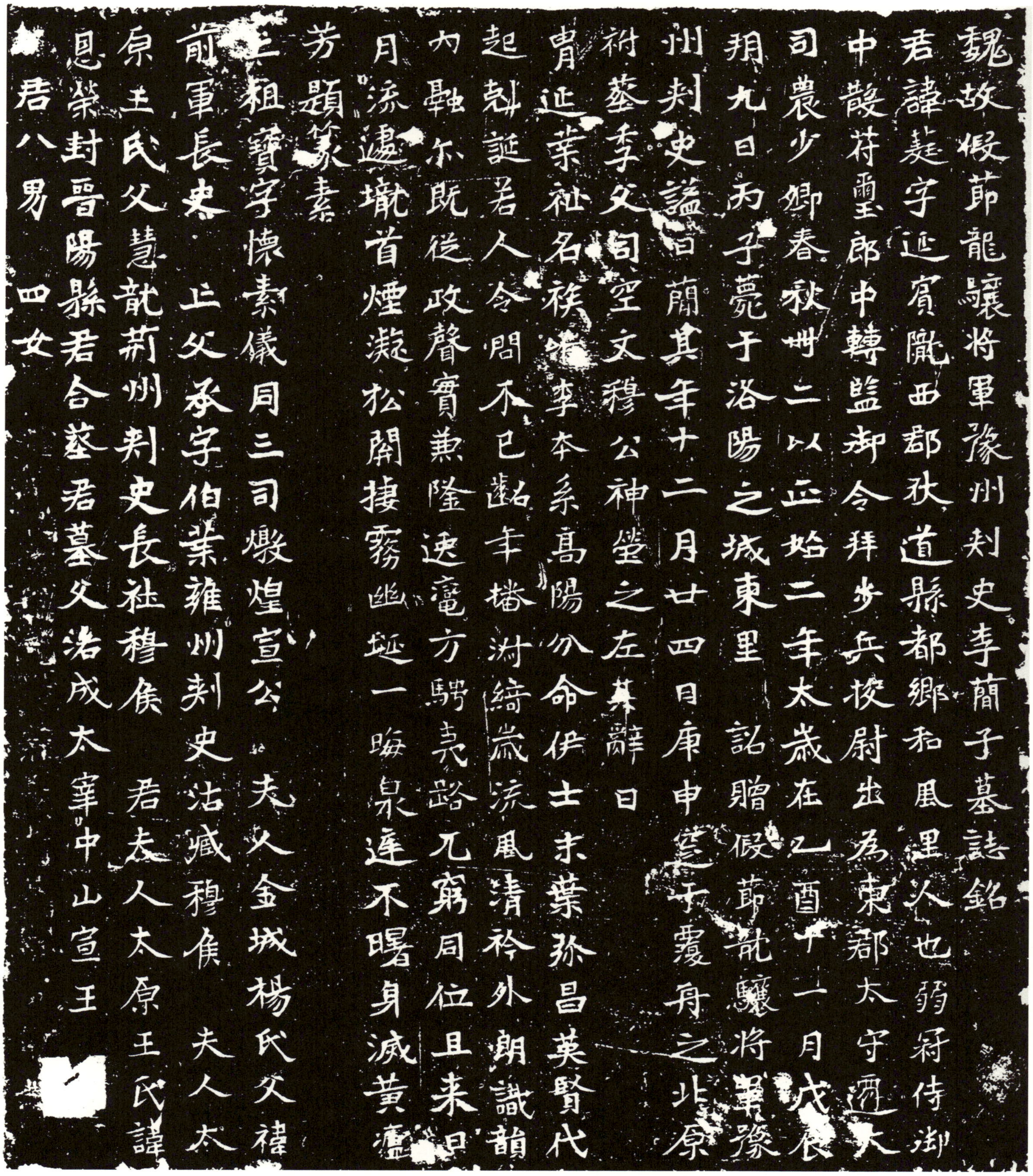
魏故假節龍驤将軍豫州刺史李蔺子墓誌銘
君諱蕤字延賓隴西郡狄道縣都鄉和風里人也弱冠侍御
中散符璽郎中轉監御令拜步兵校尉出為東郡太守遷大
司農少卿春秋卌二以正始二年太歲在乙酉十一月戊辰
朔九日丙子薨于洛陽之城東里　詔贈假節龍驤將軍豫
州刺史謚曰蔺其年十二月廿四日庚申窆于覆舟之北原
祔塋李文司空文穆公神塋之左其辭曰
冑延葉祉名族　李本系高陽仍命伊士末葉孫昌英賢代
起剋誕君人令問不已齔年播淑綺歲流風清衿外朗識韻
內融爾既從政聲實兼隆迅電方騁長路无窮同位且來日
月流邁撤首煙凝松關接霧幽延一晦泉逢不曙身滅黃壚
芳題篆素
祖寶字懷素儀同三司燉煌宣公　夫人金城楊氏父禕
前軍長史　父承字伯業雍州刺史姑臧穆侯　夫人太
原王氏父慧龍荊州刺史長社穆侯　君夫人太原王氏諱
恩榮封晉陽縣君合塋君墓父洛成太宰中山宣王
君八男　四女

〇三八 魏故假節龍驤将軍豫州刺史李蔺子【蕤】墓誌銘

正始二年（505）十一月九日卒，同年十二月二十四日葬。誌文17行，满行23字，楷書。誌石高48.7釐米，寬41.5釐米，河南洛陽出土。

【释文】

君諱蕤，字延賓，隴西郡狄道縣都鄉和風里人也。弱冠侍御、中散，符璽郎中，轉監御令，拜步兵校尉。出為東郡太守，遷大司農少卿。春秋卌二，以正始二年太歲在乙酉十一月戊辰朔九日丙子，薨于洛陽之城東里。詔贈假節龍驤将軍、豫州刺史，謚曰簡。其年十二月廿四日庚申窆于覆舟之北原，祔葬季父司空文穆公神塋之左。其辭曰：

冑延業祉，名族唯李，本系高陽，分命伊土。末葉弥昌，英賢代起，剋誕若人，令問不已。齠年播淑，綺歲流風，清衿外朗，識韻内融。尔既從政，聲實兼隆，逸轡方騁，夷路兀窮。同位且来，日月流遽，壠首煙凝，松關棲霧。幽埏一晦，泉庭不曙，身滅黄壚，芳題篆素。

亡祖寶，字懷素，儀同三司、燉煌宣公；夫人金城楊氏，父褘，前軍長史。亡父承，字伯業，雍州刺史、沽臧穆侯；夫人太原王氏，父慧龍，荆州刺史、長社穆侯。君夫人太原王氏，諱恩榮，封晉陽縣君，合塟君墓，父洛成，太宰、中山宣王。君八男，四女。

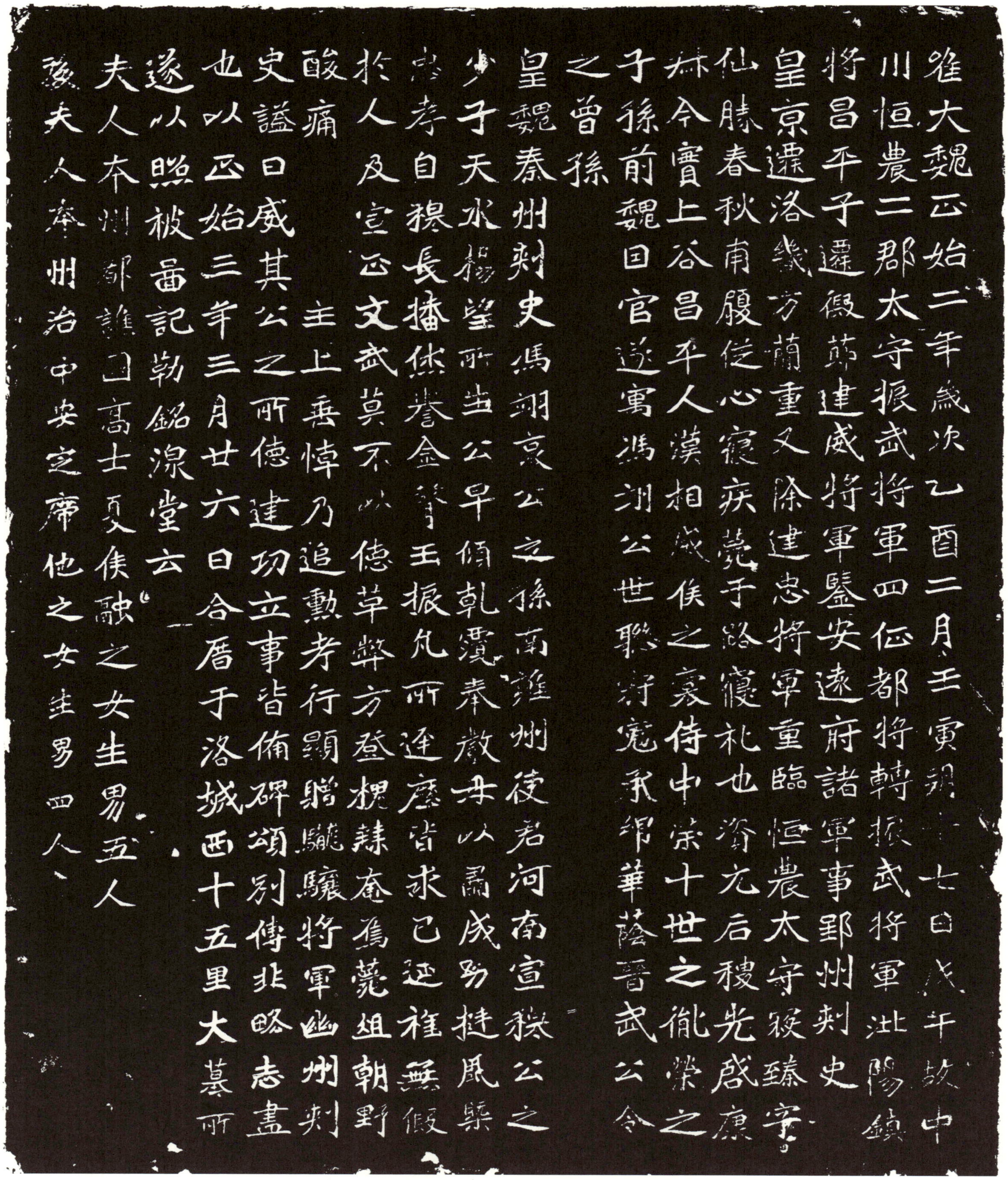

〇三九 寇臻墓誌

正始三年（506）三月二十六日葬。誌文18行，滿行23字，楷書。誌石高56.5釐米，寬69釐米，河南洛陽出土。

【释文】

唯大魏正始二年歲次乙酉二月壬寅朔十七日戊午，故中川恒農二郡太守、振武将軍、四征都将，轉振武将軍、沘陽鎮将、昌平子，遷假節建威将軍、鑒安遠府諸軍事、郢州刺史，皇京遷洛，畿方萴重，又除建忠将軍、重臨恒農太守寇臻，字仙勝，春秋甫履從心，寢疾薨于路寢，礼也。資元后稷，光啓康叔。今實上谷昌平人。漢相威侯之裔，侍中榮十世之胤。榮之子孫，前魏因官，遂寓馮翊。公世聯冠冕，承綿華蔭。晉武公令之曾孫，皇魏秦州刺史、馮翊哀公之孫，南雍州使君、河南宣穆公之少子，天水楊望所生。公早傾乾覆，奉嚴母以肅成。幼挺風槩，忠孝自穆；長播休譽，金聲玉振。凡所迳歷，皆求己延旌，無假於人。及宣正文武，莫不以德革弊。方登槐棘，奄焉薨徂。朝野酸痛，主上垂悼。乃追勳考行，顯贈驪驤将軍、幽州刺史，謚曰威。其公之所德，建功立事，皆備碑頌別傳，非略志盡也。以正始三年三月廿六日，合厝于洛城西十五里大墓所。遂以照被畐記，勒銘泉堂云。夫人，本州都譙國高士夏侯融之女，生男五人。後夫人，本州治中安定席他之女，生男四人。

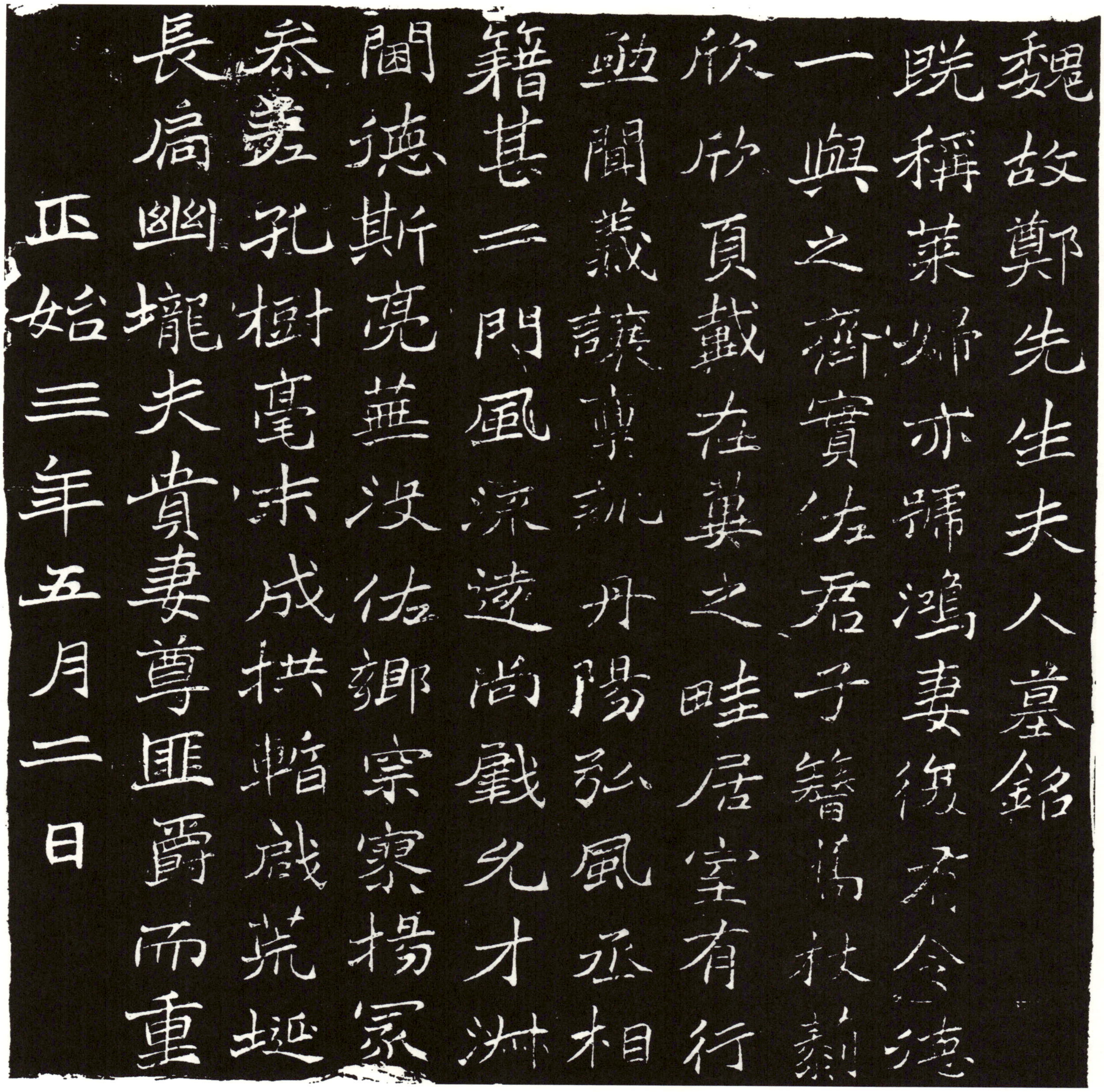
魏故鄭先生夫人墓銘
既稱萊婦亦歸鴻妻復不令德
一與之齊實佐君子籍焉枕藉
欣欣貞載在冀之畦居室有行
亟聞義讓東訓丹陽弘風丞相
籍甚二門風深遠尚戚允才淋
閫德斯亮無沒佐鄉宗寔揚家
参差孔樹毫末成拱輶戚荒埏
長扃幽壠夫貴妻尊匪爵而重
正始三年五月二日

〇四〇 魏故鄭先生夫人墓銘

正始三年（506）五月二日葬。誌文10行，滿行12字，楷書。誌石高41釐米、寬40釐米，出土地不詳。

【释文】

既稱萊婦，亦號鴻妻，復有令德，一與之齊。實佐君子，簪蒿杖藜，欣欣負戴，在冀之畦。居室有行，亟聞義讓，禀訓丹陽，弘風丞相。籍甚二門，風流遠尚，肇允才淑，閫德斯亮。蕪没佑鄉，宗家揚冡，參差孔樹，毫末成栱。暫啓荒埏，長扃幽壟。夫貴妻尊，匪爵而重。正始三年五月二日。

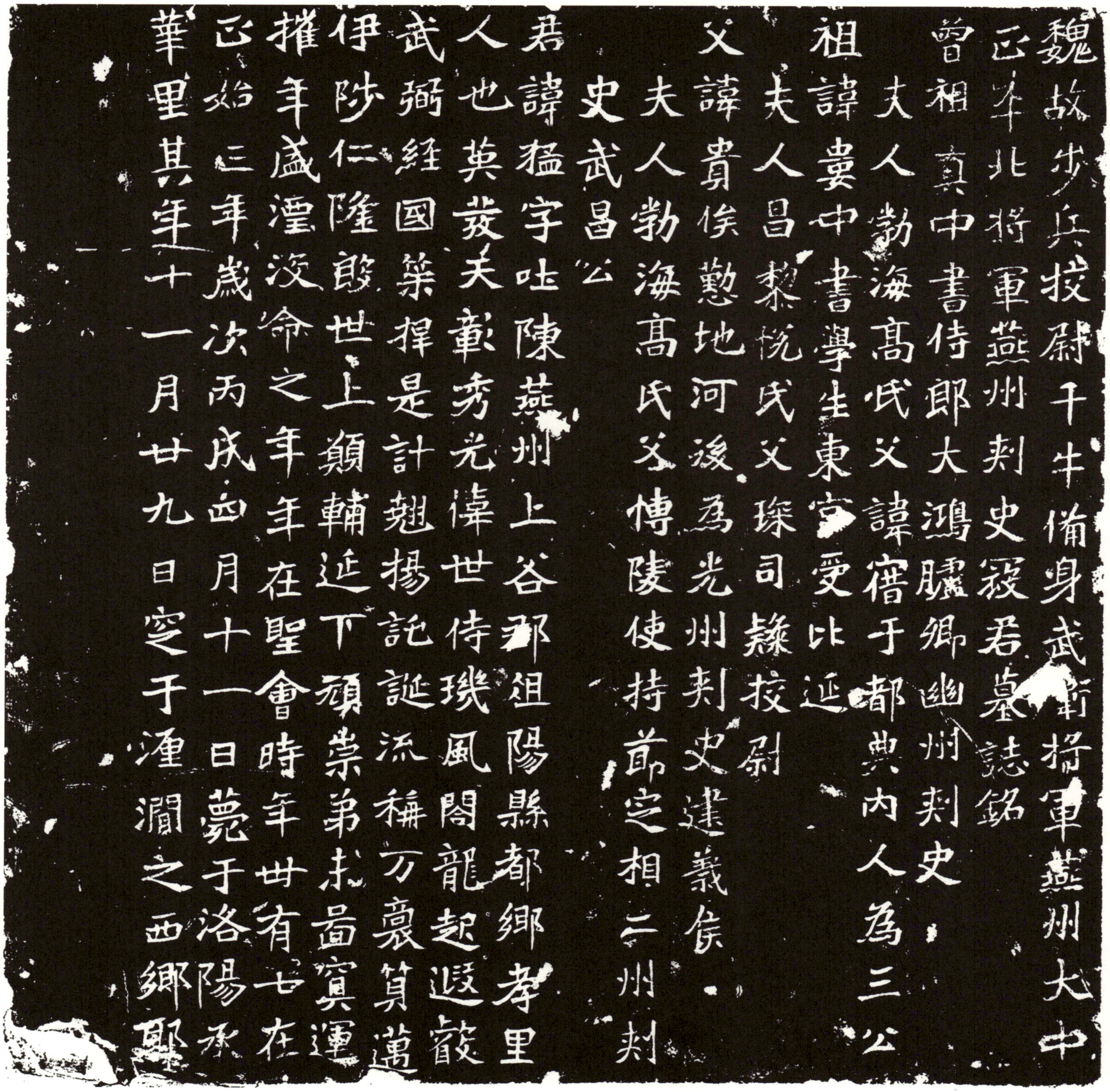
魏故步兵校尉千牛備身武衛將軍燕州大中
正平北將軍燕州刺史寇君墓誌銘
曾祖真中書侍郎大鴻臚卿幽州刺史
夫人勃海高氏父諱僧于都典内人為三公
祖諱雙中書學生東宮受北延
夫人昌黎慌氏父琛司隸校尉
父諱貴侯懃地河後為光州刺史建義侯
夫人勃海高氏父博陵使持節定相二州刺
史武昌公
君諱猛字吐陳燕州上谷郡沮陽縣都鄉孝里
人也英茂夫彰秀光偉世侍璣風閣龍起遐藪
武獨經國策揮是計翹揚託誕流稱万襄筭萬
伊陟仁隆啟世上頗轄延下頑崇弟未畐寘運
推年盛湮沒命之年年在聖會時年卅有七在
正始三年歲次丙戌四月十一日薨于洛陽承
華里其年十一月廿九日窆于瀍澗之西鄉邸

〇四一 魏故步兵校尉千牛備身武衛將軍燕州大中正平北將軍燕州刺史寇君【猛】墓誌銘

正始三年（506）四月十一日卒，同年十一月二十九日葬。

誌文16行，滿行18字，楷書。誌石高45.5釐米、寬45.5釐米，河南洛陽出土。

【释文】

曾祖真，中書侍郎、大鴻臚卿、幽州刺史；夫人勃海高氏，父諱宿，于都典内，人為三公。祖諱婁，中書學生、東宫受比延；夫人昌黎悦氏，父琛，司隸校尉。父諱貴，侯懃地河，後為光州刺史、建義侯。夫人勃海高氏，父博陵，使持節、定相二州刺史、武昌公。君諱猛，字吐陳，燕州上谷郡沮陽縣都鄉孝里人也。英發天彰，秀光偉世，侍璣風閤，龍起遐叡。武弼經國，策捍是計，翹揚託誕，流稱万裔。質邁伊陟，仁隆殷世，上願輔延，下規崇弟。未啚冥運，摧年盛湮，没命之年，年在聖會。時年卌有七，在正始三年歲次丙戌四月十一日，薨于洛陽承華里。其年十一月廿九日窆于瀍澗之西鄉耶。

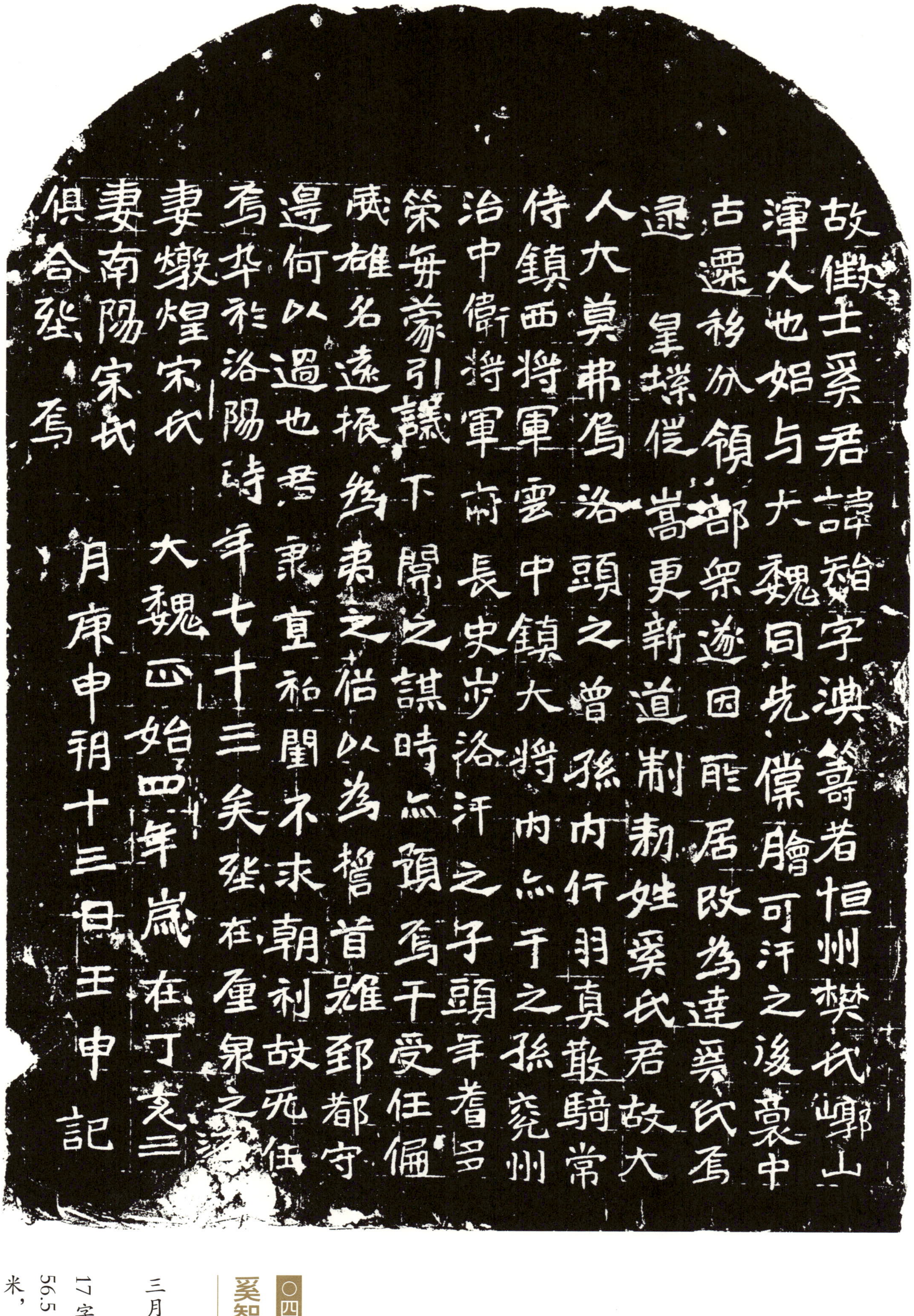

○四二 奚智墓誌

正始四年（507）三月十三日葬。

誌文14行，滿行17字，楷書。誌石高56.5釐米，寬39.3釐米，河南洛陽出土。

【释文】

故徵士奚君諱智，字洪籌者，恒州樊氏嶧山渾人也。始與大魏同先，僕膾可汗之後裔。中古遷移，分領部衆，遂因所居，改為達奚氏焉。逮皇（嶫）［業］徙嵩，更新道制，敕姓奚氏。君故大人大莫弗烏洛頭之曾孫，内行、羽真、散騎常侍、鎮西将軍、雲中鎮大将内亦干之孫，兖州治中、衛将軍府長史步洛汗之子。頭年耆多策，每蒙引議，下關之謀，時亦預焉。干受任偏威，雄名遠振，為夷之俗，以為誓首。雖郅都守邊，何以過也。君秉直私閨，不求朝利，故無任焉。卒於洛陽，時年七十三矣。葬在纏泉之源。妻燉煌宋氏，大魏正始四年歲在丁亥三妻南陽宗氏，月庚申朔十三日壬申記倶合葬焉。

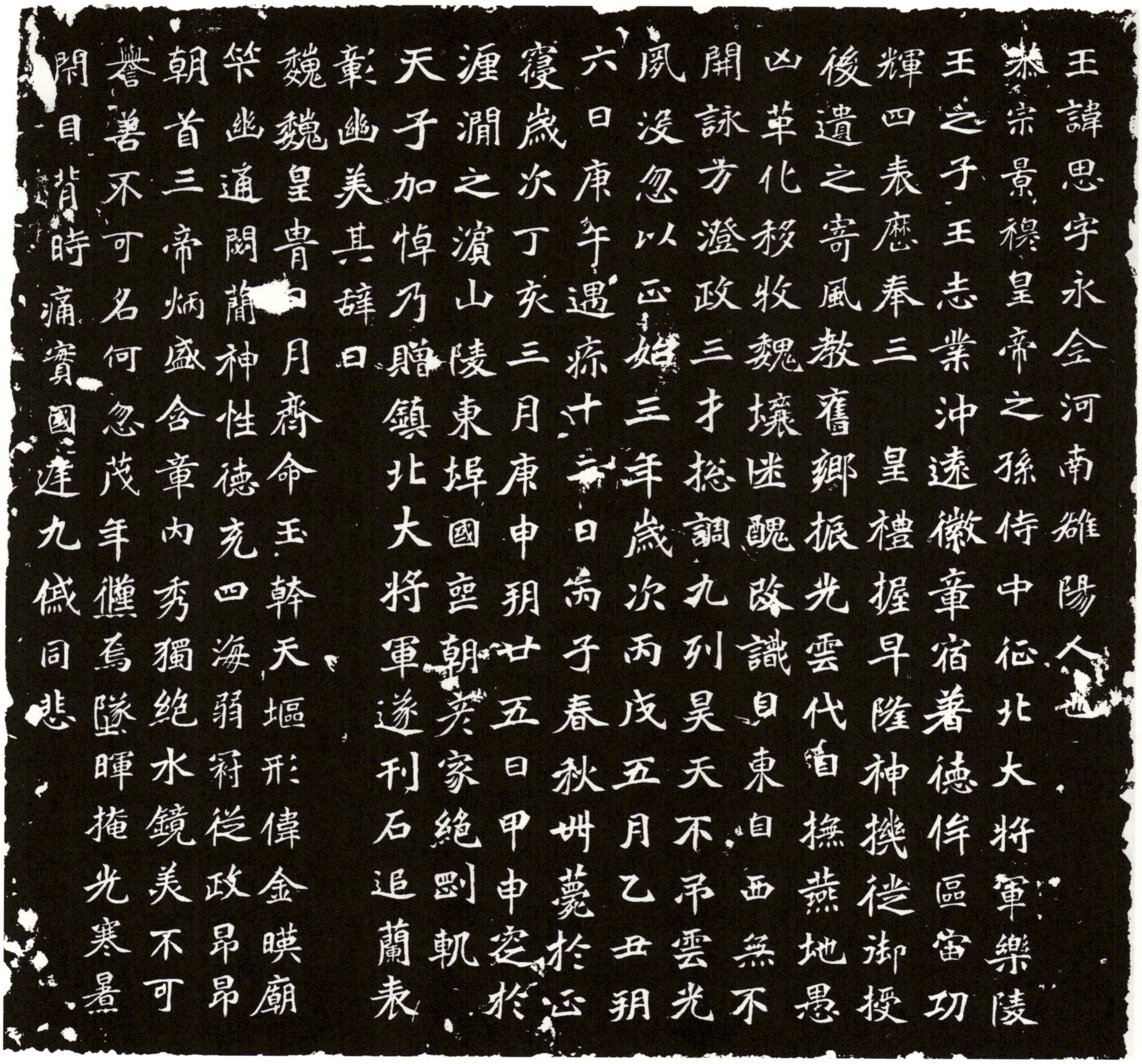
王諱思字永仚河南雒陽人也
恭宗景穆皇帝之孫侍中征北大将軍樂陵
王之子王志業沖遠徽章宿著徳侔區宙功
輝四表歷奉三　皇禮握早隆神機從御授
後遺之寄風教舊鄉振光雲代自撫燕地思
以革化移牧魏壤迷醜改識自東自西無不
開詠方澄政三才揔調九列昊天不弔雲光
夙没忽以正始三年歲次丙戌五月乙丑朔
六日庚午遇疾十二日丙子春秋卅薨於正
寝歲次丁亥三月庚申朔廿五日甲申窆於
洹澗之濱山陵東埠國喪朝哀家絕罰軌
天子加悼乃贈鎮北大将軍遂刊石追蘭表
彰幽美其辞曰
巍巍皇冑日月齊命王榦天樞形偉金暎廟
笄幽通閟蕳神性徳充四海弱冠從政昂昂
朝首三帝炳盛含章内秀獨絕水鏡美不可
譽善不可名何忽茂年爌爲墜暉掩光寒暑
閒目背時痛賓國違九僟同悲

○四三 元思墓誌

正始三年（506）五月十二日卒，正始四年（507）三月二十五日葬。

誌文18行，滿行17字，楷書。誌石高59.4釐米，寬61.5釐米，河南洛陽出土。

【释文】

王諱思，字永全，河南雒陽人也。恭宗景穆皇帝之孫，侍中、征北大将軍、樂陵王之子。王志業沖遠，徽章宿著，德侔區宙，功輝四表。歷奉三皇，禮握早隆，神機徙御，授後遺之寄，風教舊鄉，振光雲代。自撫燕地，愚凶革化，移牧魏壤，番醜改識，自東自西，無不開詠。方澄政三才，捴調九列，昊天不弔，雲光夙没。忽以正始三年歲次丙戌五月乙丑朔六日庚午遇疹，十二日丙子，春秋四十，薨於正寢。歲次丁亥三月庚申朔廿五日甲申窆於瀍澗之濵，山陵東埠。國喪朝彦，家絶剠軌。天子加悼，乃贈鎮北大将軍。遂刊石追蘭，表彰幽美。其辭曰：

巍巍皇胄，日月齊命，玉幹天堰，形偉金映。廟算幽通，閟簡神性，德充四海，弱冠從政。昂昂朝首，三帝炳盛，含章内秀，獨絶水鏡。美不可譽，善不可名，何忽茂年，倏焉墜暉。掩光寒暑，閉目背時，痛實國庭，九戚同悲。

魏故武昌王通直散騎常侍散騎常侍冠軍將軍
河南尹左衛將軍持節督齊徐二州諸軍事征虜
將軍齊徐二州刺史贈齊州刺史王如故謚
諱鑒字紹達司州河陽人也 王即道武 皇帝之
玄孫河南王之曾孫成王之孫簡王之子以正始
三年歲次丙戌夏五月壬午朔廿六日丁未春秋
卅有三寢疾薨於第越四年春三月廿六日附窆
於長陵之東塋
弈弈緒徽蟬聯遐胤公瓊乾芳別華景振棠櫟累
榮龍封重潤鄉化崇光維城作鎮靈躬疊祉 誥
遷爲宰乃詮宗徽京尹是撫好尔懿哲惟王斯舉
列暢澄猷梵蓋斯怙照照鴻度恢恢虛沖六術內
朗五典外融私光予敬公闈臣忠帳謨帝閫宣侍
皇風感類公陝効蕤伊姜帝酬休烈奄有海藉化
謚東夏滑區再汪式遵先惠世濟其光撫齊慕齡
滑泯順執作牧彭蕃冀德齊礼猛協秋凝仁迺冬
昏爽揚追風迴郁遐迩
維大代大魏正始四年歲次丁亥三月庚申朔廿
六日乙酉 武昌王墓誌銘

○四四 元鑒墓誌

正始三年（506）五月二十六日卒，正始四年（507）三月二十六日葬。

誌文19行，滿行19字，楷書。誌石高43釐米，寬45.8釐米，河南洛陽出土。

【释文】

魏故武昌王、通直散騎常侍、散騎常侍、冠軍将軍、河南尹、左衛将軍、持節督齊徐二州諸軍事、征虜将軍、齊徐二州刺史、贈齊州刺史，王如故，謚。王諱鑒，字紹達，司州洛陽人也。王即道武皇帝之玄孫，河南王之曾孫，成王之孫，簡王之子。以正始三年歲次丙戌夏五月壬午朔廿六日丁未，春秋卌有三，寢疾薨於第。越四年春三月廿六日，附窆於長陵之東崿。

弈弈修徽，蟬聯遐胤，分瓊乾芳，别華景振。堂構累榮，襲封重潤，弼化崇光，維城作鎮。靈射疊祉，詔遷嵩宇，乃詮宗叡，京尹是撫。好尔懿哲，惟王斯舉，剋暢澄猷，煢釐斯怙。照照鴻度，恢恢虚沖，六術内朗，五典外融。私光子敬，公闈臣忠，喉謨帝闈，宣侍皇風。戚類分陝，効邁伊姜，帝酬休烈，奄有海箱。化溢東夏，淄區再汪，式遵先惠，世濟其光。撫齊慕齡，淄氓順軌，作牧彭蕃，導德齊禮。猛協秋凝，仁迎冬晷，燮揚道風，頌鬱遐迩。

維大代大魏正始四年歲次丁亥三月庚申朔廿六日乙西武昌王墓誌銘。

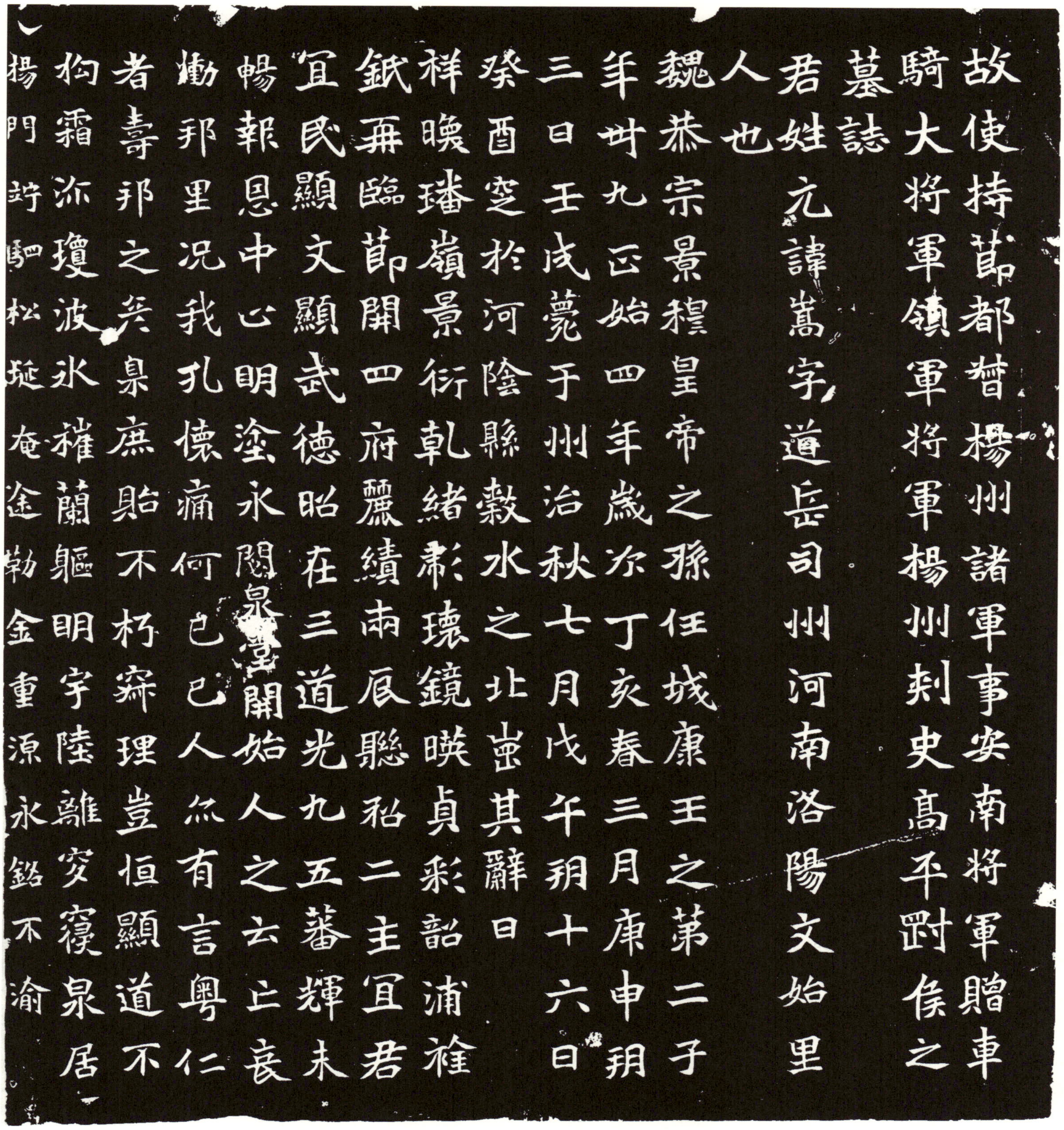

〇四五 故使持節都督揚州諸軍事安南将軍贈車騎大将軍領軍将軍揚州刺史高平剅侯【元蒿】之墓誌

正始四年（507）三月三日卒，同年七月十六日葬。

誌文17行，滿行17字，楷書。誌石高56.9釐米，寬51.5釐米，河南洛陽出土。

【释文】

君姓元，諱嵩，字道岳，司州河南洛陽文始里人也。魏恭宗景穆皇帝之孫，任城康王之第二子。年卅九，正始四年歲次丁亥春三月庚申朔三日壬戌，薨于州治，秋七月戊午朔十六日癸酉窆於河陰縣穀水之北豈。其辭曰：

祥唤璠嶺，景衍乾緒。彪環鏡映，貞彩韶浦。旌鉞再臨，節開四府。麗績兩辰，聯貂二主。宜君宜民，顯文顯武。德昭在三，道光九五。蕃輝未暢，報恩中止。明塗永閟，泉堂開始。人之云亡，哀慟邦里。況我孔懷，痛何已已。人亦有言，粤仁者壽。邦之彦臬，庶貽不朽。寂理豈恒，顯道不拘。霜沴瓊波，冰摧蘭軀。明宇陸離，穸寢泉居。揚門竚駟，松埏奄途。勒金重源，永銘不渝。

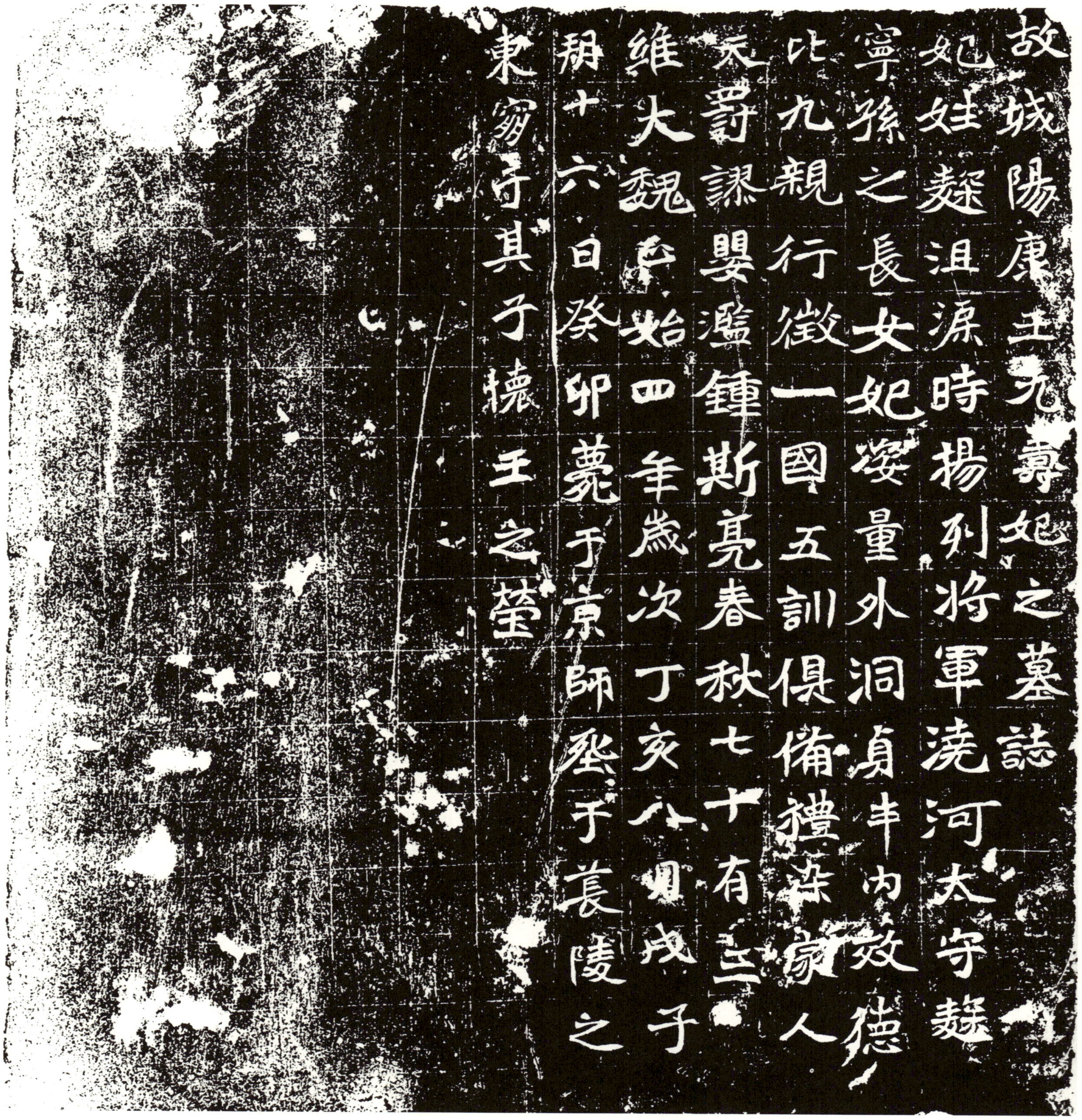

○四六 故城陽康王元壽妃【麴氏】之墓誌

正始四年（507）八月十六日卒。

誌文8行，滿行15字，楷書。誌石高58釐米，寬53.6釐米，河南洛陽出土。

【释文】

妃姓𪌆，沮渠時揚列将軍、澆河太守𪌆寧孫之長女。妃姿量外洞，貞豐内效，德比九親，行徵一國，五訓俱備，禮染家人。天罰謬嬰，濫鍾斯亮。春秋七十有三，維大魏正始四年歲次丁亥八月戊子朔十六日癸卯，薨于京師。葬於長陵之東，甯于其子懷王之塋。

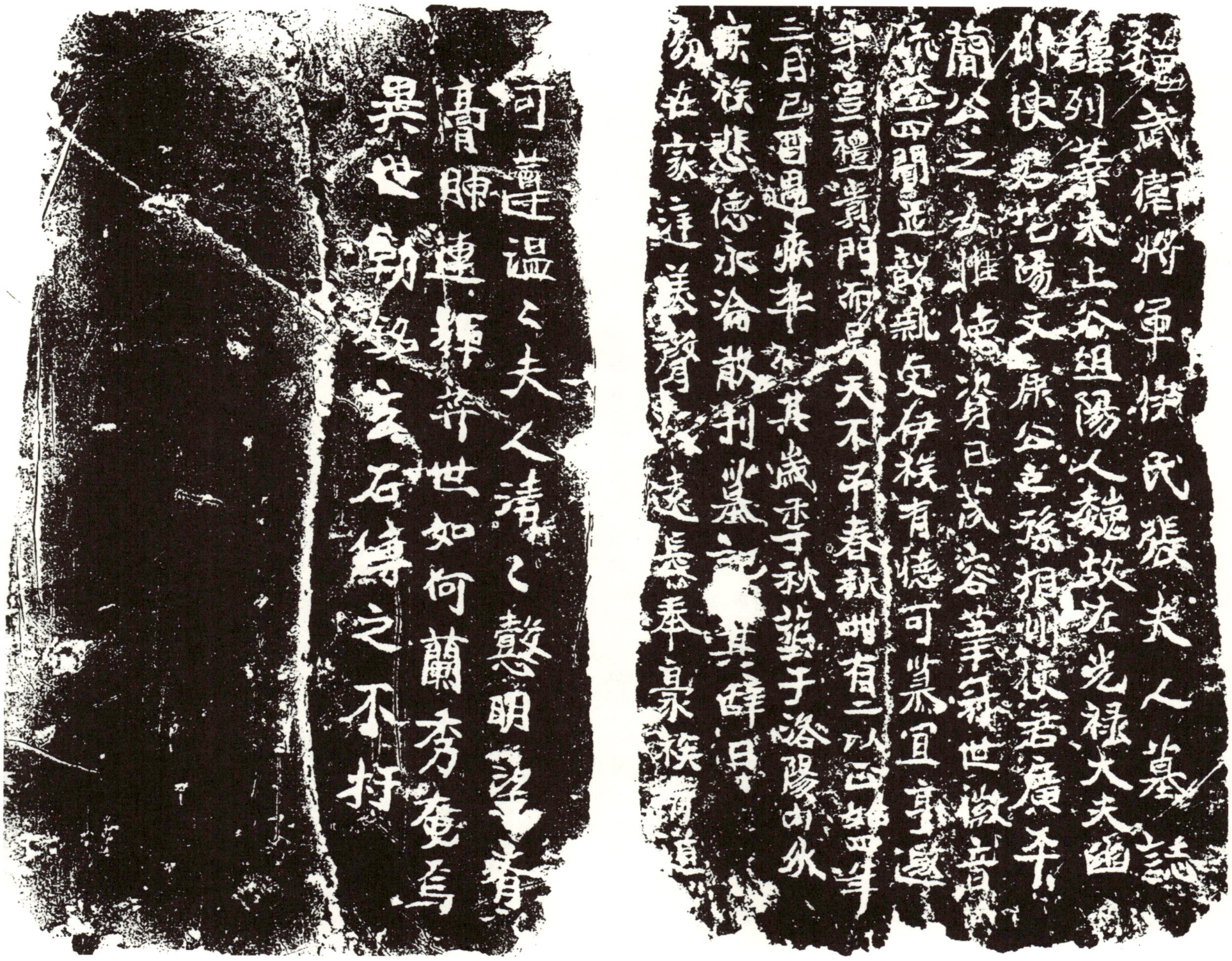

〇四七 魏武衛将軍伊氏張夫人【列華】墓誌

正始四年（507）三月己酉卒，同年秋葬。

誌文9行，行字數不等，楷書。誌石高44釐米，寬25.5釐米，河南洛陽出土。

【释文】

諱列華，先上谷俎陽人。魏故左光禄大夫、幽州使君、范陽文康公之孫，相州使君、廣平簡公之女。惟德資日茂，容華冠世，徽音流溢，四聞並韶，執虔伊族，有德可慕。宜享遐年，宣禮貴門，而昊天不弔，春秋卌有二，以正始四年三月己酉遇疾卒，於其歲季秋葬于洛陽。内外宗族，悲德永淪，敢刊墓記。其辭曰：

幼在家庭，美聲口遠。長奉豪族，有道可遵。温温夫人，清清懿明。望齊膏腴，連輝弈世。如何蘭秀，奄焉異世，勒銘玄石，傳之不朽。

太魏征東大将軍大宗正卿洛州刺史樂安王墓誌銘
君諱緒字紹宗河南洛陽人也明元皇帝之曽孫儀同宣王範之正
體衛大将軍簡王梁之元子君祖翼武皇以造區夏君父匡四朝賓
相成勳其鴻勳綵略英毅偉跡並圖績於鼎廟灼爛於秘篆者矣君少
恭孝長慈文涉籍群書偏愛詩禮性寬容好靜素言不苟施行弗且合
不以時榮義竟金玉漬心雅容於日得之地無交於權貴之門故儁僧
者奇其器慕節者欽其風遇顯祖不奪廉志遵孝文如遂其心故得恬
神閭泌養度勞邦朝野同味世号清王及景明初登選政親賢以君國
懿道尊雅譽龍發乃抽為宗正卿非其好也辭不得已而就焉君乃端
儼容不改刑訓以常律之風敦以湛露之義於是皇室融穆内外熙怡
俄如蕭氏雍化自詒江甸嗜擾崎嶇呂險民勃接豎之黔稱自蔦望
天子乃擇功臣以為非君無能撫者遂榮君為假節督洛州諸軍事驍
驍将軍洛州刺史君乃鄉風振惠喻光聞政未及施如山黎知德君乃
闡皇風張天羅招之以文綏之以惠使舊室革音異民請化千里齊聲
命曰康哉春秋五十九以正始四年正月寝患二月辛卯朔八日戊戌
薨於州之中堂臣僚悽愴百姓若喪其親夏四月廿七日遷柩於東都
吏民感戀扶攜執紼悲咷如送於京師者二千人諸王遣使賓友奉迎
於軒蓋相屬於路五月廿七日達京殯於第之朝堂朝廷愍惜主上悼
焉詔遣贈本官其贈謚之禮厚加焉粤十月丙辰朔卅日乙酉窆於洛
陽城之西北祔塋於高祖孝文陵之東嗣子痛慈顏之永遠抱罔極之
無遂飾石刊芳以彰先業之盛烈乃作頌曰
開基軒嗣造業魏厝資羽鳳含啓麟龍昔淵節滄深高勳岳積殷宇斌
東分齊列辟欽若帝命朗保鴻基玉淨金山冰潔清汙食道堯世柘風
斧時遊雲裡驂鴆翼霄飛霄飛何為天受作政明心劒玉清身水鏡衡
均宗石歸裁民命霽光東岫傾輝西暎西暎為照宴惟洛荆化不待碁
匪日如成望舒失御亭耀掩明流馨生世奕骨長冥

○四八 大魏征東大将軍大宗正卿洛州刺史樂安王【元緒】墓誌銘

正始四年（507）二月八日卒，同年十月三十日葬。

誌文26行，滿行27字，楷書。誌石高66釐米，寬68釐米，河南洛陽出土。

【释文】

君諱緒，字紹宗，河南洛陽人也。明元皇帝之曾孫，儀同、宣王範之正體，衛大将軍簡王梁之元子。君祖翼武皇，以造區夏，君父歷匡四朝，實相成獻。其鴻勳桀略，英蹤偉跡。並圖績於鼎廟，灼爛於秘篆者矣。君少恭孝，長慈友。涉獵群書，偏愛詩禮。性寬密，好静素，言不苟施，行弗且合。不以時榮羡意，金玉瀆心，雍容於自得之地，無交於權貴之門。故傲僧者奇其器，慕節者飲其風。遇顯祖不奪厥志，逢孝文如遂其心。故得恬神菌泌，養度茅邦，朝野同咏，世号清王。及景明初登，選政親賢，以君國懿道専，雅聲韶發，乃抽為宗正卿。非其好也，辭不得已而就焉。君乃端儼容，平政刑，訓以常棣之風，敦以湛露之義。於是皇室融穆，内外熙怡。俄如蕭氏竊化，自詔江甸，嶓塚崎嶇，局險民勃，接豎之黔，豺目烏望。天子乃擇功臣，以爲非君無能撫者，遂策君為假節督洛州諸軍事、驡驤将軍、洛州刺史。君高響夙振，惠喻先聞，政未及施，如山黎知德。君乃闡皇風，張天羅，招之以文，綏之以惠，使舊室革音，異民請化，千里齊聲，僉曰康哉。春秋五十九，以正始四年正月寢患，二月辛卯朔八日戊戌薨於州之中堂。臣僚慘噎，百姓若喪其親。夏四月廿七日還柩於東都。吏民感戀，扶櫬執紼，號眺（如）送於京師者二千人；諸王遣侯，賓友奉迎者，軒蓋相屬於路。五月廿七日達京，殯於第之朝堂。朝庭愍惜，主上悼懷，詔遂贈本官，其賵襚之禮厚加焉。粤十月丙辰朔卅日乙酉葬於洛陽城之西北，祔塋於高祖孝文陵之東。嗣子痛慈顔之永遠，抱罔極之無逮，鐫石刊芳，以彰先業之盛烈。乃作頌曰：

開基軒符，造業魏曆。資羽鳳今，啟鱗龍昔。淵節滄深，高勳岳積。錫宇岱東，分齊列辟。欽若帝命，明保鴻基。玉淨金山，冰潔清沂。食道堯世，栖風舜時。逢雲理翰，矯翼霄飛。霄飛何為，天受作政。明心劍玉，清身水鏡。衡均宗石，錦裁民命。霽光東岫，傾輝西暎。西暎焉照，寔唯洛荆。化不待朞，匪曰如成。望舒失御，亭耀墜明。流馨生世，委骨長冥。

〇四九 張洛都磚銘

正始五年（508）五月十七日葬。誌文2行，滿行7字，楷書。誌石高33釐米，寬17釐米，出土地不詳。

【释文】

正始五年五月十七日張洛都塚。

〇五〇 魏故照玄沙門都維那法師惠猛之墓誌銘

正始年間葬。

誌文21行，滿行20字，楷書。誌石高70釐米，寬71釐米，河南洛陽出土。

【释文】

法門緣姓陰氏，燉煌人也。靈源遐發，冠帶西州，才彦世華，仰□□□法師承禮之基，蹈□□之天，情邈靈□□□□□世，而居慕□□之聖跡，□簪適□□□□□□□□□□神想干□窮□捨幽泮，若泳□□□□□□□□□□之日遠，若乃昇坐法□□□□□□□一起有□斯□久韻再揚無言清穆□□□□□□□□□□□□□矣。如翔鳳之降堯陛。高祖□□□□□□□□□□乃清談，□□交想移辰□□□之□□□□□□□二□□将□之矣。皇上□□道□遐□□□□□□使之□□而神鑒，一踐玉石□□□□□□□□□□□□□昇帝床入紫幕言□□□□□□□□□□□□之預，唯師獨之矣。……

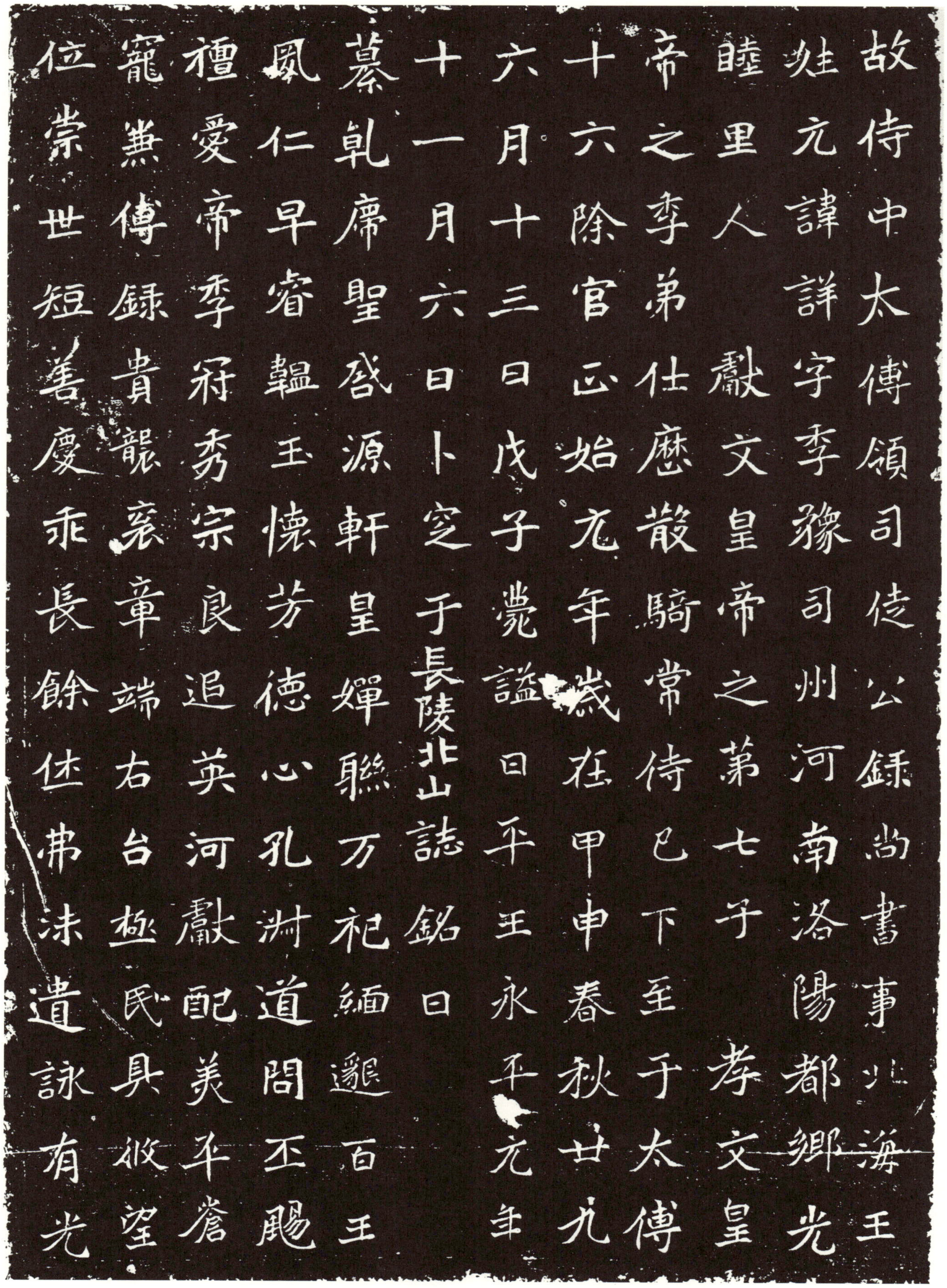
故侍中太傅領司徒公録尚書事北海王
姓元諱詳字季豫司州河南洛陽都鄉光
睦里人 獻文皇帝之第七子孝文皇
帝之季弟仕歷散騎常侍已下至于太傅
十六除官正始元年歲在甲申春秋廿九
六月十三日戊子薨謚曰平王永平元年
十一月六日卜窆于長陵北山誌銘曰
慕乹靡聖啓源軒皇嬋聯万祀緬邈百王
鳳仁早睿韞玉懷芳德心孔淵道問丕颺
禮愛帝季冠秀宗良追英河獻配美平詹
寵兼傳録貴龍袞章端右台極民具攸望
位崇世短善慶乖長餘休弗沫遺詠有光

○五一 元詳墓誌

正始元年（504）六月十三日卒，永平元年（508）十一月六日葬。

誌文12行，滿行16字，楷書。誌石高68.6釐米，寬48.5釐米，河南洛陽出土。

【释文】

故侍中、太傅、領司徒公、録尚書事、北海王姓元，諱詳，字季豫，司州河南洛陽都鄉光睦里人。獻文皇帝之第七子，孝文皇帝之季弟。仕歷散騎常侍已下，至于太傅。十六除官，正始元年歲在甲申，春秋廿九，六月十三日戊子薨，謚曰平王。永平元年十一月六日卜窆于長陵北山。誌銘曰：

纂乾席聖，啟源軒皇。嬋聯萬祀，緬邈百王。夙仁早睿，韞玉懷芳。德心孔淑，道問丕颺。擅愛帝季，冠秀宗良。追英河獻，配美平蒼。寵兼傅録，貴襲兖章。端右台極，民具攸望。位崇世短，善慶乖長。餘休弗沫，遺詠有光。

魏故使持節侍中假黃鉞都督中外諸軍事
太師領司徒公彭城武宣王墓誌銘
王諱勰字彥和司州河南洛陽光睦里人也
顯祖獻文皇帝之第六子
高祖孝文皇帝之弟仕歷侍中已下至太師
十七除官永平元年歲在戊子春秋卅六九
月十九日己亥薨追贈使持節侍中假黃鉞
都督中外諸軍事太師領司徒公謚曰武宣
王其年十一月六日窆于長陵北山其辭曰
承乾體極胄皇緒聖睿明夙躋含仁履敬德
冠宗英器高時令鉉教孔脩端風丕暎流恩
冀北申威南郢遵彼心遜挹此崇盛華袞素
心彌煩息競志栖事外頤道養性壽乖與善
福件必慶隆勳短世遠情促命遺惠被民餘
芳在詠
太妃長樂潘氏祖猛青州治中東萊廣川
二郡太守父弥平原樂安二郡太守
妃隴西李氏祖寶儀同三司燉煌宣公
父沖司空清淵文穆公

○五一 魏故使持節侍中假黃鉞都督中外諸軍事太師領司徒公彭城武宣王【元勰】墓誌銘

永平元年（508）九月十九日卒，同年十一月六日葬。

誌文17行，滿行17字，楷書。誌石高62.5釐米，寬59.6釐米，河南洛陽出土。

【释文】

王諱緦，字彥和，司州河南洛陽光睦里人也。顯祖獻文皇帝之第六子，高祖孝文皇帝之弟。仕歷待中已下，至太師。十七除官。永平元年歲在戊子，春秋卅六，九月十九日己亥薨。追贈使持節、侍中、假黃鉞、都督中外諸軍事、太師、領司徒公，謚曰武宣王。其年十一月六日，窆于長陵北山。其辭曰：

承乾體極，胄皇緒聖，睿明夙躋，含仁履敬。德冠宗英，器高時令，鉉教孔脩，端風丕映。流恩冀北，申威南郢，遵彼止遜，挹此崇盛。華充素心，蠲煩息競，志栖事外，頤道養性。壽乖與善，福舛必慶，隆勳短世，遠情促命。遺惠被民，餘芳在詠。

太妃長樂潘氏，祖猛，青州治中、東萊廣川二郡太守；父弥，平原樂安二郡太守。妃隴西李氏，祖寶，儀同三司、燉煌宣公；父沖，司空、清淵文穆公。

魏尚書江陽王次妃石夫人墓誌銘
夫人諱婉字敬姿勃海南皮人也魏故使持節都督
荊豫二州諸軍事平南將軍荊豫青三州刺史汝陽
公馛之季女稟氣妍華資性聡哲學涉九流則靡淵
不測才開詩筆徧物能賦又歸心至聖信慕玄宗東
被遺教無文不攬是以道俗瞻望內外僉敬宜輟機
垂誡屈身毀義使屢遷之益一薦擅名於魯邦芒卯之
妻愧見美於魏國何圖不幸奄然息世臣吏號絕親
賓悲慟以永平元年歲次戊子十一月庚辰朔廿三
日壬寅葬於西陵恨量石裁文書德示盡其辭曰
王生衛閨桂出合芳幾金天利明珠自光夫人窈窕
性質稟常心如懷月言似吐瑋顏如秋玉色艷春葩
云生公室言歸王家委穀徐步望若遊霞陳王著賦
齊女軫華學既探玄業以成篇心懷巨濟古昔芳煙
慕端流譽素上題琁陵姬格筆昭君謝賢平生一旦愛
甚慎機微言怨驚氣行憂動衣恨不自見鑒鏡之輝
如何一旦與世長違蘭刈由馨膏盡緣明堂潛王跡
室隱金聲唯聞琴絕但見遺經悲言玄石何以能名

〇五三 魏尚書江陽王次妃石夫人【婉】墓誌銘

永平元年（508）十一月二十三日葬。

誌文18行，滿行20字，楷書。誌石高57釐米，寬50.9釐米，河南洛陽出土。

【释文】

夫人諱婉，字敬姿，勃海南皮人也。魏故使持節、都督荊豫二州諸軍事、平南将軍、荊豫青三州刺史、汝陽公敽之季女。稟氣妍華，資性聰哲，學涉九流，則靡淵不測，才闚詩筆，觸物能賦。又歸心至聖，信慕玄宗，東被遺教，無文不攬。是以道俗瞻望，内外僉敬，宜輟機垂誡，屈身敦義。使屢遷之孟，慚擅名於魯邦；芒卯之妻，愧見美於魏國。何啚不幸，奄然息世。臣吏號絶，親賓悲慟。以永平元年歲次戊子十一月庚辰朔廿三日壬寅，葬於西崖。恨量石裁文，書德不盡。其辭曰：

玉生銜閏，桂出含芳；紫金天利，明珠自光。夫人窈窕，性實稟常；心如懷月，言似吐璋。顔如秋玉，色艶春葩；云生公室，言歸王家。委縠徐步，望若遊霞；陳王羞賦，齊女慙華。學既探玄，才亦成篇；心懷臣寶，口吐芳煙。豪端流璧，素上題璇；阮姫格筆，昭君謝賢。平生自愛，甚慎機微；言恐驚氣，行慮動衣。恨不自見，鑒鏡之輝；如何一旦，與世長違。蘭刈由馨，膏盡緣明；堂潛玉跡，室隠金聲。唯聞琴絶，但見遺經；悲言玄石，何以能名？

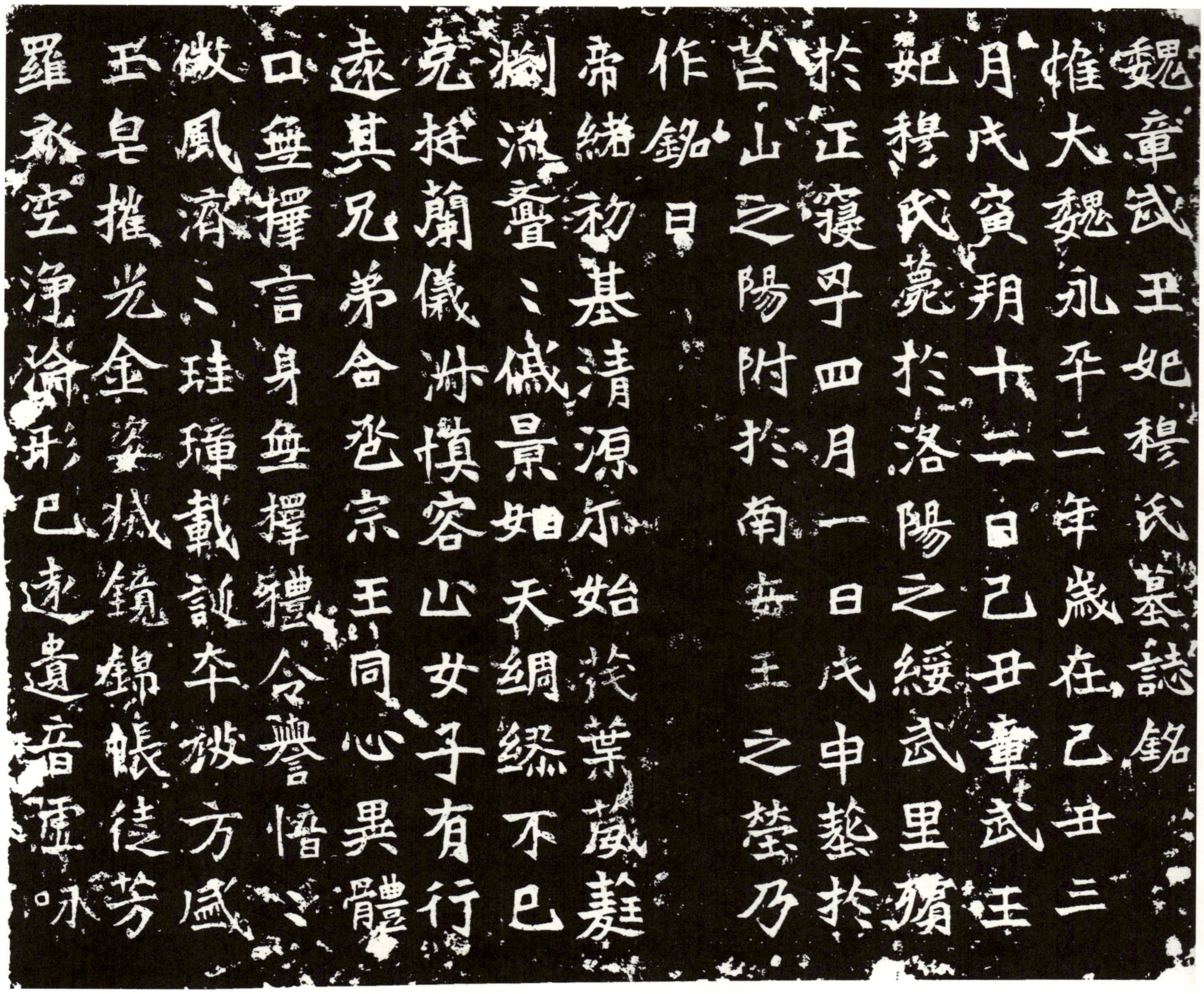

〇五四 魏章武王【元融】妃穆氏墓誌銘

永平二年（509）三月十二日卒，同年四月一日葬。

誌文15行，滿行12字，楷書。誌石高38釐米，寬45釐米，河南洛陽出土。

【释文】

惟大魏永平二年歲在己丑三月戊寅朔十二日己丑，章武王妃穆氏薨於洛陽之綏武里，殯於正寢。粤四月一日戊申葬於邙山之陽，附於南安王之塋。乃作銘曰：

帝緒初基，清源亦始。茂葉葳蕤，淵流亹亹。儼景姻天，綢繆不已。克挺蘭儀，淑慎容止。女子有行，遠其兄弟。合卺宗王，同心異體。口無擇言，身無擇體。令譽愔愔，徽風濟濟。珪璋載誕，本枝方盛。玉皂摧光，金姿滅鏡。錦帳徒芳，羅衣空浄。淪形已遠，遺音虛咏。

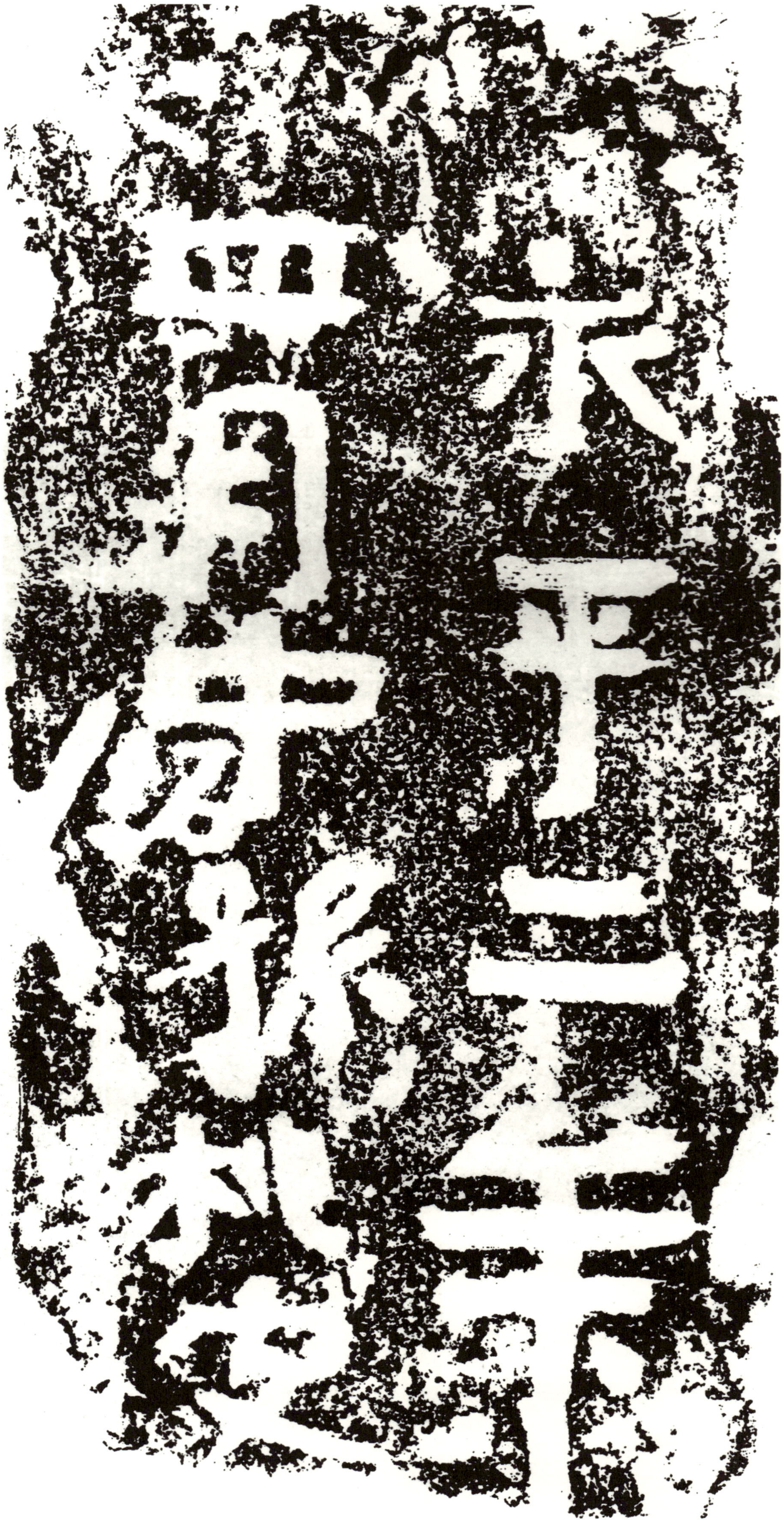

○五五 孫桃史墓銘

永平二年（509）四月葬。

誌文2行，滿行6字，楷書。誌石高27.5釐米、寬13.5釐米，河南洛陽出土。

【释文】

永平二年四月中孫桃史銘。

〇五六 元德墓誌

永平二年（509）十一月十一日葬。

誌文四行，行字數不定，楷書。誌石高28.5釐米，寬13釐米，河南洛陽出土。

【释文】

永平二年十一月十一日，昭成皇帝後，常山王孫，冗從僕射、羽林監，偏城太守元德銘。受戒師道由。

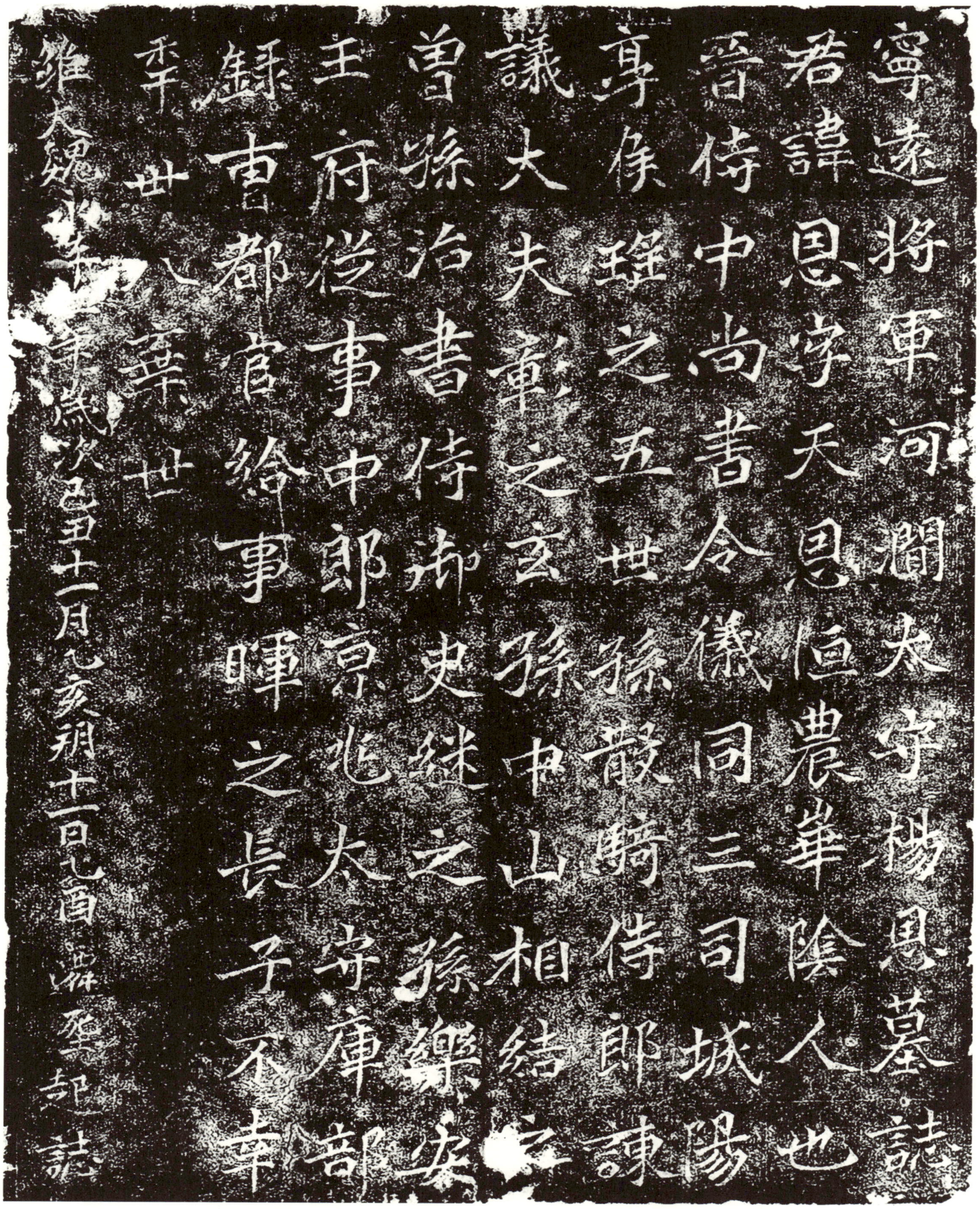
寧遠将軍河澗太守楊恩墓誌
君諱恩字天恩恒農華陰人也
晉侍中尚書令儀同三司城陽
尊侯瑶之五世孫散騎侍郎諫
議大夫彰之玄孫中山相結之
曾孫治書侍御史継之孫樂安
王府從事中郎京兆太守庫部
録事都官給事暉之長子不幸
年卅八棄世
維大魏永平二年歲次己丑十一月乙亥朔十一日乙酉[illegible]塟記誌

〇五七 寧遠将軍河澗太守楊恩墓誌

永平二年（509）十一月十一日葬。

誌文10行，滿行12字，楷書。誌石高35釐米，寬27.5釐米，出土地不詳。

【释文】

君諱恩，字天恩，恒農華陰人也。晉侍中、尚書令、儀同三司、城陽亨侯瑶之五世孫，散騎侍郎、諫議大夫彰之玄孫，中山相結之曾孫，治書侍御史继之孫，樂安王府從事中郎、京兆太守、庫部録曹都官給事暉之長子。不幸年卅八棄世。維大魏永平二年歲次己丑十一月乙亥朔十一日乙酉遷葬起誌。

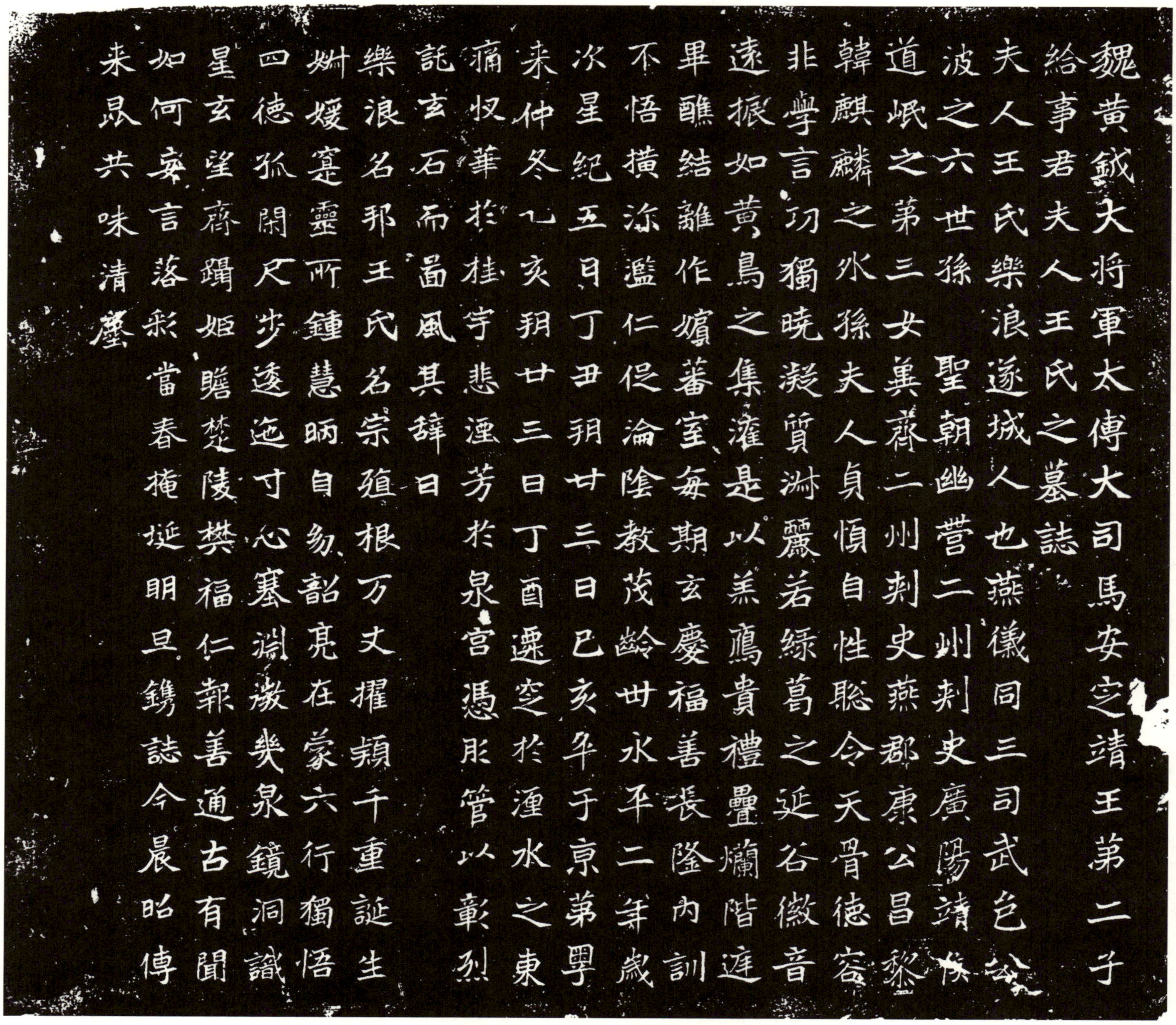
魏黃鉞大將軍太傅大司馬安定靖王第二子
給事君夫人王氏之墓誌
夫人王氏樂浪遂城人也燕儀同三司武邑公
波之六世孫聖朝幽營二州刺史廣陽靖侯
道岯之第三女冀蔚二州刺史燕郡康公昌黎
韓麒麟之外孫夫人貞順自性聰令天骨德容
非學言功獨曉凝質淵靄若綠葛之延谷徽音
遠振如黃鳥之集灌是以羔鴈貴禮疊爛階庭
畢醮結離作嬪蕃室每期玄慶福善長隆內訓
不悟横流濫仁促淪陰教茂齡廿永平二年歲
次星紀五月丁丑朔廿三日己亥卒于京第粤
來仲冬乙亥朔廿三日丁酉遷窆於瀍水之東
痛收華於桂宇悲湮芳於泉宮憑彤管以彰烈
託玄石而晶風其辭曰
樂浪名邦王氏名宗殖根万丈擢穎千重誕生
姌媛窕靈所鍾慧昞自然韶亮在蒙六行獨悟
四德孤閑尺步逶迤寸心塞淵激奐泉鏡洞識
星玄望齊躅姬贍楚陵樊福仁報善通古有聞
如何妄言落彩當春掩埏明旦鐫誌今晨昭傳
來晨共味清塵

〇五八 魏黃鉞大将軍太傅大司馬安定靖王第二子給事君夫人王氏之墓誌

永平二年（509）五月二十三日卒，同年十一月二十三日葬。誌文 20 行，滿行 18 字，楷書。誌石高 55.8 釐米，寬 63.3 釐米，河南洛陽出土。

【释文】

夫人王氏，樂浪遂城人也。燕儀同三司、武邑公波之六世孫，聖朝幽營二州刺史、廣陽靖侯道岷之第三女，冀齊二州刺史、燕郡康公、昌黎韓麒麟之外孫。夫人貞順自性，聡令天骨，德容非學，言功獨曉。凝質淑麗，若緑葛之延谷；徽音遠振，如黄鳥之集灌。是以羔雁貴禮，疊爛階庭；畢醮結離，作嬪蕃室。每期玄慶，福善長隆，内訓不悟，横沴濫仁，促淪陰教。茂齡卅，永平二年歲次星紀五月丁丑朔廿三日己亥，卒于京第。粤来仲冬乙亥朔廿三日丁酉遷窆於瀍水之東。痛收華於桂宇，悲湮芳於泉宫；憑彤管以彰烈，託玄石而畐風。其辭曰：

樂浪名邦，王氏名宗，殖根萬丈，擢穎千重。誕生淑媛，寔靈所鐘，慧昞自幼，韶亮在蒙。六行獨悟，四德孤閑，尺步逶迤，寸心塞淵。微幾泉鏡，洞識星玄，望齊躡姬，瞻楚陵樊。福仁報善，通古有聞，如何妄言，落彩當春。掩埏明旦，鐫誌今晨，昭傳来昆，共味清塵。

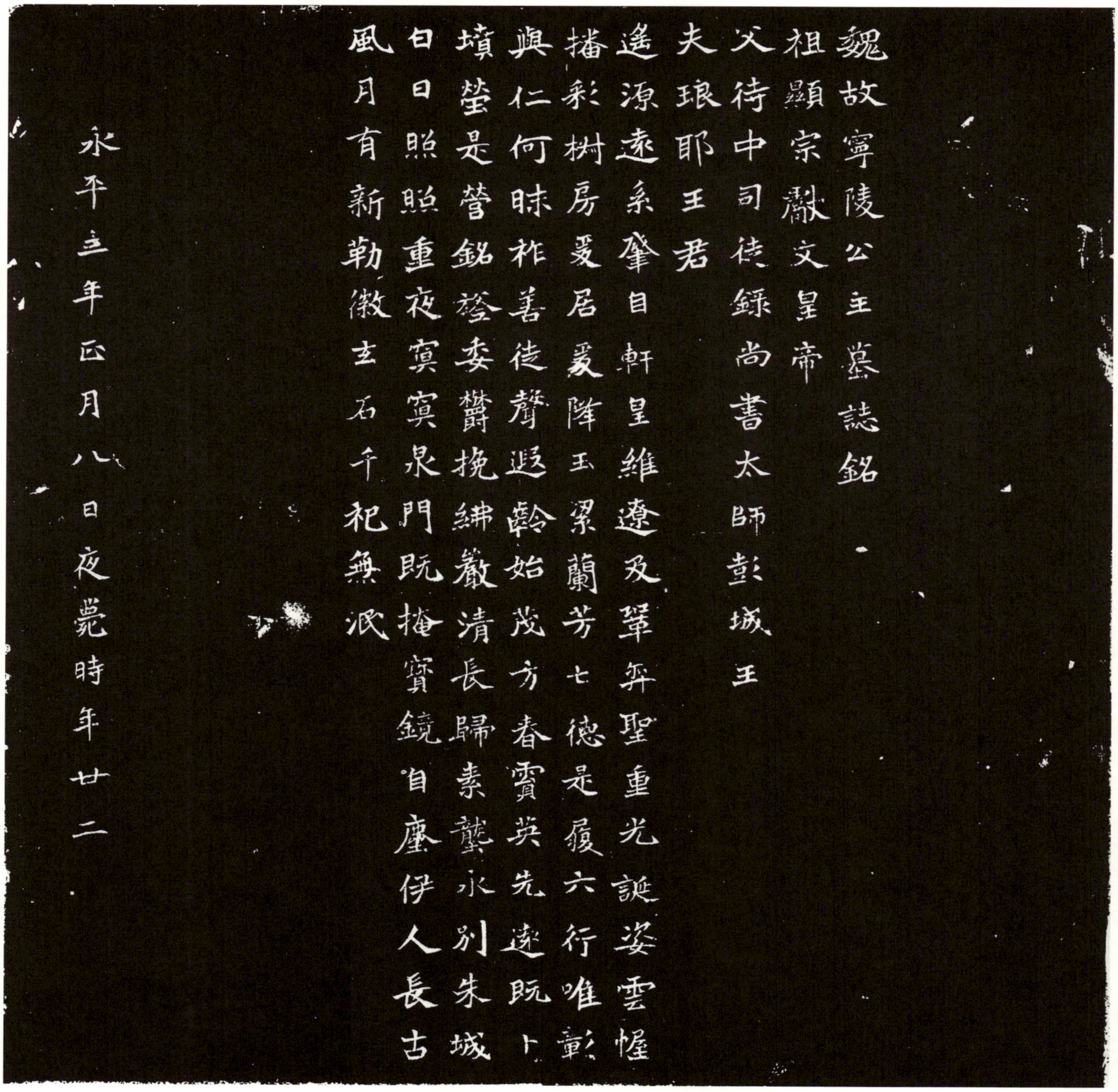

魏故寧陵公主墓誌銘
祖顯宗獻文皇帝
父侍中司徒錄尚書太師彭城王
夫琅耶王君
遙源遠系肇自軒星維遠及華弈聖重光誕姿雲惺
播彩樹房爰居爰降玉粱蘭芳七德是履六行唯彰
與仁何昧祚善徒聲遐齡始茂方春霣英先遠既卜
墳塋是營銘旌委欝挽紼徽清長歸素襲永別朱城
白日照照重夜冥冥泉門既掩寶鏡自塵伊人長古
風月有新勒徽玄石千祀無泯
永平三年正月八日夜薨時年廿二

〇五九 魏故寧陵公主墓誌銘

永平三年（510）正月八日卒。誌文11行，滿行20字，楷書。誌石高59.5釐米，寬59.7釐米，河南洛陽出土。

【释文】

祖顯宗獻文皇帝；父侍中、司徒、録尚書、太師、彭城王；夫琅耶王君。遥源遠系，肇自軒皇，維遼及肇，弈聖重光。誕資雲幄，播彩椒房，爰居爰降，玉潔蘭芳。七德是履，六行唯彰，與仁何昧，祚善徒聲。遐齡始茂，方春霣英，先遠既卜，墳塋是營。銘旌委鬱，挽紼巖清，長歸素壟，永別朱城。白日照照，重夜冥冥，泉門既掩，寶鏡自塵。伊人長古，風月有新，勒徽玄石，千祀無泯。永平三年正月八日夜薨，時年廿二。

〇六〇 周千墓誌

永平三年（510）十月十七日葬。

誌文7行，滿行7字，楷書。誌石高33釐米，寬34釐米，河北定縣出土。

【释文】

大魏永平三年歲次庚寅十月戊己朔十七日乙酉，征虜将軍、姫縣令、□州建康郡長氏縣周千之墓之銘也。

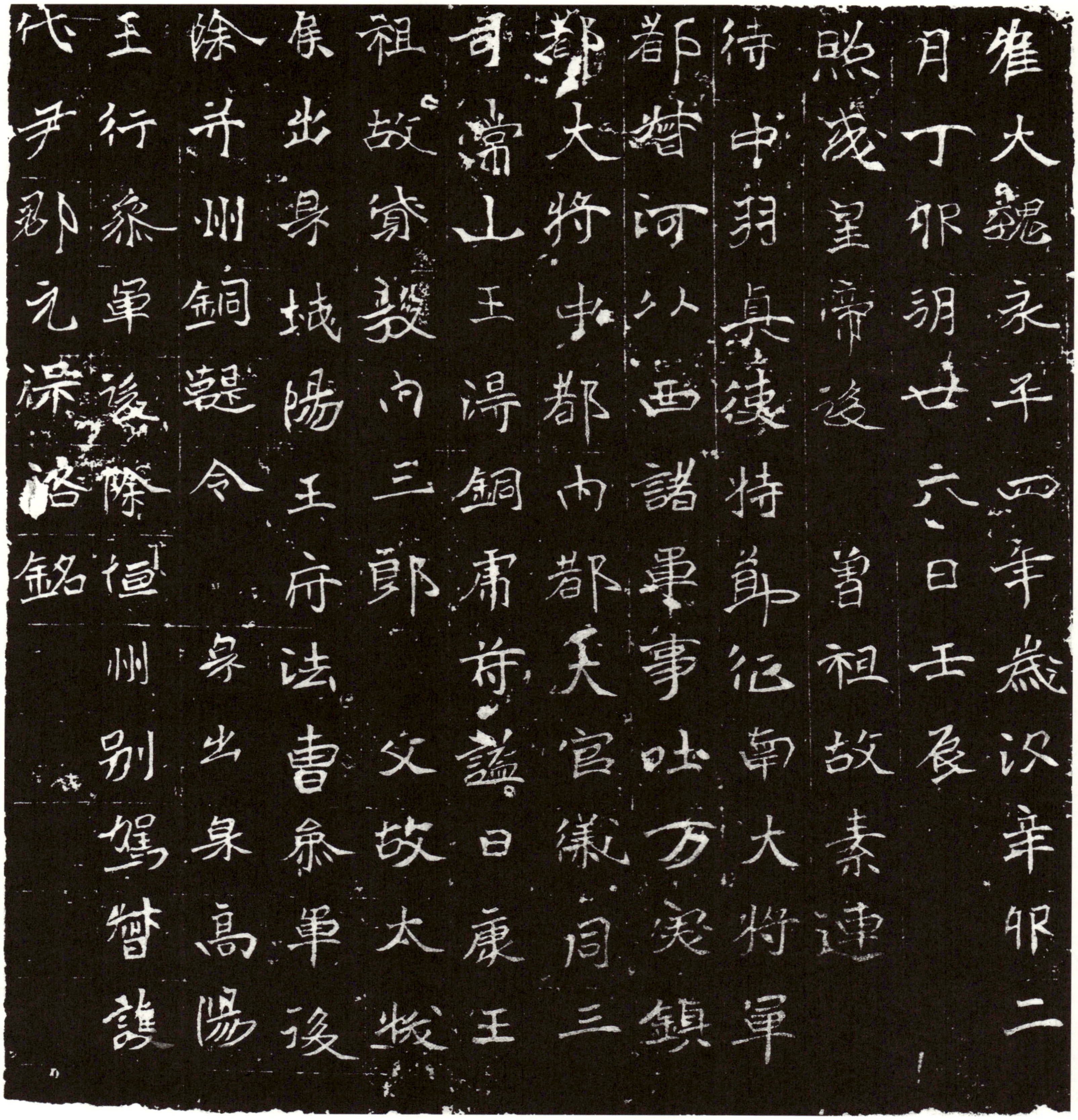

〇六一 元保洛墓誌

永平四年（511）二月二十六日葬。

誌文12行，滿行12字，楷書。誌石高41.2釐米，寬38.2釐米，河南洛陽出土。

【释文】

唯大魏永平四年歲次辛卯二月丁卯朔廿六日壬辰。昭成皇帝後，曾祖故素連。（待）[侍]中、羽真、使持節、征南大将軍、都督河以西諸軍事、吐萬突鎮都大将、中都内都大官、儀同三司、常山王，得銅虎符，謚曰康王。祖故貸敦，内三郎；父故太拔俟。出身城陽王府法曹參軍，後除并州銅鞮令。身出身高陽王行參軍，後除恒州别駕、督護代尹郡元保洛銘。

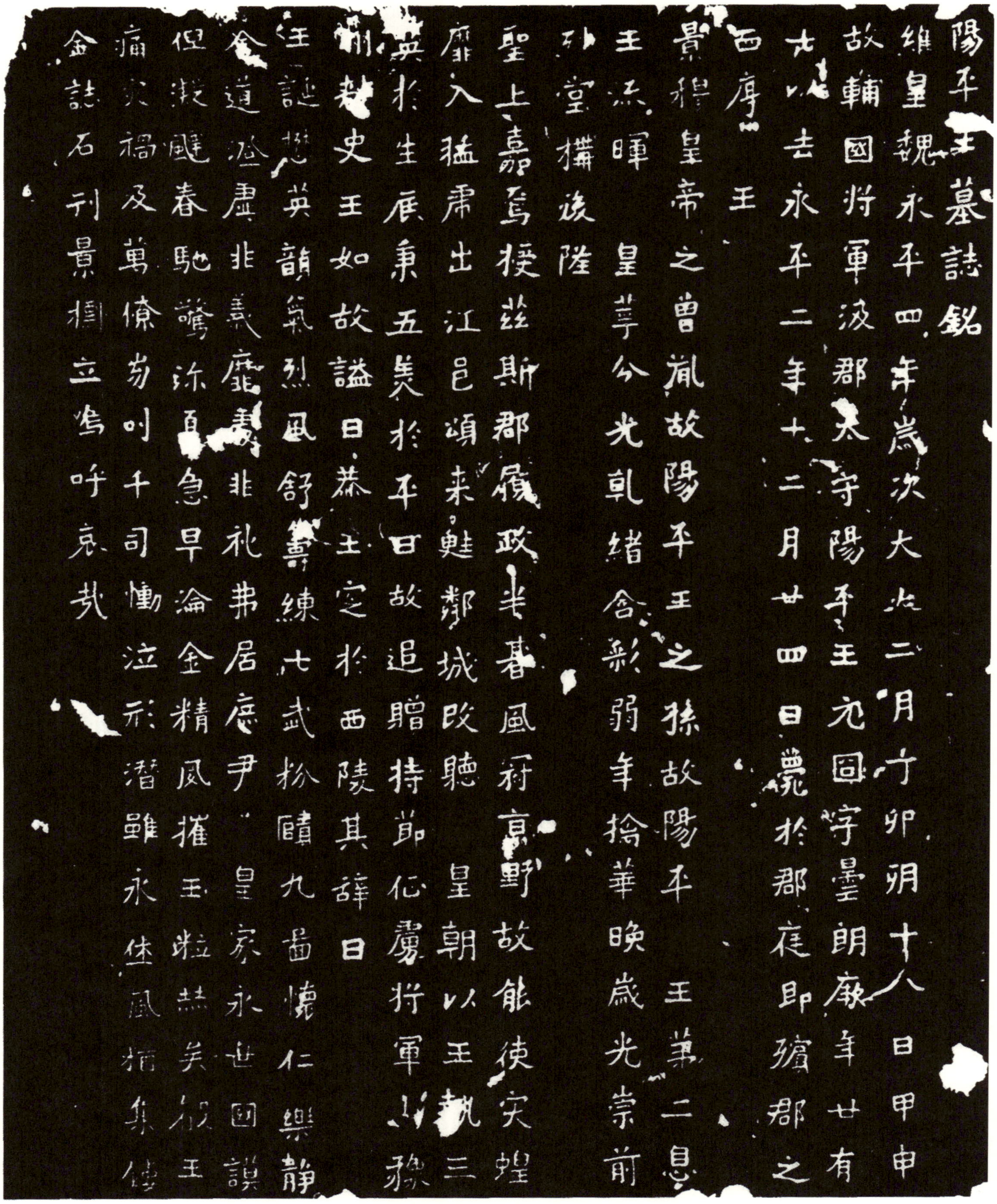

〇六二 陽平王（元冏）墓誌銘

永平二年（509）十二月二十四日卒，永平四年（511）二月十八日葬。

誌文17行，滿行21字，楷書。誌石高57釐米、寬48釐米，河南洛陽出土。

【释文】

維皇魏永平四年歲次大火二月丁卯朔十八日甲申，故輔國将軍、汲郡太守、陽平王元囧，字曇朗，厥年廿有七，以去永平二年十二月廿四日，薨於郡庭，即殯郡之西序。王，景穆皇帝之曾胤，故陽平王之孫，故陽平王第二息。王流暉皇蕚，分光乾緒，含彩弱年，擒華晚歲，光崇前烈，堂構後隆。聖上嘉焉，授茲斯郡，履政半朞，風冠京野。故能使灾蝗靡入，猛虎出江，邑頌来甦，鄰城改聽。皇朝以王執三英於生辰，秉五美於平日，故追贈持節、征虜将軍、□豫州刺史，王如故，謚曰恭王，窆於西陵，其辭曰：

王誕懋英韻，氣烈風舒。籌練七武，粉賾九啚。懷仁樂静，含道澄虚。非義靡處，非禮弗居。庶尹皇家，永世國謨。但凝飄春馳，驚沴夏急。早淪金精，夙摧玉粒。赫矣叡王，痛災禍及。萬僚崩叫，千司痛泣。形潛雖永，休風猷集。鏤金誌石，刊景標立。嗚呼哀哉。

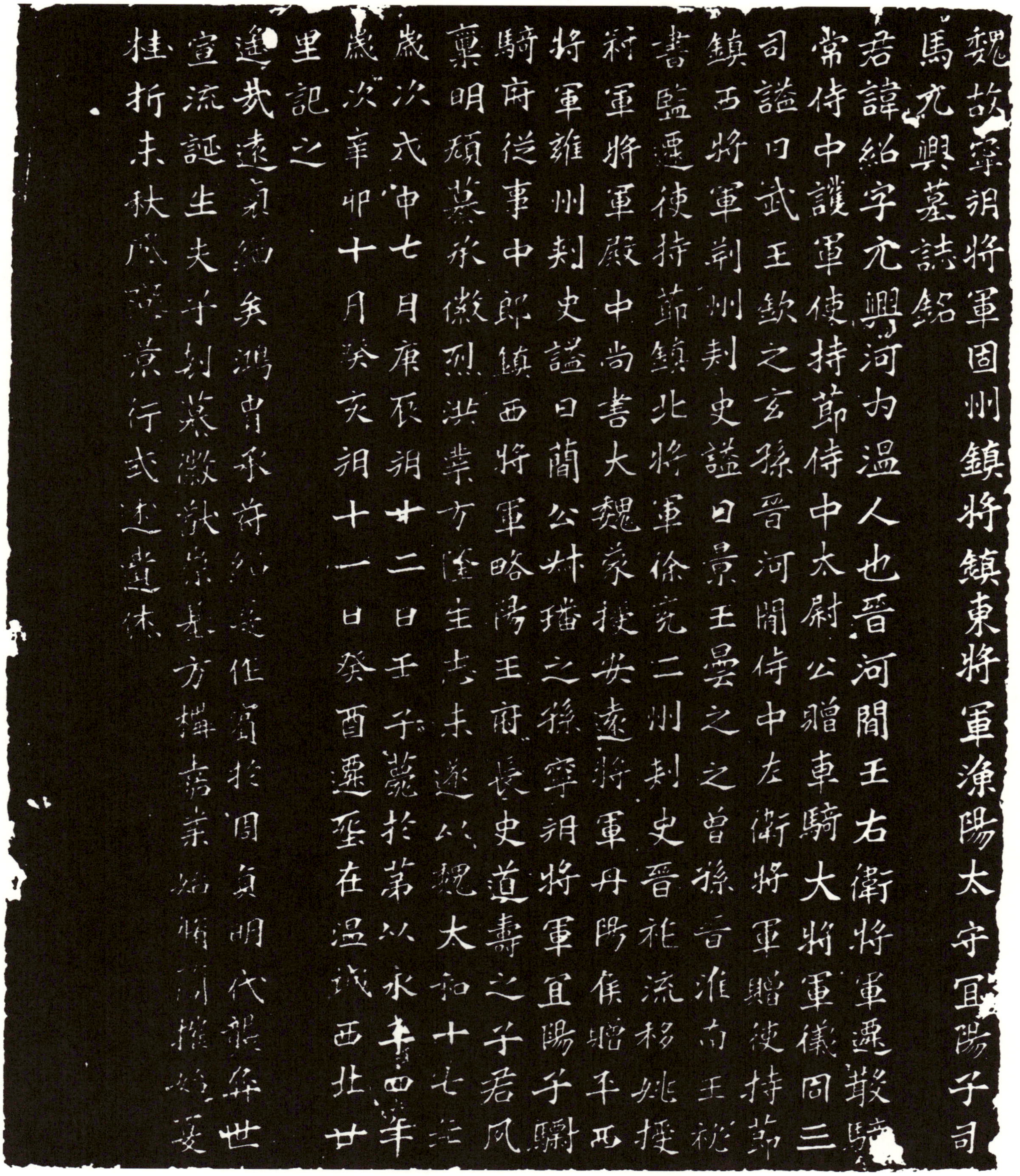
魏故寧朔将軍固州鎮将鎮東将軍漁陽太守宜陽子司
馬元興墓誌銘
君諱紹字元興河内温人也晉河間王右衛将軍遷驍騎
常侍中護軍使持節侍中太尉公贈車騎大將軍儀同三
司謚曰武王歆之玄孫晉河間侍中左衛将軍贈使持節
鎮西将軍荊州刺史謚曰景王曇之之曾孫晉淮南王秘
書監遷使持節鎮北将軍徐兖二州刺史晉祚流移姚授
衍軍将軍殿中尚書大魏家授安遠将軍丹陽侯贈平西
将軍雍州刺史謚曰簡公姅播之孫寧朔将軍宜陽子驥
騎府從事中郎鎮西将軍略陽王府長史道壽之子君夙
稟明頴蘂承徽烈洪業方隆生志未遂以魏太和十七年
歲次戊申七月庚辰朔廿二日壬子薨於第以永平四年
歲次辛卯十月癸亥朔十一日癸酉遷窆在温城西北廿
里記之
邈哉遠胤緜矣鴻冑承符紹慶作蕃於固負明代韞奔世
宣流誕生夫子剋蒸徽猷崇基方搆嘉業始[illegible][illegible]擢[illegible]妥
桂折未秋風[illegible]景行式述遺休

〇六三 魏故寧朔将軍固州鎮将鎮東将軍漁陽太守宜陽子司馬【紹】元興墓誌銘

太和十七年（493）七月十二日卒，永平四年（511）十月十一日葬。

誌文17行，滿行22字，楷書。誌石高59釐米，寬48釐米，河南孟州出土。

【释文】

君諱紹，字元興，河内温人也。晉河間王右衛将軍、遷散騎常侍、中護軍、使持節、侍中、太尉公、贈車騎大将軍、儀同三司、謚曰武王欽之玄孫；晉河間侍中、左衛将軍、贈使持節、鎮西将軍、荆州刺史、謚曰景王曇之之曾孫；晉淮南王、秘書監、遷使持節、鎮北将軍、徐兖二州刺史，晉祚流移，姚授冠軍将軍、殿中尚書，大魏蒙授安遠将軍、丹陽侯，贈平西将軍、雍州刺史，謚曰簡公叔璠之孫；寧朔将軍、宜陽子、驃騎府從事中郎、鎮西将軍、略陽王府長史道壽之子。君夙稟明規，纂承徽烈，洪業方隆，生志未遂，以魏太和十七年歲次戊申七月庚辰朔廿二日壬子薨於第。以永平四年歲次辛卯十月癸亥朔十一日癸酉，遷葬在温城西北廿里。記之：

遥哉遠裔，緬矣鴻胄；承符紹夏，作賓於周。貞明代襲，弈世宣流；誕生夫子，克纂徽猷。崇基方構，嘉業始脩；蘭摧始夏，桂折未秋。感戀景行，式述遺休。

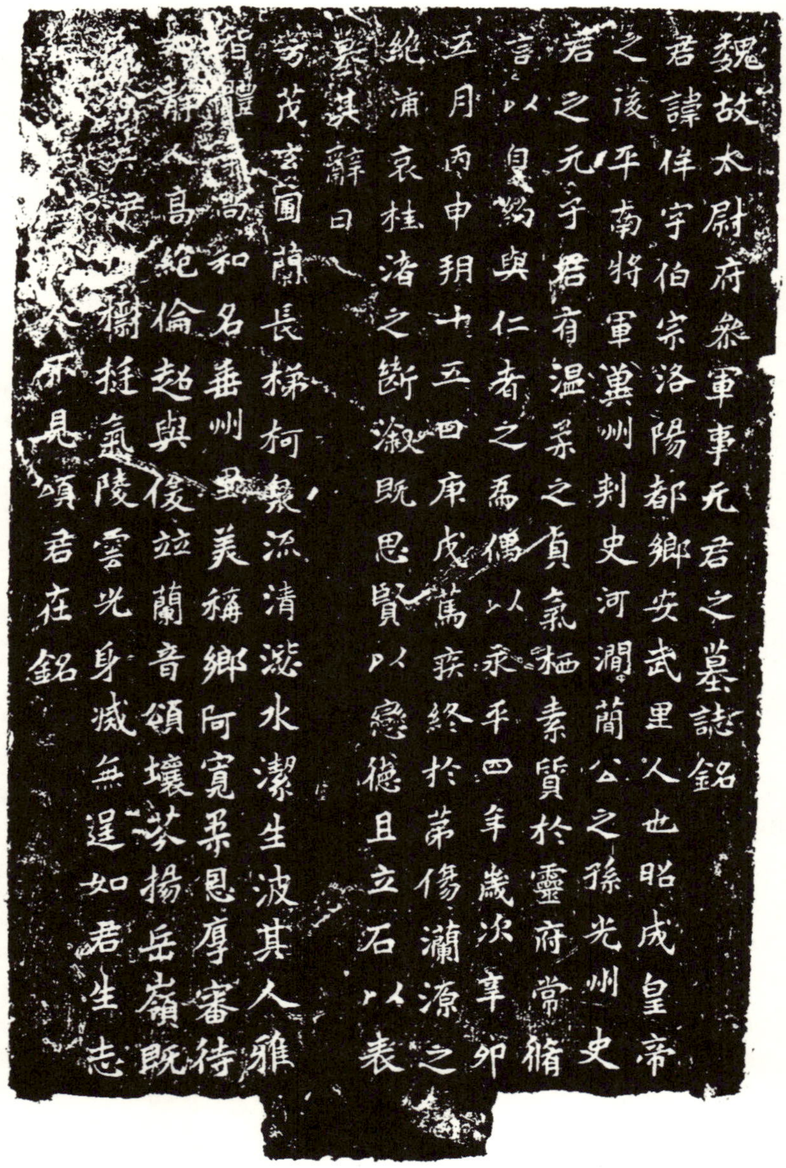

魏故太尉府參軍事元君之墓誌銘
君諱侔字伯宗洛陽都鄉安武里人也昭成皇帝
之後平南將軍冀州刺史河澗簡公之孫光州史
君之元子君有温柔之貞氣栖素質於靈府常脩
言以息[illegible]與仁者之爲儔以永平四年歲次辛卯
五月丙申朔十五日庚戌篤疾終於第傷瀾源之
絶浦哀桂洛之斷瀫既思賢以戀德且立石以表
墓其辭曰
芳茂玄圃蘭長標柯泉流清澂水潔生波其人雅
[illegible]體[illegible]高和名垂州[illegible]美稱鄉向寬柔恩厚審待
[illegible]靜[illegible]高絶倫超與俊竝蘭音領壤[illegible]揚岳嶺既
[illegible]樹挺氣陵雲光身滅無遲如君生志
[illegible]見頌君在銘

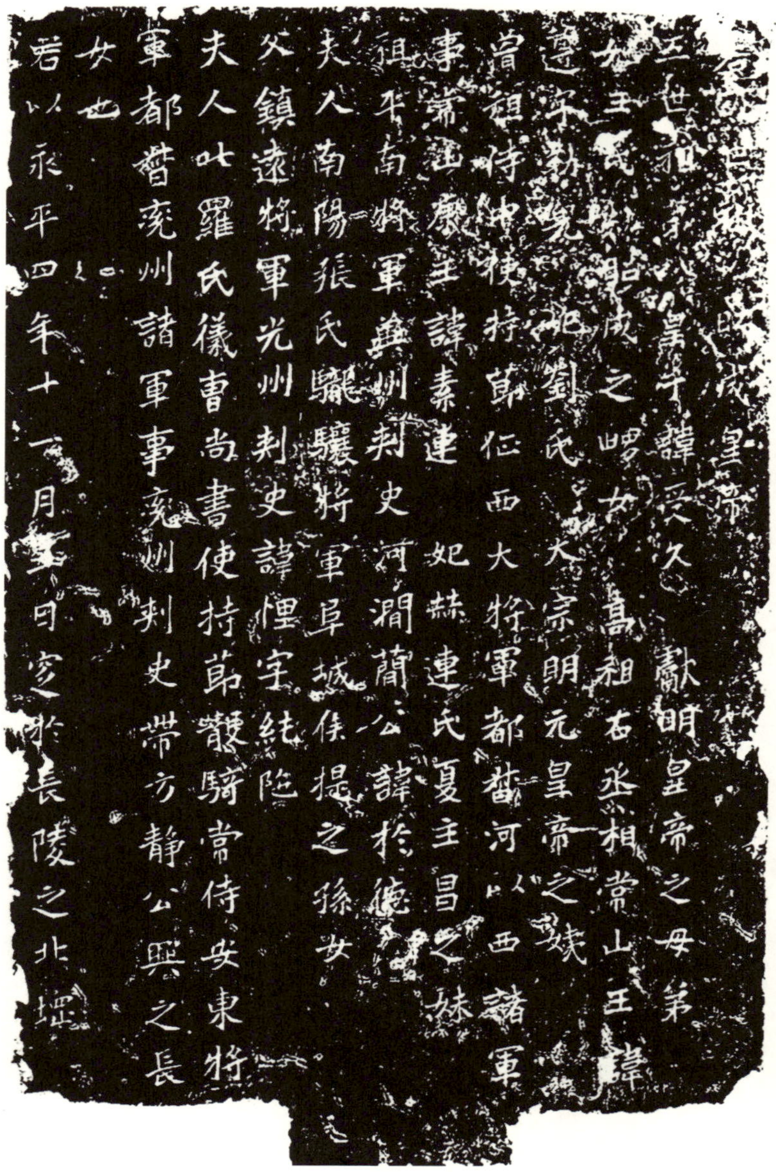

[illegible]成皇帝
五世祖[illegible]子諱受久獻明皇帝之母弟
女王氏[illegible]昭成之甥女高祖右丞相常山王諱
遵字[illegible]妃劉氏大宗明元皇帝之姨
曾祖侍中使持節征西大將軍都督河以西諸軍
事常山康王諱素連妃赫連氏夏主昌之妹
祖平南將軍冀州刺史河澗簡公諱於德
夫人南陽張氏驃騎將軍阜城侯提之孫女
父鎮遠將軍光州刺史諱悝字純陁
夫人吐羅氏儀曹尚書使持節驃騎常侍安東將
軍都督兗州諸軍事兗州刺史帶方靜公興之長
女也
君以永平四年十一月三日窆於長陵之北塋

〇六四 魏故太尉府參軍事元君【侔】之墓誌銘

永平四年（511）十一月三日葬。誌文26行，滿行19字，楷書。誌石高47釐米，寬29.6釐米，河南洛陽出土。

【释文】

君諱侔，字伯宗，洛陽都鄉安武里人也。昭成皇帝之後，平南将軍、冀州刺史、河澗簡公之孫，光州史君之元子。君有温柔之貞氣，栖素質於靈府，常脩言以自約，與仁者之為偶。以永平四年歲次辛卯五月丙申朔十五日庚戌篤疾終於第。傷瀾源之絶浦，哀桂渚之断淑；既思賢以戀德，且立石以表墓。其辭曰：

芳茂玄圃，蘭長梯柯。泉流清溭，水潔生波。其人雅智，體義尚和，名垂州里，美稱鄉阿。寬柔恩厚，審待如静。人高絶倫，超與俊竝。蘭音頌壤，芬揚岳嶺。既為洛英，伊州標挺。氣陵雲光，身滅無逞，如君生志，□□□□。思人不見，頌君在銘。

君六世祖昭成皇帝，五世祖第八皇子諱受久，獻明皇帝之母弟；妃王氏，昭成之舅女。高祖右丞相、常山王諱遵，字勃兜；妃劉氏，大宗明元皇帝之姨。曾祖侍中、使持節、征西大将軍、都督河以西諸軍事、常山康王諱素連；妃赫連氏，夏主昌之妹。祖平南将軍、冀州刺史、河澗簡公諱於德；夫人南陽張氏，驪驤将軍、阜城侯提之孫女。父鎮遠将軍、光州刺史諱悝，字純陀；夫人叱羅氏，儀曹尚書、使持節、散騎常侍、安東将軍、都督兗州諸軍事、兗州刺史、帶方静公輿之長女也。君以永平四年十一月三日窆於長陵之北塋。

魏故益州刺史樂安亲王墓誌銘
王諱悅字慶安河南洛陽人也大宗明元皇帝之
玄孫資皇盛藩崇明纂業金牒相承龜社世襲王風
誕英奇神爽熙岸風韻遒實聰秀獨遠六籍五戒不
待匠如日曉弦黃音律弗假習如生知妙儁鷟群清
賞絶俗玉振金韻聲流帝聽年十三辟員外郎應尚
書郎中遷太尉屬沖明閑悟屢於從政排風霜而立
節允副縣於當年贊槐翼鼎聲高一時及靖王薨居
喪俞禮毀憂積心遂成結患危服襲王方乃攻療天
不弔善應年無慭春秋卅六歲在辛卯五月丙申朔
十一日丙午薨於位天子悼焉追贈益州刺史以崇
盛德冬十一月十七日窆其孝靖王陵之左乃作頌
曰
綿綿皇運眇眇帝靈金火相遺麟鳳迭迎配天達統
演景垂明功冠百辟道濟蒼生於穆君王承乾脈生
連暑星門系光月戶緝美崇仁綏文纂武蹤巡河平
繼風梁楚峻峙嵩巖澄渟漢渚猗歟指人寔唯天
穎物莫不聞聞無不領望若雲日即似冬景處闕弗
煩在公能勤如玉之潔如松之挺方隆崇構剋廣鴻
烈晦明弗殊倚伏同轍良木其摧忽焉徂逝即窆玄
坐潛靈下世松霜曉凝蘭燈夜滅遺愛在人休聲無
缺

〇六五 魏故益州刺史樂安亲王【元悅】墓誌銘

永平四年（511）十一月十七日葬。

誌文22行，滿行20字，楷書。誌石高71釐米，寬76.2釐米，河南洛陽出土。

【释文】

王諱悦，字慶安，河南洛陽人也。大宗明元皇帝之玄孫。資皇啟蕃，崇明纂業，金璧相承，龜社世襲。王風誕英奇，神爽魁岸，風穎連霄，聰秀獨遠。六藉五戎，不待匠如自曉；弦簧音律，弗假習如生知。妙（懈）〔解〕驚群，清賞絶俗，玉振金韻，聲流帝聽。年十三，辟員外郎，歷尚書郎中，遷太尉。屬沖明閔悟，厲於從政，排風霜而立節，亢壂槩於當年，贊槐翼鼎，聲高一時。及靖王薨，居喪（俞）〔踰〕禮，慇憂積心，遂成結患。勉服襲王，方乃攻療，天不弔善，歷年無瘳。春秋卅六，歲在辛卯五月丙申朔十一日丙午，薨於位。天子悼焉，追贈益州刺史，以崇盛德。冬十一月十七日，葬其考靖王陵之左。乃作頌曰：

綿綿皇運，眇眇帝靈；金火相遣，麟鳳送迎。配天建統，演景垂明；功冠百辟，道濟蒼生。於穆君王，承乾胙土；連晷星門，參光月户。緝義崇仁，綏文纂武；踵迹河平，繼風梁楚。峻峙嵩巖，澄渟漢渚；猗歟哲人，實唯天穎。物莫不關，聞無不領；望若夏日，即似冬景。處鬧弗煩，在公能整；如玉之潔，如松之挺。方隆崇構，剋廣鴻烈；晦明弗殊，倚伏同轍。良木其摧，忽焉徂逝；即窆玄丘，潛靈下世。松霜曉凝，蘭燈夜滅；遺愛在人，休聲無缺。

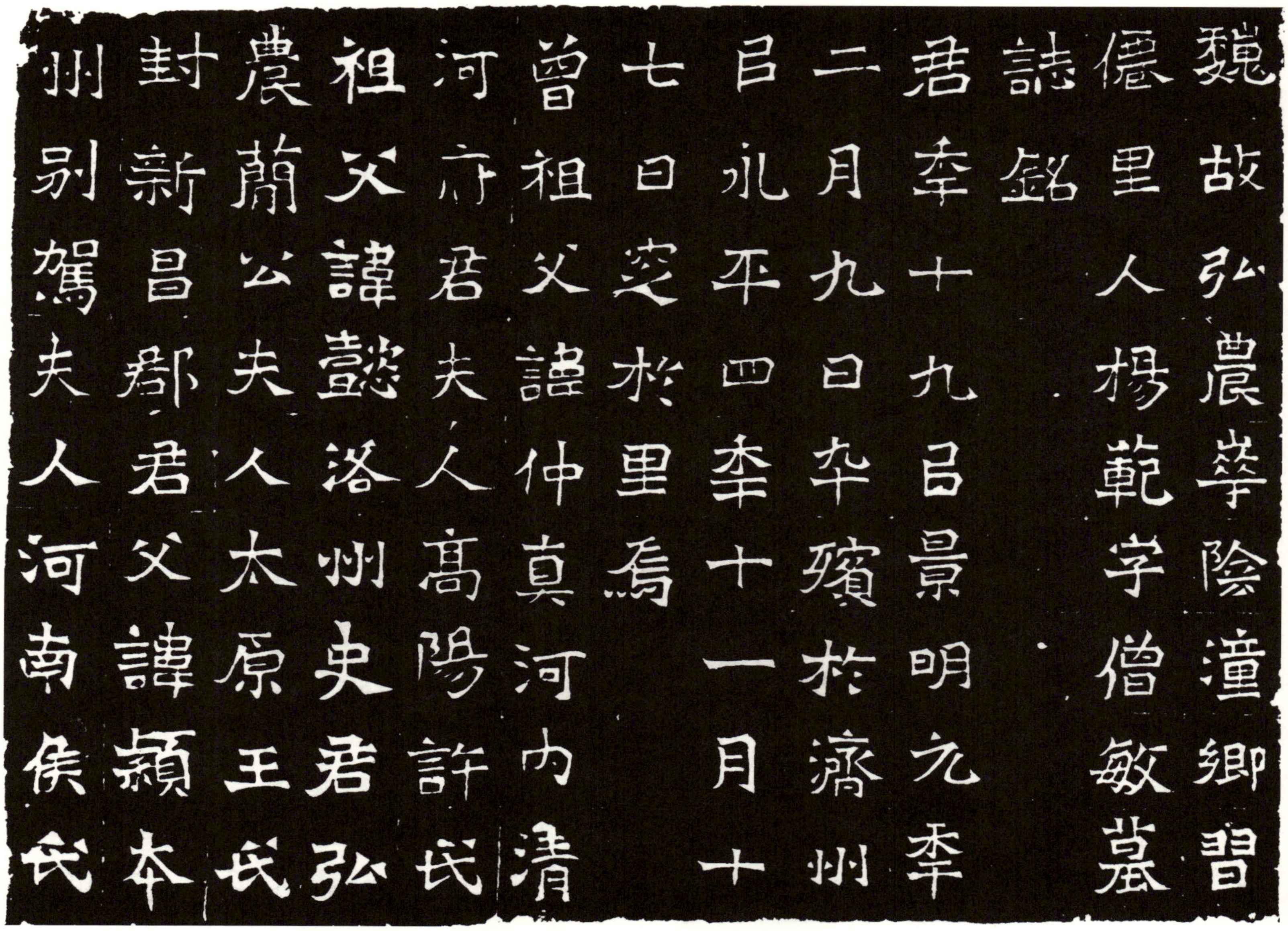
魏故弘農華陰潼鄉習
僊里人楊範字僧敏墓
誌銘
君年十九以景明元年
二月九日卒殯於濟州
以永平四年十一月十
七日窆於里焉
曾祖父諱仲真河內清
河府君夫人高陽許氏
祖父諱懿洛州史君弘
農簡公夫人太原王氏
封新昌郡君父諱穎本
州別駕夫人河南侯氏

〇六六 魏故弘農華陰潼鄉習僊里人楊範字僧敏墓誌銘

景明元年（500）二月九日卒，永平四年（511）十一月十七日葬。

誌文13行，滿行9字，楷書。誌石高18釐米、寬24釐米，陝西華陰出土。

【释文】

君秊十九，呂景明元秊二月九日卒，殯於濟州。呂永平四秊十一月十七日，窆於里焉。曾祖父諱仲真，河内清河府君；夫人高陽許氏。祖父諱懿，洛州史君、弘農簡公；夫人太原王氏，封新昌郡君。父諱穎，本州别駕；夫人河南侯氏。

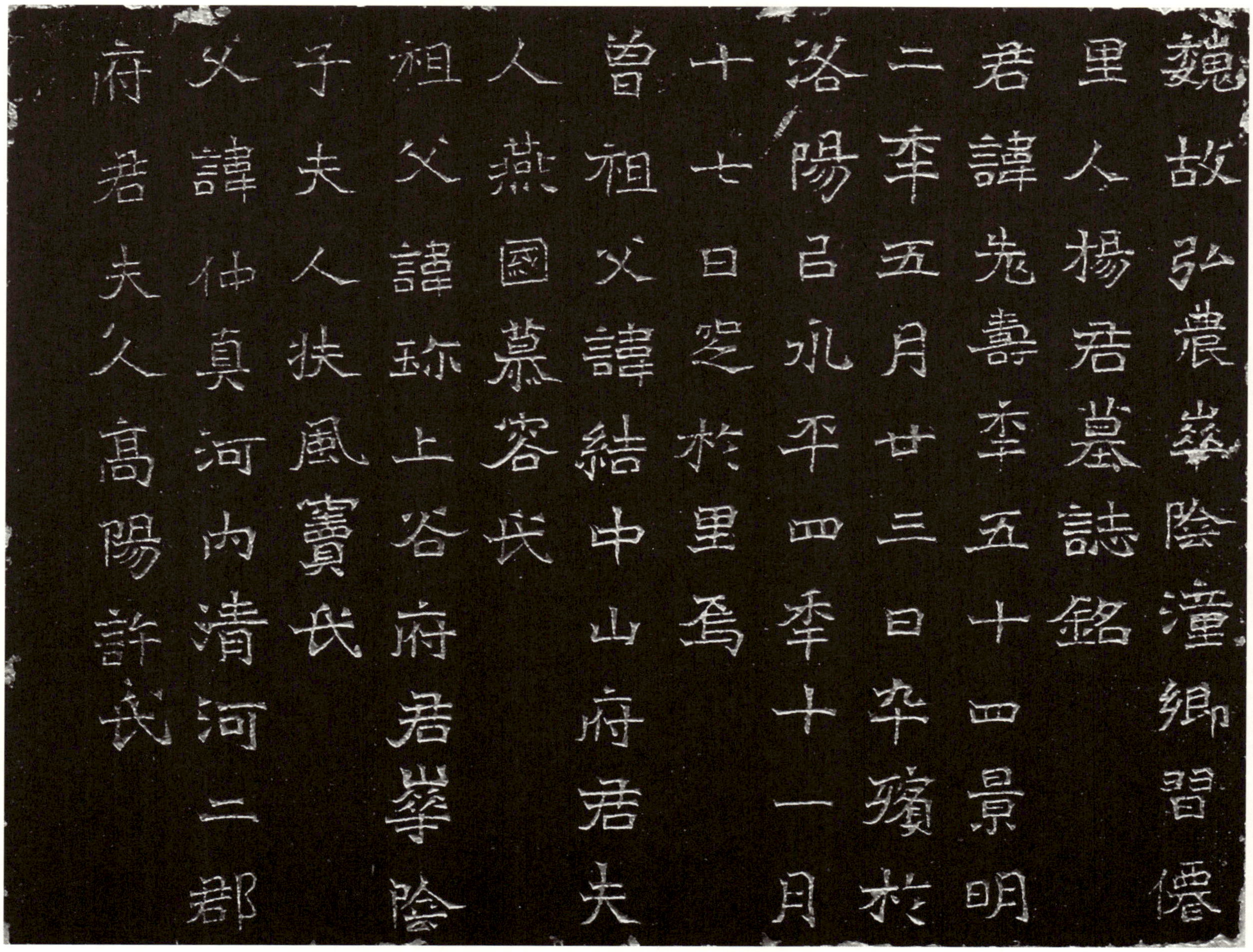
魏故弘農華陰潼鄉習僊
里人楊君墓誌銘
君諱先壽年五十四景明
二年五月廿三日卒殯於
洛陽呂永平四年十一月
十七日窆於里爲
曾祖父諱結中山府君夫
人燕國慕容氏
祖父諱珎上谷府君崋陰
子夫人扶風竇氏
父諱仲真河內清河二郡
府君夫人高陽許氏

〇六七 魏故弘農華陰潼鄉習僊里人楊君（先壽）墓誌銘

景明二年（501）五月二十三日卒，永平四年（511）十一月十七日葬。

誌文 12 行，滿行 10 字，楷書。誌石高 23.5 釐米，寬 19 釐米，河南洛陽出土。

【释文】

君諱先壽，季五十四，景明二季五月廿三日卒，殯於洛陽，曰永平四季十一月十七日，窆於里焉。曾祖父諱結，中山府君；夫人燕國慕容氏。祖父諱珍，上谷府君、華陰子；夫人扶風竇氏。父諱仲真，河内、清河二郡府君；夫人高陽許氏。

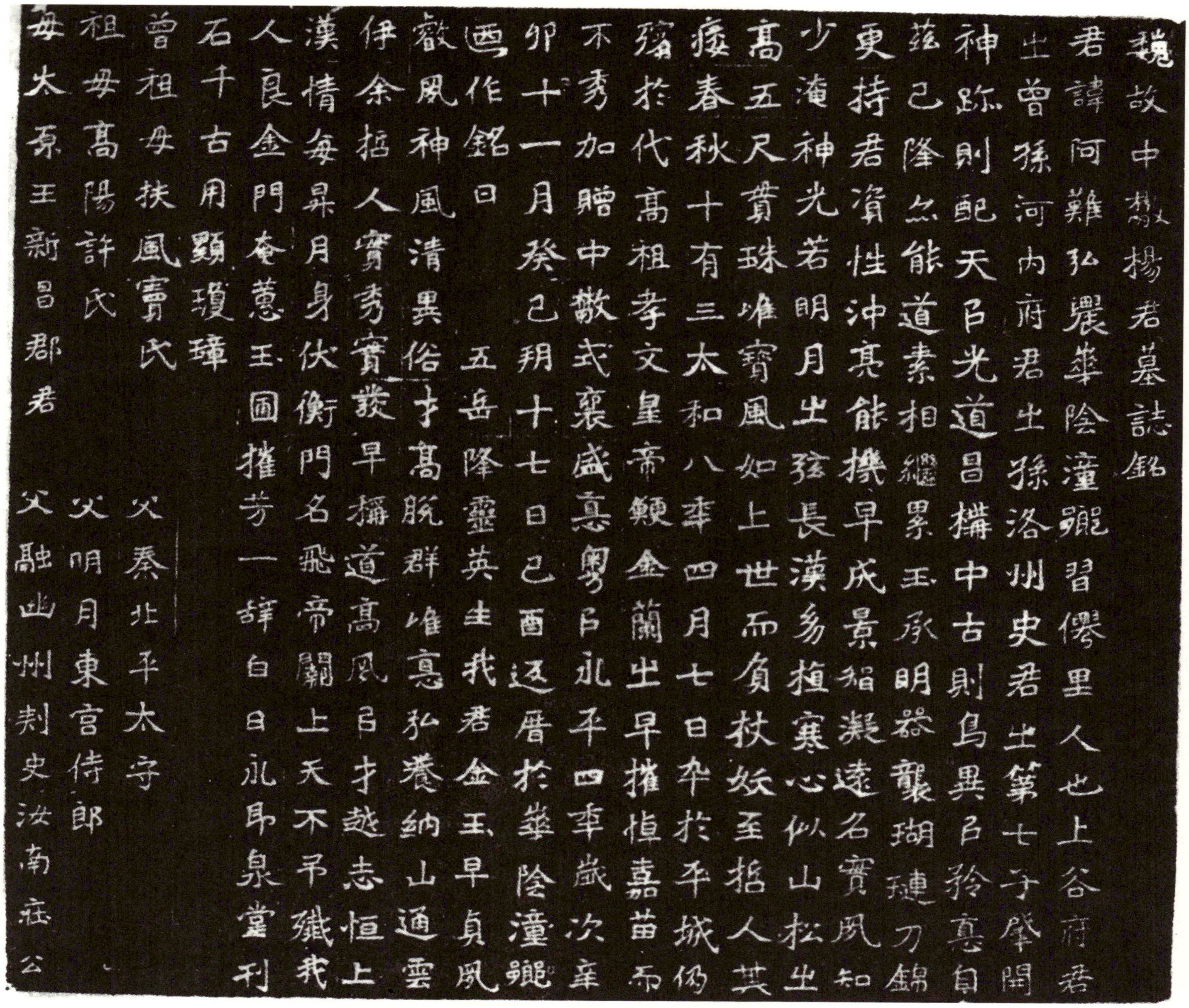

○六八 魏故中散楊君【阿難】墓誌銘

太和八年（484）四月七日卒，永平四年（511）十一月十七日葬。

誌文21行，滿行19字，楷書。誌石高47釐米，寬41釐米，陝西華陰出土。

【释文】

君諱阿難，弘農華陰潼鄉習僊里人也。上谷府君之曾孫，河内府君𡈼孫，洛州史君𡈼第七子。肇開神跡，則配天㠯光道；昌構中古，則烏異㠯矜悳。自茲已降，亦能道素相繼，累玉承明，器襲瑚璉，刀錦更持。君資性沖亮，能機早成，景智凝遠，名實夙知。少淹神光，若明月𡈼弦長漢；幼植寒心，似山松𡈼高五尺。貫珠唯寶，風如上世，而負杖妖至，哲人其痿。春秋十有三，太和八季四月七日卒於平城，仍殯於代。高祖孝文皇帝鯁金蘭𡈼早摧，悼嘉苗而不秀，加贈中散，式褒盛悳。粵㠯永平四年歲次辛卯十一月癸巳朔十七日己酉，返厝於華陰潼鄉。迺作銘曰：

五嶽降靈，英生我君；金玉早貞，夙叡夙神。風清異俗，才高脱群；唯德弘養，納山通雲。伊余哲人，實秀實發；早稱道高，夙㠯才越。志恒上漢，情每昇月；身伏衡門，名飛帝闕。上天不吊，殲我人良；金門奄蕙，玉圃摧芳。一辭白日，永即泉堂；刊石千古，用顯瓊璋。

曾祖母扶風竇氏，父秦，北平太守。祖母高陽許氏，父明月，東宫侍郎。母太原王，新昌郡君，父融，幽州刺史、汝南莊公。

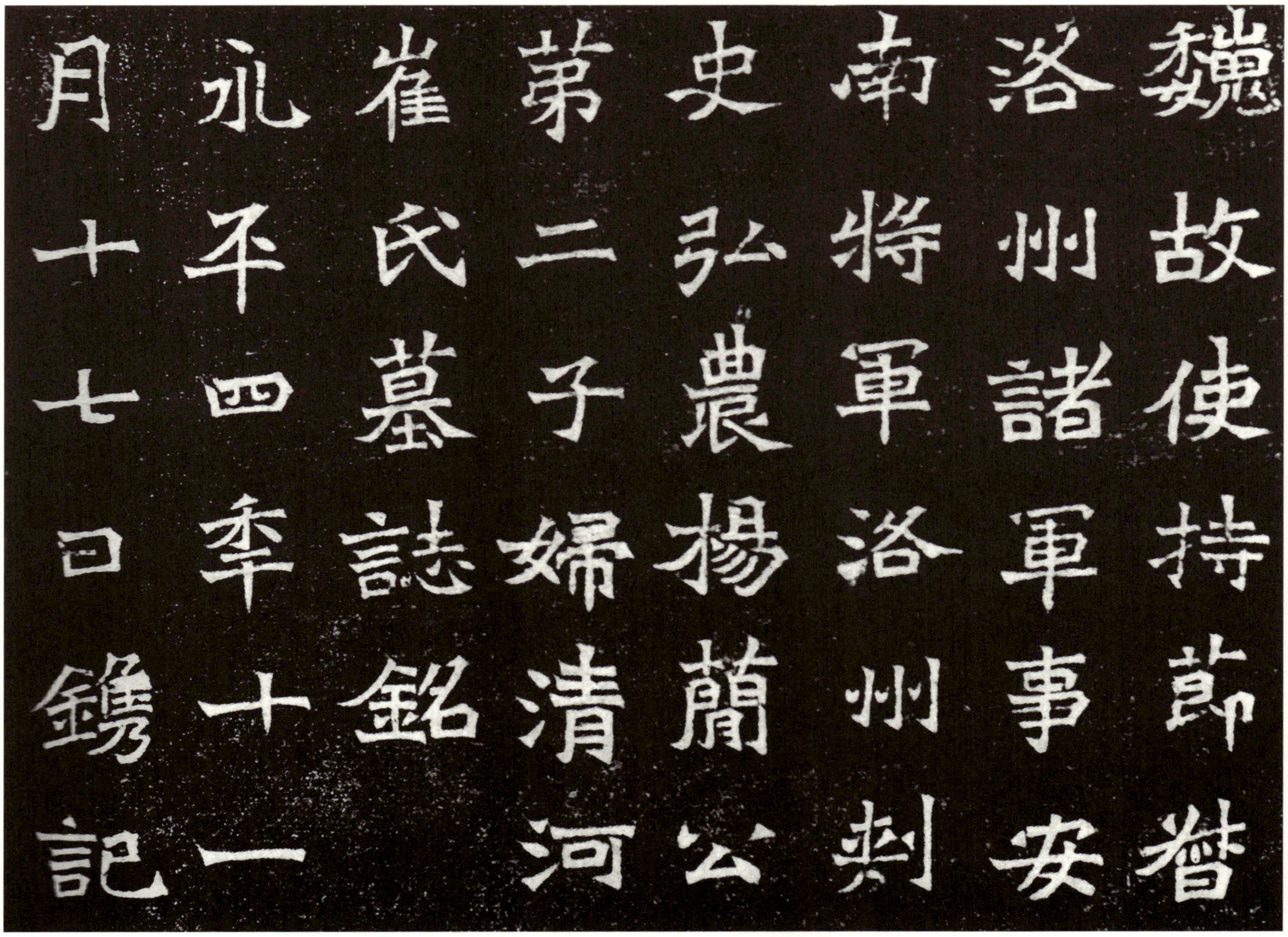
魏故使持節督
洛州諸軍事安
南將軍洛州刺
史弘農楊蘭公
第二子婦清河
崔氏墓誌銘
永平四年十一
月十七日鐫記

〇六九 楊椿婦崔氏墓誌

永平四年十一月十七日（511）葬。

誌文8行，滿行8字，楷書。誌石高23釐米，寬18釐米，陝西華陰出土。

【释文】

魏故使持節、歷洛州諸軍事、安南将軍、洛州刺史、弘農楊簡公第二子婦清河崔氏墓誌銘。永平四秊十一月十七日鐫記。

故華州別駕楊府君墓誌銘
諱穎字惠拓弘農華陰潼鄉習僊里人也漢太尉震出
二世孫晉尚書令瑤出七世孫上谷府君珍出曾孫清
府君真出孫洛州史君懿出第三子君資性沖邈志秀
雲情高古列不橈下俗至西孝悌始於岐嶷恭儉絲於
纘及簡公薨毀幾滅性每讀行狀未嘗不哀感如雨時
僉比出曾祟之高祖孝文皇帝初建曆臨選入中書學
及登庠序才調秀逸少立雅道出名長倚弥萬出稱春
代曷而志業不移録三王魏晉書記為世号皆傳於世
官大司農丞平北府録事參軍徵本州治中從事史俄
別駕君籍冑膺胂朱組重映昆弟承華列岳八牧榮班
生祿遽傑妾而君性靈璞亮業素期神食不黙膳麻衣
碎豈圖輔仁無徵報善寧爽春秋卌有八以永平四季
次辛卯五月丙申朔廿七日壬戌卒於京師依仁里第
以十一月癸己朔十七日己酉窆於潼鄉舊柏夏擢吳
春殘夕雲懷懷晚露冰圓韜良鍾痛邑里增感鐫石立
丸旌於蘭西作銘曰　崇基露密五龍氣冥河沂
瑞消瀛歆精而才和緒敬拓西生唯仁出緯唯德出經
乾振響金玉其德列列在公屏私正感操標閭達奉親
色孤帛匪華麻衣是飾行善無徵積福空然淵珠墜豁
碎荊山大夜一深白日不旋敬鏤玄石式炳餘鮮
曾祖母扶風宋氏　父秦北平太守
祖母高陽許氏　父明月東宮侍郎
妻太原王氏封新昌郡君　父幽州刺史安南主公

〇七〇 □故華州別駕楊府君【穎】墓誌銘

永平四年（511）五月二十七日卒，同年十一月十七日葬。

誌文24行，滿行22字，楷書。誌石高52釐米，寬48釐米，陝西華陰出土。

【释文】

□諱穎，字惠哲，弘農華陰潼鄉習僊里人也。漢太尉震㞢□二世孫，晉尚書令瑶㞢七世孫，上谷府君珍㞢曾孫，清□府君真㞢孫，洛州史君懿㞢第三子。君資性沖邈，志秀□雲，情高古列，不橈下俗。至迺孝悌始於歧嶷，恭儉終於□纊。及簡公薨，毀幾滅性。每讀行狀，未嘗不哀感如雨，時□僉比之曾柴云。高祖孝文皇帝初建壁雝，選入中書學□。及登庠序，才調秀逸。少立愛道㞢名，長荷弥篤㞢稱。春□代易，而志業不移。録三王魏晉書記為卅弓，皆傳於世。□官大司農丞，平北府録事參軍，徵本州治中從事史，俄□別駕。君籍胄膏腴，朱組重映，昆弟承華，列岳八牧，榮斑□生，禄逮僕妾。而君性靈璞亮，業素期神，食不兼膳，麻衣□碎。豈圖輔仁無徵，報善寂寥，春秋卌有八，㠯永平四季歲次辛卯五月丙申朔廿七日壬戌，卒於京師依仁里第。□㠯十一月癸巳朔十七日己酉，窆於潼鄉。壟柏夏摧，吴□春殘，夕雲悽悽，曉露冰團。朝良鯁痛，邑里增酸，鏤石立□，永旌芬蘭。迺作銘曰：

崇華霧密，五龍气冥；河沂□瑞，渭濱獻精。兩才和緒，睿哲迺生；唯仁㞢緯，唯德㞢經。登□振響，金玉其德；列列在公，屏私正惑。穆穆闈庭，奉親□色；狐帛匪華，麻衣是飾。行善無徵，積福空然。淵珠隧豁，□碎荆山。大夜一深，白日不旋；敬鏤玄石，式炳餘鮮。

曾祖母扶風竇氏，父秦，北平太守。祖母高陽許氏，父明月，東宮侍郎。母太原王氏，封新昌郡君，父融，幽州刺史、汝南莊公。

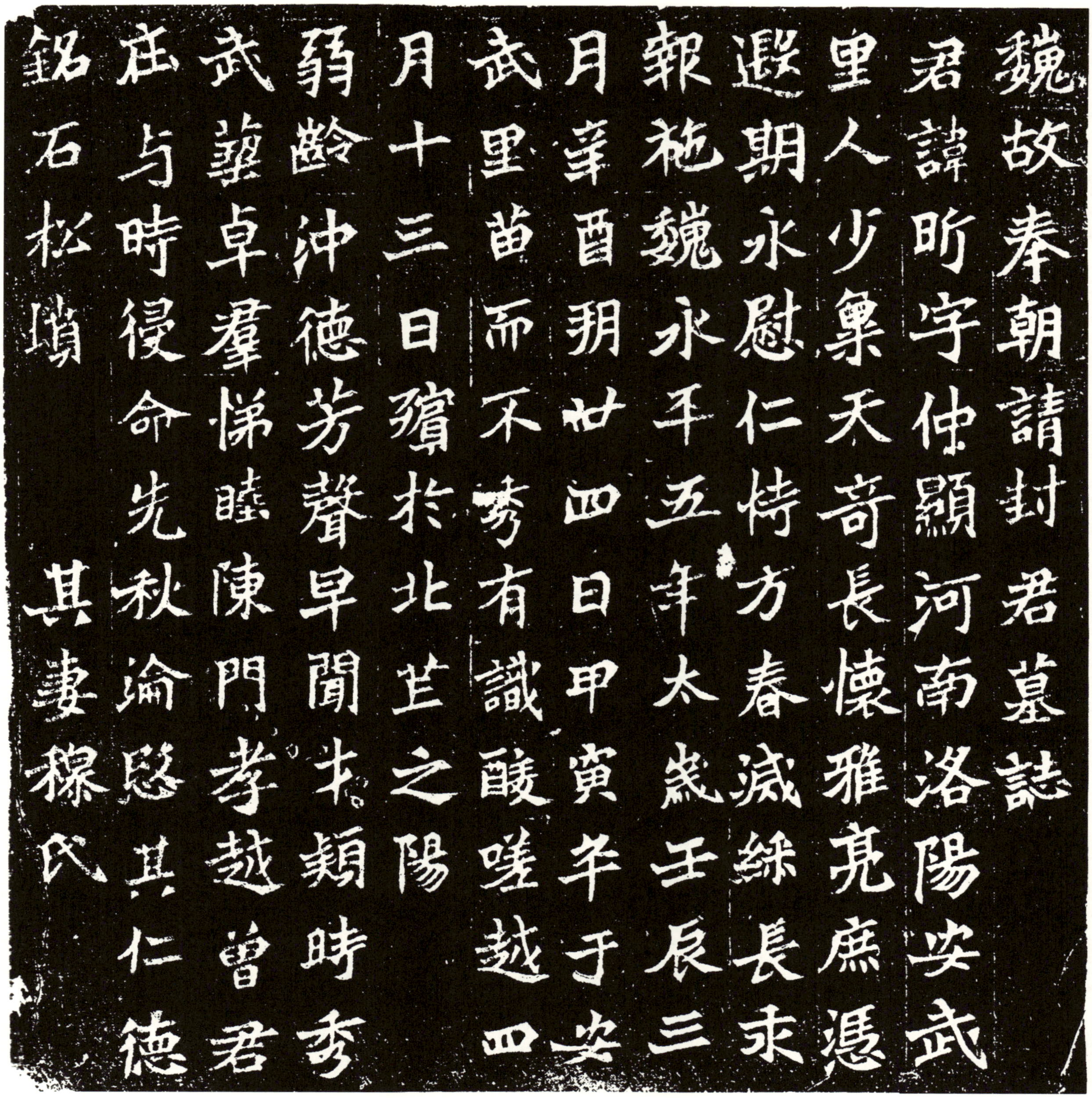
魏故奉朝請封君墓誌
君諱昕字仲顯河南洛陽安武
里人少稟天奇長懷雅亮庶憑
遐期永慰仁侍方春減緣長來
報祐魏永平五年太歲壬辰三
月辛酉朔廿四日甲寅卒于安
武里苗而不秀有識酸嗟越四
月十三日殯於北芒之陽
弱齡沖德芳聲早聞未類時秀
武藝卓羣悌睦陳門孝越曾君
莊与時侵命先秋淪照其仁德
銘石松墳　其妻穆氏

〇七一 魏故奉朝請封君【昕】墓誌

永平五年（512）三月二十四日卒，同年四月十三日葬。誌文12行，滿行12字，楷書。誌石高32.5釐米，寬31.8釐米，河南洛陽出土。

【释文】

君諱昕，字仲顯，河南洛陽安武里人。少稟天奇，長懷雅亮；庶憑遐期，永慰仁恃；方春滅綵，長求報施。魏永平五年太歲壬辰三月辛酉朔廿四日甲寅，卒于安武里。苗而不秀，有識酸嗟。越四月十三日，殯於北芒之陽。

弱齡沖德，芳聲早聞；才穎時秀，武藝卓羣。悌睦陳門，孝越曾君；庄与時侵，命先秋淪。愍其仁德，銘石松墳。其妻穆氏。

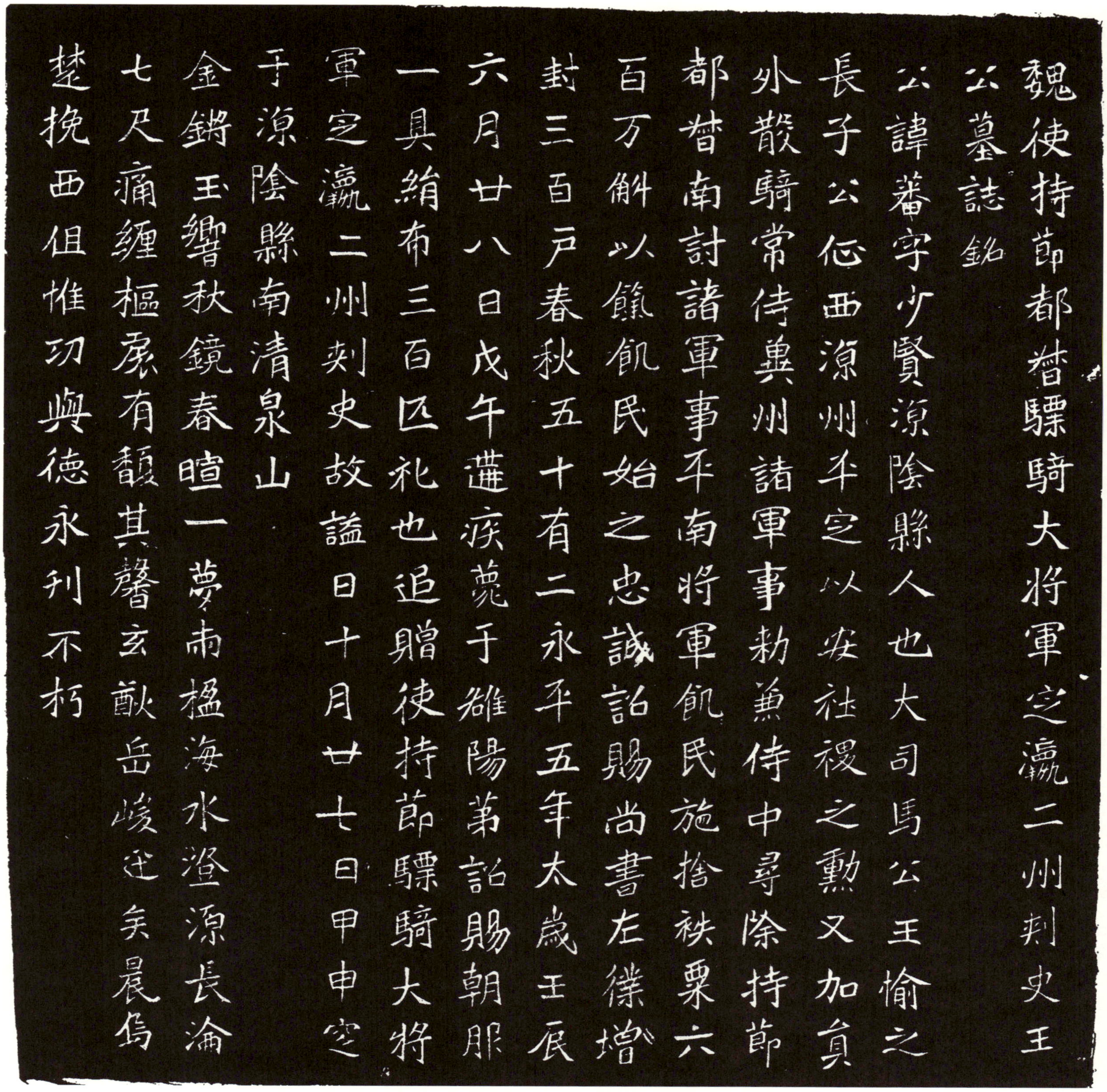
魏使持節都督驃騎大將軍定瀛二州刺史王
公墓誌銘
公諱蕃字少賢源陰縣人也大司馬公王愉之
長子公伭西源州平定以安社稷之勳又加員
外散騎常侍冀州諸軍事勑兼侍中尋除持節
都督南討諸軍事平南將軍飢民施捨秩粟六
百万斛以饑飢民始之忠誠詔賜尚書左僕增
封三百戶春秋五十有二永平五年太歲壬辰
六月廿八日戊午遘疾薨于雒陽第詔賜朝服
一具綃布三百匹禮也追贈使持節驃騎大將
軍定瀛二州刺史故謚曰十月廿七日甲申窆
于源陰縣南清泉山
金鏘玉響秋鏡春暄一夢雨楹海水澄源長淪
七尺痛纏樞扆有馥其馨玄猷岳峻逝矣晨烏
楚挽西徂惟功與德永刊不朽

〇七二 魏使持節都督驃騎大將軍定瀛二州刺史王公【蕃】墓誌銘

永平五年（512）六月二十八日，同年十月二十七日葬。

誌文15行，滿行18字，楷書。誌石高57釐米，寬57釐米，出土地不詳。

【释文】

公諱蕃，字少賢，涼陰縣人也。大司馬公王榆之長子。公征西涼州平定，以安社稷之勳，又加員外散騎常侍、冀州諸軍事，敕兼侍中，尋除持節、都督南討諸軍事、平南将軍。（饑民）［民饑］，施捨袟粟六百萬斛，以饑饑民，始之忠誠，詔賜尚書左僕［射］，增封三百戶。春秋五十有二，永平五年太歲壬辰六月廿八日戊午遘疾，薨于雒陽第。詔賜朝服一具，絹布三百匹，礼也。追贈使持節、驃騎大将軍、定瀛二州刺史，故謚曰。十月廿七日甲申，窆于涼陰縣南清泉山。

金鏘玉響，秋鏡春暄，一夢兩楹，海水澄源。長淪七尺，痛纏樞扆；有馥其馨，玄猷岳峻。迅矣晨烏，楚挽西徂；惟功與德，永刊不朽。

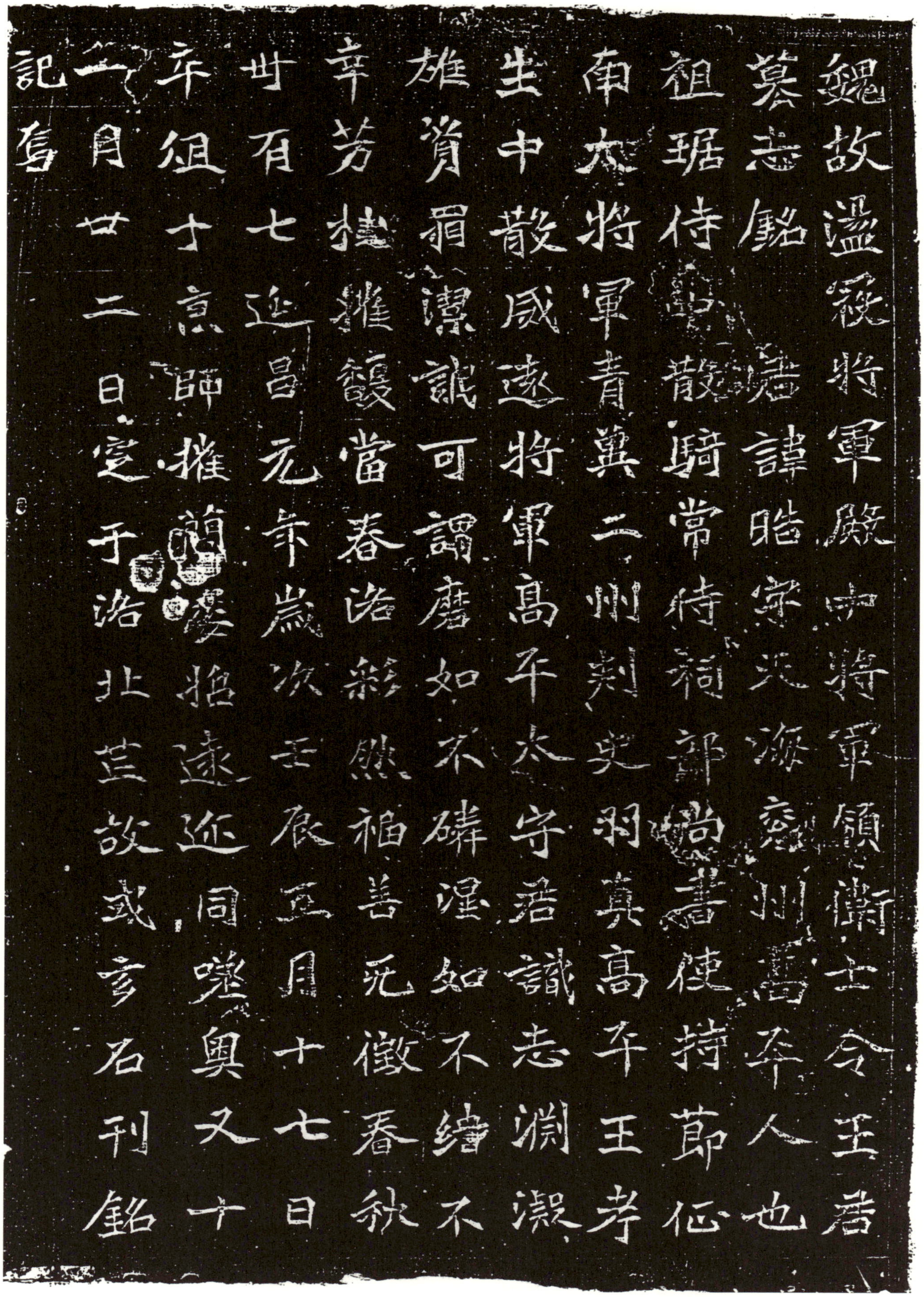
魏故盪寇將軍殿中將軍領衛士令王君
墓誌銘 君諱晧字天海冀州高邑人也
祖琚侍中散騎常侍祠部尚書使持節征
南大將軍青冀二州刺史羽真高平王孝
生中散威遠將軍高平太守君識志淵凝
雄資眉潔誠可謂磨如不磷涅如不緇不
幸芳桂摧穫當春凋彩然禍善無徵春秋
廿有七延昌元年歲次壬辰五月十七日
卒徂于京師摧[?]夢悠遠逝同嗟輿又十
一月廿二日窆于洛北芒故式彥石刊銘
記焉

〇七三 魏故盪寇將軍殿中將軍領衛士令王君【晧】墓志銘

延昌元年（512）五月十七日卒，延昌二年（513）十一月二十二日葬。

誌文11行，滿行16字，楷書。誌石高42釐米、寬29.5釐米，河南洛陽孟津出土。

【释文】

君諱晧，字天海，兖州高平人也。祖琚，侍中、散騎常侍、祠部尚書、使持節、征南大将軍、青冀二州刺史、羽真高平王。考生，中散、威遠将軍、高平太守。君識志淵凝，雄資貌潔，誠可謂磨如不磷，涅如不續。不幸芳桂摧馥，當春（洛）［落］彩。然福善无徵，春秋卅有七，延昌元年歲次壬辰五月十七日卒（殂）于京師。摧蘭姿哲，遠迩同嗟。粤又十一月廿二日窆于洛北芒，或刻石刊銘記焉。

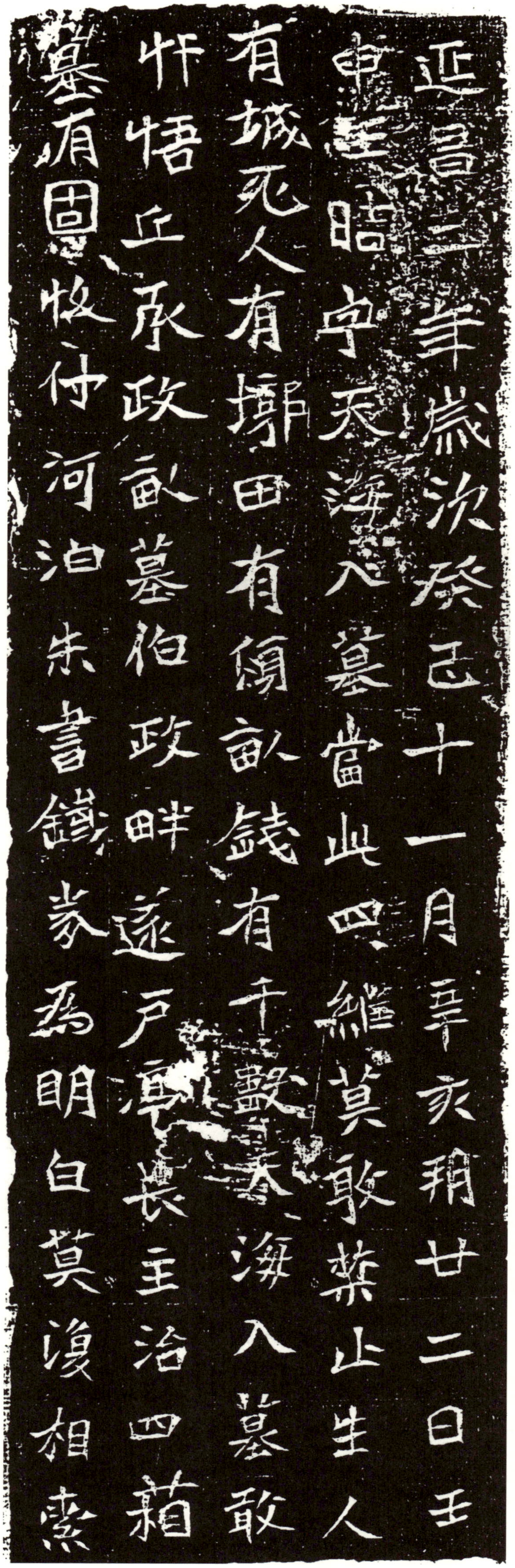
延昌二年歲次癸巳十一月辛亥朔廿二日壬
申王皓字天海入墓當此四維莫敢禁止生人
有城死人有鄉田有頃畝錢有千數□海入墓敢
忤悟丘丞政畝墓伯政畔遂户□長王治四藉
墓有圖收付河伯朱書鐵券為明白莫復相索

〇七四 王皓墓莂

延昌二年（513）十一月二十二日葬。

誌文5行，滿行18字，楷書。誌石高47釐米、寬14.5釐米，河南洛陽孟津出土。

【释文】

延昌二年歲次癸巳十一月辛亥朔廿二日壬申，王晧，字天海入墓。當此四繼，莫敢禁止；生人有城，死人有（墎）［槨］；田有頃畝，錢有千數；天海入墓，敢忓悟丘。承政畝墓伯政畔，遂戶亭長，主治四萠，墓有固收付河泊，朱書錢券為明白，莫復相索。

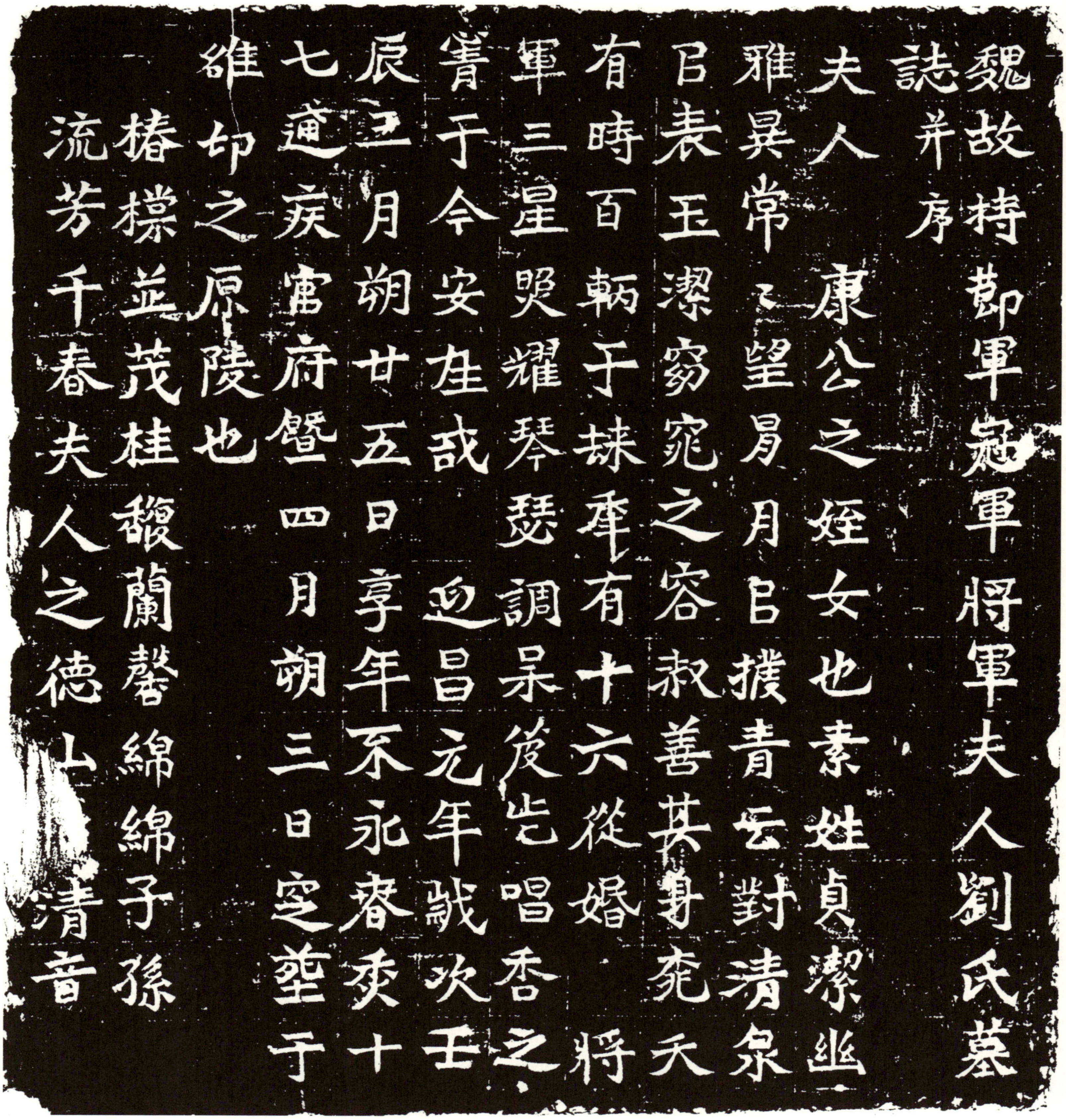

魏故持節軍冠軍將軍夫人劉氏墓
誌并序
夫人 康公之姪女也素姓貞潔幽
雅異常〻望月月以擢青云對清泉
以表玉潔窈窕之容叔善其身尭天
有時百輌于妹牽有十六從婚將
軍三星昭耀琴瑟調呆茂岂唱香之
胥于今安在哉延昌元年歲次壬
辰三月朔廿五日亨年不永春秀十
七遘疾害府暨四月朔三日窆塋于
維邙之原陵也
椿檏並茂桂馥蘭馨綿綿子孫
流芳千春夫人之德上清音

○七五

魏故持節軍冠軍將軍夫人劉氏墓誌并序

延昌元年（512）四月三日葬。誌文13行，滿行14字，楷書。誌石高30釐米，寬28釐米，河南洛陽出土。

【释文】

夫人，康公之姪女也。素（姓）［性］貞潔，幽雅異常，常望明月吕撥青雲，對清泉吕表玉潔，窈窕之容，淑善其身。桃夭有時，百輛于歸，季有十六，從婚將軍。三星照耀，琴瑟調和。彼此唱和之情，于今安在哉。延昌元年歲次壬辰三月朔廿五日，享年不永，春秋十七，遘疾官府，曁四月朔三日，窆葬于雒邙之原陵也。

椿樸并茂，桂馥蘭馨。綿錦子孫，流芳千春。夫人之德，山□清音。

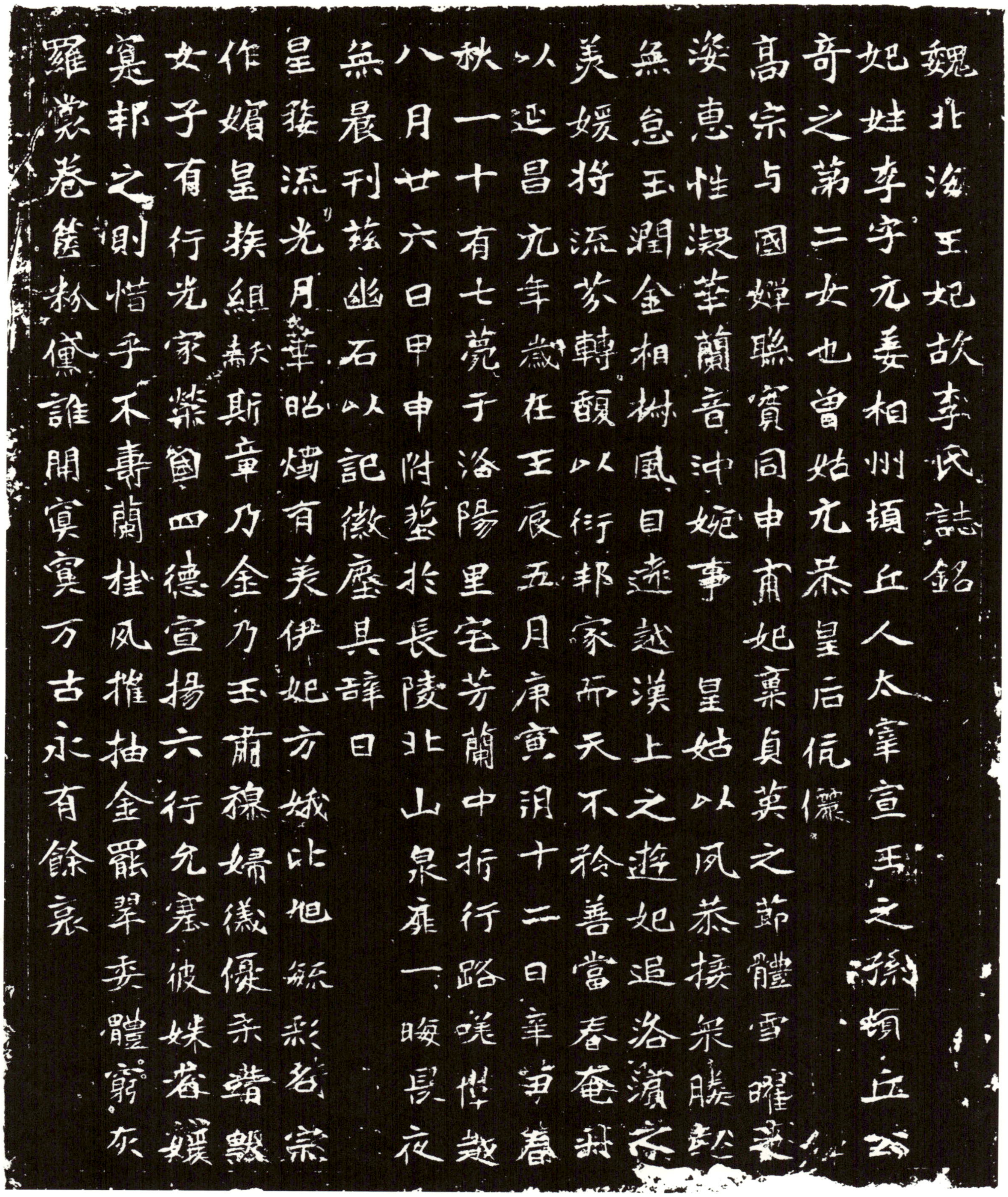

魏北海王妃故李氏誌銘
妃姓李字元姜相州頓丘人太宰宣王之孫頓丘公
奇之第二女也曾姑元恭皇后伉儷
高宗与國婚聯賓同申肅妃稟貞英之節體雪曜素
姿惠性凝華蘭音沖婉事　皇姑以夙恭接槃勝懿
無怠玉潤金相椒風日遠越漢上之遊妃追洛濱之
美媛將流芬轉馥以行邦家而天不矜善當春奄舛
以延昌元年歲在壬辰五月庚寅朔十二日辛丑春
秋一十有七薨于洛陽里宅芳蘭中折行路嗟悼越
八月廿六日甲申附葬於長陵北山泉扉一晦長夜
無晨刊茲幽石以記徽塵其辭曰
皇彝流光月華昭燭有美伊妃方娥比旭絲彩名宗
作嬪皇族組獻斯章乃金乃玉肅穆婦儀優柔譜盤
女子有行光家榮國四德宣揚六行允塞彼姝者嬡
寔邦之則惜乎不壽蘭桂夙摧抽金罷翠委體窮灰
羅幌卷舊粉黛誰開冥冥万古永有餘哀

〇七六 魏北海王妃故李氏【元姜】誌銘

延昌元年（512）五月十二日卒，同年八月二十六日葬。

誌文16行，滿行20字，楷書。誌石高39.8釐米，寬32.4釐米，河南洛陽出土。

【释文】

妃姓李，字元姜，相州頓丘人。太宰宣王之孫，頓丘公奇之第二女也。曾姑元恭皇后，伉儷高宗，与國蟬聯，實同申甫。妃稟貞英之節，體雪曜之姿。惠性凝華，蘭音沖婉。事皇姑以夙恭，接衆媵以無怠。玉潤金相，椒風自遠，越漢上之遊妃，追洛濱之美媛。將流芬轉馥，以衍邦家，而天不矜善，當春奄丹。以延昌元年歲在壬辰五月庚寅朔十二日辛丑，春秋一十有七，薨于洛陽里宅。芳蘭中折，行路嗟悼。越八月廿六日甲申，附葬於長陵北山。泉扉一晦，長夜無晨，刊茲幽石，以記徽塵。其辭曰：

星婺流光，月華昭燭，有美伊妃，方娥比旭。毓彩名宗，作嬪皇族，組黻斯章，乃金乃玉。肅穆婦儀，優柔靖默，女子有行，光家榮國。四德宣揚，六行允塞，彼姝名媛，寔邦之則。惜乎不壽，蘭桂夙摧，抽金罷翠，委體窮灰。羅裳卷篋，粉黛誰開，冥冥万古，永有餘哀。

〇七七 魏故征虜将軍河州刺史臨澤定侯鄯使君【乾】墓銘

永平五年（512）正月四日卒，延昌元年（512）八月二十六日葬。

誌文19行，滿行22字，楷書。誌石高56.4釐米，寬48釐米，河南洛陽出土。

【释文】

君諱乾，司州河南洛陽洛濱里人也。侍中、鎮西将軍、鄯鄯王寵之孫，平西将軍、青平涼三州刺史、鄯鄯王、臨澤懷侯視之長子。考以去真君六年歸國，自祖已上，世君西夏。君初宦，以王孫之望，起家為員外散騎侍郎，入領左右輔國将軍、城門校尉，出為征虜将軍、安定内史。春秋卌四，以永平五年歲次壬辰正月四日薨。蒙贈征虜将軍、河州刺史，謚曰定。其年四月改為延昌元年，八月廿六日，卜營丘兆於洛陽北芒而窆焉。其辭曰：

有秩斯流，濬發瀾京。唯天縱昌，聿資厥聲。世光涼右，襲休纂榮。豊幹絜源，邈彼姬嬴。惟祖惟考，曉運昭機。入蕃皇魏，趣舍唯時。錫土分茅，好爵是縻。灼灼章服，悠悠車旗。唯君齠節，夙禀門矩。室友廉蘇，賓無濫與。幼承秘寵，早參禁宇。暫莅西服，休政已舉。體素欽仁，端風雅正。清明在躬，昭然冰鏡。文英武果，超光朝令。将加殊命，顯茲華禄。高列崇班，副此朝屬。遠二金坨，式昭魏籙。如何不淑，摧樑碎玉。歲聿其徂，爰即遐壟。泉扉一奄，永謝朝光。去矣莫留，道存人亡。列銘幽石，長述風芳。

大魏延昌元年歲次壬辰八月己未朔廿六日甲申記。

魏使持節驃騎將軍冀州刺史尚書左僕射安樂王墓誌銘
王諱詮字休賢高宗文成皇帝之孫大司馬公安樂王之子
少襲王爵加征西大將軍尋拜光爵又以本官領太子中庶
子及皇居徙御詔王以光爵領員外散騎常侍竇銅虎符馳
傳往代申勞留臺公卿奉迎七廟頌之勳兼侍中尋除持節
督涼州諸軍事冠軍將軍涼州刺史尋又進號平西將軍正
始之中南寇侵境詔王使持節都督南討諸軍事平南將軍
攻圍鍾離以振旅之功除使持節都督定州諸軍事平北將
軍定州刺史歲屬災饉王乃開公廩捨秩粟數百万斛以飯
飢民元愉作逆王忠誠首告表請親征勅王都督定瀛二州
諸軍事餘如故氛霧克清除侍中又以安社稷之勳除尚書
左僕射增封三百戶春秋卅有六永平五年太歲壬辰三月
廿八日戊午遘疾薨于第詔賜東園祕器朝服一具絹布七
百匹禮也追贈使持節驃騎將軍冀州刺史僕射王如故謚
曰武康粵八月廿六日甲申窆于河陰縣西芒山
精緯晒靈蘭殖帝庭是惟盛德有顏其馨玄猷岳峻雅量川
渟堂堂武略煥煥文經纓紱赤紱珩組二蕃金鏘玉響秋鏡
春暉重加惠弁冊撫寅軒彝倫咸序海水澄源允膺納禁且
既賓門報施徒聞仁壽誰覿一夢兩楹長淪七尺痛纏樞扆
哀震衢陌遙哉夕苑近矣晨烏龜筮襲吉駟蹕就途哀笳北
轉楚挽西徂羨扃既掩蘭缸已成泉夜冥冥松飇肩肩天地
長久陵谷或虧惟功與德不朽傳斯

〇七八 魏使持節驃騎將軍冀州刺史尚書左僕射安樂王【元詮】墓誌銘

永平五年（512）三月二十八日卒，延昌元年（512）八月二十六日葬。

誌文22行，滿行23字，楷書。誌石高79.3釐米，寬76.5釐米，河南洛陽出土。

【释文】

　　王諱詮，字休賢，高宗文成皇帝之孫，大司馬公、安樂王之子。少襲王爵，加征西大将軍，尋拜光爵，又以本官領太子中庶子。及皇居徙御，詔王以光爵領員外散騎常侍。賚銅虎符，馳傳往代，申勞留臺公卿，奉迎七廟。頃之，敕兼侍中，尋除持節、督涼州諸軍事、冠軍将軍、涼州刺史，尋又進號平西将軍。正始之中，南寇侵境，詔王使持節、都督南討諸軍事、平南将軍，攻圍鍾離。以振旅之功，除使持節、都督定州諸軍事、平北将軍、定州刺史。歳屬災饉，王乃開公廩，捨秩粟數百万斛，以餫饑民。元愉滔天，王忠誠首告，表請親征。敕王都督定瀛二州諸軍事，餘如故。氛霧剋清，除侍中。又以安社稷之勳，除尚書左僕射，增封三百戶。春秋卅有六，永平五年太歳壬辰三月廿八日戊午遘疾，薨于第。詔賜東園祕器，朝服一具，絹布七百匹，礼也。追贈使持節、驃騎将軍、冀州刺史，僕射、王如故，謚曰武康。粤八月廿六日甲申窆于河陰縣西芒山。

　　精緯昞靈，蘭殖帝庭。是惟盛德，有馥其馨。玄猷岳峻，雅量川渟。堂堂武略，煥煥文經。纓紱兩禁，珩組二蕃。金鏘玉響，秋鏡春暄。重加恵弁，再撫寅軒。彝倫式序，海水澄源。允膺納禁，且既賓門。報施徒聞，仁壽誰覿。一夢兩楹，長淪七尺。痛纏樞扆，哀震衢陌。遄哉夕蒐，迅矣晨烏。龜筮襲吉，毀躐戒途。哀笳北轉，楚挽西徂。羡扃既掩，蘭釭已滅。泉夜冥冥，松飈肩肩。天地長久，陵谷或虧。惟功與德，不朽傳斯。

維大魏延昌二年歲次癸巳二月丙辰朔廿九日
甲申故處士元君墓誌銘
君諱顯儁河南洛陽人也若夫太一玄象之原靈門靈
鳳之美固以瓊峯万里秘壑無津龍擦紫引綿於竹帛
景穆皇帝之曾孫鎮北將軍冀州刺史城陽懷王之季
子也君資性夙靈神儀卓尔少歆之奇琴書逸影雖曾
閔淳孝無以加其前顏子滄道久莫遺其後日就月將
若螢舒盪晚年成歲秀若騰曦潔草松鄰竹侶𢿢不仰
歎矣是則慕學之徒無不欲軌其操既成之儒無不欲
會其文以為三益之良匆也若乃載咲載言則玄談雅
質出入翱翔金聲璀璨昔蒼舒早善村度奇聲久何以
加為而報善無徵殲茲秀抬甫齡三五以延昌二年正
月丙戌朔十四日己亥卒於宣化里第其二月廿九日
窆于瀍㵎之濵痛春蘭之早折傷琴書之永罗以追吊
之未罄更載琢於玄石其辭曰
悟悟夫子令儀令哲獨抱芳蘭陵霜雪且琴且書俞
光俞烈扶搖未摶逸翰先折春風既肩暄鳥久還如何
是節剪桂刪蘭泉門掩燭幽夜多寒斯人永矣金石流
刊

〇七九 維大魏延昌二年歲次癸巳二月丙辰朔廿九日甲申故處士元君【顯儁】墓誌銘

延昌二年（513）正月十四日卒，同年二月二十九日葬。

誌文19行，滿行21字，楷書。誌石高82釐米，寬50釐米，河南洛陽出土。

【释文】

君諱顯儁，河南洛陽人也。若夫太一玄象之原，雲門靈鳳之美。固以瓊峰万里，祕壑無津，龍櫞紫引，綿於竹帛。景穆皇帝之曾孫，鎮北将軍、冀州刺史、城陽懷王之季子也。君資性夙靈，神儀卓尔，少翫之奇，琴書逸影。雖曾閔淳孝，無以加其前；顏子滄道，亦莫邁其後。日就月将，若望舒盪魄；年成歲秀，若騰曦潔草。松鄰竹侣，孰不仰歎矣。是則慕學之徒，無不欲軌其操；既成之儒，無不欲會其文。以為三益之良朋也。若乃載咲載言，則玄談雅質。出入翱翔，金聲璀璨。昔蒼舒早善，叔度奇聲，亦何以加焉。而報善無徵，殲茲秀哲，甫齡三五，以延昌二年正月丙戌朔十四日己亥，卒於宣化里第。粤二月廿九日窆於瀍、澗之濱。痛春蘭之早折，傷琴書之永穸；以追弔之未磬，更載琢於玄石。其辭曰：

悟悟夫子，令儀令哲。獨抱芳蘭，陵踐霜雪。且琴且書，俞光俞烈。扶摇未摶，逸翰先折。春風既扇，喧鳥亦還。如何是節，剪桂彫蘭。泉門掩燭，幽夜多寒。斯人永矣，金石流刊。

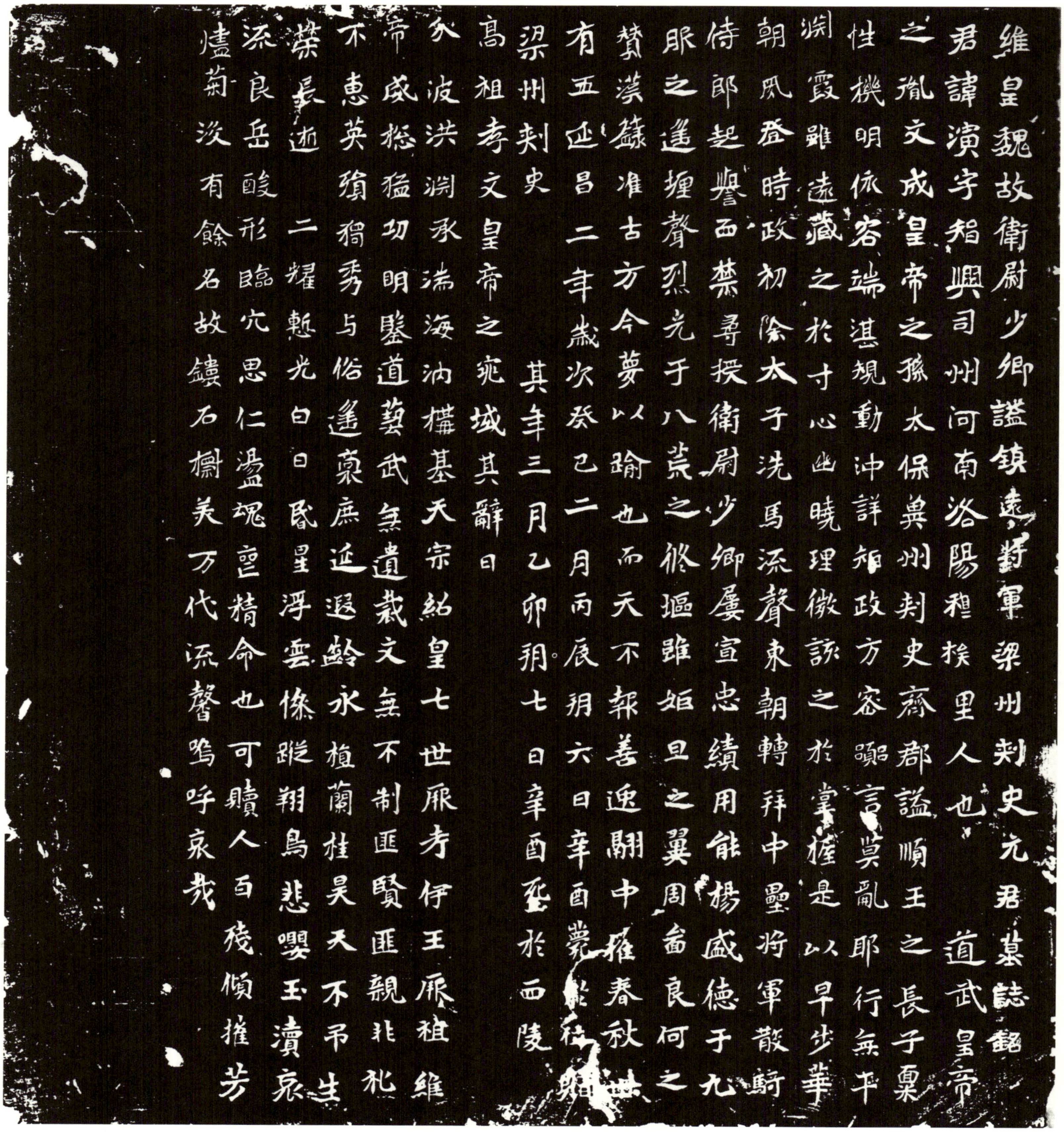
維皇魏故衛尉少卿謚鎮遠將軍梁州刺史元君墓誌銘
君諱演字智興司州河南洛陽種挨里人也 道武皇帝
之胤文成皇帝之孫太保冀州刺史齊郡謚順王之長子稟
性機明依容端湛規動沖詳雅政方容顒言莫亂耶行無平
淵霞雖遠藏之於寸心幽曉理徽詠之於掌握是以早步華
朝風登時政初除太子洗馬流聲東朝轉拜中壘將軍散騎
侍郎起譽西禁尋授衛尉少卿屢宣忠績用能揚盛德于九
服之遙壇聲烈光于八荒之悠嶇雖姬旦之翼周畜良何之
贊漢蘇准古方今蔑以踰也而天不報善逸翮中摧春秋卌
有五延昌二年歲次癸巳二月丙辰朔六日辛酉薨於[illegible][illegible]
梁州刺史 其年三月乙卯朔七日辛酉窆於西陵
高祖孝文皇帝之兆域其辭曰
分波洪淵承流海納構基天宗紹皇七世厥考伊王厥祖維
帝咸揔猛功明鑒道藝武無遺裁文無不制匪賢匪親非礼
不惠英須獨秀与俗遙蒙庶延遐齡永植蘭桂昊天不弔生
榮長逝 二耀韜光白日昏星浮雲倏蹤翔鳥悲嚶玉潰泉
流良岳酸形臨穴思仁盪魂亶精命也可贖人百殘傾摧芳
燼菊泯有餘名故鐫石樹美万代流馨嗚呼哀哉

〇八〇 維皇魏故衛尉少卿謚鎮遠將軍梁州刺史元君【演】墓誌銘

延昌二年（513）二月六日卒，同年三月七日葬。

誌文18行，滿行23字，楷書。誌石高65釐米，寬58.7釐米，河南洛陽出土。

【释文】

君諱演，字智興，司州河南洛陽穆族里人也。道武皇帝之胤，文成皇帝之孫，太保、冀州刺史、齊郡謚順王之長子。禀性機明，依容端湛，規動沖詳，矩政方密，囂言莫亂，邪行無干。淵霞雖遠，藏之於寸心；幽曉理微，該之於掌握。是以早步華朝，夙登時政。初除太子洗馬，流聲東朝。轉拜中壘将軍、散騎侍郎，起譽西禁。尋授衛尉少卿，屢宣忠績。用能揚盛德于九服之遥壃，聲烈光于八荒之攸區。雖姬旦之翼周圖，良何之贊漢籙，准古方今，夢以踰也。而天不報善，逸翮中摧，春秋卅有五，延昌二年歲次癸巳二月丙辰朔六日辛酉，薨於位，贈梁州刺史。其年三月乙卯朔七日辛酉，葬於西陵高祖孝文皇帝之兆域。其辭曰：

分波洪淵，承湍海汭，構基天宗，紹皇七世。厥考伊王，厥祖維帝，威捴猛功，明鑒道藝。武無遺裁，文無不制，匪賢匪親，非禮不惠。英殞獨秀，與俗遥裔，庶延遐齡，永植蘭桂。昊天不弔，生榮長逝，二耀虧光，白日昏星。浮雲惨蹤，翔鳥悲嚶，玉瀆哀流，良岳酸形。臨穴思仁，盪魂喪精，命也可贖，人百殘傾。摧芳燼菊，没有餘名，故鏤石標美，万代流馨。嗚呼哀哉！

〇八一 魏故使持節車騎将軍衡州刺史嚴公【震】墓誌銘

北魏延昌二年（513）二月二十三日卒，同年四月十日葬。

誌文20行，滿行20字，楷書。誌石高52釐米，寬52釐米，河南洛陽出土。

【释文】

公諱震，字雲伯，南陽永平里人。漢壽春尉顯之良緒，晉驃騎大将軍支基之十世孫也。綿綿世胄，明哲倍出，經綸蓋於一時，勳績超於百揆。入則味道，出則照德，有漢於茲，何與之齊。公雅荷文武，襟誻泉石，忠愕乃其秉尚，明璫不以為華。德充身心，道彰中土。今上即位，遣兵南巡，始臨淮浦，起公為陪駕。時南土不參，武騎侍郎楊景叛入偽齊，時用未夜安枕，俄還公衡州刺史。公既受任，脩德以維化，塞城以禦侮。綺綜天威，遠迩並申，氣陵重霄，儀標芷桂。是以沙庭日警，戎馬夜號，嶺南無少動移，公有力焉。良騎不遂，變延京師，六軍散離，虎旅解紐。南軍相拒，爰及心腹。繾綣東扉，南垣雷駭，猛将不御，三軍掩敗。質以方冷之裯探，終無如何，高松先凉，于焉不妄。延昌二年歲次癸巳二月廿三日寢疾，薨於任所，春秋卌九。上聞，追贈使持節、車騎将軍，刺史如故。以其年四月己酉朔十日戊午，窆于洛陽長陵之左。其辭曰：

猗矣仁人，擢德著美；中和之稱，文武之寄。正色肅己，六藝尤良；篤恭其職，庶績烈光。奉帝左右，寔維乃公；鏤金煥采，宜錫永齡。棘門轉違，頓駕長春；徘徊河山，痛泣行人。

魏故貴華恭夫人墓誌銘
祖奐齊故尚書左僕射使持節鎮北大將軍雍州刺史
夫人陳郡殷氏父道矜太中大夫
父肅魏故侍中司空昌國宣簡公
夫人陳郡謝氏父莊侍中右光祿大夫憲侯
後尚陳留長公主　父獻文皇帝
魏故貴華夫人王普賢徐州琅耶郡臨沂縣都鄉南仁里人
也氏胄之萌厥源遠矣高崖慜其鶴駕洛浦美其笙歌惟翦
惟陽資文允武膺昭泰纂道光漢牒丞相體哲匡維晉社氣
法克睿蟬冕宗京祖鎮北以貞猷標鯁見危[illegible]司空以
槃節峻騁延龍明朝夫人既蹈祖考之淳懿稟[illegible]之英姿
淵妙絕擬機明瞻識端行清韶從容柔靖愛敬深凱風之養
敦順箄常標之華五教聿昭四德孔緒妙閑草[illegible]雅好篇什
春。登秋汎每緝辭藻抽情揮翰觸韻飛瑛考[illegible]家恥梭誠
參魏夫人痛箄魚之晚悟感樹靜之莫因遂乘[illegible]訖夷庶恬
方寸惟道冥味仍羅𤎼罰茹荼泣血哀深乎禮服闋迺降皇
命爰登紫掖方扇胥幄之遺風闡似莛之鳴[illegible]非善因徽盛
容斯墜春秋廿有七魏延昌二年太歲癸巳四月乙卯朔廿
二日乙巳寢疾薨于金墉之內玉樹埋柯薰蘭摧葉粤六月
二日乙酉窆于洛陽西鄉里銘曰
琁根寶萼蟬聯周紀掩暖伊川[illegible]高峙弈世[illegible]輝綿基重
美迺綴淵靈寔誕家祉提思入神[illegible]節隣聖[illegible]典澄明七德
淳鏡緝藻瓊式抽文瑤映譽[illegible]光藉詠婦[illegible]播緒女
史飛萱質華星發德耀[illegible]媲原[illegible]軌茲存[illegible]扆升掖
變映堯門與善方夢殲[illegible]淵[illegible]頹壁[illegible]宗挑沉津蘭闈空
月組帳恒塵玉墀鴻秋翠幄凝章[illegible]路陰重泉戶滅結玄扉
一掩幽座燈滅埏裏埃藏松間荒翳[illegible]德罔徽同傳[illegible]

〇八二

魏故貴華恭夫人【王普賢】墓誌銘

延昌二年（513）四月二十日卒，同年六月二日葬。

誌文27行，滿行23字，楷書。誌石高55釐米，寬67.2釐米，河南洛陽出土。

【释文】

祖奂，齊故尚書左僕射、使持節、鎮北大将軍、
雍州刺史；夫人陳郡殷氏，父道矜，太中大夫。父肅，魏
故侍中、司空、昌國宣簡公；夫人陳郡謝氏，父莊，侍中、
右光禄大夫、憲侯，後尚陳留長公主，父獻文皇帝。魏
故貴華夫人王普賢，徐州琅耶郡臨沂縣都鄉南仁里人
也。氏胄之萌，厥源遠矣。嵩崖整其鶴駕，洛浦萃其
笙歌。惟剪惟陽，資文允武；庸昭秦篆，道光漢牒。丞
相體哲，匡維晉社；執法克睿，蟬冕宋京。祖鎮北，以
貞猷標鯁，見免昏曆。考司空，以桀節峻槩，延寵明
朝。夫人既蹈祖考之淳懿，稟婉嫕之英姿，淑妙絶擬，機
明瞻識，端行清韶，從容柔靖。爰敬深凱風之美，敦
順單常棣之華。五教聿昭，四德孔緒，妙閑草隸，雅
好篇什。春登秋汎，每緝辭藻，抽情揮翰，觸韻飛瑛。考
昔鍾家耻，投誠象魏。夫人痛皋魚之晚悟，感樹静之
莫因，遂乘險就夷，庶恬方寸。惟道冥昧，仍羅極罰，茹
荼泣血，哀深乎禮。服闋，迺降皇命，爰登紫掖。方
扇胥幄之遺風，闡似庭之鴻範，報善罔徵，盛容斯墜。春
秋廿有七，魏延昌二年太歲癸巳四月乙卯朔廿二日乙
巳寢疾，薨于金墉之内。玉樹埋柯，薰蘭摧葉。粤六
月二日乙酉，窆于洛陽西鄉里。銘曰：

琁根寶萼，蟬聯周紀，掩暧伊川，斌發嵩峙。奕
世啟輝，綿墓重美，迺綴淑靈，寔戎家祉。提思入
神，挺節隣聖，五典澄明，七德淳鏡。緝藻瓊式，抽
文瑶映，譽潤淑章，聲光蘋詠。婦啚擒績，女史飛
萱，質華星婺，德耀姫原。爰處素閈，賁軌茲存，粤
昇椒掖，燮映堯門。與善方夢，殲此淑仁，崑璧委
燼，宋琲沉津。蘭闈空月，組帳恒塵，玉墀瀉欷，翠
幄凝辛。隧路陰重，泉戶凍結，玄扉一滄，幽座燈
滅。埏裏埃蕪，松間荒翳，鐫德累徽，固傳芬烈。

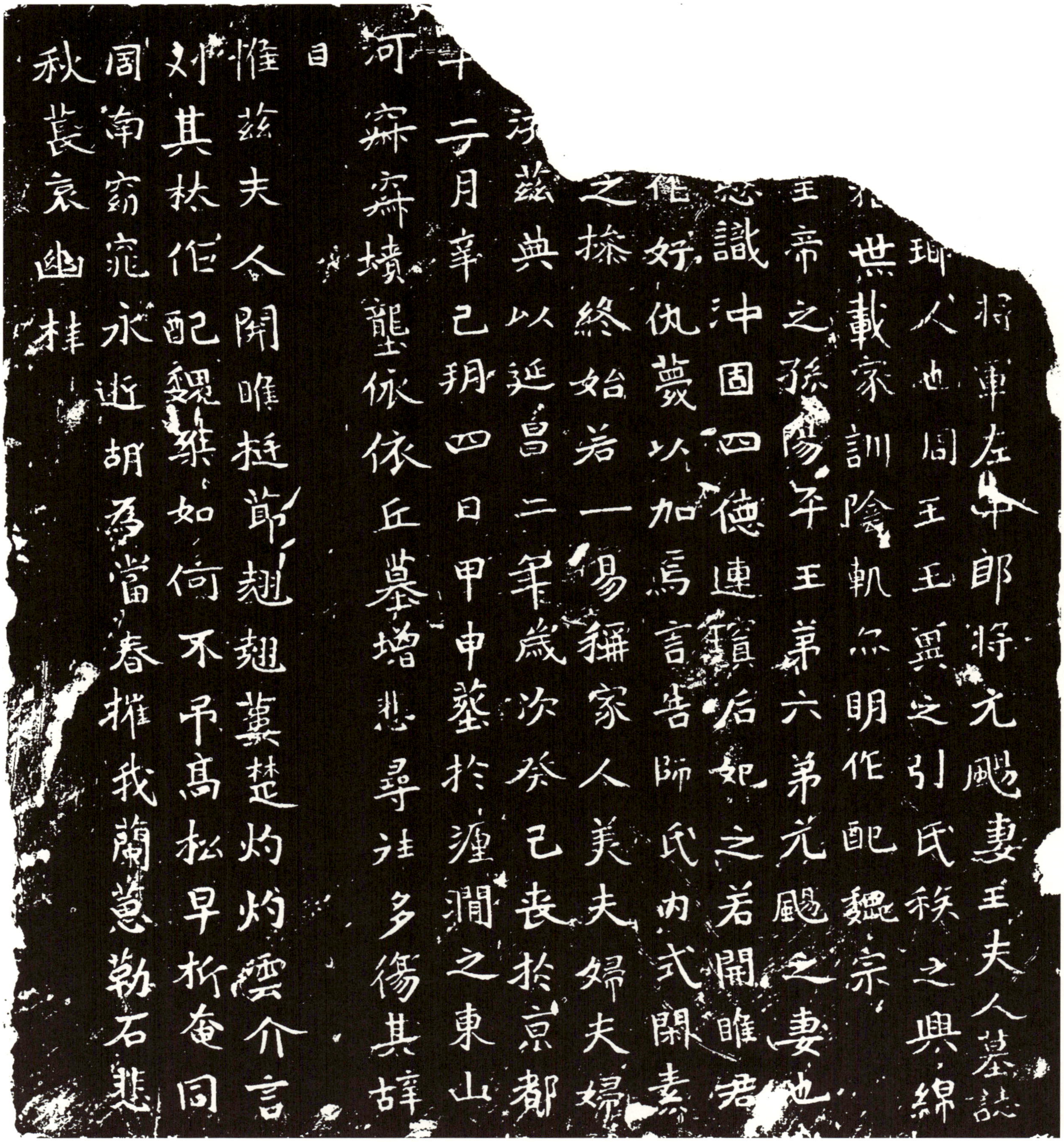

〇八三 □□□□将軍左中郎将元颺妻王夫人墓誌

延昌二年（513）卒，同年十二月四日葬。

誌文15行，滿行17字，楷書。誌石高46.5釐米，寬40.7釐米，河南洛陽出土。

【释文】

□□□琊人也。周王王冀之引。氏族之興，綿□□□。世載家訓，陰軌亦明。作配魏宗，□□□帝之孫、陽平王第六弟元颺之妻也。□□□識沖固，四德連瓊，后妃之若關雎，君□□作好仇，蔑以加焉。言告師氏，內式閑素，□□之操，終始若一。易稱家人，美夫［□］婦夫婦□□茲典。以延昌二年歲次癸巳喪於京都。十二月辛巳朔四日甲申，葬於瀍、澗之東。山河寂寂，墳壟依依，丘墓增悲，尋往多傷。其辭曰：

惟茲夫人，關雎挺節。翹翹蔓楚，灼灼雲介。言刈其林，作配魏桀。如何不弔，高松早折。奄同周南，窈窕永逝。胡為當春，推我蘭蕙。勒石悲秋，長哀幽桂。

〇八四 □伯超墓誌

延昌二年（513）□月三日卒。誌文20行，滿行19字，楷書。誌石高59釐米，寬61釐米，河南洛陽出土。

【释文】

皇魏延昌元年歲次壬□□月乙酉朔三日丁亥，建威将軍、朔州刺史□□卓，字伯超，春秋卌有二，卒于官署。明年癸巳□□癸卯朔三日乙巳，還葬于洛陽長陵之左，□□□以誌之。其辭曰：長源若水，肇跡有□，□□□□，以奠厥居。曆山之側，于是耘耔，側陋名□，□□□址。永昌厥後，世稱蕃衍，支分派降，播遷□□。□里之南，里曰初平，哲人是鍾，世多簪纓。篤生□□，德乃邁種，幼而岐嶷，長亦彪炳。作賓王家，功高廟廊，理繁治劇，用臻平康。不尚威猛，不事煩苛，視民如子，羣仰人和。桑麻以興，黎庶殷富，鷄犬相聞，民歌五袴。邊塵以靖，么麼遯跡，遐荒窮塞，咸歸上理。朝廷永賴，寮寀景仰，崧洛盛治，于君神往。如何不弔，禍延哲人，嗟彼昊天，胡念斯民。長陵之□，□□丘隴，過客增悲，徒傷駒影。

曾祖釗，征西大将軍□□□□，妣博陵方氏。祖敬，秦州大中正，妣□□□氏。考，持節、征虜将軍、恒□□□，妣上谷任氏。妻，京兆唐氏，父顯安，□□□懷荒鎮将。息瑛，年十三，息女韶□，年十一。

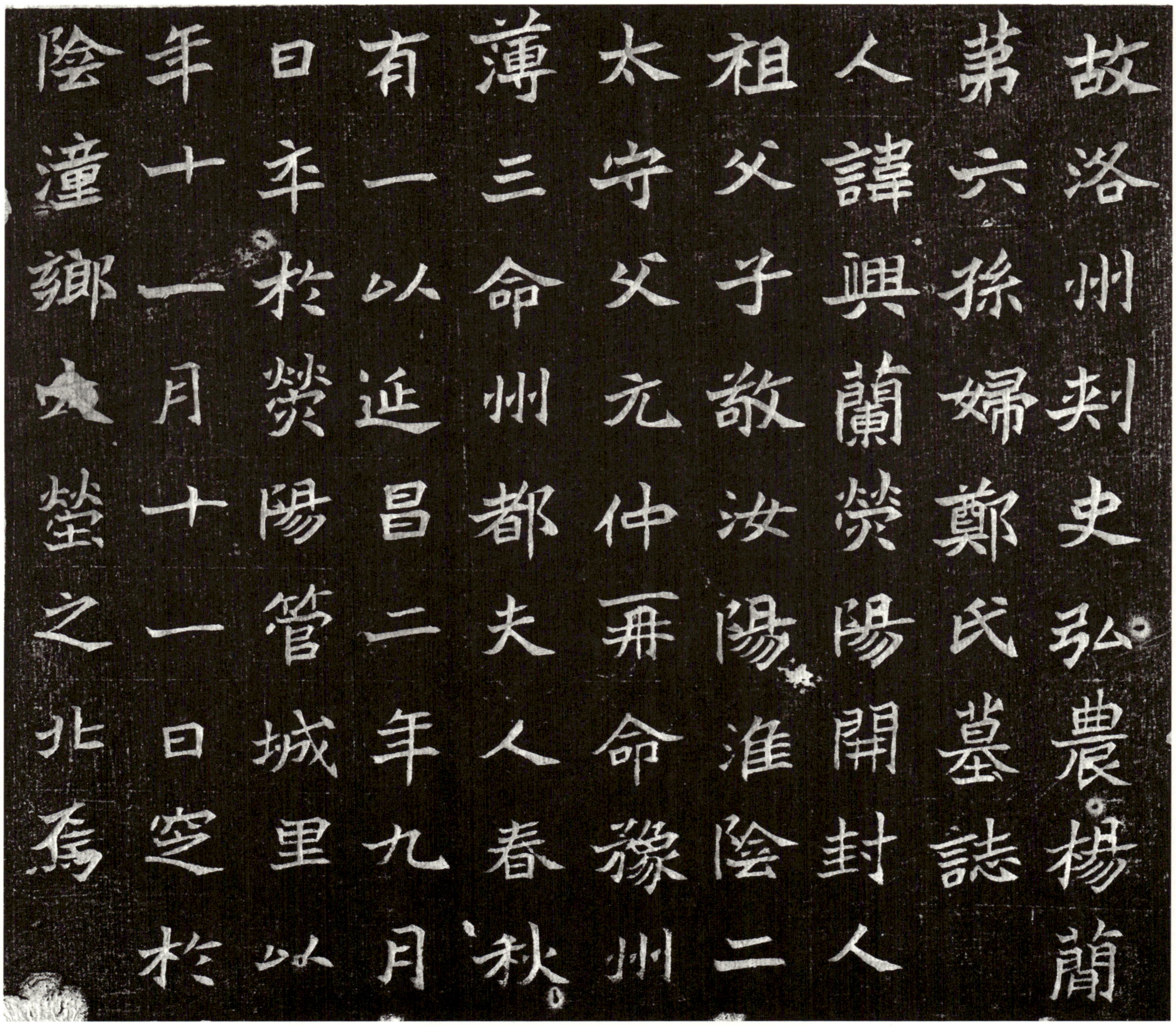
故洛州刺史弘農楊簡
第六孫婦鄭氏墓誌
人諱興蘭滎陽開封人
祖父子敬汝陽淮陰二
太守父元仲再命豫州
薄三命州都夫人春秋
有一以延昌二年九月
日卒於滎陽管城里以
年十一月十一日窆於
陰潼鄉大瑩之北爲

〇八五 □故洛州刺史弘農楊簡□第六孫婦鄭氏【興蘭】墓誌

延昌二年（513）九月七日卒，同年十一月十一日葬。

誌文10行，滿行10字，楷書。誌石高12.5釐米，寬12.5釐米，陝西華陰出土。

【释文】

□人諱興蘭，熒陽開封人□。祖父子敬，汝陽、淮陰二□太守。父元仲，再命豫州□簿，三命州都。夫人春秋□有一，以延昌二年九月七日卒於熒陽管城里。以□年十一月十一日，窆於華陰潼鄉大塋之北焉。

〇八六 ……郡太守宜陽子司馬景和妻【孟敬訓】墓誌銘

延昌二年（513）六月二十日卒，延昌三年（514）正月二十日葬。

誌文19行，滿行21字，楷書。誌石高50釐米，寬50釐米，河南洛陽出土。

【释文】

夫人姓孟，字敬訓，清河人也。蓋中散大夫之幼女，陳郡府君之季妹。夫人資含章之淑氣，稟懷叡之奇風，芬芳特出，英華秀生，婉問河洲，□□□。年十有七而作嬪於司馬氏。自笄髮從人，撿無違度，四德孔修，婦宜純備。奉舅姑以恭孝興名，接娣姒以謙慈作稱。恒寬心靜質，舉成物軌，謹言慎行，動為人範。斯所謂三宗厲矩，九族承規者矣。又夫人性寡妒，多於容納，敦桃夭之宜上，篤小星之逮下。故能慶顯螽斯，五男三女，出入閨闈。諷誦崇禮，義方之誨既形，幽閑之教亦著。然盡力事上，夫人之勤；夫婦有别，夫人之識；捨惡從善，夫人之志；內宗加密，夫人之恤；姻於外親，夫人之仁。夫人有五器，而加之以躬檢節用。豈悟天道無知，與善徒言，享年不永，凶圖横集。春秋卌有二，以延昌二年夏六月甲申朔廿日癸卯遘疾，奄忽薨於壽春。嗚呼哀哉。粤三年正月庚戌朔十二日辛酉歸葬於鄉墳河內温縣温城之西。寔以詧原興壟，窀野成丘，故式述清高，而為頌云：

穆穆夫人，乘和誕生，蘭聚蕙糅，玉潤金聲。令問在室，徽音事庭，方孚洪烈，範古流名。如何不淑，早世徂傾，思聞後葉，刊石題誠

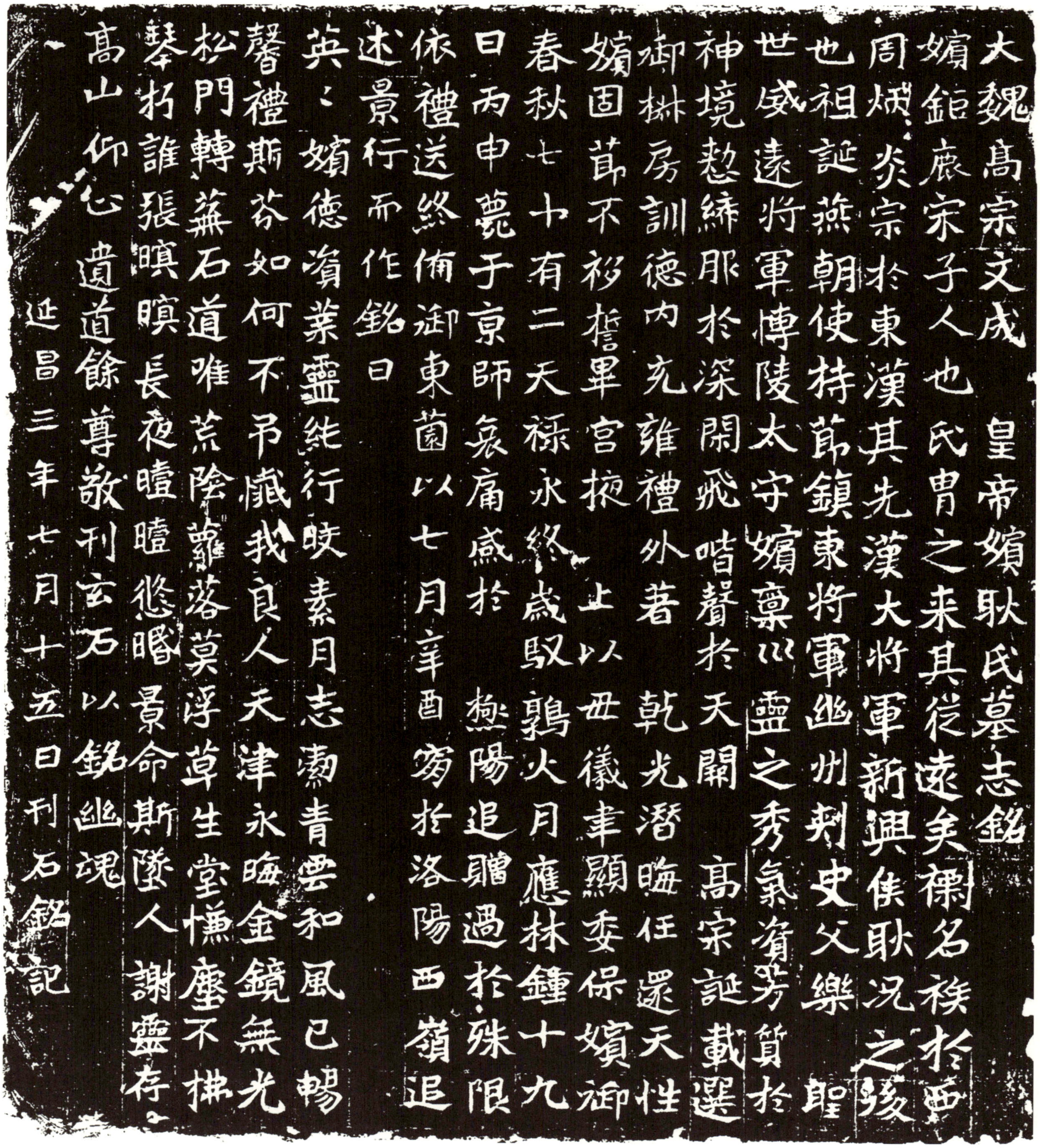

大魏高宗文成皇帝嬪耿氏墓志銘
嬪鉅鹿宋子人也氏胄之来其從遠矣褾名袟於西
周烱炎宗於東漢其先漢大將軍新興侯耿況之後
也祖誕燕朝使持節鎮東将軍幽州刺史父樂 聖
世威遠将軍博陵太守嬪稟以靈之秀氣資芳質於
神境慭綈那於深闈飛啫聲於天闕 高宗誕載選
御掖房訓德內充雜禮外著 乾光潛晦任還天性
嬪固節不移誓畢宮掖 上以母儀聿顯委保嬪御
春秋七十有二天祿永終歲馭鶉火月應林鍾十九
日丙申薨于京師哀痛感於 熱陽追贈過於殊限
依禮送終備御東園以七月辛酉窆於洛陽西嶺追
述景行而作銘曰
英英嬪德資業靈純行映素月志淩青雲和風已暢
馨禮斯芬如何不弔殲我良人天津永晦金鏡無光
松門轉蕭石道唯荒陰蘿落莫浮草生堂憮塵不拂
琴折誰張瞑瞑長夜曀曀悠曙景命斯墜人謝靈存
高山仰心遺道餘尊敬刊玄石以銘幽魂
延昌三年七月十五日刊石銘記

○八七 大魏高宗文成皇帝嬪耿氏墓志铭

延昌三年（514）七月十五日葬。

誌文18行，滿行20字，楷書。誌石高43.5釐米，寬38.3釐米，河南洛陽出土。

【释文】

嬪，鉅鹿宋子人也。氏胄之来，其從遠矣。標名族於西周，炳炎宗於東漢。其先漢大将軍、新興侯耿況之後也。祖誕，燕朝使持節、鎮東将軍、幽州刺史。父樂，聖世威遠将軍、博陵太守。嬪稟巛靈之秀氣，資芳質於神境，整絺服於深閑，飛啙聲於天闕。高宗誕載，選御椒房，訓德内充，雍禮外著，乾光潛晦，任還天性。嬪固節不移，誓畢宫掖。上以母儀聿顯，委保嬪御。春秋七十有二，天禄永終。歲馭鶉火，月應林鍾。十九日丙申，薨于京師。哀痛感於極陽，追贈過於殊限，依禮送終，備御東園。以七月辛酉，窆於洛陽西嶺。追述景行，而作銘曰：

英英嬪德，資業靈純；行皎素月，志潔清雲。和風已暢，馨禮斯芬；如何不弔，殲我良人。天津永晦，金鏡無光；松門轉蕪，石道唯荒。陰蘿落英，浮草生堂；慊塵不拂，琴朽誰張。瞑瞑長夜，噎噎悠昏；景命斯墜，人謝靈存。高山仰止，遺道餘尊；敬刊玄石，以銘幽魂。

延昌三年七月十五日刊石銘記。

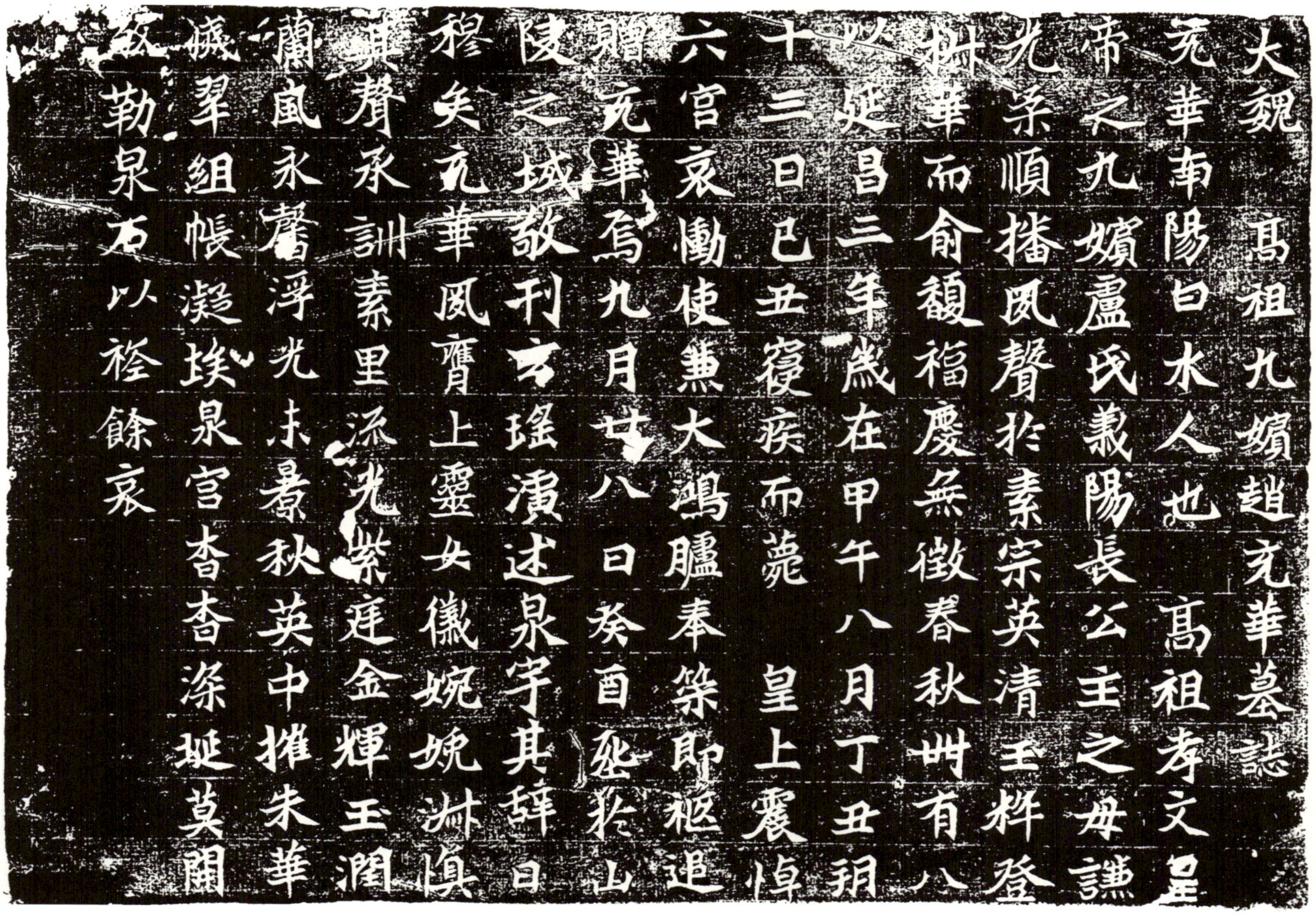
大魏高祖九嬪趙充華墓誌
充華南陽白水人也　高祖孝文皇
帝之九嬪盧氏義陽長公主之母謙
光柔順播風聲於素宗英清玉粹登
掖華而含馥福慶無徵春秋卌有八
以延昌三年歲在甲午八月丁丑朔
十三日己丑寢疾而薨　皇上震悼
六宮哀慟使兼大鴻臚奉策即柩追
贈充華爲九月廿八日癸酉窆於山
陵之域敬刊玄瑤潰述泉宇其辭曰
穆矣充華風齊上靈女儀婉婉淑慎
貞贊承訓素里流光紫庭金輝玉潤
蘭風永馨浮光未景秋英中摧朱華
藏翠組帳凝埃泉宮杳杳深埏莫闢
敬勒泉石以栓餘哀

〇八八　大魏高祖九嬪趙充華墓誌

延昌三年（514）八月十三日卒，同年九月二十八日葬。

誌文15行，滿行14字，楷書。

誌石高31.7釐米，寬45釐米，河南洛陽出土。

【释文】

充華，南陽白水人也。高祖孝文皇帝之九嬪，盧氏義陽長公主之母。謙光柔順，播夙聲於素宗；英清玉粹，登椒華而俞馥。福慶無徵，春秋卌有八，以延昌三年歲在甲午八月丁丑朔十三日己丑，寢疾而薨。皇上震悼，六宫哀慟。使兼大鴻臚奉策即柩追贈充華焉。九月廿八日癸酉，葬於山陵之域。敬刊玄瑶，演述泉宇。其辭曰：

穆矣充華，夙膺上靈；女儀婉娩，淑慎其聲。承訓素里，流光紫庭；金輝玉潤，蘭風永馨。浮光未景，秋英中摧；朱華滅翠，組帳凝埃。泉宫杳杳，深埏莫開，敬勒泉石，以旌餘哀。

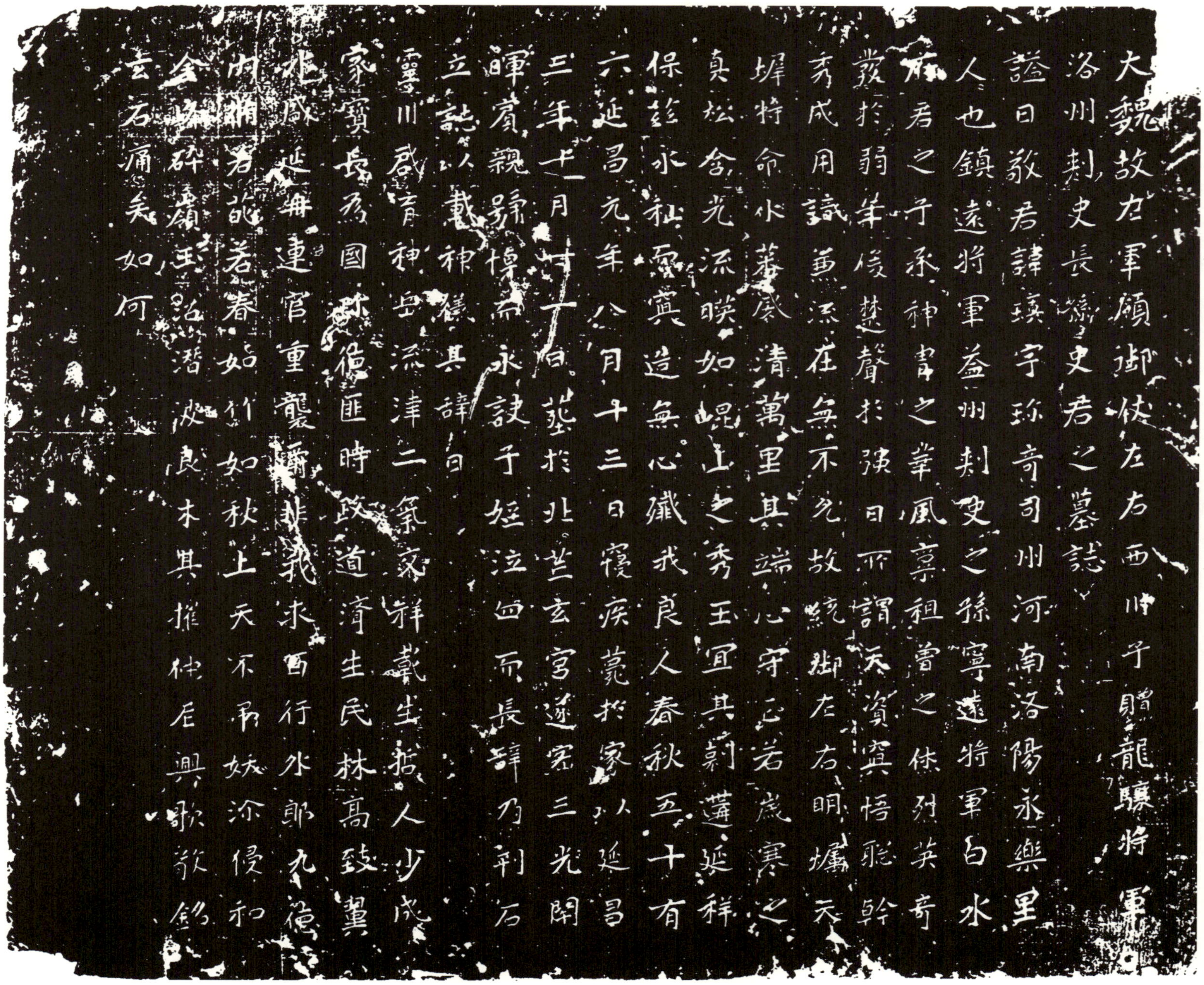

〇八九 大魏故左軍領御仗左右西川子贈龍驤將軍洛州刺史長孫史君【瑱】之墓誌

延昌元年（512）八月十三日卒，延昌三年（514）十月二十一日葬。

誌文20行，滿行18字，楷書。誌石高68釐米，寬80.5釐米，河南洛陽出土。

【释文】

諡曰敬。君諱瑱，字珍奇，司州河南洛陽永樂里人也。鎮遠将軍、益州刺史之孫，寧遠将軍、白水府君之子。承神胄之華風，稟祖曾之休烈，英奇發於弱年，俊楚聲於强日。所謂天資冥悟，聡幹秀成，用識兼流，在無不允。故統御左右，明燭天墀，特命外蕃，威清萬里。其端心守正，若歲寒之貞松；含光流映，如崑山之秀玉。宜其剋遘延祥，保茲永祉。而冥造無心，殲我良人。春秋五十有六，延昌元年八月十三日寢疾，薨於家。以延昌三年十月廿一日，葬於北芒。玄宫遂密，三光閉暉。賓親號悼而永訣，子姪泣血而長辭。乃刊石立誌，以載神儀。其辭曰：

靈川啟育，神岳流津；二氣交祥，載生哲人。少成家寶，長為國珍；德匪時政，道濟生民。林高致翼，水盛延舟；連官重襲，爵非我求。百行外朗，九德内脩；若葩若春，如竹如秋。上天不弔，妖沴侵和；金峰碎嶺，玉沼潛波。良木其摧，仲尼興歌；敬銘玄石，痛矣如何。

〇九〇

魏故尚書左僕射驃騎大將軍冀州刺史元公【珍】墓誌銘

延昌三年（514）五月二十二日卒，同年十一月四日葬。

誌文25行，滿行27字，楷書。

誌石高71.4釐米，寬66.6釐米，河南洛陽出土。

【释文】

公諱珍，字金雀，河南洛陽人也。平文皇帝六世孫，高凉王之玄孫，征南将軍、肆州刺史、襄陽公之孫，輔國将軍、幽州刺史、松兹公之子也。並虬申豹變，烈氣陵霄，世號猛将之門。公誕光先桀，擢德超倫。少以忠偔為稱，長以風雅著仁。六藝備脩，尤良射御。身長九尺三寸，容止充德，質不妄譽。太和中，選入武騎侍郎，轉直閤将軍。高祖南巡，未届衡嶺，密尔南陽，不恭其職。公單馬肆焉，戎城雷駭，除冠軍将軍。景明元年，今上即位，轉武衛将軍。時楊士中動，許叛僞齊。公屯兵淮浦，與陳伯支相拒，伯支敗績，壽春獲存，公有力焉。胙土晉陽男，遷平東将軍。正始中，轉衛尉卿，領左衛将軍。禁閱雲儀，嚴震左右，維城之寄，寔顯文武，仍加散騎常侍、光禄勳。明璫曜鬢，九棘臨顔，槱德之華，京師以為美言。俄遷侍中。綺綜王言，經綸充闕，出則倍駕，入參侍席，聲盖一時，道彰遠迩。永平中，除車騎将軍、領軍将軍。始荷腹心之任，受六師之重，掩虎旅於神扉，啟禦侮而肅警。是以四襟解紐，時用安枕。延昌二年，遷尚書左僕射，維轄万邦，亮采百揆，照德塞違，正色無避。利涉著於道初，庶績光於所起；宜奉九錫於太階，諧百味於滋鼎。永齡不遂，春秋卌七，以延昌三年歳次甲午五月戊申朔廿二日己巳，寝疾不豫，薨于篤恭里第。上屢遣問疾，聞公既終，動衷移日。朝省悲惋，行人痛泣。追贈侍中、使持節、驃騎大将軍、冀州刺史，謚曰公。以其年十一月丙午朔四日己酉，窆於河南東垣之長陵。刊玆泉石，式照德音。其辭曰：

茗茗聖冑，綿綿不已；乃王乃侯，世載其美。爰顯及公，奇峰特起；瓊柯重焕，鴻基再止。湛彼天工，唯良是與；猗矣哲人，秉文經武。纉綣帝謨，绸繆國旅；上曰腹心，唯予與汝。威旌漢洱，效彰荆楚；周有良翰，方叔山甫。桓桓武公，亦紹厥緒；如何不淑，早離伊阻。玉芷彫春，金桂朽夏；徙倚促日，徘徊永夜。崧嶺軒驥，沙庭頓駕；鏤石記形，無識神化。

○九一 魏故使持節冠軍将軍燕州刺史元使君【颺】墓誌銘

延昌三年（514）八月二十七日卒，同年十一月四日葬。

誌文 24 行，滿行 26 字，楷書。誌石高 53.5 釐米，寬 49.2 釐米，河南洛陽出土。

【释文】

君諱颺，字遺興，司州河南郡洛陽縣敷義里人。世宗景穆皇帝之孫，侍中、内都大達官、夏州刺史、陽平王之第六子也。君抽妙緒於慶雲，挺英蹤於崑岳，生而恢岸，幼則奇偉。恭孝之心，睦睦於齠年；忠亮之操，蹇蹇於弱歲。韻宇神凝，雅度清簡，傾衿慕道，懸懃引德。儁士遊於高門，英彦翔於雲館。若夫優遊典謨之中，縱容史籍之表，才逸自天，製每驚絶。弱冠有聲，拜奉車都尉。俄如高祖鑾駕臨戎，拽旅荆宛，以君親賢見擢，作帝股肱。又龍輦北巡，仍扈行殿，暨□凱旆，除羽林監，又為步兵校尉，并非其好。君高枕華軒之所，安情琴書之室，命賢友，賦篇章，引淥酒，奏清絃，追嵇阮以為儔，望異代而同侣。古由今也，何以别諸。還左中郎将，加顯武将軍。雖首冠纓冕，不以機要為榮；腰佩龜組，未以龍渥為貴。故常求閑任，安第養素。愭怒之色，弗形於視聽；毁譽之端，未見於樞機。窮達晏如，臧否若一，志散丘園，心遊濠水。善不来祥，殲此良木。春秋卌五，延昌三年歲次甲午八月丁丑朔廿七日癸卯，薨於第。聖皇興悼於□，雲枝痛惻於下，遊彦傷情，僚友悲怛。詔贈使持節、冠軍将軍、燕州刺史，礼也。越十一月丙寅朔四日己巳，窆于洛陽之西陵。幽扉一閉，永夜無光。季弟散騎常侍、度支尚書、大宗正卿思若，哀玉山之半摧，痛良息之中折，悲踰□聽，慕深九泉，敬飾玄石，以述清徽。乃作銘曰：

崑丘瓊岫，雲柯妙枝；唯君誕載，綴萼天池。以仁以孝，乃茂乃奇；淥□冰散，文結霧馳。英振弱冠，作帝股肱；恭亮我禁，肅旅行宫。雍容圖篆，優遊文中；徽德徽望，光始光終。桂落秋下，間彫□□；雲堂毁緣，風□凝塵。朝英垂範，家袖亦淪；悲慟邦彦，痛結宗親。禮終難□，卜遠已□；龍轜哀□，鳳軒楚畢。松戶酸月，寒閨操日；貞軀□□，刊銘芳質。

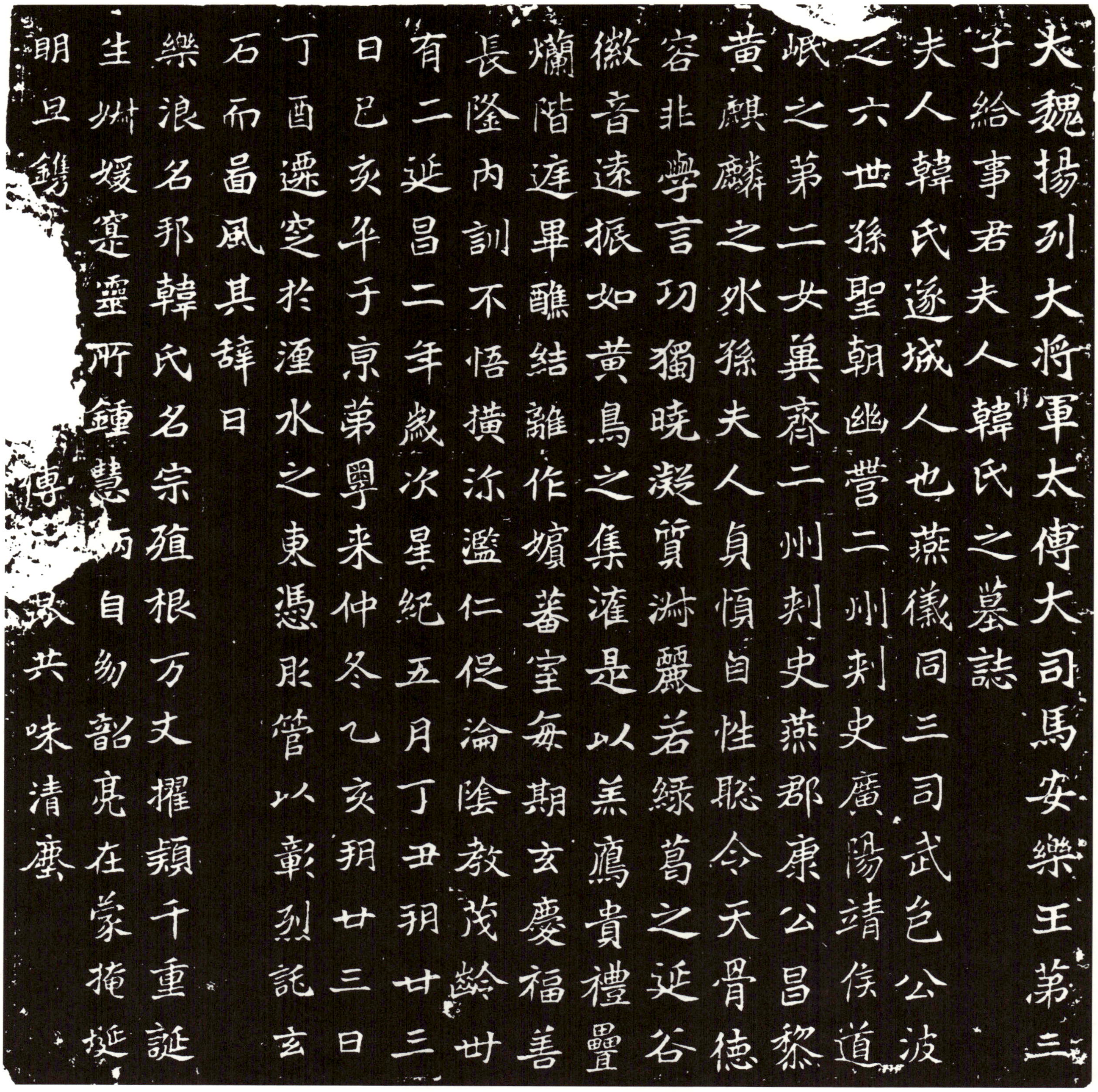
大魏揚列大將軍太傅大司馬安樂王第三
子給事君夫人韓氏之墓誌
夫人韓氏遂城人也燕儀同三司武邑公波
之六世孫聖朝幽營二州刺史廣陽靖侯道
岷之第二女冀齊二州刺史燕郡康公昌黎
黃麒麟之外孫夫人負慎自性聰令天骨德
容非學言切獨曉凝質淵麗若綠葛之延谷
徽音遠振如黃鳥之集灌是以羔鴈貴禮疊
爛階庭畢醮結離作嬪蕃室每期玄慶福善
長隆內訓不悟揔涂濫仁促淪陰教茂齡廿
有二延昌二年歲次星紀五月丁丑朔廿三
日己亥卒于京第粵來仲冬乙亥朔廿三日
丁酉遷窆於瀍水之東憑彤管以彰烈託玄
石而晶風其辭曰
樂浪名邦韓氏名宗殖根万丈擢穎千重誕
生淑媛寔靈所鍾慧□自幼韶亮在蒙掩挻
明旦鑴□□□傳承共味清塵

○九二 大魏揚列大將軍太傅大司馬安樂王第三子給事君夫人韓氏之墓誌

延昌二年（513）五月二十三日卒，延昌三年（514）十一月二十三日葬。

誌文17行，滿行17字，楷書。誌石高29釐米、寬29釐米，河南洛陽出土。

【释文】

夫人韓氏，遂城人也。燕儀同三司、武邑公波之六世孫。聖朝幽營二州刺史、廣陽靖侯道岷之第二女。冀齊二州刺史、燕郡康公昌黎黃麒麟之外孫。夫人貞順自性，聰令天骨，德容非學，言功獨曉。凝質淑麗，若緑葛之延谷；徽音遠振，如黃鳥之集灌。是以羔雁貴禮，壘爛階庭，畢醮結離，作嬪蕃室。每期玄慶福善，長隆内訓，不悟横沴濫仁，促淪陰教。茂齡卅有二，延昌二年歲次星紀五月丁丑朔廿三日己亥，卒于京第。粤来［年］仲冬乙亥朔廿三日丁酉，遷窆於瀍水之東。憑（肜）［彤］管以彰烈，託玄石而啚風。其辭曰：

樂浪名邦，韓氏名宗；殖根万丈，擢穎千重。誕生淑媛，寔靈所鍾；慧炳自幼，韶亮在蒙。掩埏明旦，鐫□□□；□傳□昆，共味清塵。

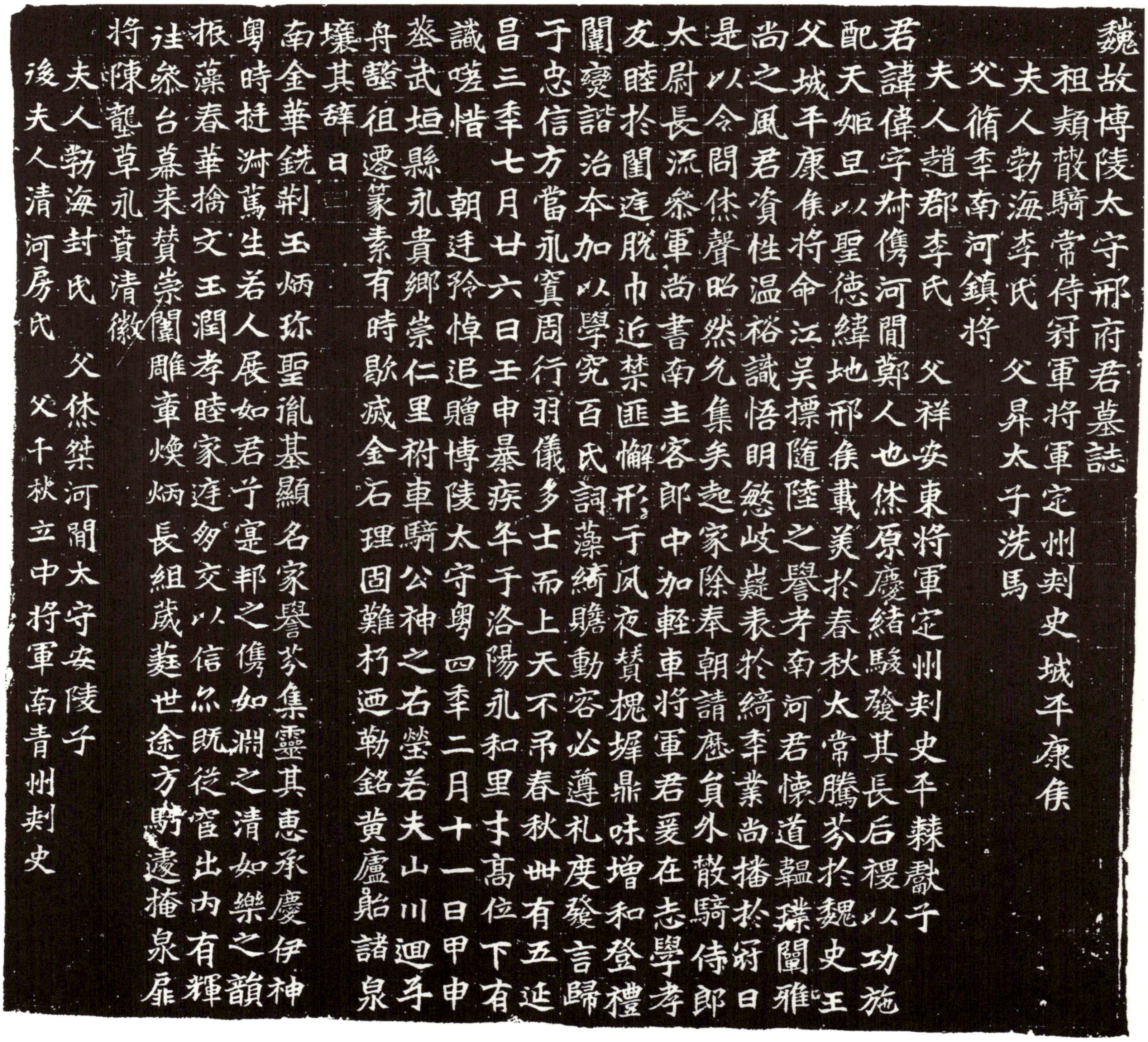

魏故博陵太守邢府君墓誌
祖穎散騎常侍冠軍將軍定州刺史城平康侯
夫人勃海李氏　父昇太子洗馬
父脩季南河鎮將
夫人趙郡李氏　父祥安東將軍定州刺史平棘獻子
君諱偉字㸌儁河間鄚人也休原慶緒駿發其長后稷以功施
配天姬旦以聖德緯地邢侯載美於春秋太常騰芬於魏史王
父城平康侯將命江吴摽隨陸之譽孝南河君懷道韞璞闈雅
尚之風君資性温裕識悟明敏岐嶷表於綺季業尚播於冠日
是以令問休聲昭然允集矣起家除奉朝請歷員外散騎侍郎
太尉長流參軍尚書南主客郎中加輕車將軍君爰在志學孝
友睦於閨庭脫巾近禁匪懈于夙夜贊槐握鼎味增和登禮
闈變諧治本加以學究百氏詞藻綺贍動容必遵禮度發言歸
于忠信方當永賓周行羽儀多士而上天不弔春秋卌有五延
昌三季七月廿六日壬申暴疾卒于洛陽永和里才高位下有
識嗟惜　朝廷矜悼追贈博陵太守粵四季二月十一日甲申
葬武垣縣永貴鄉崇仁里祔車騎公神之右塋若夫山川迴互
舟壑徂遷篆素有時歇滅金石理固難朽迺勒銘黃廬貽諸泉
壤其辭曰
南金華銑荊玉炳珎聖胤基顯名家譽芬集靈其惠承慶伊神
粵時挺淑篤生若人展如君子寔邦之傳如淵之清如樂之韻
振藻春華摛文玉潤孝睦家庭勿交以信尒既從宦出內有輝
往參台幕來贊崇闈雕章煥炳長組葳蕤世途方騁遽掩泉扉
將陳龔草永貢清徽
夫人勃海封氏　父休纂河間太守安陵子
後夫人清河房氏　父千秋立中將軍南青州刺史

〇九三　魏故博陵太守邢府君【偉】墓誌

延昌三年（514）七月二十六日卒，延昌四年（515）二月十一日葬。

誌文26行，滿行24字，楷書。誌石高63釐米、寬67.5釐米，河北河間市出土。

【释文】

祖穎，散騎常侍、冠軍将軍、定州刺史、城平康侯；夫人勃海李氏，父昇，太子洗馬。父脩季，南河鎮将；夫人趙郡李氏，父祥，安東将軍、定州刺史、平棘獻子。君諱偉，字叔儁，河間鄚人也。休原慶緒，駿發其長。后稷以功施配天，姫旦以聖德緯地，邢侯載美於《春秋》，太常騰芬於魏史。王父城平康侯将命江吴，摽隨陸之譽；考南河君懷道韞璞，闡雅尚之風。君資性温裕，識悟明敏，岐嶷表於綺季，業尚播於冠日。是以令問休聲，昭然允集矣。起家除奉朝請，歷員外散騎侍郎、太尉長流參軍、尚書南主客郎中，加輕車将軍。君爰在志學，孝友睦於閨庭；脱巾近禁，匪懈形于夙夜。贊槐墀，鼎味增和；登禮闈，變諧治本。加以學究百氏，詞藻綺贍，動容必遵礼度，發言歸于忠信。方當永寘周行，羽儀多士，而上天不吊，春秋卌有五，延昌三季七月廿六日壬申，暴疾卒于洛陽永和里。才高位下，有識嗟惜。朝廷矜悼，追贈博陵太守。粤四季二月十一日甲申，葬武垣縣永貴鄉崇仁里，祔車騎公神之右塋。若夫山川迴尋，舟壑徂遷，篆素有時歇滅，金石理固難朽。迺勒銘黄廬，貽諸泉壤。其辭曰：

南金華銑，荆玉炳珍。聖胤基顯，名家譽芬。集靈其惠，承慶伊神。粤時挺淑，篤生若人。展如君子，寔邦之儁。如淵之清，如樂之韻。振藻春華，擒文玉潤。孝睦家庭，朋交以信。亦既從宦，出內有輝。往參臺幕，来贊崇闈。雕章焕炳，長組葳蕤。世途方騁，遽掩泉扉。将陳壠草，永貴清徽。

夫人勃海封氏，父休桀，河間太守、安陵子。後夫人清河房氏，父千秋，立中将軍、南青州刺史。

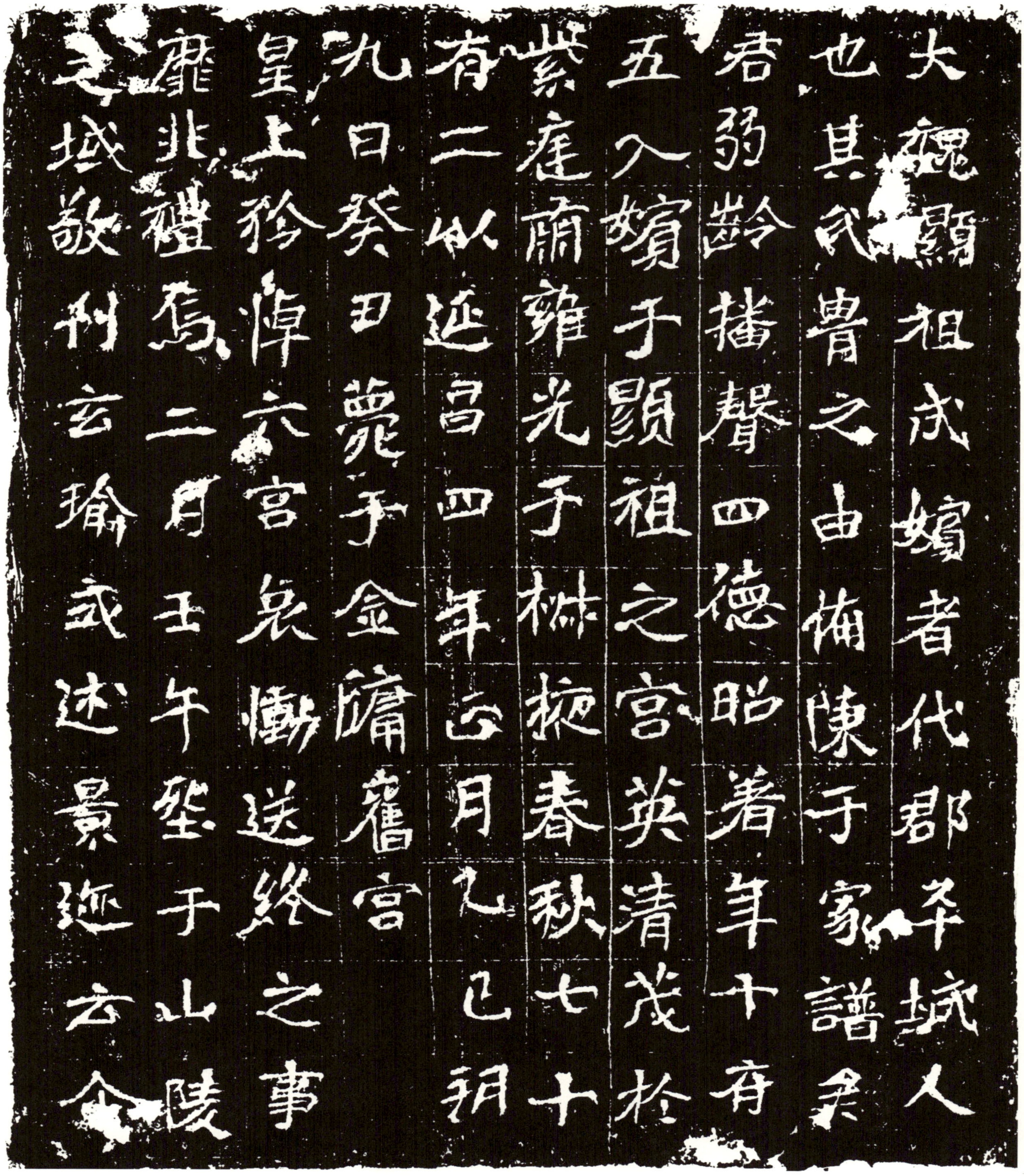

○九四 顯祖成嬪墓誌

延昌四年（515）二月九日卒。

誌文10行，滿行12字，楷書。誌石高33.8釐米，寬28.7釐米，河南洛陽出土。

【释文】

大魏顯祖成嬪者，代郡平城人也。其氏胄之由，備陳于家譜矣。君弱齡播聲，四德昭著，年十有五，入殯于顯祖之宫。英清茂於紫庭，肅雍光於椒掖。春秋七十有二，以延昌四年正月乙巳朔九日癸丑，薨于金墉舊宫。皇上矜悼，六宫哀慟，送終之事，靡非禮焉。二月壬午葬于山陵之域，敬刊玄瑜，式述景迹云尓。

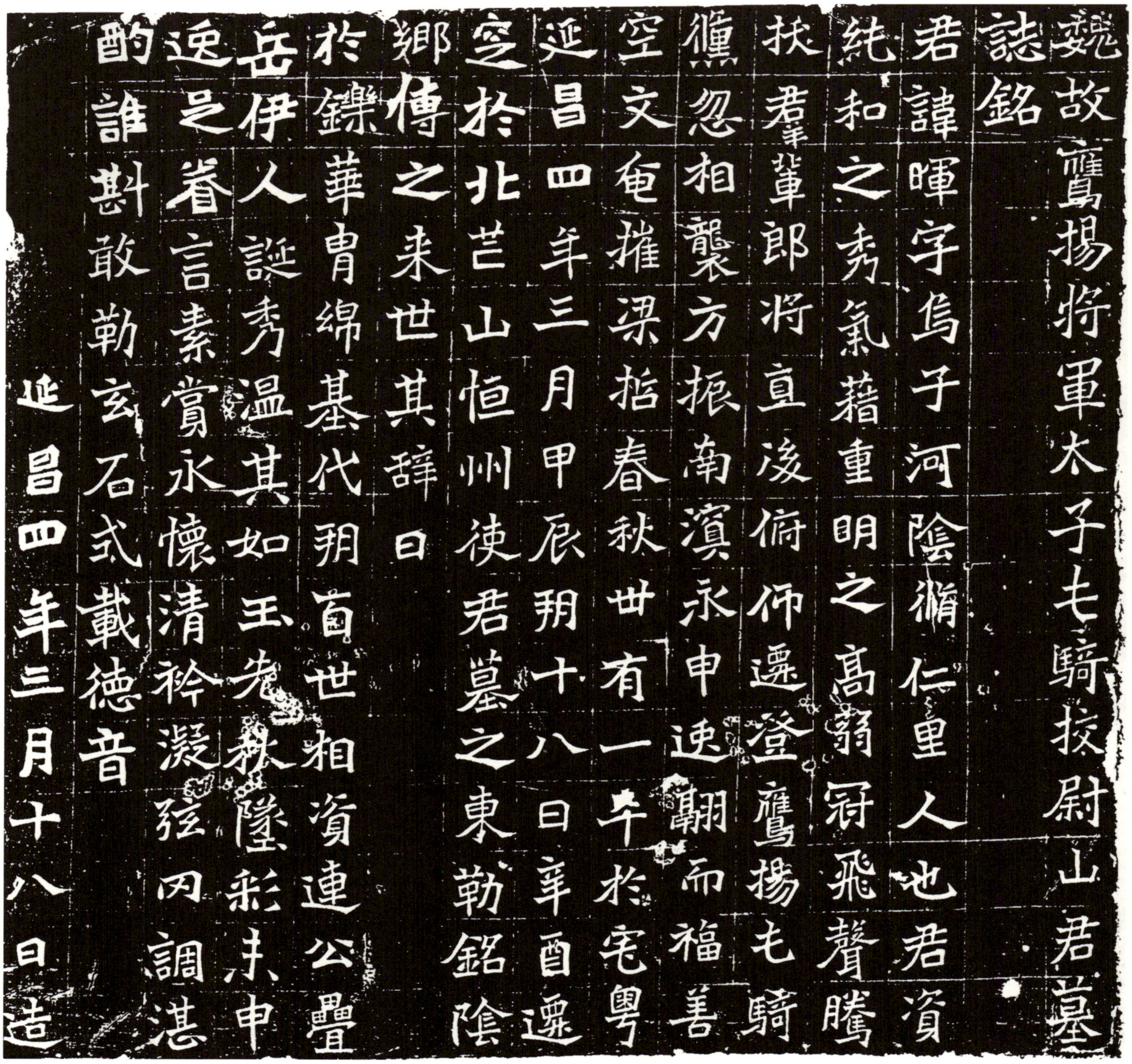
魏故鷹揚将軍太子屯騎校尉山君墓
誌銘
君諱暉字烏子河陰循仁里人也君資
純和之秀氣藉重明之高翮冠飛聲騰
扶輦郎將直後備仰遷登鷹揚屯騎
儁忽相襲方振南濱永申遠翮而福善
空文奄摧梁指春秋卌有一卒於宅粵
延昌四年三月甲辰朔十八日辛酉遷
窆於北芒山恒州使君墓之東勒銘陰
鄉傳之來世其辭曰
於鑠華冑綿基代朔百世相資連公疊
岳伊人誕秀溫其如玉光秋墜彩未申
逸足著言素賞永懷清衿凝弦罔調湛
酌誰斟敢勒玄石式載德音
延昌四年三月十八日造

〇九五 魏故鷹揚将軍太子屯騎校尉山君【暉】墓誌銘

延昌四年（515）三月十八日葬。

誌文15行，滿行15字，楷書。誌石高33.2釐米，寬34釐米，河南洛陽出土。

【释文】

君諱暉，字烏子，河陰脩仁里人也。君資純和之秀氣，藉重明之高。弱冠飛聲，騰拔羣輩。郎将、直後，俯仰遷登；鷹揚、屯騎，倏忽相襲。方振南溟，永申逸翮，而福善空文，奄摧梁哲。春秋卌有一，卒於宅。粤延昌四年三月甲辰朔十八日辛酉，遷窆於北芒山恒州使君墓之東。勒銘陰鄉，傳之来世。其辭曰：

於鑠華胄，綿基代朔。百世相資，連公疊岳。伊人誕秀，温其如玉。先秋墜彩，未申逸足。眷言素賞，永懷清衿。凝弦罔調，湛酌誰斟。敢勒玄石，式載德音。

延昌四年三月十八日造。

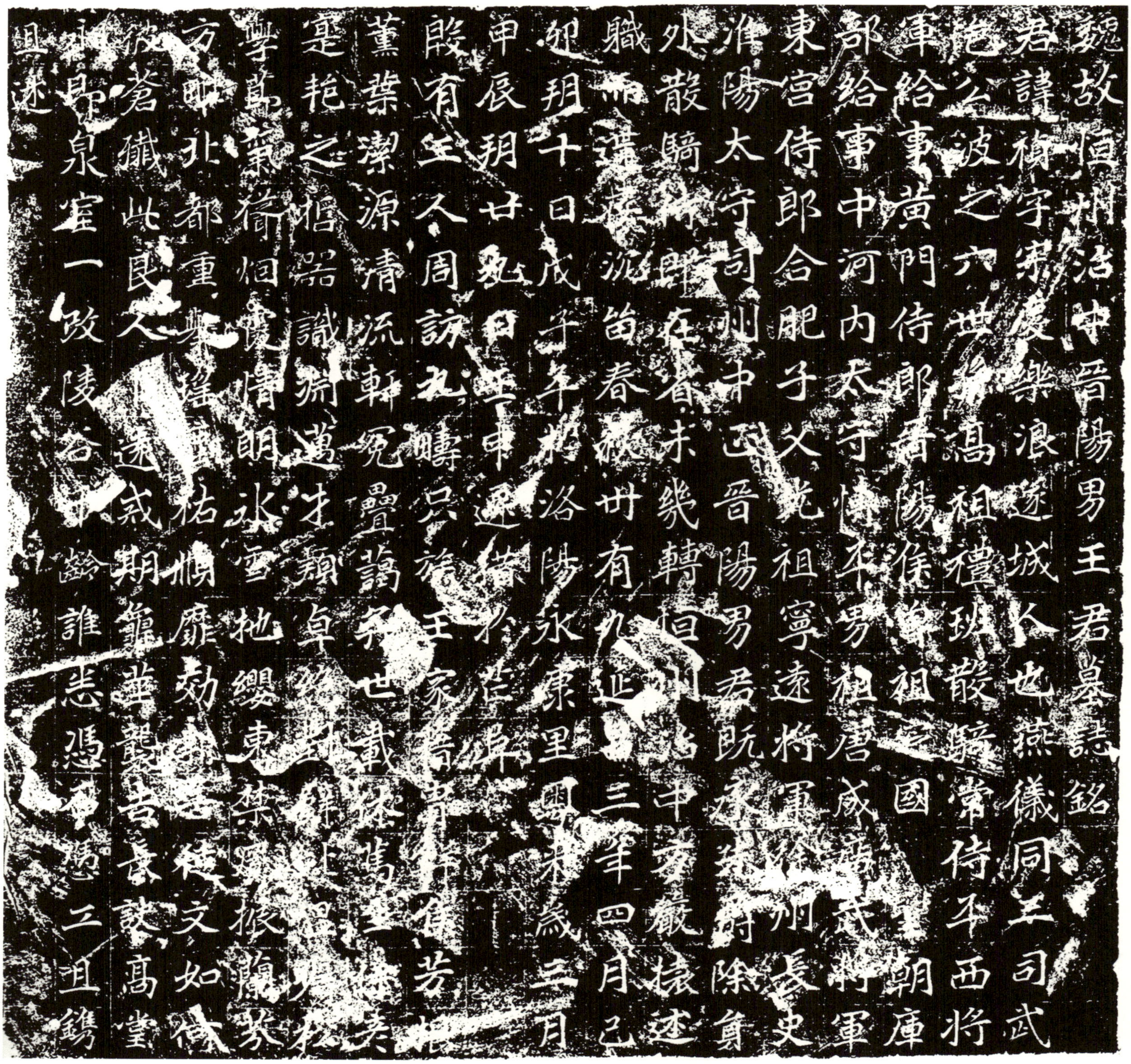

〇九六 魏故恒州治中晉陽男王君【禎】墓誌銘

延昌三年（514）四月十日卒，延昌四年（515）三月二十九日葬。

誌文19行，滿行18字，楷書。誌石高49.3釐米，寬50釐米，河南洛陽出土。

【释文】

君諱禎，字宗慶，樂浪遂城人也。燕儀同三司、武邑公波之六世孫。高祖禮班，散騎常侍、平西将軍、給事黄門侍郎、晉陽侯。曾祖定國，聖朝庫部給事中、河内太守、博平男。祖唐成，廣武将軍、東宫侍郎、合肥子。父光祖，寧遠将軍、徐州長史、淮陽太守、司州中正、晉陽男。君既承先爵，除員外散騎侍郎。在省未幾，轉恒州治中。方嚴裝述職，而遘疾沉留。春秋卅有九，延昌三年四月己卯朔十日戊子，卒於洛陽永康里。粤来歲三月甲辰朔廿九日壬申，遷厝於芒阜。

殷有三人，周訪九疇，只族王家，藉胄鮮侯。芳根薫葉，潔源清流，軒冕疊藹，弈世載休。篤生伊彦，寔邦之哲，器識淵邁，才穎卓絶。對璧比温，瞻松學節，氣聳烟霞，情明冰雪。拖纓東禁，夙振蘭芬，方毗北都，重舉瑶塵。祐順靡効，報善徒文，如何彼蒼，殲此良人。卜遠戒期，龜筮襲吉，長訣高堂，永即泉室。一改陵谷，千齡誰悉，憑石憑工，且鐫且述。

〇九七 魏故涇雍二州別駕安西平西二府長史新平安定清水武始四郡太守皇甫□【驎】□□□

北魏延昌四年（515）四月十八日葬。誌文23行，滿行41字，楷書。誌石高117釐米，寬69釐米，陝西鄠縣出土

【释文】

君諱驎，字真駒，安定朝那人也。卿士之苗胄，渡潦之瓊胤，荆州刺史……扶踈，冕冠今古，風節朝略，載在史籍。君冑藉深華，性自奇拔。是以早延……粱，澄練涇土，尔日搜揚，無先君者。辟君為州都。君銓才舉弟，稱允群望，平直……史嘉告忠篤，即拜為主簿。君輕賤儒術，意蔑經讀，照賞之情，自然孤解。即年中，復貢……共事之處，無不樂仰。延興中，涇土夷民一萬餘家，詣京申訴，請君為統酋。然戎華……聖上以此諸民丹情難奪，中旨特許。太和廿年中，仇池不靖，扇逼涇隴。……召為中書博士加議郎，馳驛慰勞，陳示禍福。兇頑盡悟，面縛歸降，動有數萬。刺史……君策謀深□，聲震朝庭，復除為□□□守，領帶軍鎮。景明元年……為别駕，而君佐弼有方，民士悦樂。□景明三年至四年，督護新平安定……關塞地嶮，非賢不御，而君矛猛……表為武始太守。……公以君權略多端，深達軍要，……史元王以君量勘執物，復表為别駕。君辭以夕年，沖讓不許。□重加……唯直是斷，雖伯魚之無私，楊振之賤賄，方之於君，未足嘉也。曆名宦，……若凡素。每□想四公，企懷商洛焉。是以逸問遠流，聲□四海。□□義如丘山，散千金……風送歎。方應進登台鼎，永垂高試，昊天不吊，春秋□十……薨于家。以……日庚寅，葬於鄠縣申鄉洪滂里。嵩山美木……水令辛對與君□篤，臨棺悲慟，弥增哀切，遂尋君平志，刊記金石。其辭曰：

三才啟曜，五氣流暉，名川峻阜，……微。誕生君侯，獨稟玄質，綽矣……聲挺逸，賞不擇讎，……唯理是從，渾之若一，深量難測，沖識孤融。……仰弥崇。形羈浮俗，志味通仙。如雲開月，如松出煙。瓊巖頹崿，至韻韜玄，親舊……式揚名賢。

妻安定梁氏，州主簿郡功曹洪敬女。妻鉅鏕魏氏，鎮西将軍内都太官黄龍鎮将趙與公留孫女。

〇九八 魏故輔國将軍徐州刺史昌國縣開國侯王使君【紹】墓誌序

延昌四年（515）八月二日卒，同年閏十月二十二日葬。

誌文29行，滿行29字，楷書。誌石高70.3釐米，寬70釐米，河南洛陽出土。

【释文】

祖奂，齊故尚書、左僕射、使持節鎮北将軍、雍州刺史；夫人陳郡殷氏，父道矜，太中大夫。父肅，魏故侍中、司空、昌國宣簡公；夫人陳郡謝氏，父莊，右光禄大夫、憲侯。君諱紹，字安宗，徐州琅耶郡臨沂縣都鄉南仁里人也。姫文以大聖啟源，子晉資儲仙命氏。自兹厥降，疊映崇輝，或冲素累條，或負芳聯萼。君丕承祖烈，寔體上操，天縱英才，幼挺岐嶷，弱不好弄，長端孝美。樹信賒由布之諾，締睦深萼韡之稱。若夫皎潔之性，琁碧慙其光；淵懿之聲，蘭蕙恧其采。敦詩習礼，早敷齠歲，擒文綴翰，實懋儁年。故長卿均才，巨原埒器。汪汪焉，萬頃莫踰其量；洋洋乎，澄撓曾何清濁。昔逢日戰之始，門屬參夷之辰。考司空深侔伍氏之槩，必誓異天之節，乃鵠立象魏，志雪冤恥。君年栽數歲，便慨違晨省，念闕温清，提誠出嶮，用申膝慶。天道茫茫，俄鍾極罰，嬰號茹血，哀瘠過礼。服終，纂膺井祚，襲侯昌國。年甫涉冠，起家為太子洗馬。儀形儲采，馳邁春華。在漢，汲黯公方；居晉，亦衛玠雅暢。握篆疇輝，君諒兼之矣。轉員外散騎常侍，飾蟬貂玉，檀廊廟之秀；服兼蟬組，耀珪璧之姿。續遷中書侍郎，掌機近密，歷難兹授。君地實羽儀，器惟物範，故得抽纓鳳墀，趨綦系禁。茂光管言，層綺光闈蘭册；仲祖聯事，綸闈徽傳青簡。君獨麗一時，何慙兩妙。代歷弥曠，則哲之舉必齊；聲芳無舛，惟允之稱靡忒。宜将緝裔槐路，永燮朝彝，福善徒唱，殲此彦士。春秋廿有四，延昌四年八月二日，遘疾薨於第。峯欲崇而虧匱，月将圓而墜采。行旅傷魂，親遊斷骨。有詔震悼，贈輔國将軍、徐州刺史，謚曰，礼也。閏十月庚子朔廿二日辛酉窆乎洛陽西鄉里。既播孝德於衡闈，弘臣道於朝章，故飛英而鏤金，騰實以寫績。陵谷或改，芳音詎滅，刊石賁采，永扇清風。銘曰：

洒仙之系，粤聖斯始；清瀾溟鏡，瓊基岱跱。照灼丹書，菴鬱青史；聯祥挺哲，若人載美。義範仁規，高韻卓絶；孝切曾穎，友兼棠棣。鄒子齊華，潘生等慧；爰玉其温，爰冰其潔。克叡克明，機神是庶；六藝孔脩，九德丕著。既優而仕，登朝飛譽；康衢未跬，歸軫先遽。嗚呼彼蒼，何善空默；惟顔與子，薄年厚德。照車徙甸，連城去國；如寶斯亡，靡尚靡則。塵書断義，搎酒誰琴；玄堂杳寂，絶壟凝陰。感增桓岫，落瞼抽心；託栽幽石，聿載休音。

魏故比丘尼統法師釋僧芝墓誌銘
法師諱僧芝俗姓胡安定臨涇人也虞賓以統曆承乾胡公以紹嬀命國備載於茲
冊故弗詳焉姚班苻讃軍臨渭令勃海公諮議參軍略之孫大夏中書侍郎給事黃
門侍郎聖世寧西將軍河州刺史武始侯淵之女侍中中書監儀同三司安定郡
開國公珍之妹。
崇訓皇太后之姑。稟三才之正氣含七政之淵靈道識發於生知神情出於天性洗
耶素里習教玄門十七出家戒行清絜暨於廿德義淵富安禪屆於六通靜讀幾於
一聞誦涅槃法華勝鬘廿餘卷乃為大衆所推誨經法師雅韻一敷慕義者如雲妙
音暫唱歸道者如林故能聲動河渭德被岐梁者矣以太和之初
文明太皇太后聖鑒域中志超俗表傾服徽猷欽崇風旨爰命驛車應時徵辟及至
京都敬以殊禮
高祖孝文皇帝道隆天地明踰日月傾誠待以師事絕常倫
世宗宣武皇帝信心三寶弥加弥寵引內閨掖崇訓六宮
皇上登極
皇太后臨朝尊親之屬既隆名義之敬踰重而法師謙虛在己十刃不測其高容眷
為心万頃無擬其廣
孝文為皇后宣武高太后逐諸夫嬪廿許人及故車騎將軍尚書令司空公王肅
之夫人謝氏乃是齊右光祿大夫吏部尚書莊之女越自金陵歸蔭天闕以法師道
冠宇宙德兼造物故捨捨華俗服膺法門皆為法師弟子自餘諸比丘尼服膺[illegible]者
高座者不可勝紀春秋七十有五熙平元年歲次丙申正月戊辰朔十九日丙戌在
寺終於樂安公主寺哀慟聖衷痛結緇素其月廿四日辛卯遷窆於洛陽北芒山
之陽大弟子比丘尼都維那法師僧和道和痛靈蔭之長徂戀神儀之永翳謹慕餘
聲式述芳猷若陵谷有遷墨影無昧乃作銘曰
般若無源神理不測孰詮至道爰在妙識猗歟上仁允膺實極凝心入淨照智融色
輪轉三有因流六道獨善非德兼濟為功出鏡森淑玄悟若空懔彼昭曠落此塵封
洞鑒方等深達律藏微言斯究奧旨咸暢寶座既昇法音既唱[illegible]
德重教尊行深敬久貽禮主帝迺顧三后物以質歸我以虛受東發若木西迴細柳
力行不倦新故相違無常即化厭世還機慧炷潛輝[illegible]
聖慈神遊淨域體祔[illegible]
餘芳猶[illegible]
送[illegible]孤窮而單荒山水為之改色陽春韜草而不深哀哉法也痛矣無還

〇九九　魏故比丘尼統法師釋僧芝墓誌銘

熙平元年（516）正月十九日卒，同年同月二十四日葬。

誌文 31 行，滿行 32 字，楷書。誌石高 70 釐米、寬 67.5 釐米，河南洛陽孟津出土。

【释文】

法師諱僧芝，俗姓胡，安定臨涇人也。虞賓以統曆承乾，胡公以紹媯命國，備載於方冊，故弗詳焉。姚班督護軍、臨渭令、渤海公、咨議參軍略之孫；大夏中書侍郎、給事黄門侍郎、聖世寧西将軍、河州刺史、武始侯淵之女；侍中、中書監、儀同三司、安定郡開國公珍之妹；崇訓皇太后之姑。稟三才之正氣，含七政之淑靈；道識發於生知，神情出於天性。洗耶素里，習教玄門。十七出家，戒行清純，暨於世德，義淵富安。禪届於六通，靜讀幾於一聞。誦涅槃法華勝鬘廿餘卷，乃為大衆所推講經法師。雅韻一敷，慕義者如雲；妙音蹔唱，歸道者如林。故能聲動河渭，德被岐梁者矣。以太和之初，文明太皇太后聖鏡域中，志超俗表，傾服徽猷，欽崇風旨，爰命驛車，應時徵辟。及至京都，敬以殊禮。高祖孝文皇帝道隆天地，明踰日月，傾誠待遇，事絕常倫。世宗宣武皇帝信心三寶，弥加弥寵，引内闈掖，導訓六宫。皇上登極，皇太后臨朝，尊親之屬既隆，名義之敬踰重。而法師謙虚在己，千刃不測其高。容養為心，萬頃無擬其廣。孝文馮皇后、宣武高太后逯諸夫嬪廿許人，及故車騎将軍、尚書令、司空公王肅之夫人謝氏，乃是齊右光禄大夫、吏部尚書莊之女哉，自金陵歸蔭天闕，以法師道冠宇宙，德兼造物，故捐捨華俗，服膺法門，皆為法師弟子。自餘諸比丘尼服義而昇高座者，不可勝纪。春秋七十有五，熙平元年歲次丙申正月戊辰朔十九日丙戌夜分，終於樂安公主寺。哀慟聖衷，痛結續素。其月廿四日辛卯遷窆於雒陽北芒山之陽。大弟子比丘尼都維那、法師僧和道和痛靈蔭之長但，戀神儀之永翳，號慕餘喘，式述芳猷，若陵谷有遷，至善無昧，乃作銘曰：

般若無源，神理不測。熟詮至道，爰在妙識。猗歟上仁，允臻寘極。凝心入淨，盪智融色。輪轉三有，周流六通。獨善非德，兼濟為功。幽鏡寂滅，玄悟□空。懷彼昭曠，落此塵封。洞鑒方等，深苞律藏。微言斯究，奧旨咸鬯。寶座既昇，法音既唱。耶觀反正，異時輟鄣。德重教尊，行深敬久。貽禮王帝，迎顧二后。物以實歸，我以虚受。東發若木，西迫細柳。力行不倦，新故相違。無常即化，厭世還機。慧炷潛耀，攀宗曷依。慕結續素，嗟慟聖慈。神遊浄域，體袝崇芒。幽關深寂，宿隴荒凉。丹壑且連，龍花未央。聊誌玄石，試纂餘芳。脩幡界道，紛花四盈。洹轝俄俄，真俗悲傾。梵嚮入雲，哀感酸聲。衆子號咷而奉送，稱孤窮而單煢，山水為之改色，陽春觸草而不榮。哀哉往也，痛矣無還。

魏故華州主簿楊秀才之墓誌銘
君諱熙僊字祛雲恒農華陰潼鄉習僊里人也君神資紫藹風流獨
遠氣𣩊煙霞心懷水月南皮霜淨之英既釣石於𤁬劉兔園冰華之
暎亦令古於艇故粵在髫年心事清悟逸賸衣履骨气跡顯車騎王
公聲冠一時自服道歸正高祖為之傾席君始年十二憑軾而造王
王公公方接賢遊賓生已滿坐浪目關步趍次昇榻方國規矩動成
珪璧公歎曰日下無雙江夏黄童昔聞其言今見其人矣君聰達多
能學不專一六書八體靡不洞曉天文地理皆亦周練不徒優遊百
氏訐膽諸訓而已既精道義尤善談論至於追微躡古結義破的從
形徐粹音韻閑暢雖復高風潄松斷雲開月清爽之妙正當極此爰
及弱冠頻為州將致幣往牽為主簿今咸舉秀才公山正禮一身兼
兩千里長途龍驥竝進既齊利用之舉觀光上國賓王之美射冊甲
科延昌中儀同崔公秉筆東觀刪定圖史以律曆不明奉君共資皇
造又簡廷以聲實宗又命君修理起居是時洛中多士衣冠之下
又如林而君每以衡門見知抑有由已加文彩翔秀典章有則若迺
錦雲龍樹之翰香風烈花之苑淨月生於椒酒梁園散於羃席何常
不染翰而騰仲宣清言而推彥輔夫夫也將為國報善安在殲我
良匆春秋廿有一延昌四年冬十有二月十二日壬子卒於京師阮
曲里粵熙平元年春二月十二日己酉權窆於洛陽公路澗西其先
人漢故太尉秉公墓之東迺作銘曰
山以松深藏風吐雲人以德茂合道居真珪璋恒暎水石長春業素
既首以事君親君子方遠業素不隧天道如何長巾涕淚金雞不鳴
綠柏從翠重泉難吾芳音弗匱
君十三世祖漢太尉公震七世祖晉尚書令珪曾祖庫錄二曹給事
京兆府君暉之曾孫祖寧遠將軍長寧男祐之孫父持節都督華州
前州南秦州諸軍事左將軍三州刺史長寧男澈之子君則其世矣

一〇〇 魏故華州主簿楊秀才【熙僊】之墓誌銘

延昌四年（515）十二月十二日卒，熙平元年（516）二月十二日葬。

誌文26行，滿行26字，楷書。誌石高53釐米，寬53釐米，河南洛陽出土。

【释文】

君諱熙僊，字法雲，恒農華陰潼鄉習僊里人也。君神資桀邁，風流獨遠，气械煙霞，心懷水月。南皮霜浄之英，既鈞石於應劉；兔園冰華之畯，亦今古於鄒枚。粤在髫季，心事清悟，逯勝衣履，骨气弥顯，車騎王公，聲冠一時。自服道歸正，高祖爲之傾席。君始季十二，凭軾而造王公，公方接貴遊，賓坐已滿。君浪目閑步，越次昇榻，方圜規榘，動成珪璧。公嘆曰：日下森雙，江夏黄童，昔聞其言，今見其人矣。君聰達多能，學不專一，六書八體，森不洞曉，天文地理，皆亦周練。不徒優遊百氏，詳贍詁訓而已，既精道義，尤善談論。至於追微躡古，結表破的，儀形徐粹，音韻閑暢，雖復高風渡松，斷雲開月，清爽之妙，正當極此。爰及弱冠，頻爲州将致幣，往季爲主簿，今歲舉秀才。公山正禮，一身兼兩，千里長途，龍驤竝進。既膺利用之舉，觀光上國；賓王之美，射冊甲科。延昌中，儀同崔公秉筆東觀，刪定圖史，吕律曆不明，奉君共資皇造。又朝廷以聲實求人，命君修理起居。是時，洛中多士，衣冠之下，□人如林。而君每以衡門見知，抑有由吕加，文彩翹秀，典章有則，若迺錦雲籠樹之朝，香風烈花之夜，浄月生於杯酒，梁塵散於彝席。何常不染翰而驚仲，宣清言而摧彦，輔夫夫也。将爲□□，報善安在，殲我良朋，春秋卅有一，延昌四季冬十有二月十二日壬子，卒於京師阮曲里。粤熙平元季春二月十二日己酉，權窆於洛陽公路澗西、其先人漢故太尉秉公墓之東南。迺作銘曰：

山吕松深，藏風吐雲；人吕德茂，含道居真。珪章恒映，水石長春；業素既酋，吕事君親。君親方遠，業素不隧；天道如何，長巾染淚。金雞不鳴，緑柏徙翠；重泉雖苦，芳音弗匱。

君十三世祖漢太尉公震；七世祖晉尚書令瑶。曾祖庫録二曹、給事京兆府君暉之曾孫；祖寧遠将軍、長寧男祐之孫；父持節、都督華州、荆州、南秦州諸軍事、左将軍、三州刺史、長寧男胤之子，君則其世矣。

一〇一 王文愛及妻劉氏磚誌

北魏熙平元年（516）三月四日葬。

誌文8行，行字數不等，楷書。磚長35釐米，寬16釐米，陝西出土。

【释文】

熙平元年三月四日葬。父王文愛，母劉江女。墓三丈五尺，并息珍寶刊銘記。切示于後人。

雍州京兆郡山北縣民。

熙平元年三月日，拾送大墓。父王文猥江女孫子劉夫人。

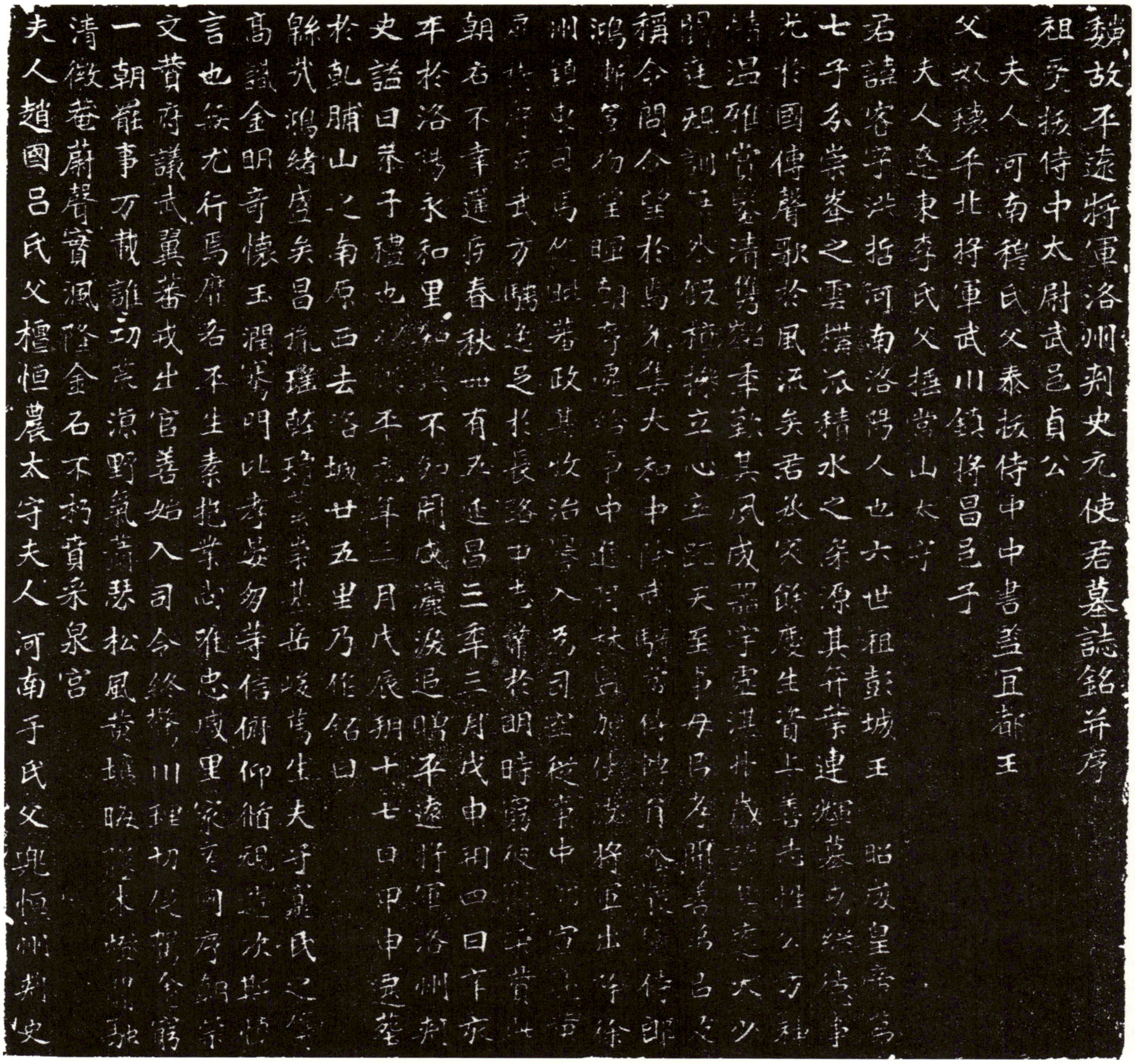

魏故平遠将軍洛州刺史元使君墓誌銘并序
祖受拔侍中太尉武邑貞公
夫人河南穆氏父泰拔侍中中書監宜都王
父奴瓌平北将軍武川鎮将昌邑子
夫人遼東李氏父搖常山太守
君諱睿字洪哲河南洛陽人也六世祖彭城王　昭成皇帝[illegible]
七子分崇峯之雲構派積水之[illegible]源其[illegible]業連煇[illegible][illegible][illegible]事
光作國傳馨歌於風流矣君承[illegible]餝慶生資上善[illegible][illegible][illegible]神
情温雅賞鑒清雋[illegible]季歎其風成器宇虛湛[illegible][illegible][illegible][illegible]大少
[illegible]廷規訓任公[illegible][illegible]操立心[illegible][illegible]天至事母呂[illegible][illegible]善名[illegible]之
稱令問令望於焉允集大和中[illegible][illegible]騎[illegible]侍[illegible]有令[illegible][illegible]侍郎
鴻[illegible][illegible][illegible][illegible][illegible][illegible][illegible][illegible]事中[illegible][illegible]林[illegible]加[illegible][illegible]将軍出[illegible][illegible]
州鎮東司馬[illegible][illegible]著政其牧治[illegible]入為司空從事中[illegible]宣[illegible]
[illegible]於[illegible][illegible]武方騁[illegible]足於長路中[illegible][illegible]於明時[illegible]從[illegible][illegible]貴[illegible]
朝君不幸遘疾春秋卌有九延昌三年三月戊申朔四日辛亥
卒於洛陽永和里[illegible][illegible]不知[illegible]閑[illegible][illegible]追贈平遠将軍洛州刺
史諡曰恭子禮也[illegible][illegible]平元年三月戊辰朔十七日甲申遷窆
於乾脯山之南原西去洛城廿五里乃作銘曰
緜[illegible]鴻緒虛矣昌流瓊瑤[illegible][illegible]其岳峻萬生夫子[illegible]氏之[illegible]
高識金明奇懷玉潤[illegible]明以孝[illegible]勿等信倜仰循規[illegible]次其[illegible]
言也[illegible]尤行焉府君不生素挹常[illegible]雅忠咸里家[illegible][illegible]府朝宗
文贊府議式翼藩戎出官善始入司令終榮川[illegible]切[illegible]賀[illegible][illegible]
一朝罷事万載誰[illegible][illegible]凉野氣[illegible]瑟松風黃壤[illegible][illegible][illegible][illegible][illegible]
清徽奄蔚聲實[illegible]隆金石不朽貞柔泉宮
夫人趙國呂氏父檀恒農太守夫人河南于氏父兜恒州刺史

一〇二 魏故平遠将軍洛州刺史元使君【睿】墓誌銘并序

延昌三年（514）三月四日卒，熙平元年（516）三月十七日葬。

誌文25行，滿行24字，楷書。誌石高53釐米、寬56釐米，河南洛陽出土。

【释文】

祖受拔，侍中、太尉、武邑貞公；夫人河南穆氏，父
泰拔，侍中、中書監、宜都王。父奴瓌，平北将軍、
武川鎮将、昌邑子；夫人遼東李氏，父捶，常山太守。
君諱睿，字洪哲，河南洛陽人也。六世祖彭城王，昭
成皇帝第七子。分崇峯之雲構，派積水之深源。其弈
葉連輝，纂戎繼德，事光於國傳，聲歌於風流矣。君
承家餘慶，生資上善，志性公方，神情温雅。賞鑒清儁，齠
季嘆其夙成；器宇虛湛，艸歲論其遠大。少閑庭規，訓
無外假，植操立心，率蹈天至。事母㠯孝聞，善弟㠯友
稱，令問令望，於焉允集。太和中，除武騎常侍，轉
員外散騎侍郎。鴻漸宦初，望暉朝序。遷給事中，進
羽林監，加伏波将軍。出除徐州鎮東司馬，作毗蕃政，其
牧治譽。入為司空從事中郎。宣亮黄扉，樹聲玄武。方
騁逸足於長路，申志業於明時，窮彼寵榮，贊此朝右，不
幸遘疾，春秋卌有五，延昌三季三月戊申朔四日辛亥，卒
於洛陽永和里。知與不知，聞咸灑淚。追贈平遠将軍、
洛州刺史，謚曰恭子，禮也。以熙平元年三月戊辰朔
十七日甲申，遷葬於乾脯山之南原，西去洛城廿五里。乃
作銘曰：
緜哉鴻緒，盛矣昌胤；瑶幹瓊蕊，崇基岳峻。篤
生夫子，寔民之儁；高識金明，奇懷玉潤。騫門比孝，晏
朋等信；俯仰循規，造次斯慎。言也無尤，行焉靡右。平
生素抱，業尚唯忠。戚里家彥，國序朝崇；文贊府議，武
翼蕃戎。出官善始，入司令終；驚川理切，促駕念窮。一
朝罷事，萬載誰功；荒涼野氣，蕭瑟松風。黄壤晦壍，朱
燈闇融；清徽菴蔚，聲實渢隆。金石不朽，賁采泉宮。
夫人趙國吕氏，父檀，恒農太守；夫人河南于氏，父
兜，恒州刺史。

魏故威遠將軍涼州長史長樂侯王君墓誌銘
君諱昌字天興太原祁縣高貴鄉吉千里人也
魏故使持節都督幽州諸軍事鎮東將軍幽州
刺史汝南莊公之孫散騎常侍中書監內行尚
書使持節鎮東將軍都督幽州諸軍事幽州刺
史長樂定公之子玉根肇於子晉金枝光於太
原奕葉蟬華領袖當世君稟日月之輝含川岳
之曜孝敬之道維穆於閨庭禮讓之德顯莫於
邦國敦游仁義之林栖遲文藻之澤遠氣蕭條
物表無以比其量雅操沉毅文彪未之齊擬君
幼節居壹壽閑宗國童齔聲聞譽播才訓年十
有三起家中散抽頤之舉轉員外散騎侍郎尋
加襄威將軍冠纓東省路禮斯處遂除威遠將
軍涼州長史屆府未旬殲此名德春秋卅七延
昌四年十二月廿六日卒於涼州熙平元年三
月十七日窆於洛陽北芒之山乃作銘曰
嵎丘漠緒丹陵妙枝惟君誕載綏萼雲池桂落
秋月蘭彫上日貞軀雖往刊銘芳質

一〇三 魏故威遠將軍涼州長史長樂侯王君【昌】墓誌銘

延昌四年（515）十二月二十六日卒，熙平元年（516）三月十七日葬。

誌文18行，滿行18字，楷書。誌石高45釐米，寬45釐米，河南洛陽出土。

【释文】

君諱昌，字天興，太原祁縣高貴鄉吉千里人也。魏故使持節、都督幽州諸軍事、鎮東将軍、幽州刺史、汝南莊公之孫，散騎常侍、中書監、内行尚書、使持節、鎮東将軍、都督幽州諸軍事、幽州刺史、長樂定公之子。玉根肇於子晉，金枝光於太原，弈葉冠華，領袖當世。君禀日月之輝，含川岳之曜，孝敬之道，雍穆於閨庭；礼讓之德，顯英於邦國。敖遊仁義之林，栖遲文藻之澤。遠氣蕭條，叔度無以比其量；雅懷沉毅，文饒未足齊操。君幼節居喪，孝閔宗國；童齒襲爵，譽播才訓。年十有三，起家中散，抽賢之舉，轉員外散騎侍郎，尋加襄威将軍。冠纓東省，蹈礼斯處，遂除威遠将軍、涼州長史。届府未旬，殲此名德。春秋卅七，延昌四年十二月廿六日，卒於涼州。熙平元年三月十七日，窆於洛陽北芒之山。乃作銘曰：

崑丘英緒，丹陵妙枝；唯君誕載，綴萼雲池。桂落秋月，蘭彫上日；貞軀雖往，刊銘芳質。

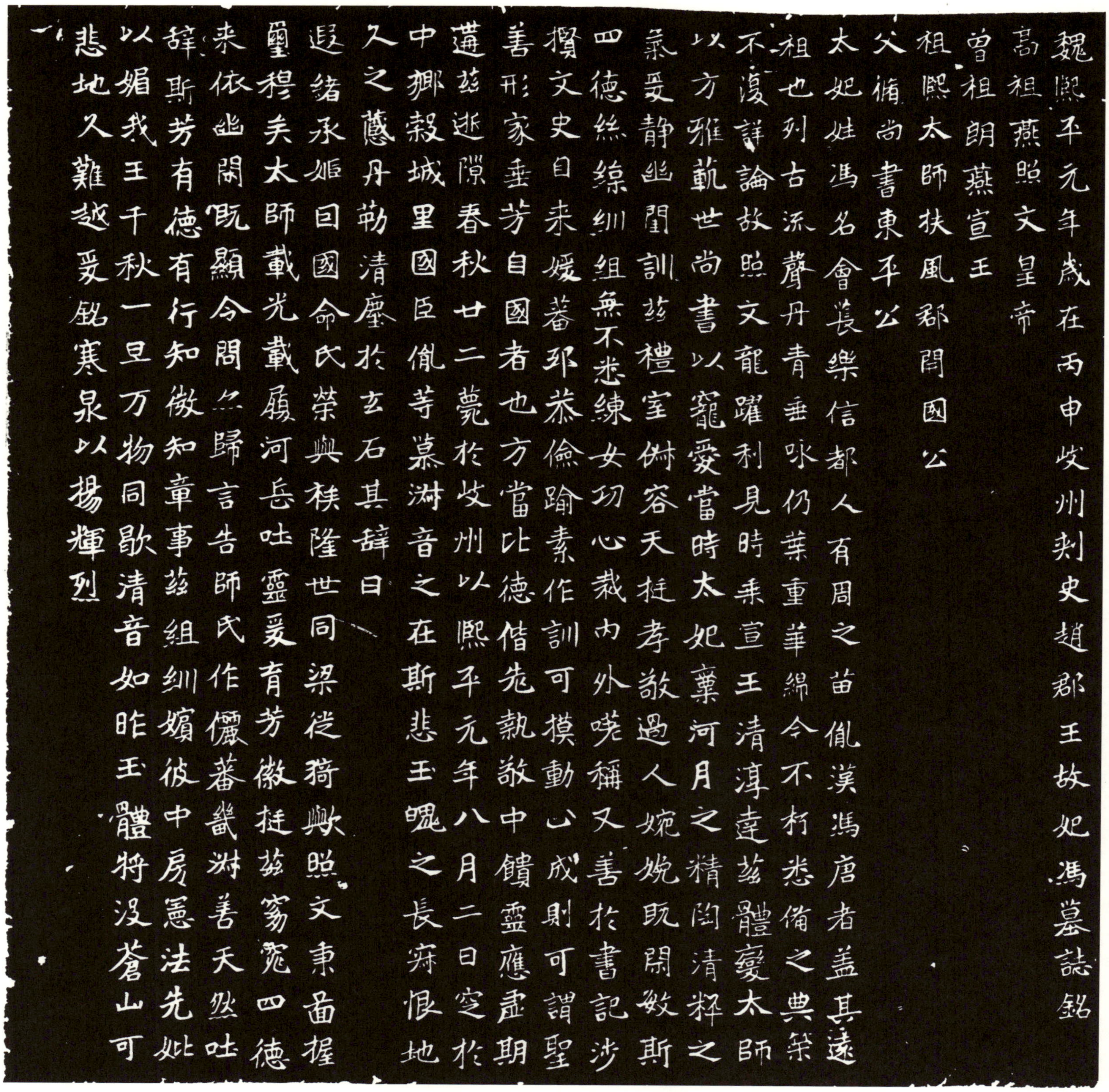

魏熙平元年歲在丙申岐州刺史趙郡王故妃馮墓誌銘
高祖燕照文皇帝
曾祖朗燕宣王
祖熙太師扶風郡開國公
父脩尚書東平公
太妃姓馮名會長樂信都人有周之苗胤漢馮唐者蓋其遠
祖也列古流聲丹青垂咏仍葉重華綿今不朽悉備之典策
不復詳論故照文龍躍利見時乘宣王清淳達茲體變太師
以方雅軌世尚書以寵愛當時太妃稟河月之精陶清粹之
氣爰靜幽閨訓茲禮室術容天挺孝敬過人婉娩既閑斆斯
四德絲綵紃組無不悉練女功心裁內外咸稱又善於書記涉
攬文史自來媛蕃邦恭儉蹈素作訓可模動心成則可謂聖
善形家垂芳自國者也方當比德偕先執敬中饋靈應虛期
遘茲逝隙春秋廿二薨於岐州以熙平元年八月二日窆於
中鄉穀城里國臣僚等慕沸音之在斯悲玉魄之長窮恨地
久之蘊丹勒清塵於玄石其辭曰
遐緒承姬曰國命氏榮與秩隆世同梁從猗歟照文秉畜握
璽穆矣太師載光載履河岳吐靈爰育芳徽挺茲窈窕四德
來依幽閑既顯令問必歸言告師氏作儷蕃戚淵善天然吐
辭斯芳有德有行知微知章事茲組紃嬪彼中房憲法先妣
以媚我王千秋一旦万物同歇清音如昨玉體將沒蒼山可
悲地久難越爰銘寒泉以揚輝烈

一〇四 魏熙平元年歲在丙申岐州刺史趙郡王故妃馮【會】墓誌銘

熙平元年（516）八月二日葬。誌文22行，滿行23字，楷書。誌石高49.5釐米，寬49.5釐米，河南洛陽出土。

【释文】

高祖，燕照文皇帝。曾祖朗，燕宣王。祖熙，太師、扶風郡開國公。父脩，尚書東平公。太妃姓馮，名會，長樂信都人，有周之苗胤。漢馮唐者，蓋其遠祖也。列古流聲，丹青垂咏，仍葉重華，綿令不朽，悉備之典策，不復詳論。故照文龍躍，利見時乘，宣王清淳，達茲體變。太師以方雅範世，尚書以寵愛當時。太妃稟河月之精，陶清粹之氣，爰静幽閨，訓茲禮室。俶容天挺，孝敬過人，婉娩既閑，敏斯四德。絲線紃組，無不悉練，女功心裁，内外嗟稱。又善於書記，涉攬文史。自來媛蕃邸，恭儉踰素，作訓可模，動止成則。可謂聖善形家，垂芳自國者也。方當比德偕老，執敬中饋，靈應虛期，遘茲逝隙。春秋廿二，薨於岐州。以熙平元年八月二日，窆於中鄉穀城里。國臣胤等，慕淑音之在斯，悲玉魄之長寂，恨地久之藏舟，勒清塵於玄石。其辭曰：

遐緒承姬，因國命氏；榮與族隆，世同梁徙。猗歟昭文，秉畐握璽；穆矣太師，載光載履。河岳吐靈，爰育芳徽；挺茲窈窕，四德來依。幽閑既顯，令問亦歸；言告師氏，作儷蕃畿。淑善天然，吐辭斯芳；有德有行，知微知章。事茲組紃，嬪彼中房；憲法先妣，以媚我王。千秋一旦，万物同歇；清音如昨，玉體将没。蒼山可悲，地久難越；爰銘寒泉，以揚輝烈。

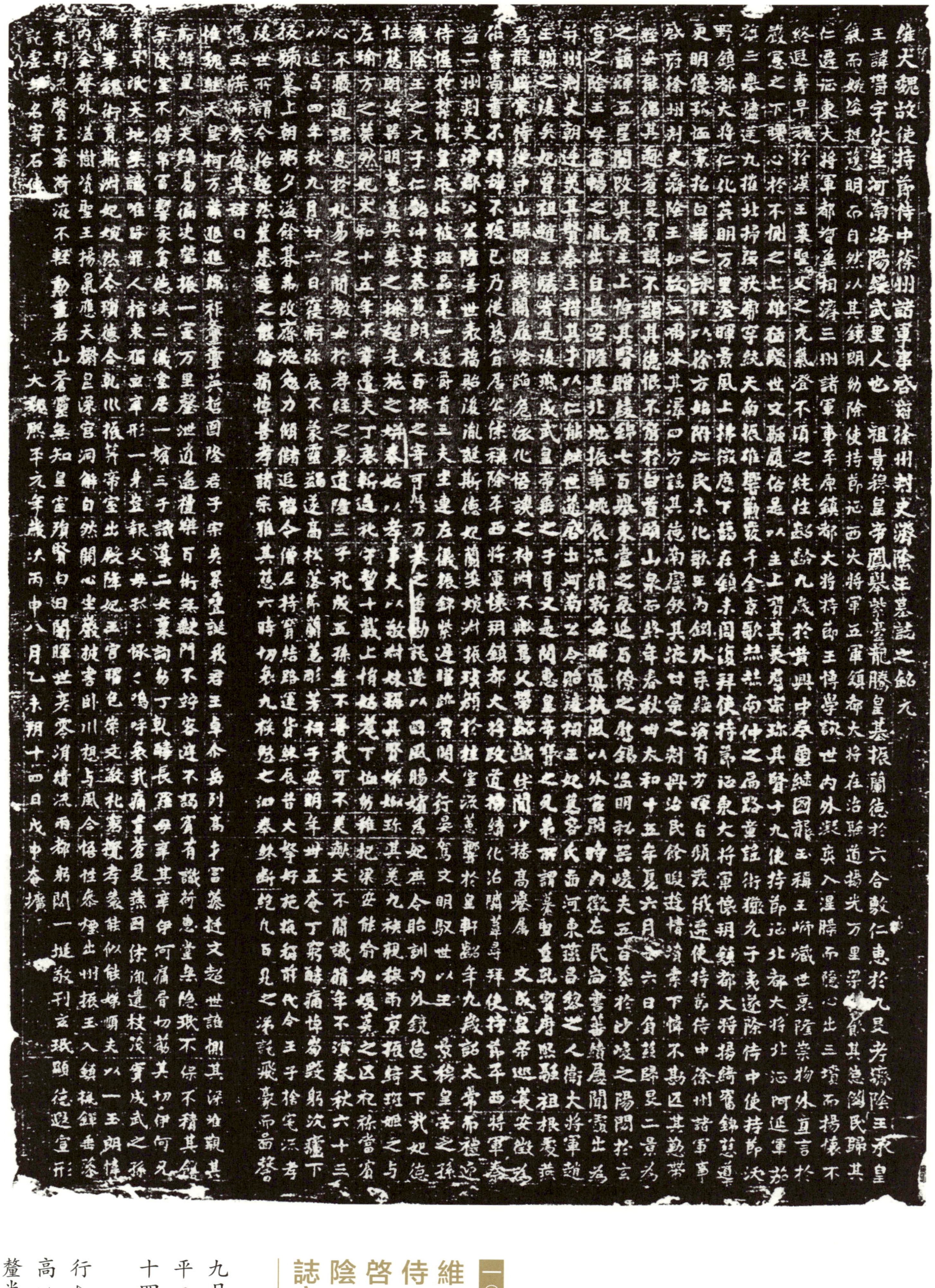

一〇五 維大魏故使持節侍中徐州諸軍事啓府徐州刺史濟陰王【元鬱】墓誌之銘

延昌四年（515）九月二十六日卒，熙平元年（516）八月十四日葬。

誌文35行，滿行47字，楷書。誌石高110.5釐米，寬73釐米，山西大同出土。

【释文】

王諱鬱，字伏生，河南洛陽綏武里人也。祖景穆皇帝，鳳擧紫臺，龍騰皇基，振蘭德於六合，敷仁惠於九旻。考濟陰王，承皇氣而婉姿，挺慈明而自然。以其鏡朗，幼除使持節、征西大将軍、五軍鎮都大将。在治融道，揚光万里，梁□飲其德，偽民歸其仁。遷征東大将軍、都督冀相濟三州諸軍事、平原鎮都大将、持節。王博學該世，内外凝爽，入涅槃而隱心，出三墳而揚懷。不終遐壽，早魂於漢。王稟聖父之元氣，澄不頃之純性，齠齡九歲，於黄興中奉璽繼國，襲玉稱王，峁藏世裹，隆崇物外，直言於嚴憲之下，曙心於不惻之上，雄猛踐世，文融履俗。是以主上胥其美，羣宗珍其賢。十九，使持節、征北都大将，北征阿延軍，茹旗三擧，熸逆九摧。北掃强狄，廓宇統天；南振雄響，勳發千金。京歌赫赫，南仲之扁，路童謡術，玁允于夷。遂除侍中、使持節、沃野鎮都大将。仁化英明，万里澄暉，景風上拂，微塵下藹。在鎮末周，復拜使持節、征東大将軍、懷朔鎮都大将。揚綺奮錦，慈導更明，優孤恤寡，招白華之詠作。以徐方始附，江民未化，歌王内鋼外柔，綏演有方，暉旨頻發，俄遷使持節、侍中、徐州諸軍事、啟府、徐州刺史，濟陰王如故。江隅沐其澤，四方謡其德，南蠻飲其液，甘棠之刺興。治民餘暇，遊情墳索，下幃不勘匹其懃，帶經安能偶其趣。蒼旻寡識，不蠲其德，恨不窮於白首，頤山泉而終年，春秋卅，太和十五年夏六月廿六日，負茲歸旻。二景為之藹輝，五星闉改其度。主上悼其賢，贈綾錦七百，擧東堂之哀，延百僚之慰。錫温明秘器，峻夫五百，葬於沙峻之陽，閟於玄宫之陰。王母雷暢之胤，出自長安，隆基北地，振華姚辰，流績新安，暉導扶風。以外宦顯時，内徵左民尚書，蕃績屢聞，覆出為并州刺史。朝廷美其賢，秦主惜其才，以仁能繼世，遂啟土河南公，令貽後祠。王妃慕容氏，西河東燕昌黎之人，衛大将軍趙王驎之後矣。妃曾祖趙王驎者，是後燕成武皇帝垂之子耳，又是閔惠皇帝寶之兄弟，所謂纂聖重乾，寶曆熙融。祖根，處燕為散騎常侍，從中山歸國，踐開履嶮，蹈危依化，悟識之神，淑不歟焉。父帶，齠齔休聞，少播高譽。屬文成皇帝巡長安，徵為作曹尚書，不拜，辭不獲已，乃從慈旨。居公休稱，除平西将軍，懷朔鎮都大将。政道揚績，化沾隣葦。尋拜使持節、平西将軍、秦益二州刺史、沛郡公。公隆善世表，福貽後胤，誕斯德妃，蘭姿婉淑。振瓊颜於桂室，流蕙響於皇軒。齠年九歲，詔太常而禮迎，侍幄於禁幃。皇液沾被，班品第一，遂爵首三夫，坐連左儀，振錦紫庭，曜跡霄閣。大行晏駕，文明驭世，以王景穆皇帝之孫，濟陰王之元子，仁懿沖亮，恭慈朗允。百揆之寄可憑，万基之重

猛殘世文驗履俗是以主上賞其美庸宗珎其賢十九使持節征北存大將北征中仕
字統天角振雄譽勳嵗千金京歌熱拯南仲之扁路童銘術撤允子袁遂除侍中
暉景風上拂徽塵下藹在鎮未周須拜使持節征東大將軍懷朔鎮都大將揚綺密
以徐方始附江民未化歌王為鎮外承綏濟有方輝台頒戴俄遷使持節侍中徐州
禍淋其澤四方謳其德南慶飲其液甘棠之刾與治民餘暇遊惜瀆棠下悼不勝
其德根不竊於旨普蹈山泉而終年春秋卌太和十五年夏六月□六日負茲歸
其賢贈綾錦七百段東堂之哀近百僚之慰錫溫明秘器嗟夫五首葬於沙陵之
安隆基北地振華姚辰源績新安縣真扶風以外宜顯時內徵左民尚書華續屢
其子以仁能纘世道啟出河南公令貽陵相王妃葛容氏西河東燕呂黎之人衛
是後燕成武皇帝垂之子百又是閔惠皇帝寶之兄弟所謂慕重皇乳實府熙驍
履涂蹈危緣化悟諛之神州不興焉父擊毀伏閣少播高譽屬 文成皇帝巡
慈旨居俗依稱除平西將軍懷朔鎮都大將政道播績化治隣革尋拜使持節平
表禧貽後胤誕斯德妃蘭姿婉淑振玆頻於桂室流蕙譽於皇軒韶年九歲詔太
一遂爵首三夫主連左儀振錦紫遵曜跡寶閣太行晏駕文明馭世以王 景穆皇
朗允百揆之寄可隆万基之重勳說遂以四風勝嬪為妃庶令貽訓內外鏡德天下
超先施之娣奉姑以孝事夫以敬撫妹稱其賢娣姒珎其美九族親穆兩京稱賴
不韋遺夫丁哀斬追祀守整十載上侍姑老下恤幼稚杞梁安能俞女媖莫之区
女於孝經之裹道隆三子礼成五孫生不暑載可不美歟天不簡識稍年不濟春秋
痾弥辰不蒙靈錫遂高秋落節蘭蕙彫芳桐子安明年卌五奄丁窮酷痛悼崩毀
瘠施兔力傾儲追福今僧居持寶結路運貨然辰昔大聲好施振稱前代今王子於
能倫痛悼善孝諸宗雅其慈六時切慕九族賂之泗奉終斷絕凡百凡之涕訖飛高

勘託。遂以國風賜嬪為妃，庶令貽訓內外，鏡德天下哉。妃德性慈朗，姿器明蕙，邁共姜之操，超先施之姘。奉姑以孝，事夫以敬。叔妹稱其賢，娣姒珍其美。九族親穆，兩京振綺，班姬之与左，瑜方之薨然。妃太和十五年不幸遭夫丁，哀斬過礼，守嫠十載，上悁姑耄，下恤幼稚，杞梁安能喻，女媛莫之匹。祀祢當賓，心不廢道，課息於礼易之間，教女於孝经之裏。道隆三子，礼成五孫，豈不善哉！可不美歟！天不簡識，脩年不演，春秋六十三，以延昌四年秋九月廿六日寢阿弥辰，不夢靈躅，遂高松落節，蘭蕙彫芳。祠子安明年卅五，奄丁窮毒，痛悼崩毀，躬沉廬下，扳號慕上，朝粥夕溢，餘朞弗改，齋施勉力，傾儲追福。令僧尼持寶結路，運貨終辰。昔大拏好施，抗稱前代；今王子捨宅，流孝後世。所謂今俗超然，豈悉達之能倫，痛悼善孝，諸宗雅其慈。六時切哀，九族慼之泗；奉終斷絕，凡百見之涕。託飛豪而畐馨，憑玉牒而奏德。其辭曰：

惟魏继天，皇柯万葉。邈邈綿祚，亹亹英哲。國隆君子，宗彥累疊。誕我君王，卓尔岳列。高才富藻，挺文超世。誰惻其深，唯覿其節。解星入天，蹈易偏決。瑩振一室，万里罄泄。逍遥禮樂，百術無缺。門不竚客，庭不謁賓。有識荷惠，堂無隱珉。不保不積，其饍無陳。室不餝帛，富響家貧。德浹二儀，堂居一嬪。三子識導，二女稟詢。幼丁乾毒，長羅母辛。其辛伊何？痛骨切筋。其切伊何？兄弟早眠。天地無識，唯留罪人。棺東獨立，辛形一身。豈報父母，孤孤亟亟。嗚呼哀哉，痛貫蒼旻。燕國休胤，遺枝茂實。成武之孫，摇華魏術。育斯淑妃，婉然令質。德合乾巛，振笄帝室。出殿降妃，王宮曜色。崇文敬礼，窮攬孝袠。能（似）［姒］能娣，順夫以一。玉朗幃內，金聲外溢。樹資聖王，揚氣應天。標貌深宮，洞解自然。開心坐巖，披書臥川。想与風合，悟性參煙。出州振玉，入鎮抗碑。垂藻朱野，流馨玄蕃。荷液不輕，勳重若山。蒼靈無知，皇室殞賢。白日闇暉，世彥零涓。績流兩都，躬閟一埏。敬刊玄珉，顯德遐宣。形託虛無，名寄石傳。大魏熙平元年歲次丙申八月乙未朔十四日戊申奄壙。

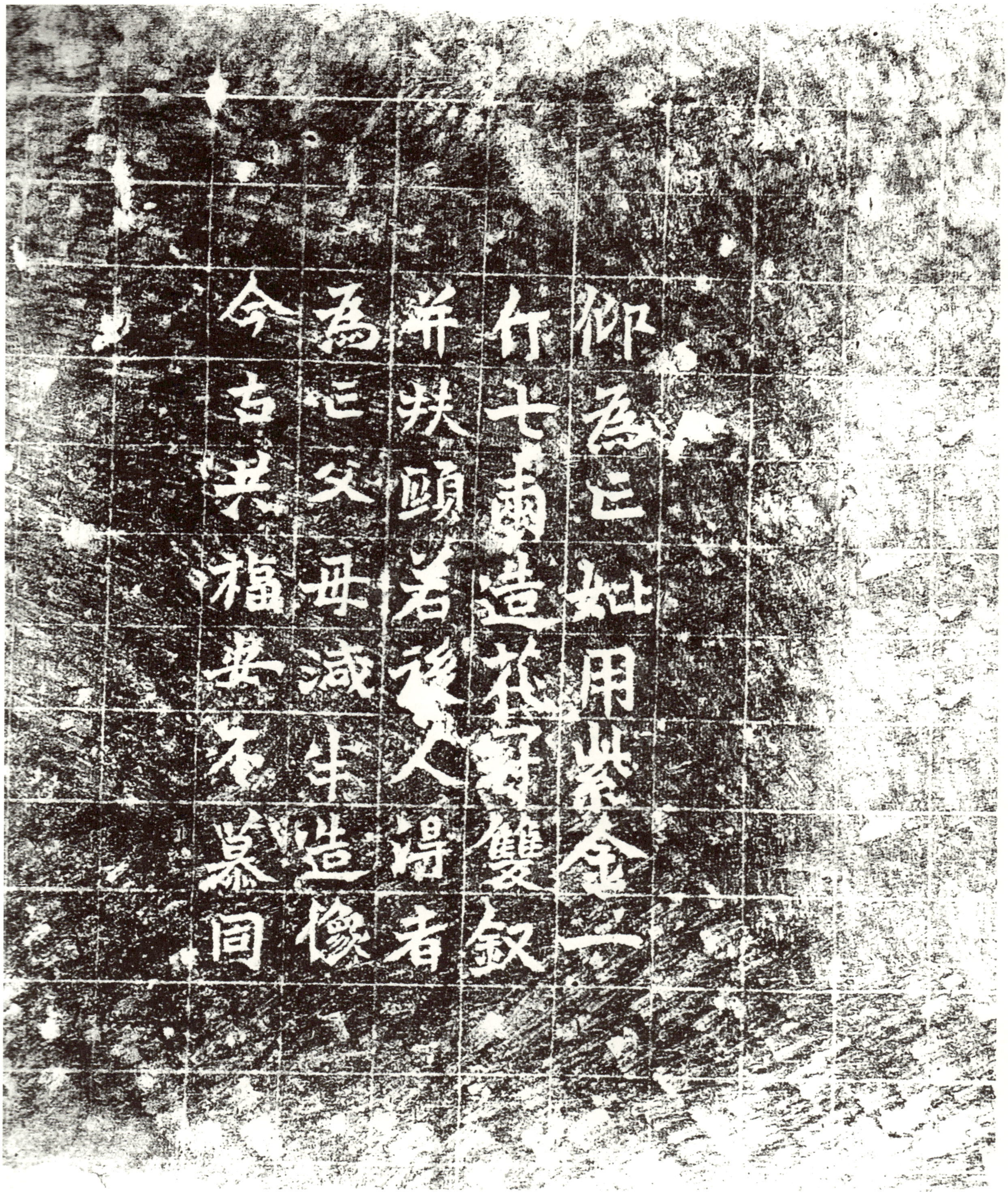

一〇六 元鬱墓誌蓋

延昌四年（515）九月二十六日卒，熙平元年（516）八月十四日葬。

5行，滿行8字，楷書。誌石高110.5釐米，寬73釐米，山西大同出土。

【释文】

仰為亡妣用紫金一斤七兩，造花冠雙釵并扶頭。若後人得者，為亡父母減半造像。今古共福，安不慕同。

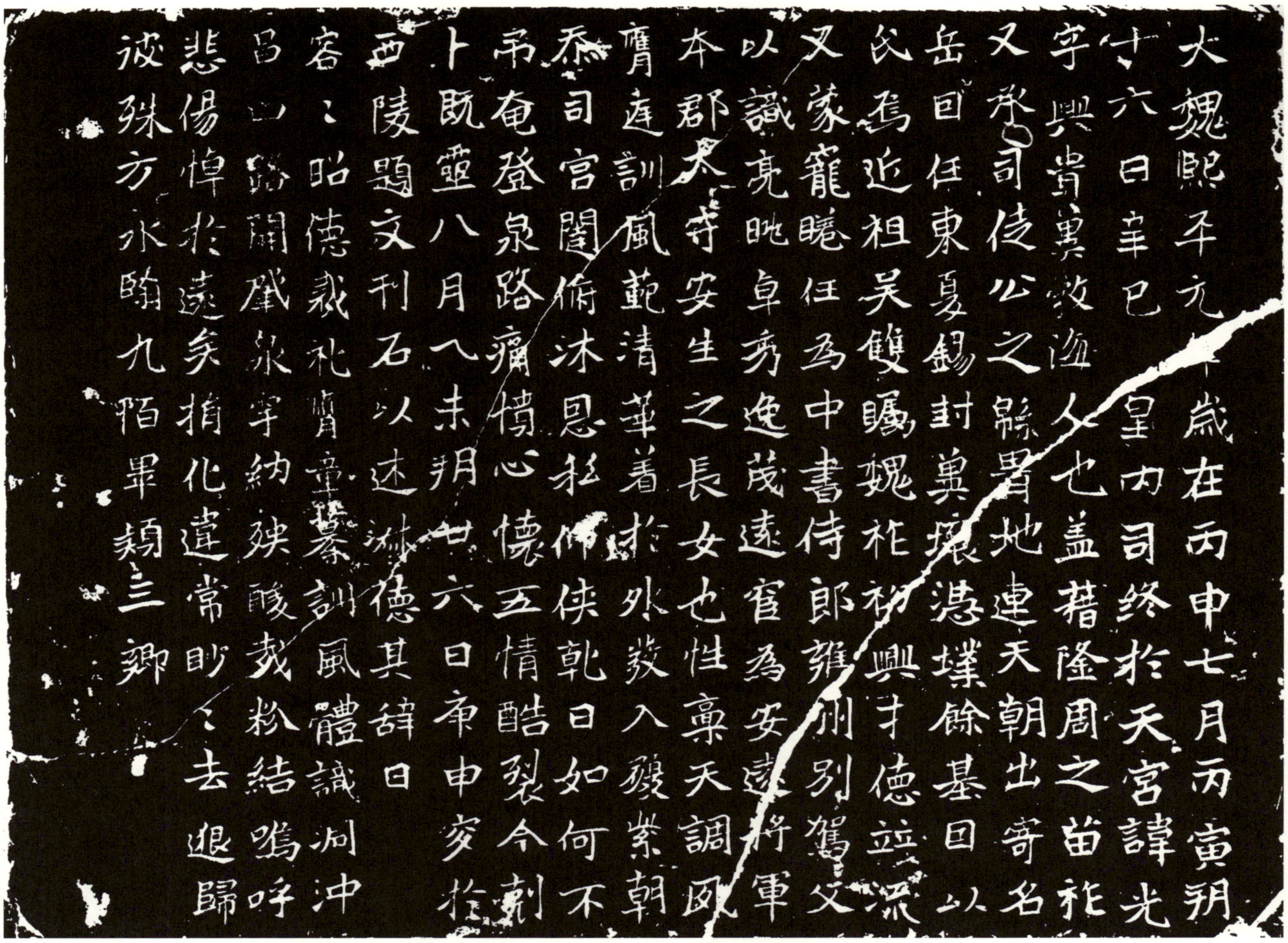

大魏熙平元年歲在丙申七月丙寅朔
十六日辛巳星内司終於天宮諱光
字興貴冀州渤海人也蓋稽隆周之苗祚
又於司徒公之縣胄地連天朝出寄名
岳因任東夏錫封冀壤湯堞餘基因以
氏焉近祖吳雙矚魏祚初興才德並流
又蒙寵睠任為中書侍郎雍州別駕父
以識亮晚阜秀逸茂遠宦為安遠將軍
本郡太守安生之長女也性稟天調風
膺庭訓風範清華著於外敘入殿紫朝
忝司宮閨脩沐恩私侍侠乾日如何不
弔奄登泉路痛慎心懷五情酷裂今刻
卜既靈八月乙未朔廿六日庚申窆於
西陵題文刊石以述洪德其辭曰
容〻昭德哉祀膺章纂訓風體識洞沖
品四路開蔵泉宇納狹隧哉粉結鳴呼
悲傷悼於遠矣指化違常盼〻去退歸
被殊方水晦九陌畢類三鄉

一〇七 吳光墓誌

熙平元年（516）七月十六日卒，同年八月二十六日葬。

誌文18行，滿行15字，楷書。誌石高35.5釐米，寬47釐米，河南洛陽出土。

【释文】

大魏熙平元年歲在丙申七月丙寅朔十六日辛巳，皇内司終於天宫。諱光，字興貴，冀勃海人也。蓋藉隆周之苗祚，又承司徒公之緜胄，地連天朝，出寄名岳，因任東夏，錫封冀壤。憑（墣）［業］餘基，因以氏焉。近祖吴雙，矚魏祚初興，才德竝流，又蒙寵眷，任為中書侍郎、雍州别駕。父以識亮眺卓，秀逸茂遠，宦為安遠将軍、本郡太守安生之長女也。性稟天調，夙膺庭訓，風範清華，著於外發。入履紫朝，忝司宫闈，俯沐恩私，仰俠乾日。如何不弔，奄登泉路，痛憤心懷，五情酷裂。今剋卜既靈，八月乙未朔廿六日庚申，穸於西陵。題文刊石，以述淑德。其辭曰：

容容昭德，裁礼膺章。纂訓風體，識洞沖昌。凶路開肇，泉宇納殃。酸哉粉結，嗚呼悲傷。悼於遠矣，捐化違常。眇眇去邈，歸彼殊方。永翳九陌，畢穎三鄉。

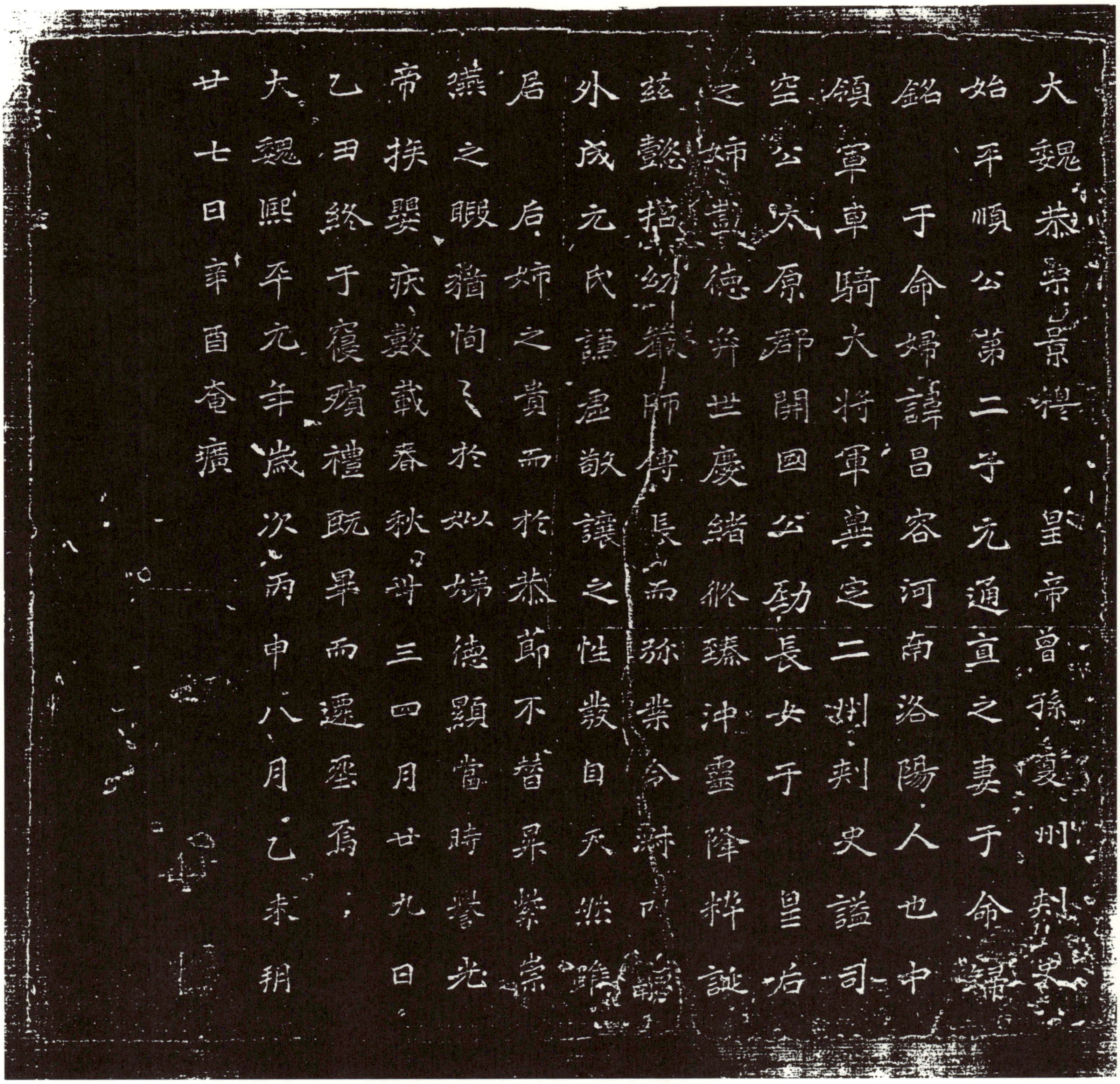
大魏恭宗景穆皇帝曾孫夏州刺史
始平順公第二子元通直之妻于命婦
銘于命婦諱昌容河南洛陽人也中
領軍車騎大將軍冀定二州刺史謚司
空公太原郡開國公勁長女于皇后
之姊亶德弈世慶緒紛綸沖靈降粹誕
茲懿哲幼纖師傅長而彌業令對內韻
外成元氏謙虛敬讓之性發自天然雖
居后姊之貴而於恭節不替暴紫崇
織之暇猶恂恂於姒娣德顯當時譽光
帝掖嬰疾數載春秋卅三四月廿九日
乙丑終于寢殯禮既畢而還塋焉
大魏熙平元年歲次丙申八月乙未朔
廿七日辛酉奄殯

一〇八 大魏恭宗景穆皇帝曾孫夏州刺史始平順公第二子元通直之妻于命婦【昌容】銘

熙平元年（516）四月二十九日卒，同年八月二十七日葬。

誌文14行，滿行15字，楷書。誌石高48釐米、寬48釐米，河南洛陽孟津出土。

【释文】

于命婦諱昌容，河南洛陽人也。中領軍車騎大将軍、冀定二州刺史、謚司空公、太原郡開國公劲長女，于皇后之姊。載德弈世，慶緒修臻，沖靈降粹，誕茲懿哲。幼嚴師傅，長而弥業，令淑内融，外成元氏，謙虚敬讓之性，發自天然。雖居后姊之貴，而於恭節不替。昇紫崇嚥之暇，猶恂恂之於姒娣。德顯當時，譽光帝族。嬰疾數載，春秋卅三，四月廿九日乙丑終于寢，殯禮既畢，而還葬焉。

大魏熙平元年歲次丙申八月乙未朔廿七日辛酉奄壙。

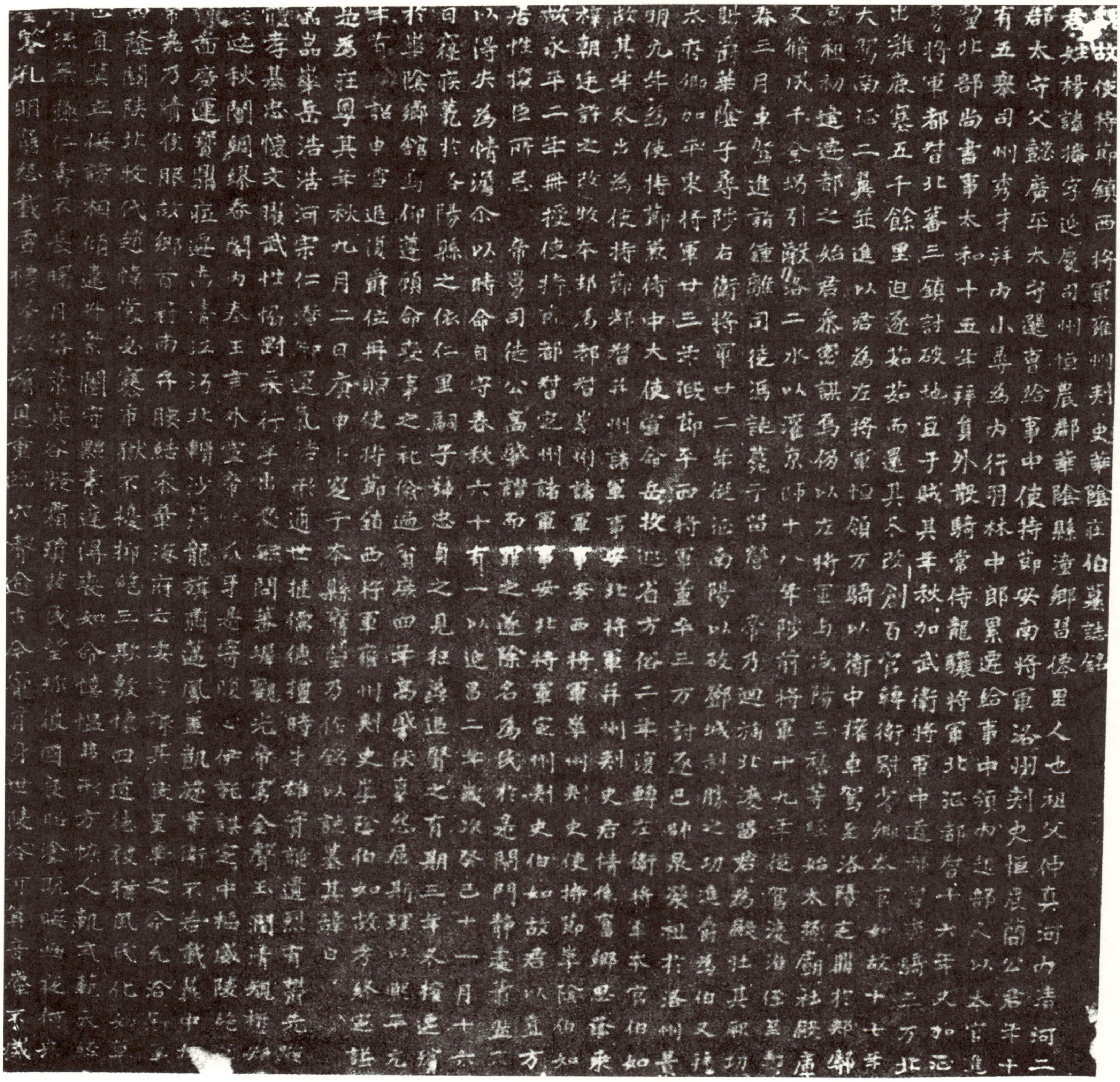

一〇九 魏故使持節鎮西将軍雍州刺史華陰莊伯【杨播】墓誌銘

延昌二年（513）十一月十六卒，熙平元年（516）九月二日葬。

誌文32行，滿行32字，楷書。誌石高68釐米、寬68釐米，陝西華陰出土。

【释文】

君姓楊，諱播，字延慶，司州恒農郡華陰縣潼鄉習僊里人也。祖父仲真，河內、清河二郡太守。父懿，廣平太守、選曹給事中、使持節、安南将軍、洛州刺史、恒農簡公。君年十有五舉司州秀才，拜內小，尋為內行羽林中郎，累遷給事中，領內起部，又以本官進釐北部尚書事。太和十五年，拜員外散騎常侍、龍驤将軍、北征都督。十六年，又加征虜将軍，都督北藩三鎮，討破地豆于賊。其年秋，加武衛将軍、中道都督，率騎三万，北出雞鹿塞五千餘里，迫逐茹茹而還。其冬，改創百官，轉衛尉少卿，本官如故。十七年，大駕南征，二翼並進，以君為左将軍，恒領万騎，以衛中權。車駕至洛陽，定鼎於郟鄏。高祖初建，遷都之始，君參密謀焉。仍以左将軍与咸陽王禧等經始太極廟社殿庫。又脩成千金堨，引穀、洛二水以灌京師。十八年，陟前将軍。十九年，從駕渡淮，徑至壽春。三月，車駕進詣鐘離，司徒馮誕薨于留營，帝乃迴旆北渡，留君為殿，壯期厥功，賜爵華陰子，尋陟右衛将軍。廿二年，從征南陽，以破鄧城制勝之功，進爵為伯。又拜太府卿，加平東将軍。廿三年，假節平西将軍，董卒三万，討逐巴帥泉榮祖於洛州。景明元年，為使持節，兼侍中大使，宣命岳牧，巡省方俗。二年，復轉左衛将軍，本官、伯如故。其年冬，出為使持節、都督并州諸軍事、安北将軍、并州刺史。君情係歸鄉，思蔭桑梓，朝廷許之，改牧本邦，為都督華州諸軍事、安西将軍、華州刺史，使持節、華陰伯如故。永平二年，冊授使持節、都督定州諸軍事、安北将軍、定州刺史，伯如故。君以直方居性，權臣所忌。帝舅司徒公高肇譖而罪之，遂除名為民。於是閉門靜處，蕭然不以得失為情，澹尔以時命自守。春秋六十有一，以延昌二年歲次癸巳十一月十六日，寢疾薨於洛陽縣之依仁里。嗣子號忠貞之見枉，冀追賢之有期。三年冬，權還殯于華陰鄉館焉。仰遵顧命，喪事之礼，儉過貧庶。四年，高肇伏辜，怨屈斯理。以熙平元年有詔申雪，追復爵位。冊贈使持節、鎮西将軍、雍州刺史，華陰伯如故。考終定謚，是為莊。粵其年秋九月二日庚申，卜窆于本縣舊塋，乃作銘以誌墓。其辭曰：

千金場引敵路二水以渥京師十八年陟前將軍十九王從富淡海
東盤進詣鍾離司徒渭詑義于留營　帝方廻病北淩嶠岩為殿壯
陰子尋陟右衛將軍廿二年從征西陽以致鄧城封服之功遺合為
加平來將軍廿三年假節寺西將軍董平三萬討逐已印泉案祖於
為使持節散侍中大使寧命岳枚逃省方依二半遺轉空衛將其大
冬出為使持節都督并州諸軍事安北將軍并州刺史君侍使富卿
許之改收本部為都督冀州諸軍事安西將軍冀州刺史使捭節半
二年冊授使持節都督定州諸軍事安北將軍定州刺史仙如故君
臣所恩　帝尊司徒公高歐讚而罪之逆除名為民於是開門靜堯
為情渭介以時命自守春秋六十有一以逆昌二半戚以癸己十一
義於子陟縣之依仁里嗣子辨忠身之見相爲追贊之有期三章文
鄉館岳仰遵頒命変事之祀徐過貧疾四平高羣依享忍居斯類以
說申雪退復肅位冉賠使將節銷西將軍宿州封史革諡仙如故守
尊其年秋九月二日庚申卜逕于本縣寶督乃仿銘以諡甚其諡曰
岳浩浩河宗仁德印還氣浩求通世撫僚德擅時才榮宵能遺照有
忠懷文賤武性悟對赤行寺出怨斜間暮塢親光帝寡全賢王潤淸
閣綱緣吞閣內奉王言外寔帝以父牙是壽殷心伊穆說冥中揚成

嵓嵓華岳，浩浩河宗；仁潛智運，氣結形通。世推儒德，擅時才雄；實誕遺烈，有鬱先蹤。體孝基忠，懷文曜武；性協㓻柔，行孚出處。毓問蕃墀，觀光帝寓；金聲玉潤，清規懋矩。逶迤秋闈，綢繆春閣；內奉王言，外宣帝略。爪牙是寄，腹心伊託；謀定中樞，威陵绝漠。神啚廣運，寶鼎底遷；南清江沔，北輯沙燕。龍旗肅邁，鳳蓋凱旋；實衛不若，載翼中權。帝嘉乃績，侯服故鄉；首冠兩弁，腰結參章。海府云委，言諏其良；皇華之命，允洽斯康。西蔭關陝，北牧代趙；幃裳必褰，市獄不擾。抑絕三欺，敷懷四道；德被猶風，民化如草。正直莫立，侮謗相傾；違升紫闥，守黜素庭。得喪如命，憘慍弗形；方恢人軌，式範天經。智流無極，仁壽不長；曙月落景，寒谷凝霜。殞茲民望，殄彼國良；昭途既晦，幽夜何央。皇鑒孔明，窮恕載雪；禮隆改殯，恩重臨穴。聲逾古今，寵賁身世；陵谷可算，音塵不滅。

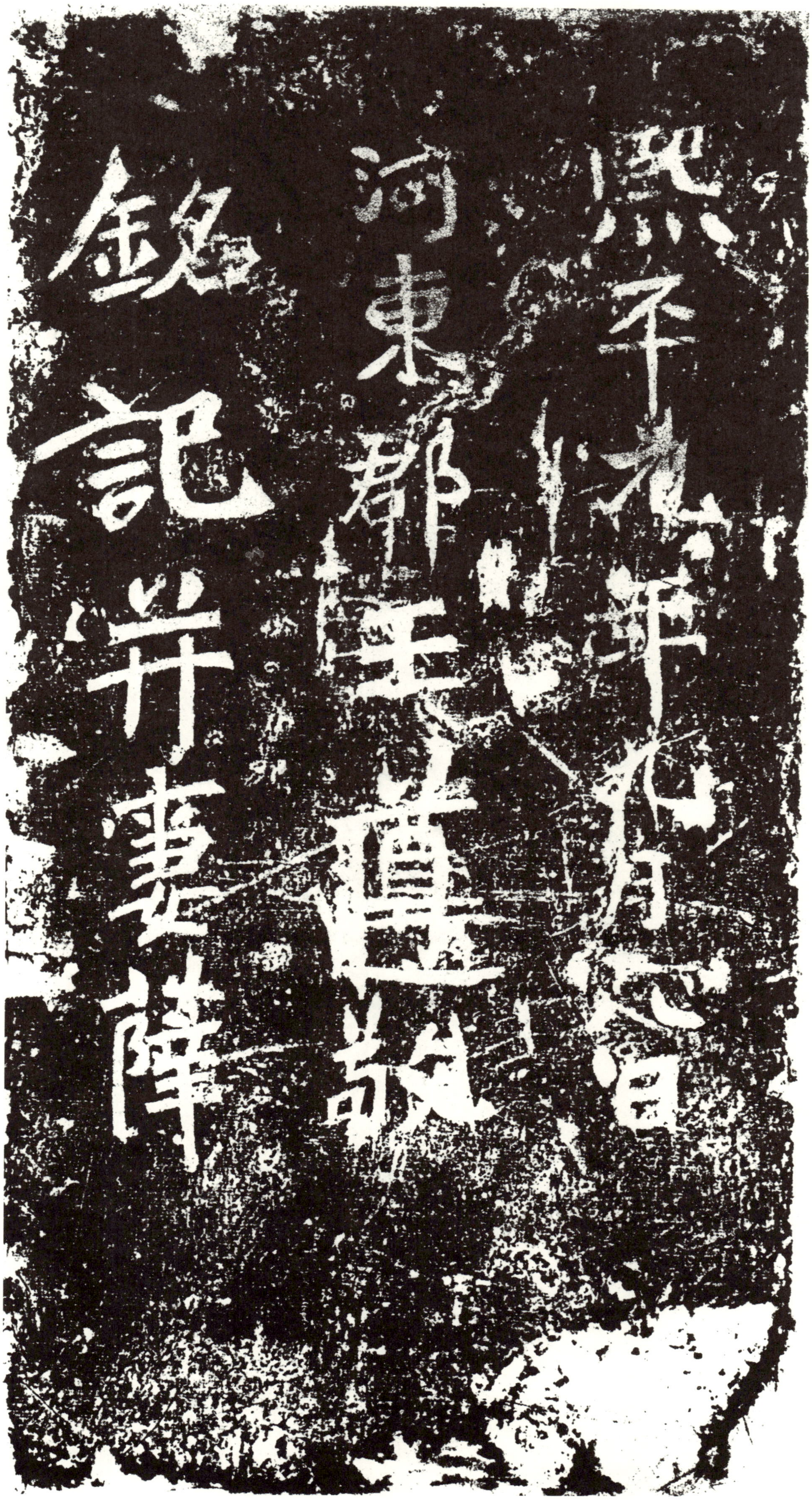

二一〇 王遵敬及妻薛氏磚誌

北魏熙平元年（516）九月八日葬。誌文3行，滿行7字，楷書。磚高34釐米，寬18釐米，出土地不詳。

【释文】

熙平元年九月八日，河東郡王遵敬銘記并妻薛。

二一
魏故持節督豳豫二州諸軍事冠軍將軍豫州刺史樂陵王元君【彥】墓誌銘

熙平元年（516）九月二十四日卒，同年十一月十日葬。

誌文23行，滿行23字，楷書。誌石高56.5釐米，寬56.5釐米，河南洛陽出土。

【释文】

君諱彦，字景略，河南洛陽都鄉光穆里人也。恭宗景穆皇帝之曾孫，侍中、樂陵之孫，鎮北将軍、樂陵密王之世子。襲封樂陵王。王承光日隙，資輝月宇，仁峻五岳，智汪四海。岐嶷孝敬，分曾參之譽；夙宵忠節，争宣子之響。文藹游夏，策猛張韓。超然寰外，則扇翮於雲峯；卓尔俗表，則志陵於星壑。王森若松圃，芳似蘭菀，奢非所尚，慕儉自德。攝基金聲，昇朝玉振。以永平之中，授驍騎将軍，翔纓肅閣，施勲帝道。於延昌之末，還為持節、督豳州諸軍事、冠軍将軍、豳州刺史，王如故。王剋莅西蕃，民欽教導風，昔文王流化，未之殊也。今古雖邈，論道若近。方欲飛舲擢漢，藉汎霞闕，而昊天不弔，殲我良人。厥齡四七，以熙平元年歲次丙申九月乙丑朔廿四日戊子，薨謝中畿伊洛之第。哲而不幸，唯王是焉。皇帝悼楚，朝野泫淚，追贈豫州将軍本號，以十一月十日，窆於金陵。若夫非刊瑶銘，何以彫玉。乃作頌曰：

天地載清，二象垂輝；昂藏寶君，邈矣瓊姿。皎潔斌響，啟文剋威；卓尔孤貞，如彼松滋。超然獨朗，似月横飛；長幼慈孝，敬尊礼卑。携琴曉澗，命友夕詩；岐冠金聲，玉振承基。入翔霞禁，出莅雲州；省譽藹藹，蕃名休休。道遥逸趣，散誕莊周；氣秀五峯，風波四浮。鑒今洞典，識峻古丘；宜鍾鴻壽，扇翮優遊。不弔昊天，忽殲良球；崑山墜萼，瑶池卷流。縉绅吐歎，朝朋飲憂；泉墟易闇，鏡量難求。

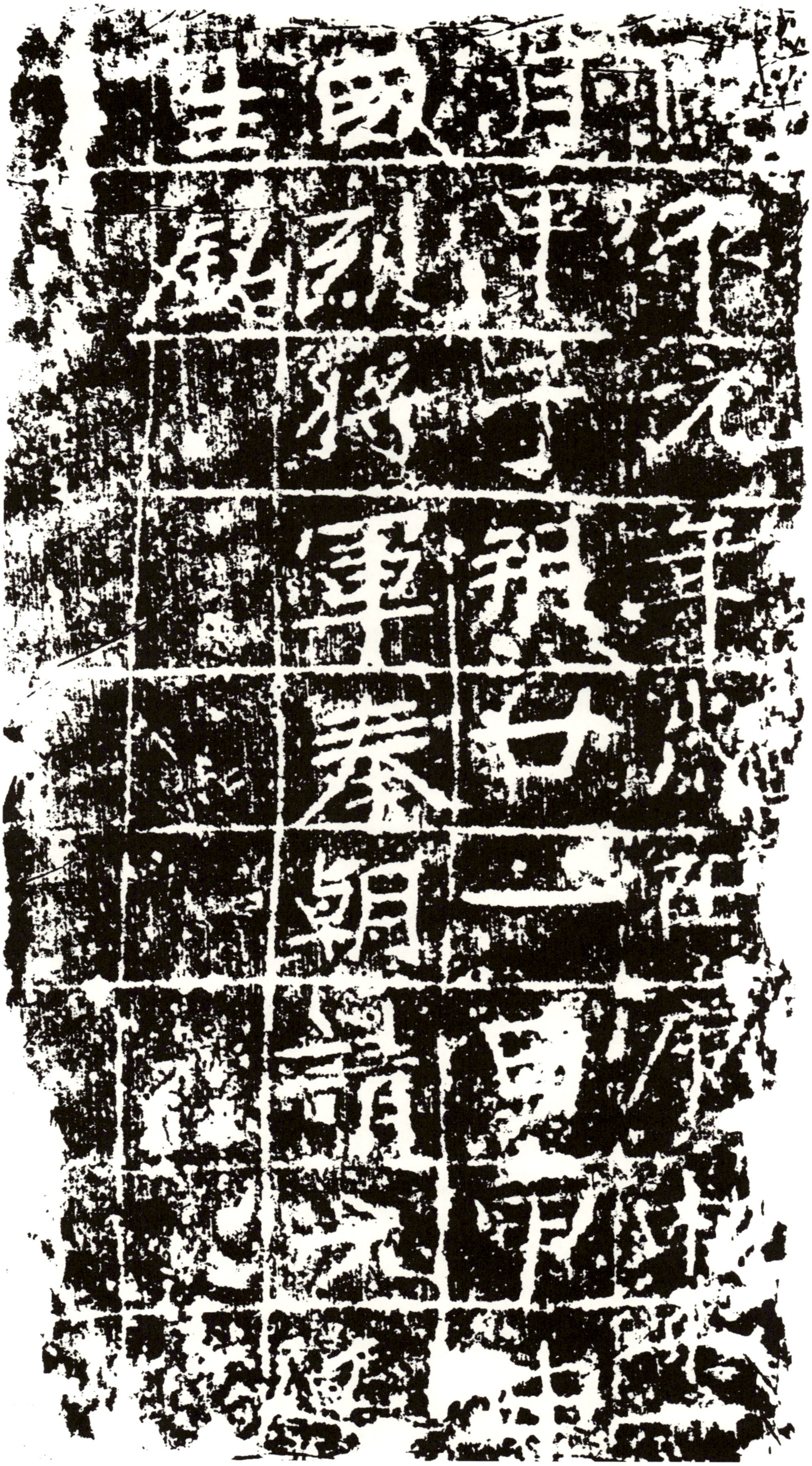

一一二 元延生磚誌

熙平元年（516）十一月二十一日葬。誌文4行，滿行9字，楷書。誌石高27釐米，寬14.3釐米，河南洛陽出土。

【释文】

熙平元年歲在庚申十一月甲子朔廿一日甲申，威烈将軍、奉朝請元延生銘。

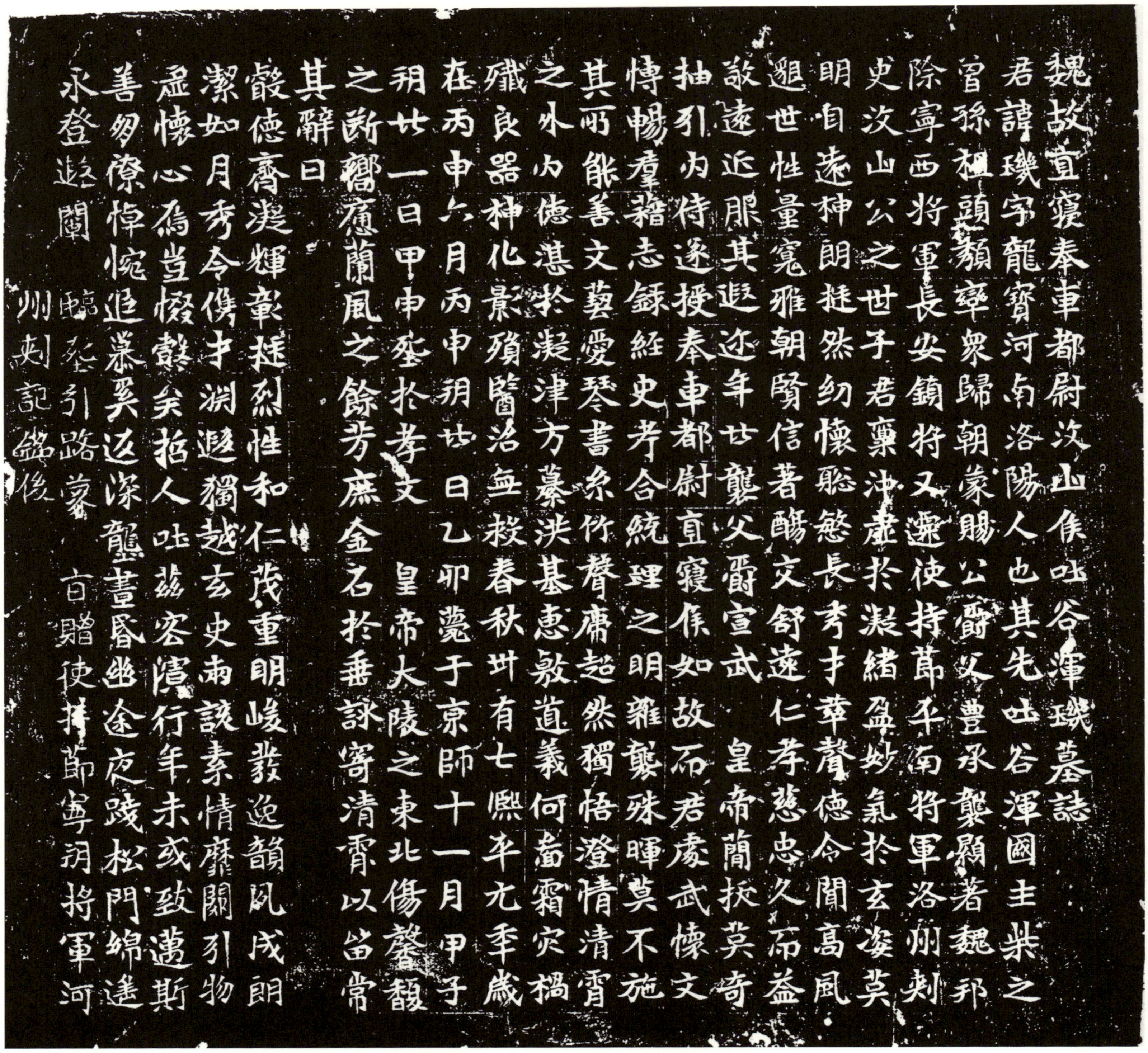
魏故直寢奉車都尉汶山侯吐谷渾璣墓誌
君諱璣字龍寶河南洛陽人也其先吐谷渾國主柴之
曾孫祖頭頞率衆歸朝蒙賜公爵父豊承襲顯著魏邦
除寧西將軍長安鎮將又遷使持節平南將軍洛州刺
史汶山公之世子君稟沖虛於凝緒盈妙氣於玄姿莫
明自遠神朗挺然幼懷聰慜長秀才華聲德令聞高風
邈世性量寬雅朝賢信著醻文舒遠仁孝慈忠久而益
敬遠近服其遐迩年廿襲父爵宣武　皇帝簡拔莫奇
抽引內侍遂授奉車都尉直寢佐如故而君慶武慷文
悖暢羣籍志錄經史考合統理之明雅襲殊暉莫不施
其所能善文藝愛琴書糸竹聲膚超然獨悟澄情清霄
之外內德湛於凝津方纂洪基惠敦道義何啚霜災禍
殲良器神化影殞皆洛無救春秋卅有七熙平元年歲
在丙申六月丙申朔廿日乙卯薨于京師十一月甲子
朔廿一日甲申窆於孝文　皇帝大陵之東北傷馨馥
之斷響痛蘭風之餘芳庶金石於垂詠寄清霄以啚常
其辭曰
毂德齊凝輝彰挺烈性和仁茂重明峻叢逸韻風成朗
潔如月秀令儁才淵邈獨越玄史雨談素情靡闕引物
虛懷心為豈愆藝矣招人吐茲密濱行年未或致邁斯
善勿僚悼惋進叢奚返深壟晝昏幽途庭踐松門綿遠
永登遊闈　臨發引路蒙　旨贈使持節寧朔將軍河
州刺記銘後

一一三
魏故直寢奉車都尉汶山侯吐谷渾璣墓誌

熙平元年（516）六月二十日卒，同年十一月二十一日葬。誌文23行，滿行21字，楷書。誌石高48.6釐米，寬51.3釐米，河南洛陽出土。

【释文】

君諱璣，字龍寶，河南洛陽人也。其先吐谷渾國主柴之曾孫。祖頭頹，率衆歸朝，蒙賜公爵。父豈承襲，顯著魏邦，除寧西将軍、長安鎮将，又遷使持節、平南将軍、洛州刺史、汶山公之世子。君稟沖虚於凝緒，盈妙氣於玄姿，英明自遠，神朗挺然。幼懷聡慜，長秀才華，聲德令聞，高風邈世。性量寬雅，朝賢信著，鷗交舒遠，仁孝慈忠，久而益敬。遠近服其退迩，年廿襲父爵。宣武皇帝簡拔英奇，抽引内侍，遂授奉車都尉、直寢，侯如故。而君處武懷文，博暢羣籍，志録經史，考合統理之明，雜襲殊暉，莫不施其所能。善文藝、愛琴書，絲竹聲席，超然獨悟。澄情清霄之外，内德湛於凝津。方纂洪基，惠敷道義，何啚霜灾，禍殲良器，神化影殞，醫治無救。春秋卅有七，熙平元秊歳在丙申六月丙申朔廿日乙卯，薨于京師。十一月甲子朔廿一日甲申，葬於孝文皇帝大陵之東北。傷馨馥之斷嚮，痛蘭風之餘芳，庶金石於垂詠，寄清霄以留常。其辭曰：

叡德齊凝，輝彰挺烈。性和仁茂，重明峻發。逸韻夙成，朗潔如月。秀令儁才，淵退獨越。玄史兩該，素情靡闕。引物虚懐，心焉豈惙。懿矣哲人，吐兹宏演。行年未或，致邁斯善。朋僚悼惋，追慕奚返。深壟晝昏，幽途夜踐。松門綿遥，永登遐闡。

臨葬引路。蒙旨贈使持節、寧朔将軍、河州刺，記銘後。

魏故鎮遠將軍涼州刺史皮使君墓誌銘
君諱演字榮祖下邳郡下邳縣都鄉永吉里人也□尚書
散騎常侍侍中使持節都督秦雍荆梁益五州諸軍事征西
大將軍開府儀同三司淮陽襄王豹子之孫南部尚書使持
節散騎常侍都督秦雍荆梁益五州諸軍事開府安南將軍
豫州刺史廣川恭公歡欣之子也並英勳茂績受專征之委
敏德英猷荷司牧之任固已于世東光踵武一時矣君少而
警慧有若成人恭公異之以為□寶年十有一太和初名為
中散出入雲禁夙夜匪懈忠懃之至簡在帝心十有五年
高祖首創流品位置庶官親御寶軒妙選英彥復除强弩將
軍假揚武將軍北征別將軍還進為奉車都尉有□季改
創百官仍除奉車從新今也尋出□安□大將軍魏郡王長
史府主丁憂去之所職又轉平西將軍長史加寧遠將軍
辟不就景明中假建武將軍征蠻統軍正始之初除假節建
威將軍燉煌鎮將延昌三年歲次甲午三月己酉朔十七日
乙丑寢疾薨于洛陽縣之安武里宅時年卌有九追贈鎮遠
將軍涼州刺史謚曰□熙平元年十一月甲子朔廿
二日乙酉卜窆于首陽山之南乃作銘以誌之曰
高陽濬哲昆吾炳烈將相有門雄英不絕惟祖惟父匡時讚
世粤若夫君實踵高轍逸氣霜嚴機情水鏡謟直處身寬敏
從政再緝國容三播軍令文尚來懷武資保定悲矣人生昧
我天道如何不弔未壽而殁萬古攸攸三泉杳杳徒誌玄石
空切黄

一一四 魏故鎮遠將軍涼州刺史皮使君【演】墓誌銘

延昌三年（514）三月十七日卒，熙平元年（516）十一月二十二日葬。

誌文23行，滿行23字，楷書。誌石高68釐米、寬66釐米，河南洛陽偃師出土。

【释文】

君諱演，字榮祖，下邳郡下邳縣都鄉永吉里人也。選部尚書、散騎常侍、侍中、使持節、都督秦雍荆梁益五州諸軍事、征西大将軍、開府儀同三司、淮陽襄王豹子之孫，南部尚書、使持節、散騎常侍、都督秦雍荆梁益五州諸軍事、開府安南将軍、豫州刺史、廣川恭公歡欣之子也。並洪勳茂績，受專征之委，敏德英猷，荷司牧之任，固已弈世重光，踵武一時矣。君少而警慧，有若成人，恭公異之，㠯為家寶。季十有一，太和初召為中散，出入雲禁，夙夜匪懈，忠懃之至，簡在帝心。十有五年，高祖首創流品位置，庶官親御寶軒，妙選英彦，復除強弩将軍，假揚武将軍、北征别将軍。還進為奉車都尉。十有九季，改創百官，仍除奉車，從新令也。尋出為安南大将軍、魏郡王長史府主。丁憂，未之所職。又轉平西将軍長史，加寧遠将軍，辭屈不就。景明中，假建武将軍、征蠻統軍。正始之初，除假節建威将軍、燉煌鎮将。延昌三年歲次甲午三月己酉朔十七日乙丑寢疾，薨于洛陽縣之安武里宅，時年卌有九，追贈鎮遠将軍、涼州刺史，謚曰。以熙平元季十一月甲子朔廿二日乙酉，卜窆于首陽山之南，迺作銘㠯誌之曰：

高陽濬哲，昆吾炳烈，将相有門，雄英不絕。惟祖惟父，匡時讚世，粵若夫君，實踵高轍。逸氣霜嚴，機情水鏡，詢直處身，寬敏從政。再緝國容，三誓軍令，又尚来懷，武資保定。悲矣人生，昧哉天道，如何不吊，未壽而夭。萬古攸攸，三泉杳杳，徒誌玄石，空切黄□。

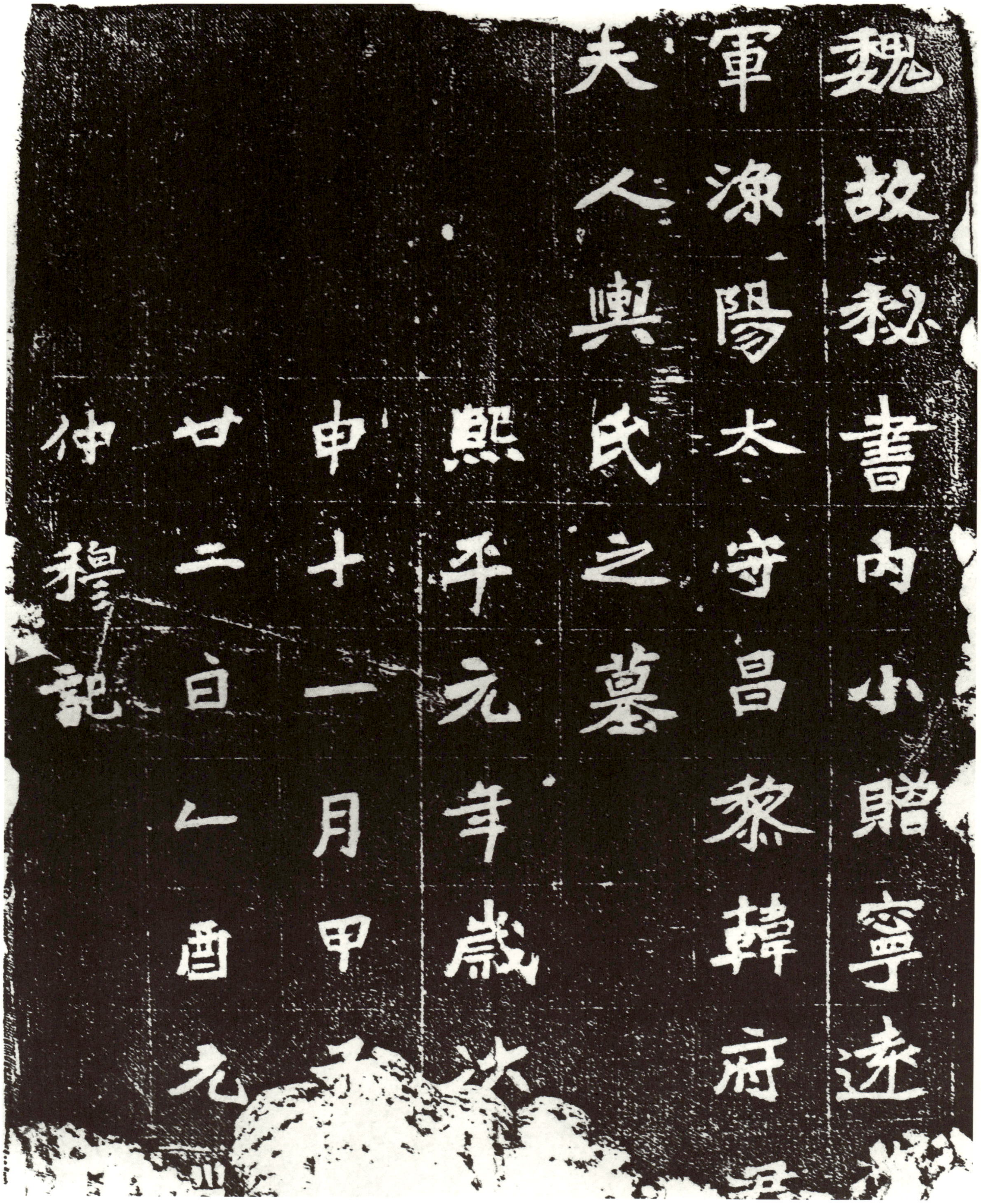
魏故秘書內小贈寧遠將
軍滎陽太守昌黎韓府君
夫人輿氏之墓
熙平元年歲次
申十一月甲子
廿二日乙酉允
仲穆記

一一五 輿氏之墓

熙平元年（516）十一月二十二日葬。

誌文7行，滿行10字，楷書。誌石高24釐米、寬18.5釐米，河南洛陽孟津出土。

【释文】

魏故秘書内小贈寧遠将軍漁陽太守昌黎韓府君夫人輿氏之墓。熙平元年歲次□申十一月甲子廿二日乙酉，元邕仲穆記。

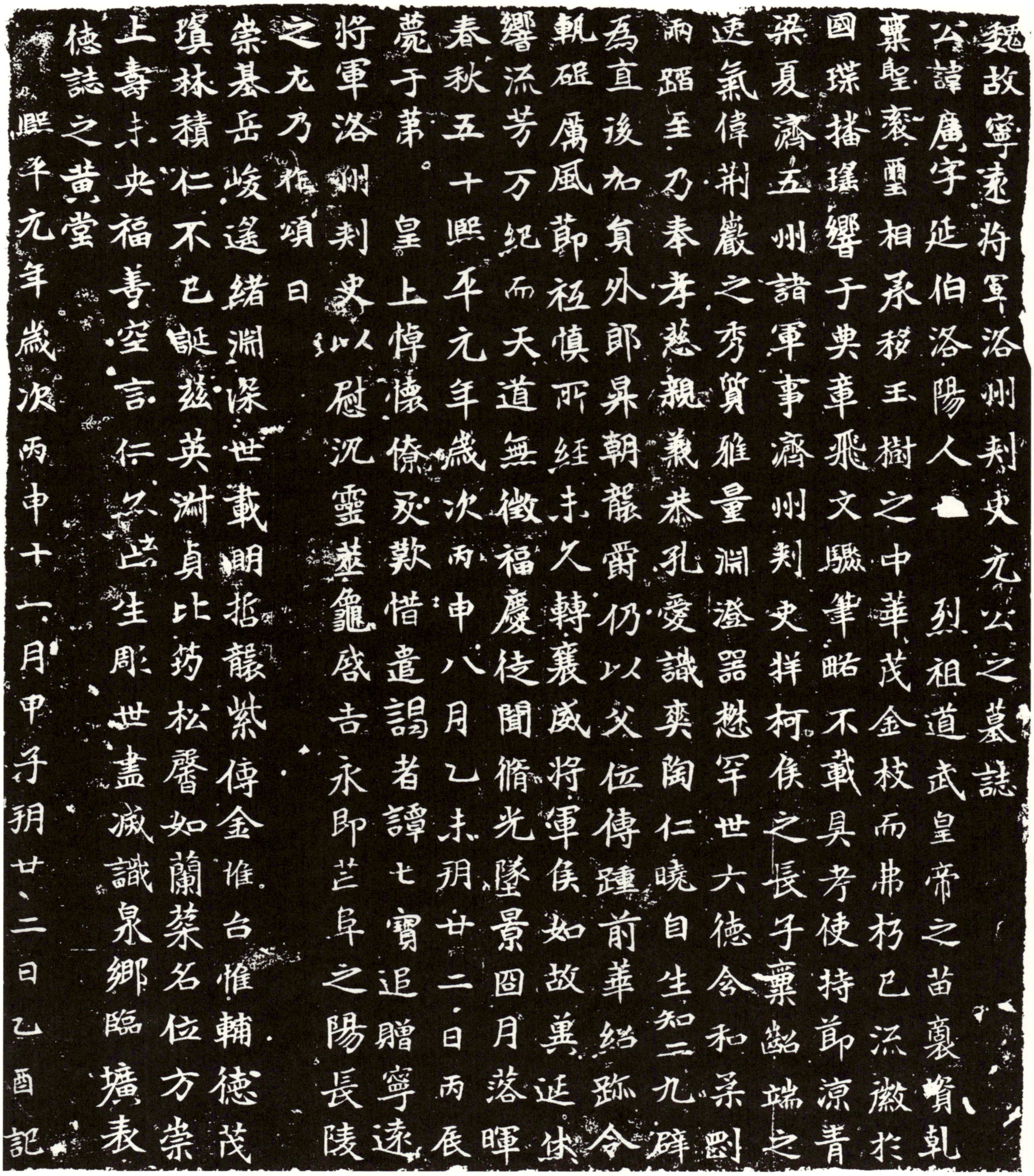
魏故寧遠将軍洛州刺史元公之墓誌
公諱廣字延伯洛陽人 烈祖道武皇帝之苗裔資乹
稟聖襲璽相承稱王樹之中華茂金枝而弗朽已流徽於
國瑹播瑤響于典章飛文驟筆略不載具考使持節涼青
梁夏濟五州諸軍事濟州刺史牂柯侯之長子稟懿端之
逸氣偉荊巖之秀質雅量淵澄器懋罕世六德含和柔剛
而蹈至乃奉孝慈親兼恭孔愛識奐陶仁曉自生知二九辟
為直後加員外郎昇朝黼爵仍以父位傳踵前華紹跡令
軌砥厲風節祗慎所經未久轉襄威将軍侯如故冀延休
響流芳万紀而天道無徵福慶徒聞脩光墜景囧月落暉
春秋五十熙平元年歲次丙申八月乙未朔廿二日丙辰
薨于苐 皇上悼懷僚叐歎惜遣謁者譚七寶追贈寧遠
将軍洛州刺史以慰沉靈旐龜啓吉永即芒阜之陽長陵
之左乃作頌曰
崇基岳峻遂緒淵深世載朗哲龍紫傳金 惟台惟輔德茂
瓊林積仁不已誕茲英淵貞比筠松馨如蘭菊名位方崇
上壽未央福善空言仁不生彫世盡滅識泉鄉臨壙表
德誌之黃堂
熙平元年歲次丙申十一月甲子朔廿二日乙酉記

一一六 魏故寧遠将軍洛州刺史元公【廣】之墓誌

熙平元年（516）八月二十二日卒，同年十一月二十二日葬。誌文19行，滿行22字，楷書。誌石高56釐米，寬48.4釐米，河南洛陽出土。

【释文】

公諱廣，字延伯，洛陽人也。烈祖道武皇帝之苗裔。資乾稟聖，究璽相承，移玉樹之中華，茂金枝而弗朽。已流徽於國（璞）［牒］，播瑶響于典章。飛文驟筆，略不載具。考使持節、涼青梁夏濟五州諸軍事、濟州刺史、牂柯侯之長子。稟齠端之逸氣，偉荆巖之秀質，雅量淵澄，器懋罕世，六德含和，柔剛兩蹈。至乃奉孝慈親，義恭孔愛，識爽陶仁，曉自生知。二九辟為直後，加員外郎。昇朝襲爵，仍以父位，傳踵前華，紹跡令軌，砥厲風節，祗慎所經。未久，轉襄威将軍，侯如故。冀延休響，流芳万紀，而天道無徵，福慶徒聞，脩光墜景，同月落暉，春秋五十，熙平元年歲次丙申八月乙未朔廿二日丙辰，薨于第。皇上悼懷，僚及歎惜，遣謁者譚七寶，追贈寧遠将軍、洛州刺史，以慰沉靈。筮龜啟吉，永即芒阜之陽，長陵之左。乃作頌曰：

崇基岳峻，遥緒淵深。世載明哲，襲紫傳金。惟台惟輔，德茂瓊林。積仁不已，誕兹英淑。貞比筠松，馨如蘭菊。名位方崇，上壽未央。福善空言，仁亦云亡。生彫世盡，滅識泉鄉。臨壙表德，誌之黄堂。

熙平元年歲次丙申十一月甲子朔廿二日乙酉記。

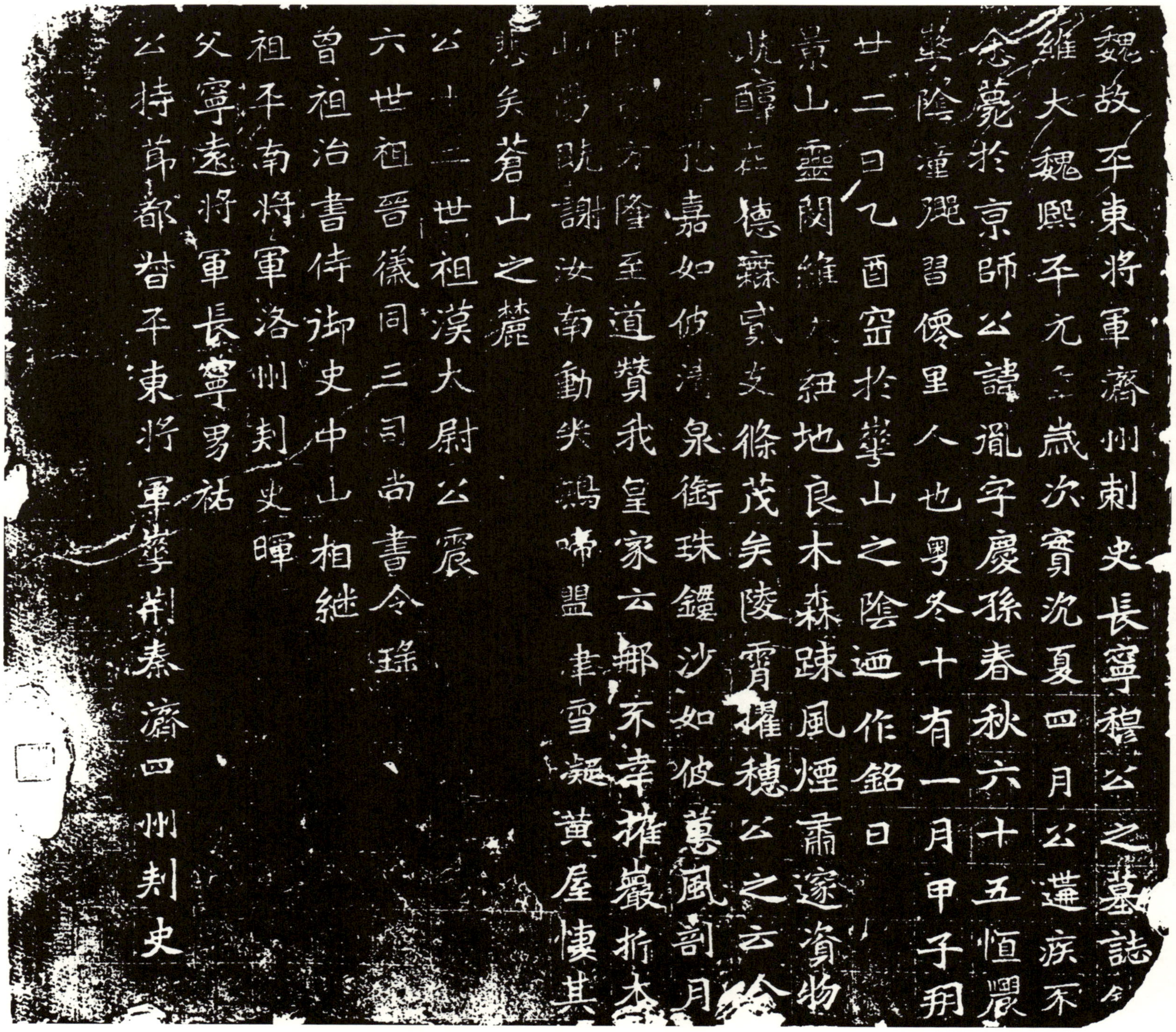
魏故平東將軍濟州刺史長寧穆公之墓誌
維大魏熙平元年歲次實沈夏四月公遘疾不
念薨於京師公諱胤字慶孫春秋六十五恒農
華陰潼鄉習僊里人也粤冬十有一月甲子朔
廿二日乙酉窆於華山之陰迺作銘曰
景山靈閟維岳紐地良木森疎風煙肅邃資物
既醇在德彌貳文條茂矣陵霄擢穗公之云[illegible]
[illegible][illegible]花嘉如彼清泉銜珠鏤沙如彼蕙風韵月
門[illegible]方隆至道贊我皇家云胡不幸摧巖折木
山[illegible]既謝汝南勳矣鴻啼盟聿雪凝黃屋悽其
悲矣蒼山之麓
公十二世祖漢大尉公震
六世祖晉儀同三司尚書令瑤
曾祖治書侍御史中山相繼
祖平南將軍洛州刺史暉
父寧遠將軍長寧男祐
公持節都督平東將軍華荊秦濟四州刺史

一一七 魏故平東将軍濟州刺史長寧穆公【楊胤】之墓誌銘

北魏熙平元年（516）十一月二十二日葬。

誌文17行，滿行18字，楷書。誌石高45釐米，寬49釐米，陝西華陰出土。

【释文】

維大魏熙平元年歲次實沉夏四月，公遘疾不愈，薨於京師。公諱胤，字慶孫，春秋六十五，恒農華陰潼[足比]習僊里人也。粤冬十有一月甲子朔廿二日乙酉窆於華山之陰。迺作銘曰：

景山靈閟，維天紐地，良木森踈，風煙肅邃。資物既醇，在德森貳，支條茂矣，陵霄擢穗。公之云令，德音孔嘉，如彼清泉，銜珠鏤沙。如彼蕙風，剖月開霞，方隆至道，贊我皇家。云那不幸，摧巖折木，山陽既謝，汝南動哭。鴻啼盟津，雪凝黄屋，悽其悲矣，蒼山之麓。

公十二世祖漢太尉公震，六世祖晉儀同三司、尚書令瑶，曾祖治書侍御史、中山相繼，祖平南将軍、洛州刺史暉，父寧遠将軍、長寧男祐。公持節、都督、平東将軍、華荆秦濟四州刺史。

二一八 高阿逯殘磚誌

北魏熙平二年（517）二月九日葬。誌文3行，行字數不等，楷書。磚高20釐米，寬17釐米，出土地不詳。

【释文】

熙平二年二月九日……凌坊中高阿逯……銘。

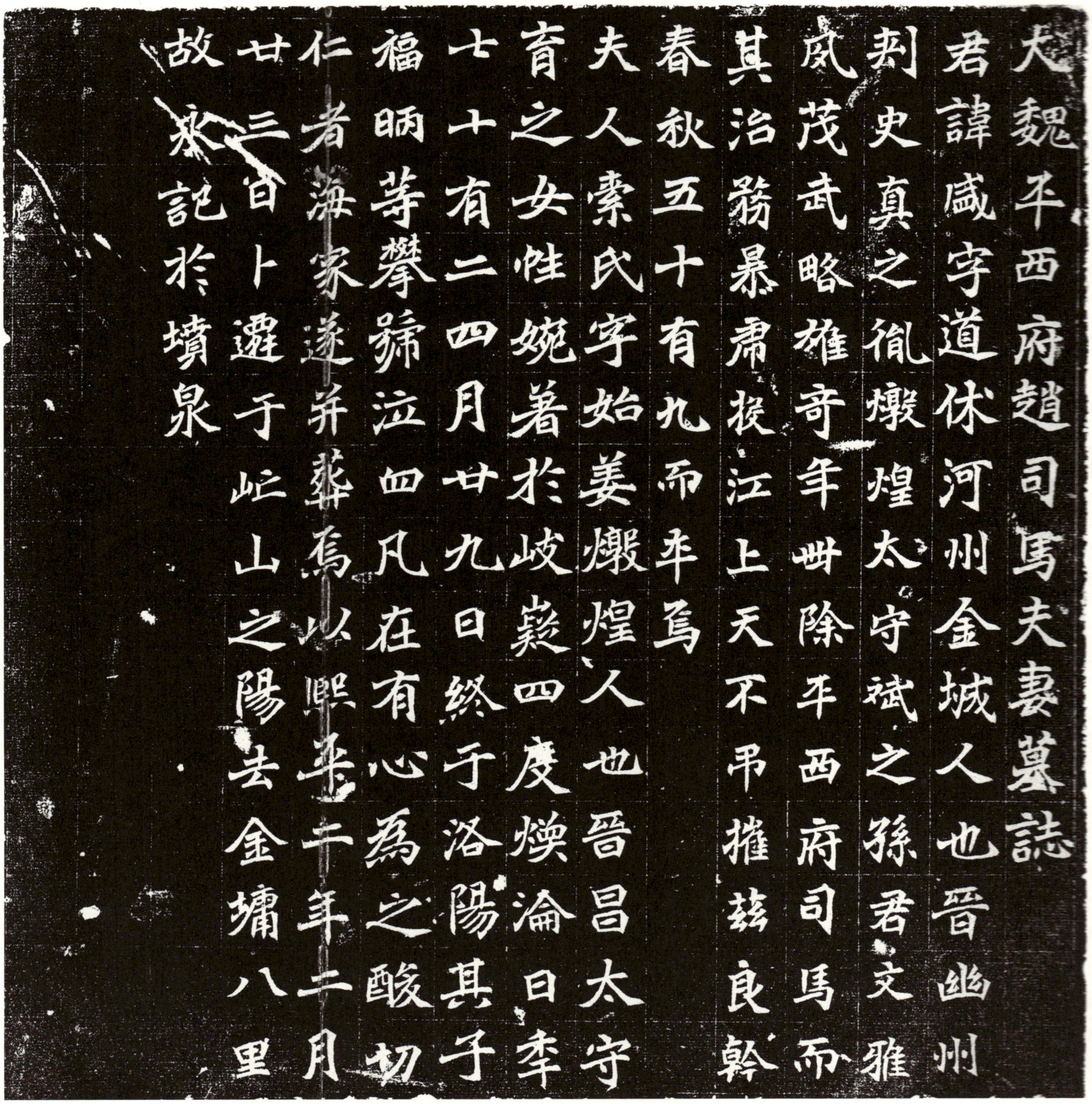
大魏平西府趙司馬夫妻墓誌
君諱盛字道休河州金城人也晉幽州
刺史真之胤燉煌太守斌之孫君文雅
風茂武略雄奇年卅除平西府司馬而
其治務暴肅授江上天不弔摧茲良幹
春秋五十有九而卒焉
夫人索氏字始姜燉煌人也晉昌太守
育之女性婉著於岐嶷四度煥淪日季
七十有二四月廿九日終于洛陽其子
福晒等攀號泣血凡在有心爲之酸切
仁者海家遂并葬爲以熙平二年二月
廿三日卜遷于芒山之陽去金墉八里
故來記於墳泉

一一九 大魏平西府趙司馬【盛】夫妻墓誌

熙平二年（517）二月廿三日葬。誌文13行，滿行15字，楷書。誌石高38釐米、寬38釐米，河南洛陽出土。

【释文】

君諱盛，字道休，河州金城人也，晉幽州刺史真之胤，敦煌太守斌之孫。君文雅夙茂，武略雄奇。年卌，除平西府司馬，而其治務暴虎投江。上天不弔，摧茲良幹，春秋五十有九而卒焉。夫人索氏，字始姜，燉煌人也。晉昌太守育之女，性婉着於岐嶷，四度煥淪。曰季七十有二，四月廿九日終于洛陽。其子福眪等攀號泣血，凡在有心，為之酸切。仁者海家，遂并葬焉，以熙平二年二月廿三日，卜遷于邙山之陽，去金墉八里。故永記於墳泉。

魏故侍中太保領司徒公廣平王姓元諱懷字宣義
河南洛陽乘軒里人顯祖獻文皇帝之孫高祖孝文
皇帝之第四子世宗宣武皇帝之母弟 皇上之叔
父也體乹坤之叡性承日月之貞暉比德蘭玉操邁
松竹延愛二皇寵結三世姿文挺武苞仁韞哲量
高山岳道協風雲周之魯衛在漢閒平未足稱美於
前代矣享年不永春秋卅熙平二年三月廿六日丁
亥薨追崇使持節假黃鉞都督中外諸軍事太師領
太尉公侍中王如故顯以殊禮備物九錫謚曰武穆
禮也及葬 皇太后輿駕親臨百官赴會秋八月廿
日窆于西郊之兆懼陵谷易位市朝或侵墳堂有改
金石無虧敬勒誌銘樹之泉闥其頌曰
老尚蘭嘿孔貴雅言於穆懿王體素心閑德秀時英
器允宗賢戩仁作保履義居蕃忠冠朝首寵表咸先
勳覬未半背世茂年生榮殁哀休光永延刊美瑤牒
祏告幽玄

二一〇 元懷墓誌

熙平二年（517）三月廿六日卒，同年八月二十日葬。

誌文16行，滿行20字，楷書。誌石高82.3釐米，寬80.2釐米，河南洛陽出土。

【释文】

魏故侍中、太保、領司徒公、廣平王姓元，諱懷，字宣義，河南洛陽乘軒里人。顯祖獻文皇帝之孫，高祖孝文皇帝之第四子，世宗宣武皇帝之母弟，皇上之叔父也。體乾坤之叡性，承日月之貞暉，比德蘭玉，操邁松竹，延愛二皇，寵結三世。姿文挺武，苞仁韞哲，量高山岳，道協風雲。周之魯衛，在漢間平，未足稱美於前代矣。享年不永，春秋卅，熙平二年三月廿六日丁亥薨。追崇使持節、假黃鉞、都督中外諸軍事、太師、領太尉公、侍中，王如故。顯以殊禮，備物九錫。謚曰武穆，禮也。及葬，皇太后輿駕親臨，百官赴會。秋八月廿日窆于西郊之兆。懼陵谷易位，市朝或侵，壙堂有改，金石無虧，敬勒誌銘，樹之泉闥。其頌曰：

老尚簡嘿，孔貴雅言；於穆懿王，體素心閑。德秀時英，器允宗賢；踐仁作保，履義居蕃。忠冠朝首，寵表戚先；勳規未半，背世茂年。生榮歿哀，休光永延；刊美瑶牒，祇告幽玄。

魏故侍中鎮北大將軍定州刺史松滋成公元君墓誌銘
使持節散騎常侍都督雍州關西諸軍事安西將軍雍州刺史松滋
公姓元諱萇字於巔河南洛陽宣平鄉永智里人也
太祖平文皇帝六世孫高涼王之玄孫使持節散騎常侍征南將軍
肆州刺史襄陽公之孫使持節羽真輔國將軍幽州刺史松滋公之
世子也皇興二年名補大姓內三郎自龍爵松滋公歷鎮遠將軍太
和十二年代都平城改俟懃曹創立司州拜建威將軍畿內高柳太
守俄遷輔國將軍北京代尹十六年蠕蠕犯塞以本官假節征虜將
軍北征西道別將十七年皇宇徙構遷洛之始留公後事鎮衛代都
授持節平北將軍攝撫燕方仍持節本將軍懷朔鎮都大將廿一年
高祖孝文皇帝南討江揚從駕前驅董帥前軍北討高車東征奚寇
二道都將景明元年營構太極都將持節鎮遠將軍撫冥鎮都大將
持節輔國將軍都督南征梁城壽春之鍾離太中大夫兼太常卿散
騎常侍使持節撫慰北蕃三州七鎮新附蠕蠕銜命北巡大使使持
節都督恒州諸軍事征虜將軍恒州刺史北中郎將帶河內太守永
平中河南尹河南邑中正侍中度支尚書詮量鮮卑姓族四大中正
使持節散騎常侍都督關西諸軍事安西將軍雍州刺史公歷奉五
帝內任腹心外藩維扞如何遘疾台華風掩延昌四年歲在乙未秋
七月壬寅朔十有一日壬子薨于位春秋五十有八冊贈使持節侍
中鎮北大將軍定州刺史朝議安民立政謚曰成公熙平二年歲次
丁酉二月壬辰朔廿九日庚申窆于河內軹縣嶺山之白楊鄔誌曰
天監魏籙神固帝族載挺雄英式照金玉逸性霞褰烈氣霜爛孝睦
絕倫忠貞冠俗自家形國秉律維城三翊皇甸再尹神京外緝端揆
內燮樞局功崖地義智濟天經政委良牧治在振民作鎮開輔垂化
舊秦清明照日威猛凝神德音唯永暉光載新善績方融甘泉且竭
亭夏摧梁先秋落月存名既易追寵已發金石可誌聲明不歇

二三 魏故侍中鎮北大將軍定州刺史松滋成公元君【萇】墓誌銘

延昌四年（515）七月十一日卒，熙平二年（517）二月二十九日葬。

誌文 26 行，滿行 26 字，魏碑體。誌石高 79 釐米、寬 79 釐米，河南濟源出土。

【释文】

使持節、散騎常侍、都督雍州關西諸軍事、安西将軍、雍州刺史、松滋公姓元，諱萇，字於巔，河南洛陽宣平鄉永智里人也。太祖平文皇帝六世孫，高涼王之玄孫，使持節、散騎常侍、征南将軍、肆州刺史、襄陽公之孫，使持節、羽真輔國将軍、幽州刺史、松滋公之世子也。皇興二年，名補大姓内三郎，自襲爵松滋公，歷鎮遠将軍。太和十二年，代都平城，改侯勳曹，創立司州，拜建威将軍、畿内高柳太守。俄遷輔國将軍、北京代尹。十六年，蠕蠕犯塞，以本官假節征虜将軍、北征西道别将。十七年，皇宇從構，遷洛之始，留公後事鎮衛代都，授持節、平北将軍，攝摠燕方，仍持節本将軍、懷朔鎮都大将。廿一年，高祖孝文皇帝南討江揚，從駕前駈，董帥前軍，北討高車，東征奚寇，二道都将。景明元年，營構太極都将、持節鎮遠将軍、撫寘鎮都大将、持節輔國将軍，都督南征梁城壽春之鍾離，太中大夫、兼太常卿、散騎常侍，使持節撫慰北相三州七鎮，新附蠕蠕，銜命北巡大使、使持節都督恒州諸軍事、征虜将軍、恒州刺史、北中郎将，帶河内太守。永平中，河南尹、河南邑中正、侍中、度支尚書，詮量鮮卑姓族四大中正，使持節、散騎常侍、都督關西諸軍事、安西将軍、雍州刺史。公歷奉五帝，内任腹心，外藩維扞，如何遘疾，台華夙掩。延昌四年歲在乙未秋七月壬寅朔十有一日壬子薨于位，春秋五十有八。冊贈使持節、侍中、鎮北大将軍、定州刺史，朝議安民立政，謚曰成公。熙平二年歲次丁酉二月壬辰朔廿九日庚申，窆于河内軹縣嶺山之白楊焉。誌曰：

天監魏録，神固帝族。載挺雄英，式照金玉。逸性霞褰，烈氣霜燭。孝睦絶倫，忠貞冠俗。自家形國，秉律維城。三翊皇甸，再尹神京。外緝端揆，内變樞局。功匡地義，智濟天經。政委良牧，治在振民。作鎮關輔，垂化舊秦。清明照日，威猛凝神。德音唯永，暉光載新。善績方融，甘泉且竭。亭夏摧梁，先秋落月。存名既易，追寵已發。金石可誌，聲明不歇。

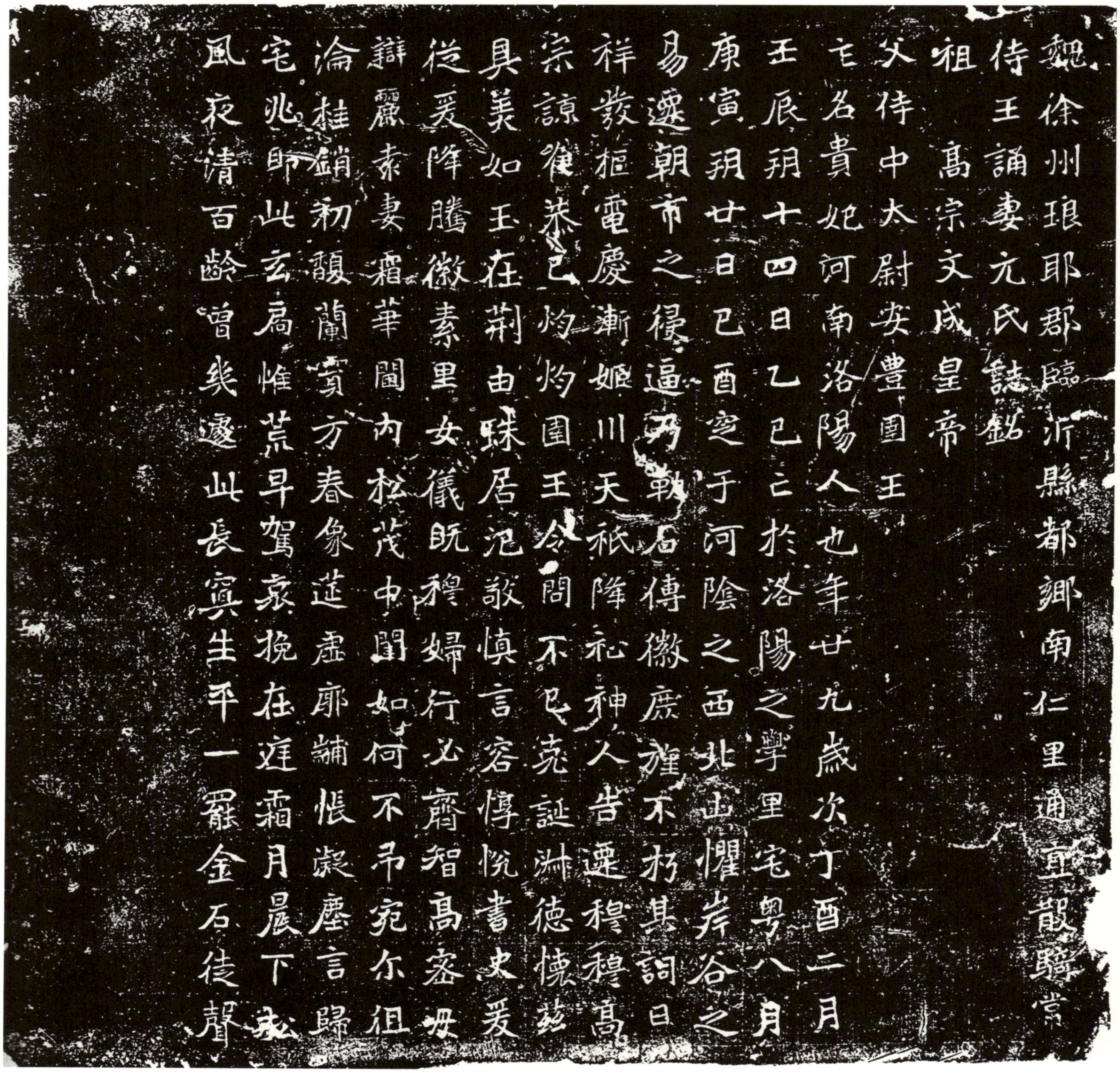
魏徐州琅耶郡臨沂縣都鄉南仁里通直散騎常
侍王誦妻元氏誌銘
祖 高宗文成皇帝
父侍中太尉安豐國王
乜名貴妃河南洛陽人也年廿九歲次丁酉二月
壬辰朔十四日乙巳亡於洛陽之學里宅粤八月
庚寅朔廿日己酉窆于河陰之西北山懼岸谷之
易遷朝市之侵逼乃載石傳徽庶旌不朽其詞曰
祥發樞電慶漸姬川天祇降祉神人告遷穆穆高
宗諒徽恭己灼灼國王令問不已堯誕淑德懷慈
具美如玉在荊由珠居泥敬慎言容惇悅書史爰
從爰降媵徽素里女儀既穆婦行必齊智高塞母
辯儷素妻霜華閨內松茂中聞如何不吊宛尒徂
淪桂銷初馥蘭實方春象蓮虛廊舖帳凝塵言歸
宅兆卽此玄扃惟荒早駕哀挽在途霜月晨下悲
風夜清百齡曾幾遽此長冥生平一罷金石徒聲

一二三 魏徐州琅耶郡臨沂縣都鄉南仁里通直散騎常侍王誦妻元氏【貴妃】誌銘

熙平二年（517）二月十四日卒，同年八月二十日葬。

誌文16行，滿行19字，楷書。誌石高63釐米，寬63.5釐米，河南洛陽出土。

【释文】

祖高宗文成皇帝，父侍中、太尉、安豐國王。主名貴妃，河南洛陽人也。年廿九，歲次丁酉二月壬辰朔十四日乙巳，亡於洛陽之學里宅。粤八月庚寅朔廿日己酉，窆于河陰之西北山。懼岸谷之易遷，朝市之侵逼，乃勒石傳徽，庶旌不朽。其詞曰：

祥發極電，慶漸姬川。天祇降祉，神人告遷。穆穆高宗，諒唯恭己。灼灼國王，令問不已。克誕淑德，懷兹具美。如玉在荆，由珠居氾。敬慎言容，惇悦書史。爰從爰降，騰徽素里。女儀既穆，婦行必齊。智高密母，辯麗袁妻。霜華閫内，松茂中閨。如何不弔，宛尔徂淪。桂銷初馥，蘭實方春。象筵虚廓，黻帳凝塵。言歸宅兆，即此玄扃。惟荒早駕，哀挽在庭。霜月晨下，松風夜清。百齡曾幾，遽此長冥。生平一罷，金石徒聲。

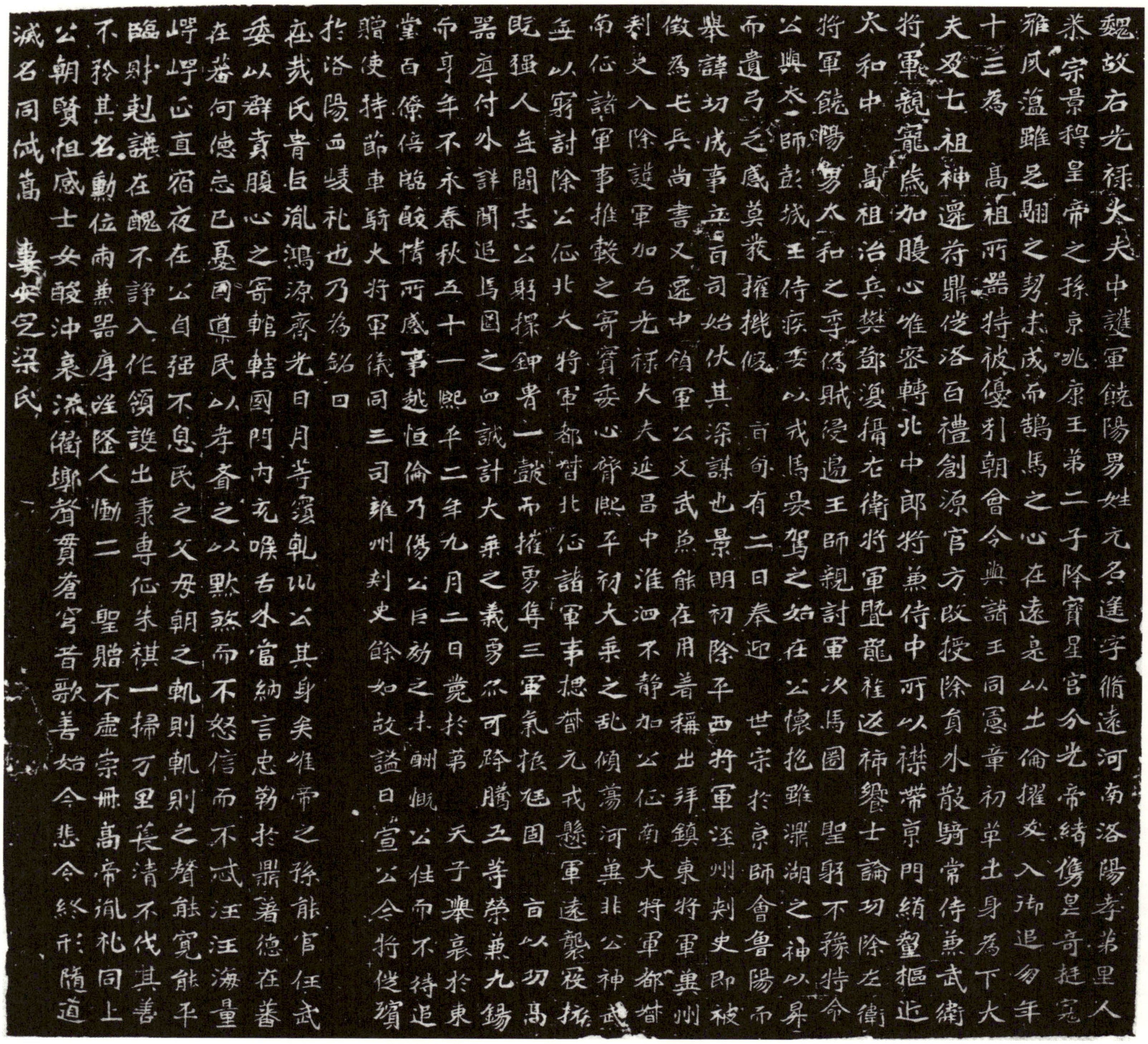
魏故右光祿大夫中護軍饒陽男姓元名遙字脩遠河南洛陽孝弟里人
恭宗景穆皇帝之孫京兆康王第二子降寶星宮分光帝緒傳是奇挺冠
雅風澄雖足翮之勢未成而鵠馬之心在遠是以土倫擢秀入御追匆年
十三為高祖所器特被優引朝會令與諸王同憲章初革出身為下大
夫及七祖神遷府鼎從洛百禮創源官方改授除員外散騎常侍兼武衛
將軍親寵歲加腹心唯密轉北中郎將兼侍中所以襟帶京門綰聲樞近
太和中　高祖治兵樊鄧復攝左衛將軍暨龍旌返旆饗士論功除左衛
將軍饒陽男太和之季僞賊侵邊王師親討軍次馬圈　聖躬不豫特令
公與太師彭城王侍疾委以戎馬晏駕之始在公懷抱雖瀍湖之神以昇
而遺弓之感莫發擁機促　百旬有二日奉迎　世宗於京師會魯陽而
舉諱功成事立百司始伏其深謀也景明初除平西將軍涇州刺史即被
徵為七兵尚書又遷中領軍公文武兼能在用著稱出拜鎮東將軍冀州
刺史入除護軍加右光祿大夫延昌中淮泗不靜加公征南大將軍都督
南征諸軍事推轂之寄實委心膂熙平初大乘之亂傾蕩河冀非公神武
無以窮討除公征北大將軍都督北征諸軍事揔督元戎懸軍遠襲殄拔
既強人無闘志公躬擐鉀胄一鼓而摧勇奪三軍氣振凶圖旨以功高
器厚付外詳聞退焉圖之西誠計大乘之義勇尒可跨騰五等榮兼九錫
而享年不永春秋五十一熙平二年九月二日薨於第　天子舉哀於東
堂百僚倍臨酸情所感事越恒倫乃傷公巨勳之未酬慨公住而不待追
贈使持節車騎大將軍儀同三司雍州刺史餘如故謚曰宣公令將從窆
於洛陽西崚禮也乃為銘曰
在哉氏胄巨胤鴻源齊光日月等靈乾坤公其身矣唯帝之孫能官任武
委以群責腹心之寄轄轄國門內充喉舌外當納言忠勤於鼎著德在蕃
在蕃何德忘己憂國寧民以孝畜之以默然而不怒信而不忒汪汪海量
峄峄心直宿夜在公自強不息民之父母朝之軌則軌則之贊能寬能平
臨財克讓在醜不諍入作領護出秉專征朱祺一掃万里長清不伐其善
不矜其名勳位兩兼器厚塗隆人慟二　聖贈不虛崇冊高帝胤禮同上
公朝賢怛感士女酸沖衰流衢鄉贊貫蒼穹昔歌善始今悲令終形隨道
滅名同倏蒿　妻安定梁氏

一二三 元遥墓誌

熙平二年（517）九月二日卒。誌文29行，滿行28字，楷書。誌石高59.3釐米，寬60.8釐米，河南洛陽出土。

【释文】

魏故右光禄大夫、中護軍、饒陽男，姓元名遥，字脩遠，河南洛陽孝第里人。恭宗景穆皇帝之孫，京兆康王第二子。降寶星宫，分光帝緒，僑貌奇挺，寬雅夙蘊。雖足翩之勢未成，而鵠馬之心在遠。是以士倫擢友，入御追朋，年十三，為高祖所器，特被優引朝會，令與諸王同。憲章初革，出身為下大夫。及七祖神遷，符鼎徙洛，百禮創源，官方改授，除員外散騎常侍、兼武衛将軍。親寵歲加，腹心唯密，轉北中郎将、兼侍中。所以襟帶京門，緝釐樞近。太和中，高祖治兵樊鄧，復攝左衛将軍。暨龍旌返旆，饗士論功，除左衛将軍、饒陽男。太和之季，僞賊侵邊，王師親討，軍次馬圈。聖躬不豫，特命公與太師彭城王侍疾，委以戎馬。晏駕之始，在公懷抱。雖鼎湖之神以昇，而遺弓之感莫發。權機假旨，旬有二日，奉迎世宗於京師，會魯陽而舉諱，功成事立，百司始伏其深謀也。景明初，除平西将軍、涇州刺史。即被徵為七兵尚書，又遷中領軍。公文武兼能，在用著稱，出拜鎮東将軍、冀州刺史，入除護軍、加右光禄大夫。延昌中淮泗不静，加公征南大将軍、都督南征諸軍事。推轂之寄，實委心膂。熙平初，大乘之亂，傾蕩河冀，非公神武，無以窮討，除公征北大将軍、都督北征諸軍事，揔督元戎，懸軍遠襲。寇旅既强，人無鬥志。公躬擐鉀冑，一鼓而摧，勇奪三軍，氣振尫固。旨以功高器厚，付外詳聞，追馬圈之血誠，計大乘之義勇，亦可跨騰五等，榮兼九錫。而享年不永，春秋五十一，熙平二年九月二日薨於第。天子舉哀於東堂，百僚倍臨，酸情所感，事越恒倫。乃傷公巨效之未酬，慨公往而不待，追贈使持節、車騎大将軍、儀同三司、雍州刺史，餘如故。謚曰宣公。今将徙殯於洛陽西陵，礼也。乃為銘曰：

莊哉氏冑，巨胤鴻源。齊光日月，等覆乾巛。公其身矣，唯帝之孫。能官任武，委以群責。腹心之寄，輨轄國門。内充喉舌，外當納言。忠勒於鼎，著德在蕃。在蕃何德，忘己憂國。導民以孝，齊之以默。煞而不怒，信而不忒。汪汪海量，崿崿正直。宿夜在公，自强不息。民之父母，朝之軌則。軌則之聲，能寬能平。臨財剋讓，在醜不諍。入作領護，出秉專征。朱祺一掃，万里長清。不伐其善，不矜其名。勳位兩兼，器厚望隆。人慟二聖，贈不虚崇。册高帝胤，礼同上公。朝賢怛感，士女酸沖。哀流衢墎，聲貫蒼穹。昔歌善始，今悲令終。形隨道滅，名同岱嵩。妻安定梁氏。

一二四 元新成妃李氏墓誌

熙平二年（517）十月二日卒，同年十一月二十八日葬。誌文30行，滿行25字，楷書。誌石高73釐米，寬77釐米，河南洛陽出土。

【释文】

太妃李氏，頓丘衛國人也。魏故使持節、大将軍、陽平幽王之妃，使持節衛大将軍，青定二州刺史、陽平惠王之母。鴻基肇於軒轅，寶冑啟於伯陽，哲人之後，弈葉官華，龜玉相承，重光不絕。祖賢，晉南頓太守，神鑒朗悟，知名往朝。父超，宋龍驤将軍、哲縣侯。風德高邁，見重劉主。太妃稟婺光之淑靈，陶湘川之妙氣，生而端嶷，幼則貞華，睿性自高，神衿孤遠。風儀容豫，比素月而共暉；蘭姿炤灼，擬芳煙而等映。柔湛内恭，温明外發，凝然若雲，潔然如玉。若夫汪汪沖操，狀驪淵而獨邃；英英瑶質，似和璧而起照。志量寬明，性度方雅，顧史自脩，問道鍼闕。五礼既融，四德兼朗，九族稱其貞淑，邦黨敬其風華。於是，鳴鳩延娉，玉帛盈門，就百兩之盛儀，居層欅以作配。太妃遂内執恭謙，外秉礼憲，慕關雎之高範，遵雞鳴之鴻軌。柔裕以奉上，慈順以接下。發言必也清穆，舉動其於令則。湛如淥泉之發浦，皎若明月如昇漢。婦德徽於大邦，母儀光於蕃國。四育寶璋，道映當世，奉時之績，鴻册流芬。故廟堂慶其誕載，王業賴其作輔。烈岳之胤，太妃其有焉。太妃慈惠為心，聡令為德，嚴而易奉，和而難悦，恭己以政人，尅躬以齊物，儉不侵礼，華不損詁。雖榮貴弥隆，而志操不俞。歡恚弗形於顏，憍矜莫現於色。聽其聲，則無鄙悋之心；覩其容，則失傲慢之志。故能長幼剋諧，小大斯穆。至於孝慕仁厚之感，慈明恭允之量，垂衿汎愛之道，温柔和裕之至，信可以踵武大姜，繼軌任氏者矣。天不報善，殲此仁淑。春秋八十，熙平二年歲次大梁十月己丑朔二日庚寅，寢疾薨於第。朝野悲惻于上，雲宗痛慕于下，凡在有懷，莫不摧惋。粤十一月戊午朔廿八日癸未，窆于洛陽之西陵。夜宫無曉，晨光長絶，啚淑德於清泉，刊無朽於玄石。乃作銘曰：

舒宫降彩，婺光垂曜；若妃誕載，神儀挺妙。剋令剋聡，以仁以孝；貞華内朗，德音外照。雲姿窈窕，容礼堂堂；於穆仁妃，作配君王。温恭有則，閑裕有章；徽聲夙振，青風載揚。皎皎玉問，穆穆淵情；談玄簡妙，雅論飛聲。如彼泉流，弥潔弥清；如彼琳瑯，俞久俞貞。報善未徵，雲儀奄烈；浩月沉天，白雲空結。思鳥啼霜，悲風舞雪；追慕餘芳，痛此長絶。

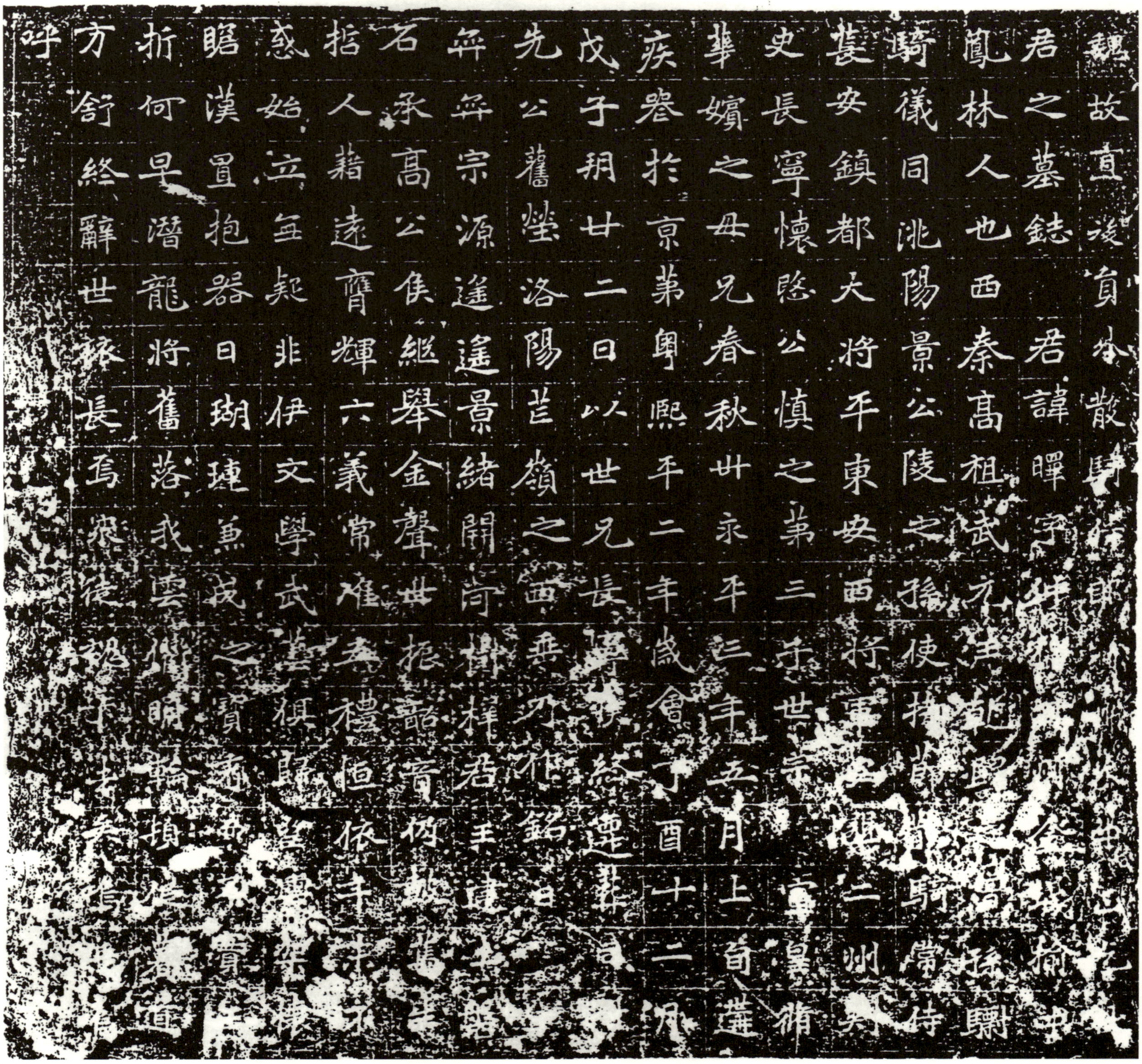

一二五 魏故直後員外散騎侍郎□□大中正乞伏君【暐】之墓誌

永平三年（510）五月卒，熙平二年（517）十二月二十二日葬。

誌文18行，滿行17字，楷書。誌石高43.5釐米、寬44.5釐米，河南洛陽孟津出土。

【释文】

君諱曄，字仲穆，□州□城揄中鳳林人也。西秦高祖武元王朝歸之曾孫；驃騎、儀同、洮陽景公陵之孫；使持節、散騎常侍、長安鎮都大将、平東安西将軍、□幽二州刺史、長寧懷愍公慎之第三子；世宗宣皇脩華嬪之母兄。春秋卅，永平三年五月上旬遘疾，喪於京第。粤熙平二年歲會丁酉十二月戊子朔廿二日，以世兄長寧侯，終遷葬同□先公舊塋洛陽芒嶺之西垂。乃作銘曰：

弈弈宗源，遥遥景緒。開河樹梓，君王建土。磐石承高，公侯繼舉。金聲世振，韶音仍鼓。篤生哲人，籍遠膺輝。六義常准，五禮恒依。年未不惑，始立無疑。非伊文學，武藝俱歸。望□架懷，瞻漢置抱。器曰瑚璉，兼成之寶。遠而不實，□折何早。潜龍将舊，落我雲衢。明輪頓促，□道方舒。終辭世旅，長焉衆徒。魂□者矣，□□□呼。

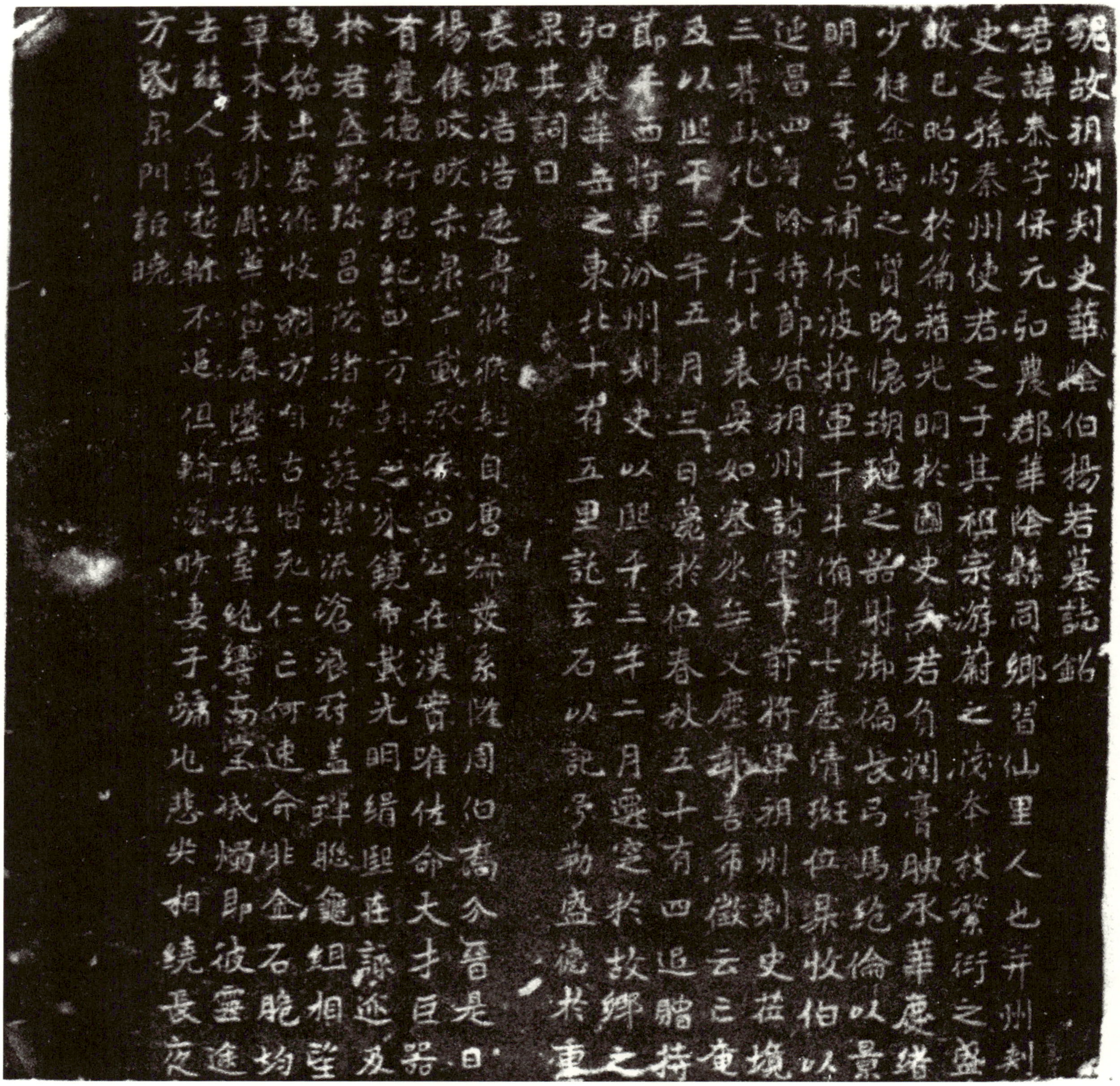

一二六 魏故朔州刺史華陰伯楊君【泰】墓誌銘

熙平二年（517）五月三日卒，熙平三年（518）二月葬。

誌文20行，滿行22字，楷書。誌石高65釐米、寬65釐米，陝西華陰出土。

【释文】

君諱泰，字保元，弘農郡華陰縣同鄉習仙里人也。并州刺史之孫、秦州使君之子。其祖宗游蔚之茂，本枝繁衍之盛，故已昭灼於篇籍，光明於圖史矣。君負潤膏腴，承華慶緒，少挺金璋之質，晚懷瑚璉之器，射御偏長，弓馬绝倫。以景明三年召補伏波将軍，千牛備身。七歷清班，位昇牧伯。以延昌四年，除持節、督朔州諸軍事、前将軍、朔州刺史。莅境三朞，政化大行。北表晏如，塞外無[乂]塵。報善希徵，云亡奄及，以熙平二年五月三日薨於位，春秋五十有四。追贈持節、平西将軍、汾州刺史。以熙平三年二月，遷窆於故鄉之弘農華岳之東北十有五里。託玄石以記号，勒盛德於重泉。其詞曰：

長源浩浩，遠胄攸攸；起自唐叔，發系隆周。伯喬分晉，是曰楊侯；皎皎赤泉，千載承流。四公在漢，實唯佐命；大才巨器，有覺德行。經紀四方，朝之外鏡；帝載光明，緝熙在詠。迩及于君，盛鄰弥昌；茂緒葳蕤，潔流滄浪。冠蓋蟬聯，龜组相望；鳴笳出塞，作牧朔方。自古皆死，仁亡何速；命非金石，脆均草木。未秋彫華，當春墜緑；瑶臺絕響，高堂滅燭。即彼靈途，去兹人道；逝軫不追，徂輪遂眇。妻子號兆，悲哭相繞；長夜方昏，泉門詎曉。

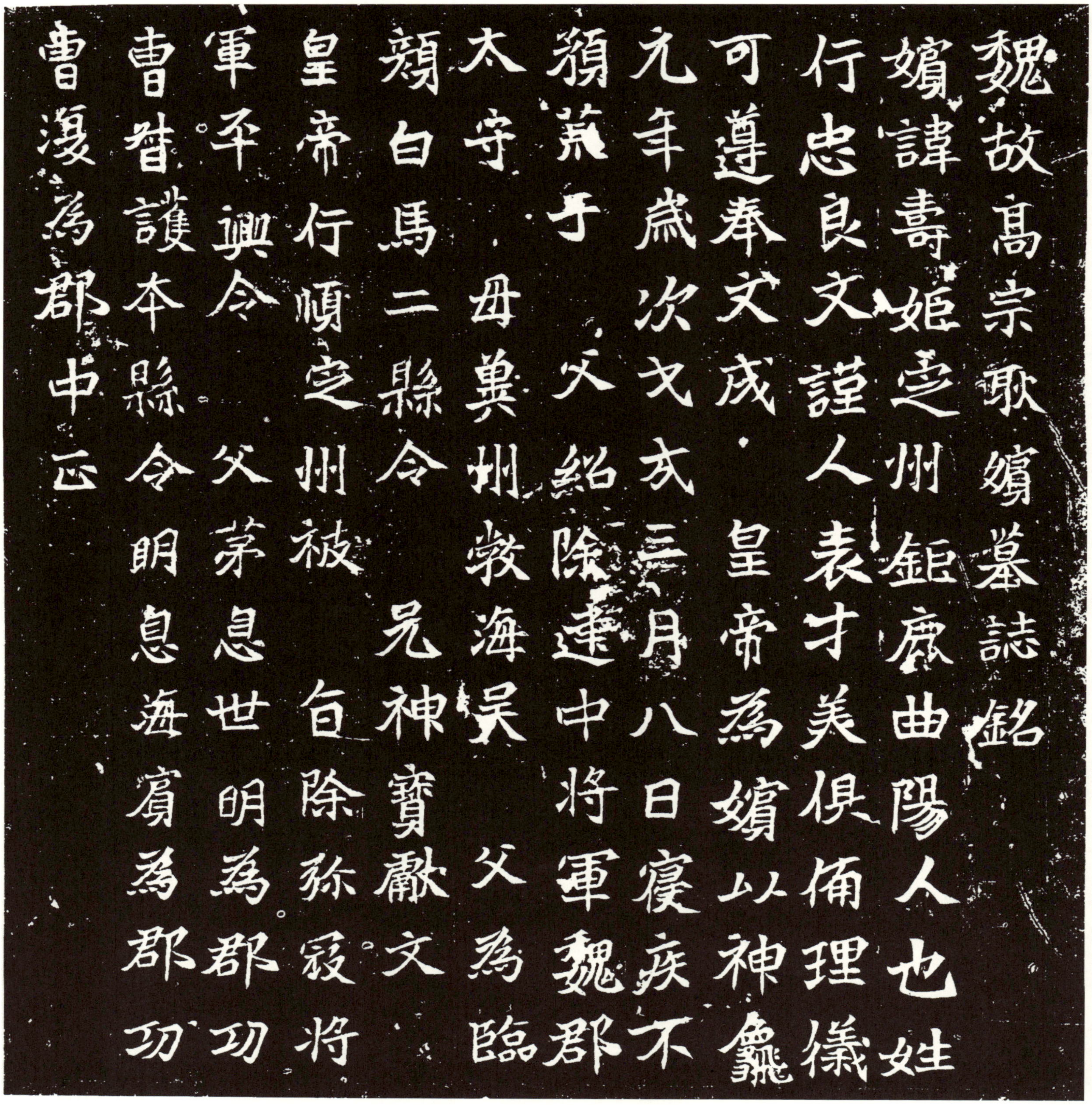

二二七 魏故高宗耿嬪【壽姬】墓誌銘

神龜元年（518）三月八日卒。誌文12行，滿行13字，楷書。誌石高36.2釐米，寬36.2釐米，河南洛陽出土。

【释文】

嬪諱壽姫，定州鉅鹿曲陽人也。姓行忠良，文謹人表，才美俱備，理儀可遵。奉文成皇帝為嬪。以神龜元年歲次戊戌三月八日，寝疾不預，荒于。父紹，除建中将軍、魏郡太守；母冀州勃海吴，父為臨顔、白馬二縣令。兄神寶，獻文皇帝行順定州，被旨除弥寇将軍、平輿令。父第息世明，為郡功曹、督護、本縣令；明息海賓，為郡功曹，復為郡中正。

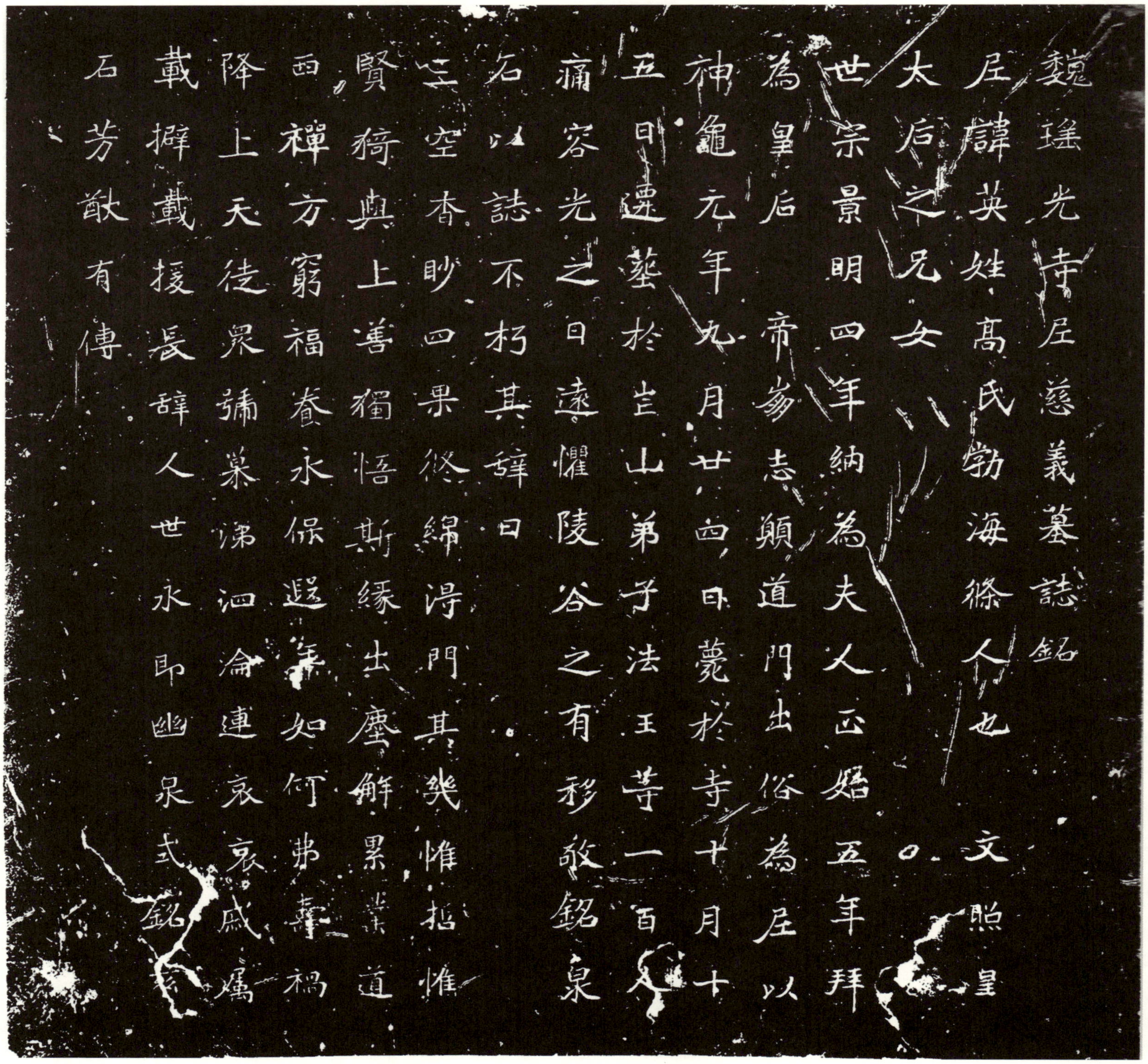

魏瑤光寺尼慈義墓誌銘
尼諱英姓高氏勃海絛人也 文昭皇
太后之兄女
世宗景明四年納為夫人正始五年拜
為皇后 帝崩志願道門出俗為尼以
神龜元年九月廿四日薨於寺十月十
五日遷葬於邙山第子法王等一百
痛容光之日遠懼陵谷之有移敬銘泉
石以誌不朽其辭曰
三空杳眇四果悠綿浮門其幾惟哲惟
賢猗歟上善獨悟斯緣出塵解累業道
西禪方窮福眷永保遐年如何弗壽禍
降上天徒衆號慕悽泗淪漣哀哀感屬
載擗載援長辭人世永即幽泉式銘
石芳猷有傳

一二八 魏瑤光寺尼慈義【高英】墓誌銘

神龜元年（518）九月二十四日卒，同年十月十五日葬。

誌文15行，滿行15字，楷書。誌石高83釐米，寬84.8釐米，河南洛陽出土。

【释文】

尼諱英，姓高氏，勃海條人也。文照皇太后之兄女。世宗景明四年納為夫人，正始五年拜為皇后。帝崩，志願道門，出俗為尼。以神龜元年九月廿四日薨於寺，十月十五日還葬於芒山。弟子、法王等一百人，痛容光之日遠，懼陵谷之有移，敬銘泉石，以誌不朽。其辞曰：

三空杳眇，四果攸綿；得門其幾，惟哲惟賢。猗與上善，獨悟斯緣；出塵解累，業道西禪。方窮福養，永保遐年；如何弗壽，禍降上天。徒衆號慕，涕泗淪連；哀哀戚屬，載擗載援。長辭人世，永即幽泉；式銘茲石，芳猷有傳。

一二九

李璖蘭墓誌

太和二十一年（497）十一月二十日卒，神龜元年（518）十二月九日遷葬。

誌文25行，滿行25字，楷書。誌石高57.3釐米，寬57.3釐米，河南洛陽出土。

【释文】

夫人姓李，諱璪蘭，冀州勃海郡條縣廣樂鄉新安里人也。漢膠西王太傅解之後。爰及魏氏，衣冠世襲。遠祖東夷，才華儁令，聲高晉室。高祖中庶，温良約儉，名重燕邦。祖陳留，勳節清劭。父功曹，光毗允稱，累葉承徽，風流不隧矣。夫人幼而聰悟，長弥謙順，諸姑尚其恭和，伯姊服其孝敬。自来儀君子，四德淵茂；逯事太夫人，曲盡婦肺道，造次靡違，巔沛必是。妙善女工，兼閑碎務。太夫人衣食服玩，躬自嘗製。蒸礿祠奠，親潔俎豆。信不以貴敖為心，每以卑慎在志。是以太夫人慈遇備隆，流愛特厚，在宗必詠，在家必聞。故能六戚仰其徽猷，五宗範其成行。慶緒遐綿，誕育家嗣。太和廿年，武昌王以宗室親勳，賞遇隆重，鏤龜分虎，出牧齊藩。贊治所憑，維捍是寄，妙簡良佐，帝難其人。以公器局沉隱，識學詳明，除公為長史，帶東魏郡。郡去夫人桑梓，經塗不過數百，河華之路匪遥，載馳之思餘遠。正以禮奉異門，抑情從義，違親累稔，積思成痾。雖憂戀内侵，未敢形諸言色。太夫人愍其孝至，聽暫歸寧，依善無效，春秋廿有六，太和廿一年十一月廿日，薨于新安里第。神龜元年歲次降婁十二月壬子朔九日庚申，遷配於洛陽北芒山之陽樂氏之里。風山裂石，寒壟悲雲，白楊長吟，泉下無聞。悼明珠之碎朗，傷孤蘭之奄芬。乃作銘曰：

景山降靈，宗海騰精。誕茲懋族，世載休明。太傅崇德，東夷樹聲。勳昭地緯，道穆乾經。篤生淑媛，秉心塞違。恪勤泛愛，捻孝兼慈。閑詳外順，柔静内怡。三從無爽，四德有歸。富能廣貸，儉獨善身。恭和厲夕，肅敬犯晨。行師六戚，藝範五姻。如萱秀夏，比蕙光春。積慶虚設，与福安在。傾景莫留，徂川不待。始露摧芳，未霜彫彩。歡促百年，悲長千載。逝彼北阜，將附南巒。帶山之陽，背河之干。松門風急，泉扃深寒。一隨地久，曉夜方難。式鐫斯石，傳美巖欑。

一三〇 魏故本郡功曹行高陽縣省兼郡丞寇君【憑】墓誌

神龜元年（518）七月二十六日卒，神龜二年（519）二月二十三日葬。

誌文24行，滿行20字，楷書。誌石高53.2釐米，寬64釐米，河南洛陽出土。

【释文】

君諱憑，字祖驎，上谷昌平人也。后稷之苗胤，周文之裔胄。氏族康叔，遠祖威侯，翼佐漢業。侍中光弼幃幄，華萼相承。暨于皇魏，安西将軍、秦州刺史、馮翊哀公之曾孫，安南将軍、領護南蠻校尉、雍州刺史、河南宣穆公之孫，假節驪驤将軍、幽郢二州使君、威公之第七子。君資慶於靈緒，禀氣于峻岳，秀逸超世，容豫自得。孝性曾参，志尚晏平，師心六藝，嘲論響應。美談笑，善草隸，文思其海，武乃幖穎。弱冠本郡功曹，休聲玉振，屈宰高陽。君以牛刀暫割，則弦歌誦路。太守遷州，朝議簡仁，君應其舉，遂省兼為丞。祇命暫莅，境不拾遺。年廿，忽丁重憂，君純孝自忠，毀過礼制，遂得冷疾，患逕十三年。善報無徵，殞此名哲。春秋卅四，神龜元年七月廿六日，奄殞于中京。葬洛陽都西廿里北芒上。臨終明朗，不忘德義。君孝第通神之至，款篤人倫之前，風高儁上之氣。僚友痛蘭桂之摧折，傷单弦之缺聽，寄泉壤以啚記，託幽堂以流咏。乃作銘頌：

古往來今，秀彦隨逝；英英奇子，超卓妙绝。志氣陵漢，冰巖潔雪；處群若鵠，皦然獨傑。弱冠玉振，将立弥仰；若彼暢松，騰雲万丈。曲肱衡門，耻為勳賞；守孝菌庭，永已流響。鳴呼彼倉，殲我良人；追痛泉宫，動彼倉旻。如可暫勉，人無愛身。

神龜二年歲在己亥二月辛亥朔廿三日癸酉，窆于大墓次。夫人，洛州刺史天水楊終敬之孫，征虜府司馬楊頁穆長女。

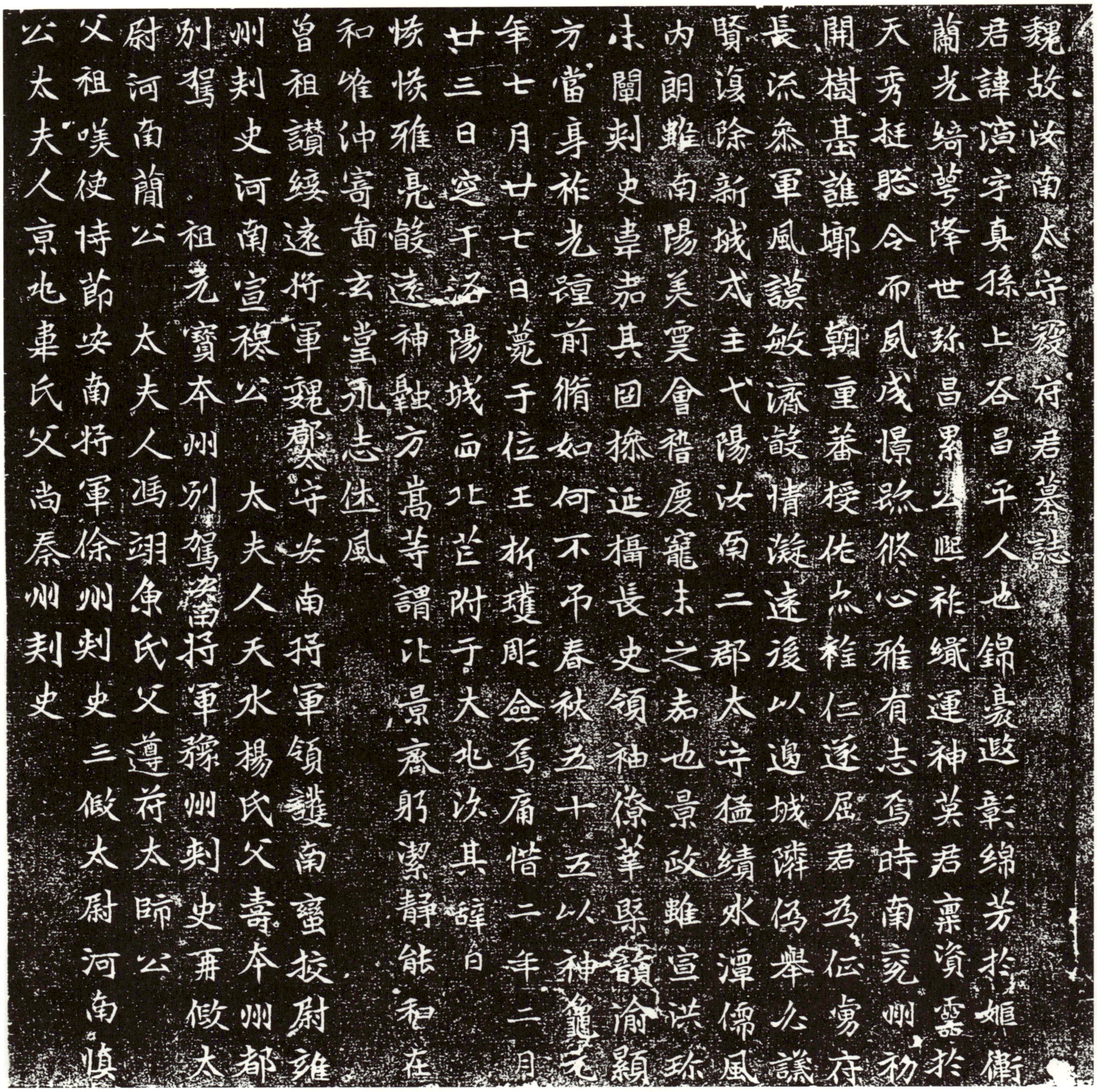

魏故汝南太守寇府君墓誌
君諱演字真孫上谷昌平人也錦裳返彰綿芳於姬衛
蘭光綺蕚降世孫昌累葉照於纖運神莫君稟資靈於
天秀挺聰令而夙成慄跡悠心雅有志為時南兗州初
開樹基譙郡朝重蕃授佐之粹仁遂屈君為仁虜府
長流參軍風謨敏濟籌情凝遠後以邊城隣偽舉公議
賢復除新城戍主弋陽汝南二郡太守猛績水潭偉風
內朗難南陽美稟會稽慶寵末之嘉也景政難宣洪絲
未闡剌史韋君其回撫延攝長史領袖僚華縣績渝顯
方當身祚光諲前猶如何不弔春秋五十五以神龜元
年七月廿七日薨于位王祈璞所僉為痛惜二年二月
廿三日窆于洛陽城西北芒附于大兆次其辭曰
悠悠雅亮毅遠神難方嵩等謂比景齊躬潔靜能和在
和惟沖寄奋玄堂永志徂風
曾祖讚綏遠將軍魏郡守安南將軍領護南蠻校尉雍
州刺史河南宣穆公　太夫人天水楊氏父壽本州都
別駕　祖亮寶本州別駕安南將軍豫州刺史再假太
尉河南簡公　太夫人馮翊魚氏父遵苻太師公
父祖㠯使持節安南將軍徐州刺史三假太尉河南慎
公太夫人京兆韋氏父尚秦州刺史

一三一

魏故汝南太守寇府君【演】墓誌

神龜元年（518）七月二十七日卒，神龜二年（519）二月二十三日葬。

誌文20行，滿行21字，楷書。誌石高47.3釐米，寬46.5釐米，河南洛陽出土。

【释文】

君諱演，字真孫，上谷昌平人也。錦裔遐彰，綿芳於姬衛，蘭光綺萼，降世弥昌，累公熙祚，緝運神英。君稟資靈於天秀，挺聡令而夙成，憬跡攸心，雅有志焉。時南兖州初開，樹基譙塎，朝重蕃授，佐亦旌仁，遂屈君為征虜府長流參軍。風謨敏濟，叡情凝遠。後以邊城鄰僞，舉必議賢，復除新城戍主，弋陽汝南二郡太守。猛績外潭，儒風内朗，雖南陽美虞，會稽慶寵，未之嘉也。景政雖宣，洪珍未闡，刺史韋嘉其囧操，延攝長史，領袖僚莘，槩韻渝顯。方當身祚，光踵前脩，如何不弔，春秋五十五，以神龜元年七月廿七日，薨于位。玉折蔑彫，僉焉痛惜。二年二月廿三日，窆于洛陽城西北芒，附于大兆次。其辭曰：

恢恢雅亮，叡遠神融；方嵩等謂，比景齊躬。潔静能和，在和唯沖；寄啚玄堂，永志休風。

曾祖讚，綏遠将軍、魏郡太守、安南将軍、領護南蠻校尉、雍州刺史、河南宣穆公。太夫人天水楊氏，父壽，本州都別駕。祖元寶，本州別駕、安南将軍、豫州刺史、再假太尉、河南簡公。太夫人馮翊魚氏，父遵荇，太師公。父祖嵈，使持節、安南将軍、徐州刺史、三假太尉、河南慎公；太夫人京兆韋氏，父尚，秦州刺史。

持節督涇州諸軍事征虜將軍涇州刺史齊郡王墓誌銘
王姓元諱祐字伯援河南洛陽都鄉照樂里人也
高宗文成皇帝之孫太保齊郡順王之世子登天攝日之基
闡土陵雲之業寔慶龜書之祥玄祚龍官之瑞故以備載於
言事可得而略焉王連岫琁峰分流瑶渚稟二氣之純精誕
五常之秀氣風蕰生知之靈早懷自成之量崇巖千刃景山
之不可踰洪波万頃巨海之不可測榮枯濟於一縣善惡不
形二言又鋭志儒門遊心文苑訪道忘食從義遺憂雖䢢城
之好士平臺之愛賢無以過也景明二年纂承基運正始二
年以王屬近宗親才高時彥除驍驃將軍通直散騎常侍秉
筆胥握徽述之理惟清玥貂霞閣毗贊之功已顯永平五年
除持節督涇州諸軍事征虜將軍涇州刺史惠化神行道風
潛被德礼寬宣刑政肅設方當踵緑竹於衛川紹口棠於燕
境降年不永春秋三十有二以神龜二年歲在己亥正月辛
巳朔六日丙戌寢疾薨於第天子震悼百辟悲慟賵贈之厚
礼越常倫追贈使持節平東將軍冀州刺史王如故其年二
月辛亥朔廿三日癸酉遷窆於河南洛陽北芒之舊塋乃作
銘曰
寶祚剋昌慶緒綿長功苞四宇化洽一匡握蘭啟鄭削桐命
唐德侔住帝道邁前王惟齊惟魯如楚如梁代承嘉祉世載
傑光鴻基增攝徽風載揚司文胥殿贊軌辰房礼備龜肅藉
甚珪璋仁沾涇域澤被秦方告凶不理倚伏何常琨峰碎璧
僉岳摧芳星泯石戶日閟泉室人神同感朝野俱傷式述景
績垂之無壃

一三二 持節督涇州諸軍事征虜將軍涇州刺史齊郡王【元祐】墓誌銘

神龜二年（519）正月六日卒，同年二月二十三日葬。

誌文 24 行，滿行 23 字，楷書。誌石高 59.2 釐米，寬 62.8 釐米，河南洛陽出土。

【释文】

王姓元，諱祐，字伯援，河南洛陽都鄉照樂里人也。高宗文成皇帝之孫，太保、齊郡順王之世子。登天構日之基，闢土陵雲之業，冥慶龜書之祥，玄祚龍官之瑞，故以備載於言事，可得而略焉。王連崿琁峰，分流瑶渚，禀二氣之純精，誕五常之秀氣。夙蘊生知之靈，早懷自成之量。崇巖千刃，景山之不可踰；洪波万頃，巨海之不可測。榮枯澹於一概，善惡不形二言。又鋭志儒門，遊心文苑，訪道忘食，徙義遺憂，雖甄城之好士，平臺之愛賢，無以過也。景明二年，纂承基運。正始二年，以王屬近宗親，才高時彦，除驪驤将軍、通直散騎常侍。秉筆霄墀，徽述之理惟清；珥貂霞閣，毗贊之功已顯。永平五年，除持節、督涇州諸軍事、征虜将軍、涇州刺史。惠化神行，道風潛被，德礼實宣，刑政虚設。方當踵緑竹於衛川，紹甘棠於燕境，降年不永，春秋三十有二，以神龜二年歲在己亥正月辛巳朔六日丙戌，寢疾薨於第。天子震悼，百辟悲慟，賵贈之厚，礼越常倫。追贈使持節、平東将軍、冀州刺史，王如故。其年二月辛亥朔廿三日癸酉，遷窆於河南洛陽北芒之舊塋。乃作銘曰：

寳祚剋昌，慶緒綿長。功苞四宇，化洽一匡。握蘭啟鄭，削桐命唐。德侔往帝，道冠前王。惟齊惟魯，如楚如梁。代承嘉祉，世襲休光。鴻基增構，徽風載揚。司文霄殿，贊軌長房。礼備龜虎，藉甚珪璋。仁沾涇域，澤被秦方。吉兇不理，倚伏何常。琨峰碎璧，岱岳摧芳。星泯石戸，日闇泉堂。人神同感，朝野俱傷。式述景績，垂之無疆。

君諱璉恒農胡城人五皇之後軒轅之苗胄五帝之苗典共泉
侯之苗裔太尉公振之後也世籍華胄胤清胄遠稟玄氣於黃
中樹資性而溫雅文明炳郁於乾元英朗照晰於自然弱齡始
弁書劒並達經深而蘊武果而猛懋年之令聲飛海國
皇京都代北壁戎菜化旦暴平後備先勁以君弓馬殊倫超用
殿中武士軍將內衞也建劉童之忠外討也表丞夫之節爰動
皇衷俄而擢拜安城令蒞政插遲幽顯同詠中牟之善愧其芳
勝殘之風熟其美太和之始遷汝南太守讓槃之禮沖抱如初
地居帶淮邦隣密啟敷模略以來遠人播智勇以威殘豎息勸
蹄於溉依寧壇穆於梁宋追蹤息冰無謝於龔黃綏黔首庶不
後於古人宰郡九稔乞解歸京孝行倫功事高朝眾方當鳴茄
日南耀節月北然靈道失鑒倉旻侵善春秋七十有六大魏太
和廿二年正月乙丑朔十一日丙子薨於洛陽靜恭里主上撫
悼勿察愴咽褒勳錄跡贈河東太守以神龜二年三月六日窆
於旦甫之西山營域蓋也填龍滿地天長地久或暴谷而化陵
歲益月增或高坐而畢嶺故刊石鑄文以光功臣之墓其辭曰
莛縱遐藉肇自神倉靈虛霞樹枝裒宗林秉高國鏡祖基承蔭
西氣洽緒賢懿唯深勿播蘭蕙早寵纓簪資文挺武朝野腐欽
猶舊逸侶爰動
皇心製飛玉裁邦揚金魂佳命消日移影昳出此明軒入彼
幽穴夕風暮悲晨露曉結懋木晝摧妍草夜折高墳上樹蘭燧
下滅深埏掩途松開不開盡地終天嗚呼長絕敬塋易頹茲風
難馭

一三三 楊璉墓誌

太和二十二年（498）正月十一日卒，神龜二年（519）三月六日葬。

誌文 23 行，滿行 24 字，楷書。誌石高 48 釐米、寬 48.5 釐米，河南洛陽偃師出土。

【释文】

君諱璉，恒農胡城人。三皇之後，軒轅之苗冑，五帝之苗典，赤泉侯之苗裔，太尉公振之後也。世藉華腴，胤清冑遠，稟玄氣於黃中，樹資性而温雅。文明炳郁於乾元，英朗照晰於自然。弱齡始笄，書劍並達，經深而藴，武果而猛。懋年之令，聲飛海國。皇京都代北，暨戎荒化旦昇平，後儒先勁，以君弓馬殊倫，超用殿中武士軍将，内衛也；建劉章之忠，外討也。表亞夫之節，爰動皇衷。俄而擢拜安城令，莅政拪遲幽顯，同詠中牟之善，愧其芳勝殘之風，慙其美。太和之始，遷汝南太守，讓榮之禮，沖挹如初。地局帶淮，邦鄰密竊，敷摸略以来遠人，播智勇以威毅竪，惠勸踰於溉瓜，寧疆穆於梁宋。追蹤息吠，無謝於曩賢；接黔育庶，不後於古人，宰郡九稔。乞解歸京，考行倫功，事高朝最。方當鳴茄日南，耀節月北，然靈道失監，倉旻侵善，春秋七十有六，大魏太和廿二年正月乙丑朔十一日丙子，薨於洛陽静恭里。主上撫悼，朋寮愴咽，哀動録跡，贈河東太守。以神龜二年三月六日窆於旦甫之西山。营域盖业，墳壟滿地。天長地久，或昇谷而低崚；歲益月增，或高壑而卑嶺。故刊石鏤文，以光功臣之墓。其辭曰：

遥縱遐藉，肇自神禽。靈虚覆樹，枝裔崇林。乘高因鏡，祖基承蔭。四氣洽緒，賢懿唯深。幼播蘭蕙，早冕纓簪。資文挺武，朝野齊欽。猛舊逸侣，爰動皇心。製邑飛玉，裁邦揚金。魂往命消，日移影昳。出此明軒，入彼幽穴。夕風暮悲，晨露曉結。懋木晝摧，妍草夜折。高墳上掛，蘭燈下滅。深埏掩途，松開永閉。盡地終天，嗚呼長絶。巖壑易頹，茲銘難缺。

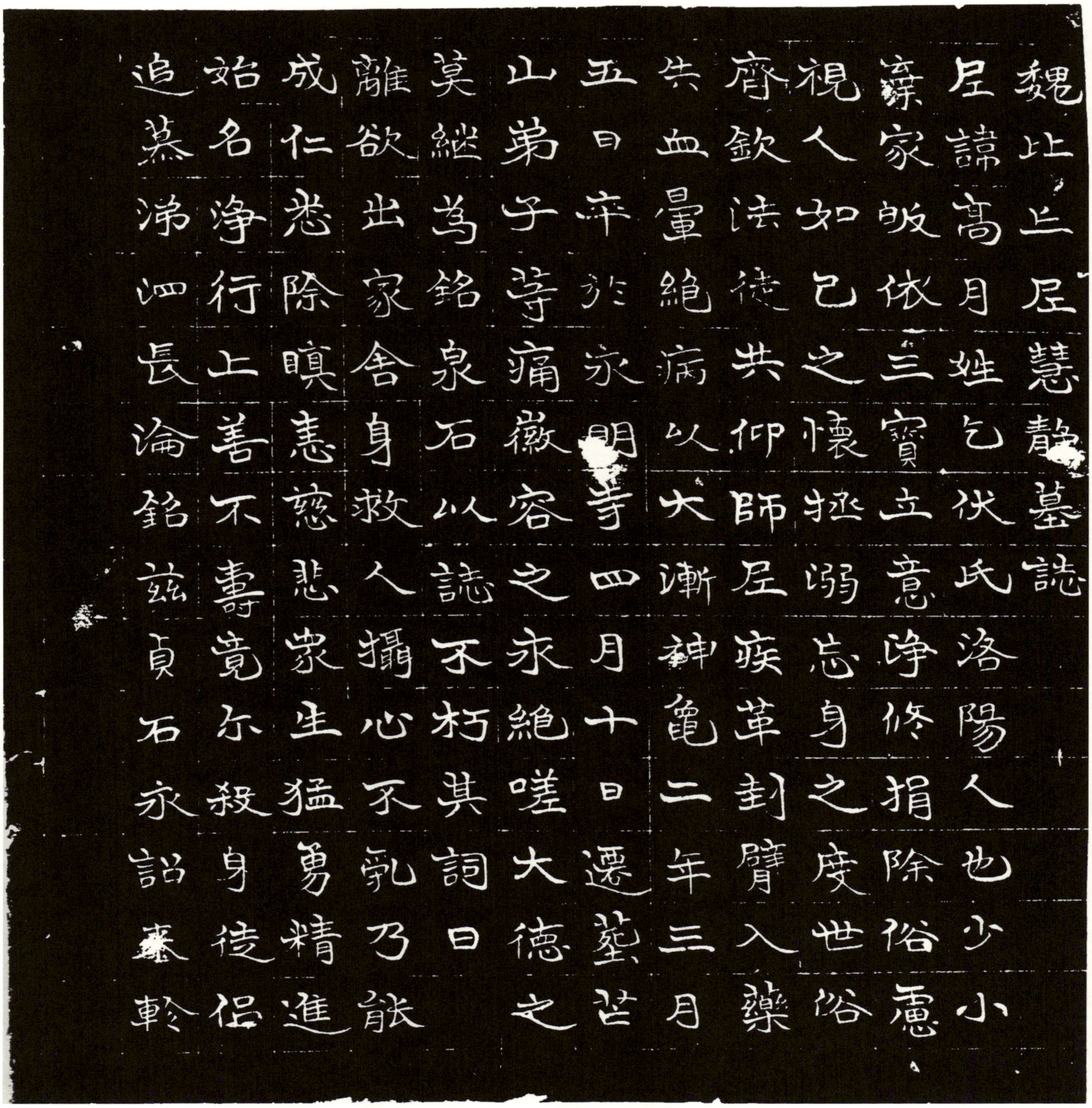

一三四 魏比丘尼【乞伏高月】慧静墓誌

神龜二年（519）三月五日卒，同年四月十日葬。

誌文13行，满行14字，楷書。誌石高31釐米，寬29.5釐米，河南洛陽出土。

【释文】

尼諱高月，姓乞伏氏，洛陽人也。少小棄家，皈依三寶。立意浄修，捐除俗慮。視人如己之懷，拯溺忘身之度，世俗齊欽，法徒共仰。師尼疾革，刲臂入藥，失血暈絶，病以大漸。神龜二年三月五日，卒於永明寺。四月十日，還葬芒山。弟子等痛徽容之永絶，嗟大德之莫继，為銘泉石，以誌不朽。其詞曰：

離欲出家，舍身救人。攝心不亂，乃能成仁。悉瞋恚，慈悲衆生。猛勇精進，始名浄行。上善不壽，竟尔殺身。徒侣追慕，涕泗長淪。銘兹貞石，永詔来軫。

魏故堯氏元夫人墓誌銘
夫人諱妙字輝英河南魁陽
侍中太尉驃騎大將軍錄尚書葉樂王拔之後襄威公頊仁之里人也都督
將軍句石式王之女夫人承休烈之資籍鴻緒之環
稟性玄華生自玉潔仁愛之風出於天然貞惠
本於非骨故勍宛看問今播遲迩之揉而已童
間閨諸姑褊悦眾娣被恩訓洽二宗為奉刻順徽
仁廱徽春秋十有八皆神龜二歲五月已
卯朔廿日戌戌於萬恭里宗婦嗟隨光徟抽慟哀
十月辛巳朔廿五日乙卯佩奇梅苦
三里之南幽局一墟啟篇無垠敢鈐金石式昭華
其辭曰
菱慶外播胤歲篤原
馮枝天青結柯鴻徽玄映風質雲羅挺沇自內
紘因珂宗行合二族傍妬冷仁諸婦歎欽旭式同琪瑾
敬均珪玉四教己融七德琓睦宜事遇期以介景福
輔仁偕言春蘭推馥敬銘飛音用光秋菊

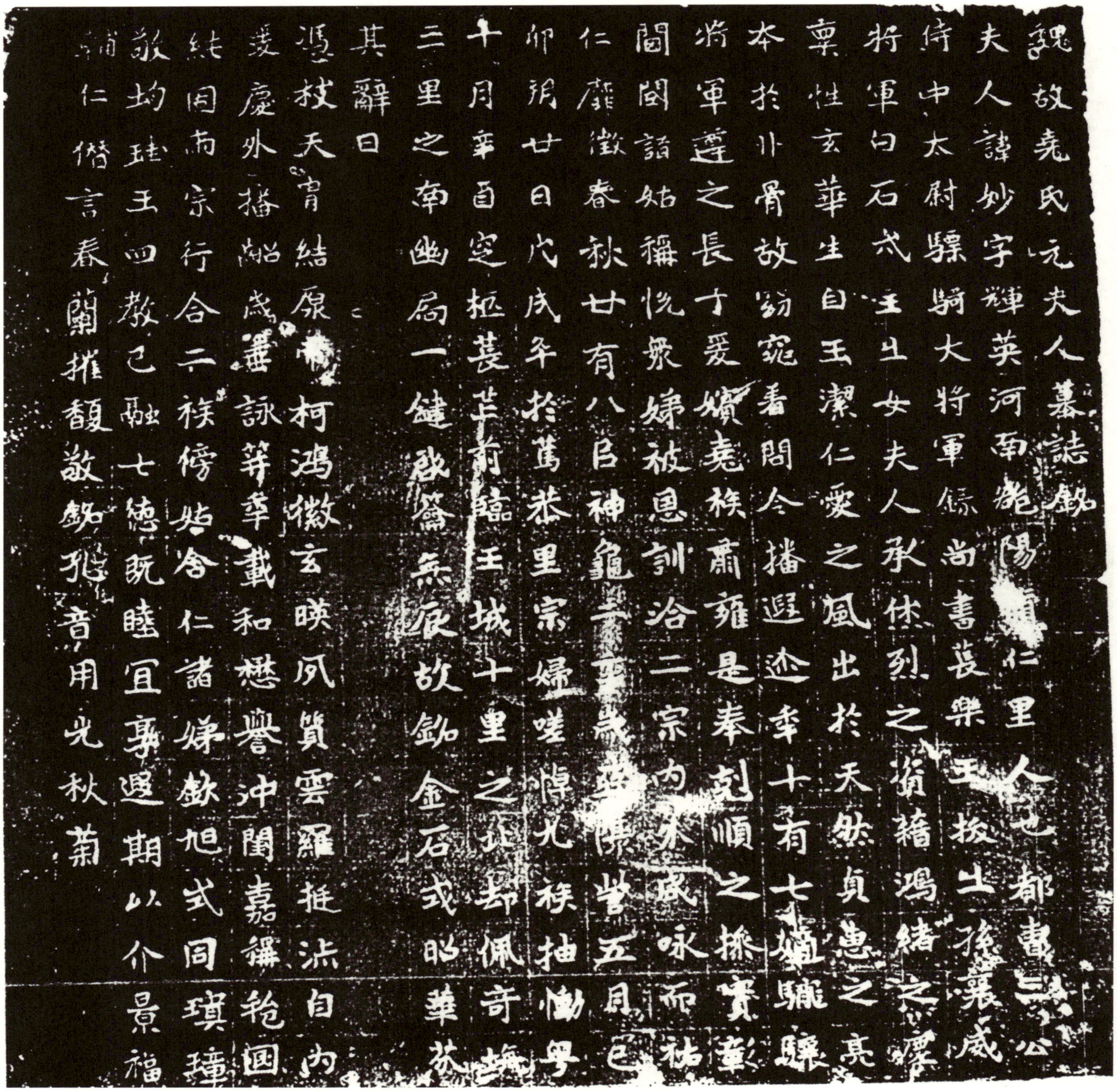

一三五
魏故堯氏元夫人[妙]墓誌銘

神龜二年（519）五月二十日卒，同年十月十五日葬。誌文18行，滿行20字，楷書。誌石高48釐米，寬48釐米，河南洛陽出土。

【释文】

夫人諱妙，字輝英，河南洛陽□仁里人也。都曹三公、侍中、太尉、驃騎大将軍、録尚書、長樂王拔之孫，襄威将軍、白石戍王之女。夫人承休烈之資，藉鴻緒之慶，稟性玄華，生自玉潔。仁愛之風出於天然，貞惠之亮本於艸骨，故窈窕著問，令播遐迩。年十有七，適驪驤将軍遵之長子。爰嬪堯族，肅雍是奉，尅順之操，實彰閫闈。諸姑稱悦，衆娣被恩，訓洽二宗，内外咸咏。而祐仁靡徵，春秋廿有八，以神龜二年歲□□呰五月己卯朔廿日戊戌，卒於篤恭里。宗婦嗟悼，九族抽慟。粤十月辛酉窆柩長芒。前臨王城十里之北，却佩奇坑三里之南。幽扃一鍵，啟籥無辰，故銘金石，式昭華芬。其辭曰：

憑枝天胄，結原帶柯。鴻徽玄映，夙質雲羅。挺淑自内，爰慶外播。齠歲垂詠，笄季載和。懋譽沖閨，嘉稱邦國。純固兩宗，行合二族。傍姑含仁，諸娣欽旭。式同璝璋，敬均珪玉。四教已融，七德既睦。宜享遐期，以介景福。輔仁僣言，春蘭摧馥。敬銘孔音，用光秋菊。

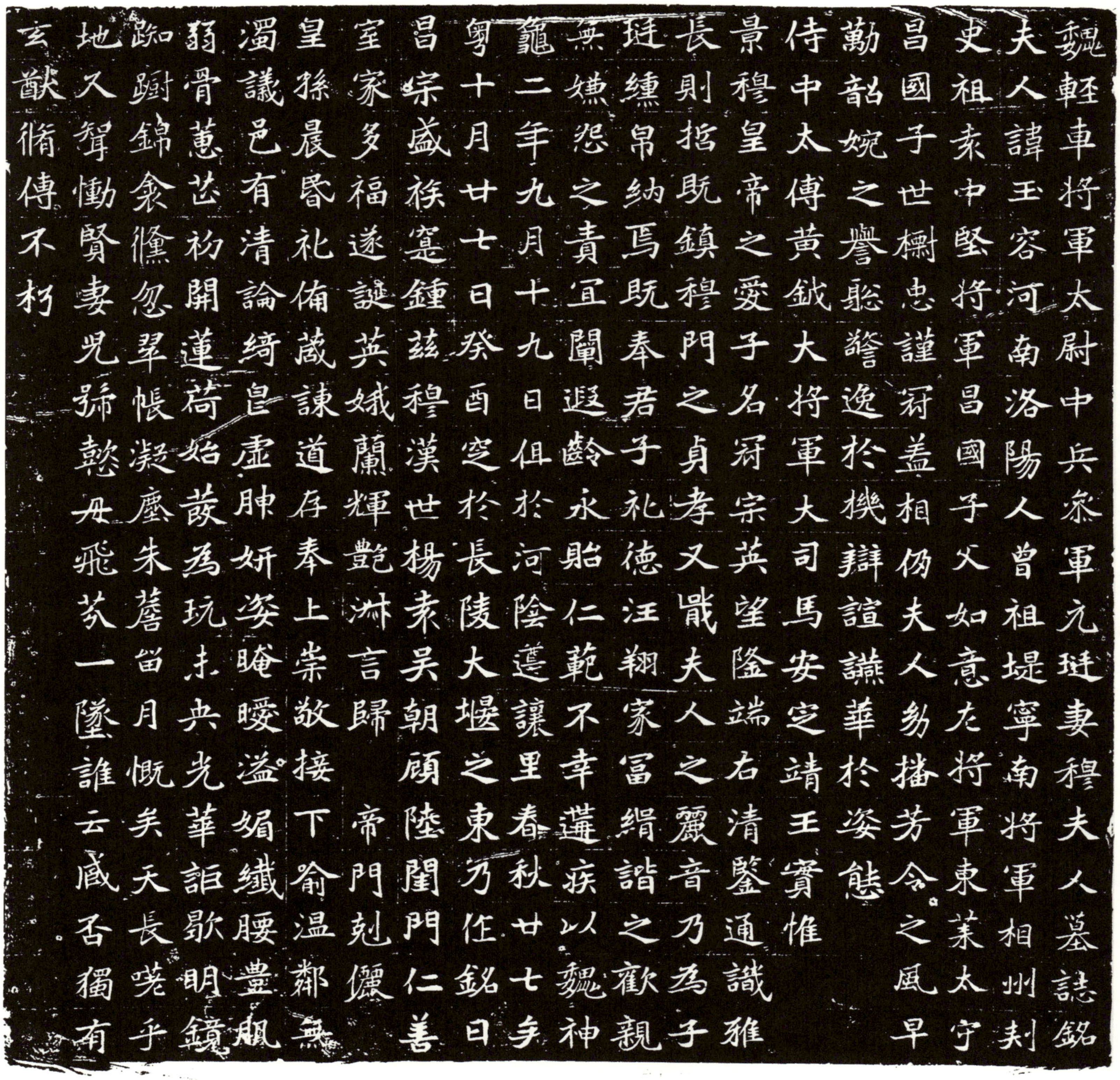
魏輕車将軍太尉中兵參軍元珽妻穆夫人墓誌銘
夫人諱玉容河南洛陽人曾祖堤寧南将軍相州刺
史祖亮中堅将軍昌國子父如意左将軍東莱太守
昌國子世襲忠謹冠蓋相仍夫人多播芳令之風早
勤韶婉之譽聡警逸於機辯謹讌華於姿態
侍中太傅黄鉞大将軍大司馬安定靖王賓惟
景穆皇帝之愛子名冠宗英望隆端右清鑒通識雅
長則哲既鎮穆門之貞孝又戢夫人之嚴音乃爲子
珽纁帛納焉既奉君子礼德汪翔家富緝諧之歡親
無嫌怨之責宜闡遐齡永貽仁範不幸遘疾以魏神
龜二年九月十九日但於河陰遵讓里春秋廿七乎
粤十月廿七日癸酉窆於長陵大堽之東乃作銘曰
昌宗盛族寔鍾茲穆漢世楊亮吴朝顧陸閨門仁善
室家多福遂誕英娥蘭輝艷淑言歸 帝門剋儷
皇孫晨昏礼備箴諫道存奉上崇敬接下俞温鄰無
濁議邑有清論綺㒵虛胂妍姿晻曖溢媚纖腰豐肌
弱骨蕙芯初開蓮荷始蔵爲玩未央光華詎歇明鏡
踟躕錦衾儵忽翠帳凝塵朱蘑留月慨矣天長嗟乎
地久賀慟賢妻兒孫懃毋飛芬一墜誰云感否獨有
玄猷脩傳不朽

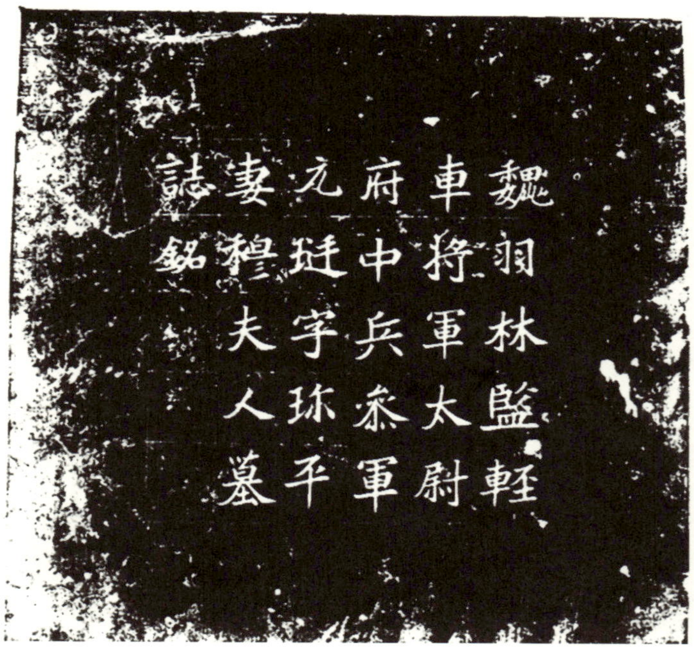
魏羽林監輕
車將軍太尉
府中兵參軍
元珽字珎平
妻穆夫人墓
誌銘

一三六 魏輕車将軍太尉中兵參軍元珽妻穆夫人【玉容】墓誌銘

神龜二年（519）九月十九日卒，同年十月二十七日葬。

誌文20行，滿行20字，楷書。誌石高48釐米，寬48.7釐米，河南洛陽出土。

【释文】

夫人諱玉容，河南洛陽人。曾祖提，寧南将軍、相州刺史；祖袁，中堅将軍、昌國子；父如意，左将軍、東萊太守、昌國子。世欄忠謹，冠盖相仍。夫人幼播芳令之風，早勵韶婉之譽，聰警逸於機辯，諠讌華於姿態。侍中、太傅、黄鉞大将軍、大司馬、安定靖王，實惟景穆皇帝之愛子，名冠宗英，望隆端右，清鑒通識，雅長則哲。既鎮穆門之貞孝，又戢夫人之麗音，乃為子斑纁帛纳焉。既奉君子，礼德汪翔，家富緝諧之歡，親無嫌怨之責。宜闡遐齡，永貽仁範，不幸遘疾，以魏神龜二年九月十九日，徂於河陰遵讓里，春秋廿七矣。粤十月廿七日癸酉，窆於長陵大堰之東。乃作銘曰：

昌宗盛族，寔鍾茲穆；漢世楊袁，吴朝顧陸。閨門仁善，室家多福；遂誕英娥，蘭輝艶淑。言歸帝門，剋儷皇孫；晨昏礼備，箴諫道存。奉上崇敬，接下喻温；鄰無濁議，邑有清論。綺貌虚腴，妍姿晻曖；溢媚纖腰，豊肌弱骨。蕙芷初開，蓮荷始發；為玩未央，光華詎歇。明鏡踟躕，錦衾儵忽；翠帳凝塵，朱簷留月。慨矣天長，嗟乎地久；婿慟賢妻，兒號懿母。飛芬一墜，誰云臧否；獨有玄猷，脩傳不朽。

魏羽林監輕車将軍太尉府中兵参軍元瑾字珍平妻
穆夫人墓誌銘

大魏故城門校尉元騰墓誌銘
城門校尉元騰字金龍司州河南嘉平里人也
大宗明元　皇帝之曾孫使持節都督秦雍涇涼
益五州諸軍事開府儀同三司衛大將軍雍州
刺史樂安宣王範之孫使持節都督秦雍涇涼
益五州諸軍事開府儀同三司衛大將軍雍州
刺史樂安簡王良之第八子也正始四年歲次
丁亥四月十一日薨于第夫人廣平程氏字法
孫神龜二年歲次己亥七月十四日薨其年十
一月丙子朔九日甲申合窆於長陵之東北皇
宗之兆岦岦二造雲雷感靈我皇利建武剋文
經道光九壤本枝八寘承明纘聖民穆天清資
華重發體一乾柯飛英曜彩合奇映和如瑩之
美如玉之璓任近道遠比德衡向尸鳩作配實
惟夫人蘋藻以潔四德以懃閑閑喈喈左右我
君鍾鼓琴瑟桂馥蘭薰仁壽無徵信順虛設桂
宇凝霜玄堂納雪楊路纏雲松原風咽鐫石題
□式照餘烈

一三七 大魏故城門校尉元騰墓誌銘

神龜二年（519）十一月九日合葬。

誌文18行，滿行18字，楷書。誌石高51.3釐米，寬55.5釐米，河南洛陽出土。

【释文】

城門校尉元騰，字金龍，司州河南嘉平里人也。大宗明元皇帝之曾孫，使持節、都督秦雍涇凉益五州諸軍事、開府儀同三司、衛大将軍、雍州刺史、樂安宣王範之孫，使持節、都督秦雍涇凉益五州諸軍事、開府儀同三司、衛大将軍、雍州刺史、樂安簡王良之第八子也。正始四年歲次丁亥四月十一日，薨于第。夫人廣平程氏，字法珠，神龜二年歲次己亥七月十四日薨。其年十一月丙子朔九日甲申，合窆於長陵之東北皇宗之兆。

茫茫二造，雲雷啟靈；我皇利建，武剋文经。道光九壤，本枝八冥；承明疊聖，民穆天清。資華重叡，體一乾柯；飛英曜彩，含奇吐和。如金之美，如玉之瑳；任近道遠，比德衡阿。尸鳩作配，實惟夫人；蘋蘋以潔，四德以懃。關關喈喈，左右我君；鍾鼓琴瑟，桂馥蘭薰。仁壽無徵，信順虚設；桂宇凝霜，玄堂纲雪。楊路鯁雲，松原風咽；鐫石題字，式照餘烈。

魏故持節鎮遠將軍朔州刺史元使君墓誌銘
君諱瓚字寶首河南洛陽人也恭宗景穆皇帝之曾孫使
持節征東大將軍都督冀相濟三州諸軍事平原鎮大將濟
陰新城王之孫使持節安西將軍西中郎將夏州刺史始平
順公之第二子濟陰殺王之元弟本玄極之遙源體黃中之
嘉運協二氣之純精資五常之至性器宇凝明風度淹曠道
業閑詳德操淵遠 宣武皇帝順皇后礼盛坤宮義光陰極
君即后之姊夫也君資幹 皇枝達華后族徽猷美譽允集
於當時清言善行昭暎於一世景明三年除給事中尒時壽
春始降雞肋初附煙歲無年過儲未積正始三年轉屯田郎
中遂使課獲倍盈二蕃豐實延昌元年除通直散騎侍郎職
惟左史司是記言敷賛天工式揚 聖古雖南史之直辭東
里之加閏無以過也四年除司空從事中郎府解停事同食
苗麋藜不已熙平元年復除司空從事中郎方隆懋績於辰
庭成鴻功於天府降年不永春秋卌有七十一月六日薨於
第 皇上痛盛德之玄徂惜高勳之不就追贈鎮遠將軍朔
州刺史以神龜二年十一月丙子朔十日乙酉葬於長陵之
北乃作銘曰 神袥玄徽慶緒冥賛緝宇嵩華揔流江漢
蔚蔚崇崖浩浩長瀾魯衛為枝梁楚為幹乃及伊人超飛逸
翰高廟無門深淵無岸松貞桂馥金明玉璨靜恭尒位好爵
俟時清冕文閣顯步礼闈兩居鏁闥再協台基善惡無蠲倚
伏何依芒芒石宇杳杳泉扉清撐空湛明燈已微晨光逝矣
夜如何期百年同盡千載傳暉

一三八 魏故持節鎮遠將軍朔州刺史元使君〔瓚〕墓誌銘

熙平元年（516）十一月六日卒，神龜二年（519）十一月十日葬。

誌文23行，滿行23字，楷書。誌石高48.5釐米、寬48釐米，河南洛陽孟津出土。

【释文】

君諱瓚，字寶首，河南洛陽人也。恭宗景穆皇帝之曾孫；使持節、征東大将軍、都督冀相濟三州諸軍事、平原鎮大将、濟陰新城王之孫；使持節、安西将軍、西中郎将、夏州刺史、始平順公之第二子；濟陰□王之元弟。本玄極之遥源，體黄中之嘉運；協二氣之純精，資五常之至性。器宇凝明，風度淹曠；道業閑詳，德摻淵遠。宣武皇帝、順皇后礼盛坤宫，義光陰極，君即后之姊夫也。君資幹皇枝，連華后族，徽猷美譽，允集於當時；清言善行，昭暎於一世。景明三年，除給事中，尒時壽春始降，雞肋初附，頻歲無年，邊儲未積。正始三年，轉屯田郎中，遂使課獲倍盈，二蕃豊實。延昌元年，除通直散騎侍郎。職惟左史，司是記言；敷贊天工，式揚聖旨。雖南史之直辭，東里之加閏，無以過也。四年，除司空從事中郎府解停，事同食苗，棼縶不已。熙平元年，復除司空從事中郎。方隆懋績於辰庭，成鴻功於天府，降年不永，春秋卅有七，十一月六日薨於第。皇上痛盛德之玄徂，惜高勳之不就，追贈鎮遠将軍、朔州刺史。以神龜二年十一月丙子朔十日乙酉，葬於長陵之左。乃作銘曰：

神祚玄徵，慶緒寘贊。緝宇嵩華，捴流江漢。鬱鬱崇崖，浩浩長瀾。魯衛為枝，梁楚為幹。乃及伊人，超飛逸翰。高廟無門，深淵無岸。松貞桂馥，金明玉瑛。静恭尒位，好爵俟時。清昇文閣，顯步礼闈。兩居鏁闥，再協台基。善惡無黜，倚伏何依。芒芒石宇，杳杳泉扉。清樽空湛，明燈已微。晨光逝矣，夜如何期。百年同盡，千載傳暉。

一三九

魏故持節輔國将軍洛州刺史趙郡武公羅使君【宗】墓誌銘

神龜元年（518）九月二十日卒，神龜二年（519）十一月二十七日葬。

誌文30行，滿行22字，楷書。誌石高58釐米、寬79釐米，河南洛陽出土。

【释文】

君諱宗，字紹祖，河南洛陽人也。其先蓋羅伯之裔也。本居南郡，違難北移，建家恒代，洎君數葉矣。自皇魏開籙，弈世股肱。雖復南荆闢室，北晉范門，眖德比隆，未之（逯）［逮］也。曾祖斤，侍中、羽真四部尚書，遷爲散騎常侍、使持節、征西大将軍、雍州刺史、儀同三司、帶方公，謚曰康公。擁旆舊秦，化清陸海。祖拔，散騎常侍、殿中尚書，遷爲安西大将軍、吏部尚書、趙郡王，追贈使持節、鎮南大将軍、定州刺史，謚曰靖王。顯綜端序，静潔衡流。父德，散騎常侍，趙郡王。業境淵深，式登近侍，韶風煒盛，粹道融高，固已炤爛時談，欝映史傳者也。君弘敏有節，摻機亮淹，雅賞識過人，容皇開朗，欄鏡倫輩。季八，丁父憂，雖在幼沖，而毁踰成彦，吕第居元嫡，剋纂家緒。欽尚墳典，愛好武術，專襟書劍，世事擯情。是吕縉紳君子，仰清輝而結心；任俠豪流，顧雄飚而踊願。正始二年，朝廷厝算，脩理淮壃。君時爲統軍，加建節将軍，揔御威徒，南征宿預，方略神飜，智勇靈扇。士卒憤狥恃其温誠，敵人驚駭怖其猛震，長戈蹔舉，溘焉冰裂。永平四季五月四日，吕功進拜寧朔将軍、員外、散騎常侍。勝履弥峻，嘉譽日豊，而景福未延，業善乖應。季卌有三，吕神龜元年九月廿日遘疾薨於官。君意氣方正，舉動閑詳，器宇澄明，陵邁今古。雖擄累耀之資，恒以沖損會物。方當遊戲天池，往来雲漢，羽翮始具，未及飛翔，聲存體没。嗚呼哀哉！追贈持節、輔國将軍、洛州刺史，謚曰武公。礼也。吕二年十一月廿七日窆於邙山，敬寫芳烈，鐫美泉宫。其銘曰：

欝彼若人，道華風爽。寶岸巉巖，瓊流浩瀁。比漢凝深，褭雲現象。杳杳玄衿，亭亭妙賞。彩艷内明，文光外朗。挺蕚横翻，抽英直上。三恕剋融，五儀告昶。貂珥分輝，衡璜共響。靈峯一墜，衆山安仰。誕戒名景，黿策獻從。桂扆光備，荒幬數重。參著具物，妙盡儀容。空山寂漠，林逕裁通。悲霜藻地，哀風命松。方怨寒暑之無異，昬曙之永同。

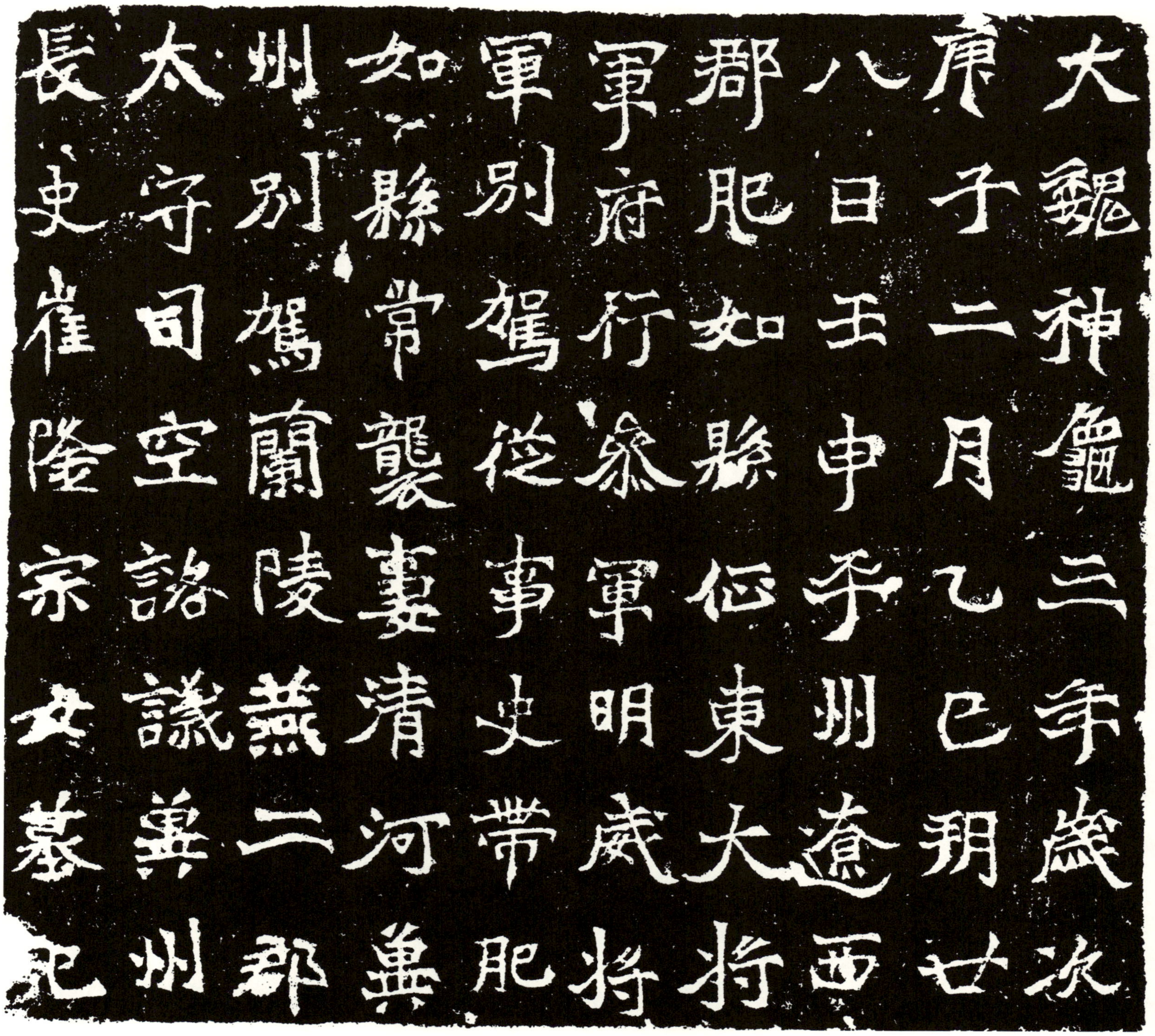

大魏神龜三年歲次
庚子二月乙巳朔廿
八日壬申予州遼西
郡肥如縣征東大将
軍府行參軍明威将
軍別駕從事史帶肥
如縣常襲妻清河冀
州別駕蘭陵燕二郡
太守司空諮議冀州
長史崔隆宗女墓記

一四〇 常襲妻崔氏墓記

神龜三年（520）二月二十八日葬。

誌文10行，滿行8字，楷書。誌石高38.5釐米、寬42釐米，河北遷安縣出土。

【释文】

大魏神龜三年歲次庚子二月乙巳朔廿八日壬申，平州遼西郡肥如縣征東大将軍府行參軍、明威将軍别駕從事史帶肥如縣常襲妻，清河冀州别駕、蘭陵燕二郡太守、司空諮議、冀州長史崔隆宗女墓記。

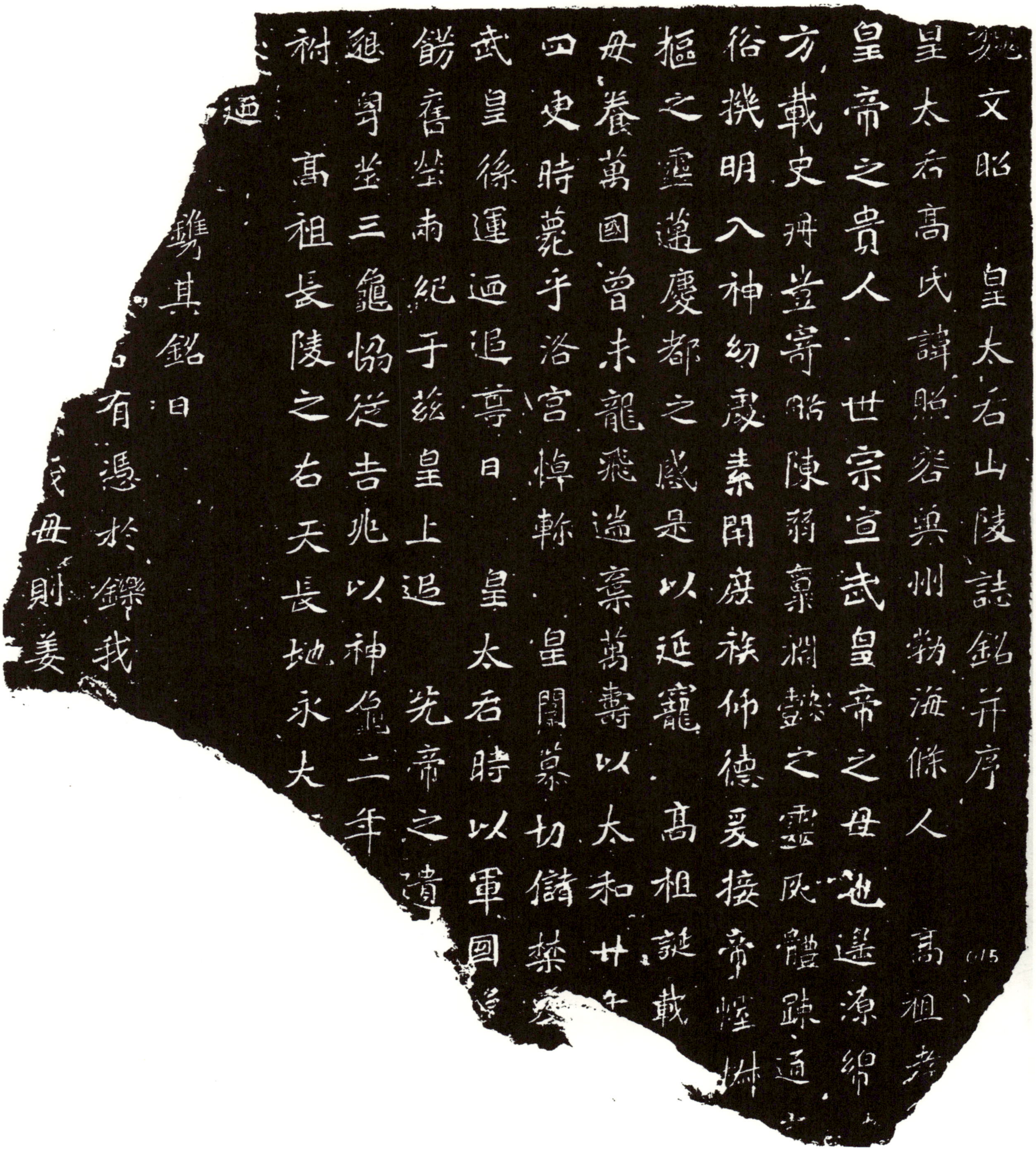

一四一　魏文昭皇太后【高照容】山陵誌銘并序

太和二十年（496）卒，神龜二年（519）葬。誌文16行，滿行19字，楷書。誌石高59.5釐米，寬49.5釐米，河南洛陽出土。

【释文】

皇太后高氏，諱照容，冀州勃海（條）[脩]人。高祖孝文皇帝之貴人，世宗宣武皇帝之母也。遥源綿□，方載史册，豈寄略陳。弱稟淵懿之靈，夙體踈通之俗，機明入神，幼處素閑，庶族仰德，爰接帝幄。椒□樞之靈，邁慶都之感。是以延寵高祖，誕載□□，母養萬國。曾未龍飛，遄棄萬壽。以太和廿年□□四更時，薨乎洛宫，悼軫皇闈，慕切儲禁。□□□武皇係運，迺追尊曰皇太后。時以軍國□□，□飾舊塋，兩紀于兹，皇上追先帝之遺□，□□□邈，粤筮三龜，協從吉兆。以神龜二年□□□□□祔高祖長陵之右。天長地永，大□□□，□□□□。迺□□□鐫其銘曰：

□□□□，□□有憑，於鑠我……□□。□□□□，□□母則姜……

一四二 平西将軍殘誌

神龜二年（519）年葬。

誌文8行，行字數不定，楷書。誌石高25釐米，寬20釐米，出土地不詳。

【释文】

平西大将軍、兖州刺史……帝皇之□，德皇明

帝……波将軍、平陽郡守……三年，以青州刺史……

神龜二年……京兆五……春方長……大夫……

一四三 魏故使持節侍中都督中外諸軍事司□□□□州刺史文憲元公【暉】墓誌銘

神龜二年（519）九月卒，神龜三年（520）三月十日葬。

誌文18行，滿行17字，楷書。誌石高68釐米，寬68釐米，河南洛陽出土。

【释文】

公諱暉，字景襲，河南洛陽人。昭成皇帝□□世孫。琁源杳藹，寶系蟬聯。厥初邁生於商，本支茂於緜瓞。固已蔚炳丹青，播□□素，於兹可得而略也。曁於丞相吕至德居宗，道勳光被。征西清猷継業，克□□□。□，冀州刺史、河間簡公。風飆峻整，無殞世載，所謂弈葉重光，盛德必祀者□。□□□元之秀氣，稟黄中吕爲質，淳粹資於降神，英明發自天縱。寓量淵富，□□□□□奇；機鑑駿爽，千里将何云匹。温源恭儉之性，得之自然；忠孝篤敬之□，□□□□。幼涉經史，長愛儒術，該鏡博覽，而無所成名。太和中，始自國子生，辟司□□□□，轉尚書郎、太子洗馬。世宗踐阼，頻遷散騎中書郎、給事黄門侍郎，加□□□□、河南尹。綢繆帷幄，繾綣二宫，深誠遠略，雅見知愛。竭心吕奉上，開衿吕待物，劬勞夙夜，知無不爲。由是万機巨細，咸相委杖，軍國謀猷，靡不必綜。俄轉侍中，領右衛将軍。執兹喉鍵，總彼禁戎，文武兼姿，具瞻惟允。乃轉吏部尚書，加散騎□侍。銓衡攸序，管庫必昇，朝之得才，於斯爲盛。出爲使持節、散騎□侍、都督□□□□諸軍事、鎮東将軍、冀州刺史。班條敷化，万里歸風，明目搴帷，百城震肅。□□□主統曆，文母臨朝，復吕會府務殷，元愷任棘。入爲尚書右僕射，尋□□□□□□、尚書僕射，常侍悉如故。俄轉侍中、衛大将軍、尚書左僕射。頻居執法，□□□□，□勿礼闈，留聯臺閣。盡亮采之能，窮燮諧之美，詠流金石，功布鼎鍾。雖□□□□□，遠有慙德；巨源居晉，将何足比。方當陟彼台鉉，永隆宸棟，福善無徵，□□□□。春秋五十五，以神龜二季九月庚午遘疾薨於位。天子震悼，羣辟痛心，□□追贈使持節、都督中外諸軍事、司空公，領雍州刺史，侍中如故。考德累□，□□文憲公。粤三季三月甲申，遷葬於洛陽西四十里長陵西北一十里西鄉瀍源里瀍澗之濱。山谷有移，缣竹易朽，敬刊玄石，式銘幽阜。其詞曰：

在天成象，麗地作鎮；岳實佐唐，元亦□□。□□□侯，自天挺儁；澄瀾万頃，抽峯千刃。蕭聳環姿，雍容雅韻；履道克終，踐□□□。□□勞謙，温温淑慎；方金伊銑，比玉斯潤。自始膠庠，爰初委質；令問孔照，□□□□。□侍龍樓，入華載筆；遂給黄門，延登樞密。繾綣廟廊，綢繆帷室；成務吕幾，□□□□。□武；謇謇喉唇，桓桓禁旅。知人則哲，惟昔所難；勳彰水鏡，績懋能官。往綏神岳，来貳朝□；□高盧衛，譽美陳韓。密勿股肱，劬勞羽翼；□□天工，永毗衮職。福善終昧，輔□□□；税駕何遽，長鑣已息。備彼哀榮，亨兹□□；□□搏風，笳聲委霧。寂寥泉□，□□□樹；陵谷或遷，芳猷永鑄。

一四四 孔閏生墓誌

北魏神龜三年（520）年四月十八日葬。

誌文3行，滿行10字，楷書。誌石高35釐米，寬15釐米，出土地不詳。

【释文】

神龜三年四月十八日，前御史臺録事、杖官監故
孔閏生墓□一枚立記。

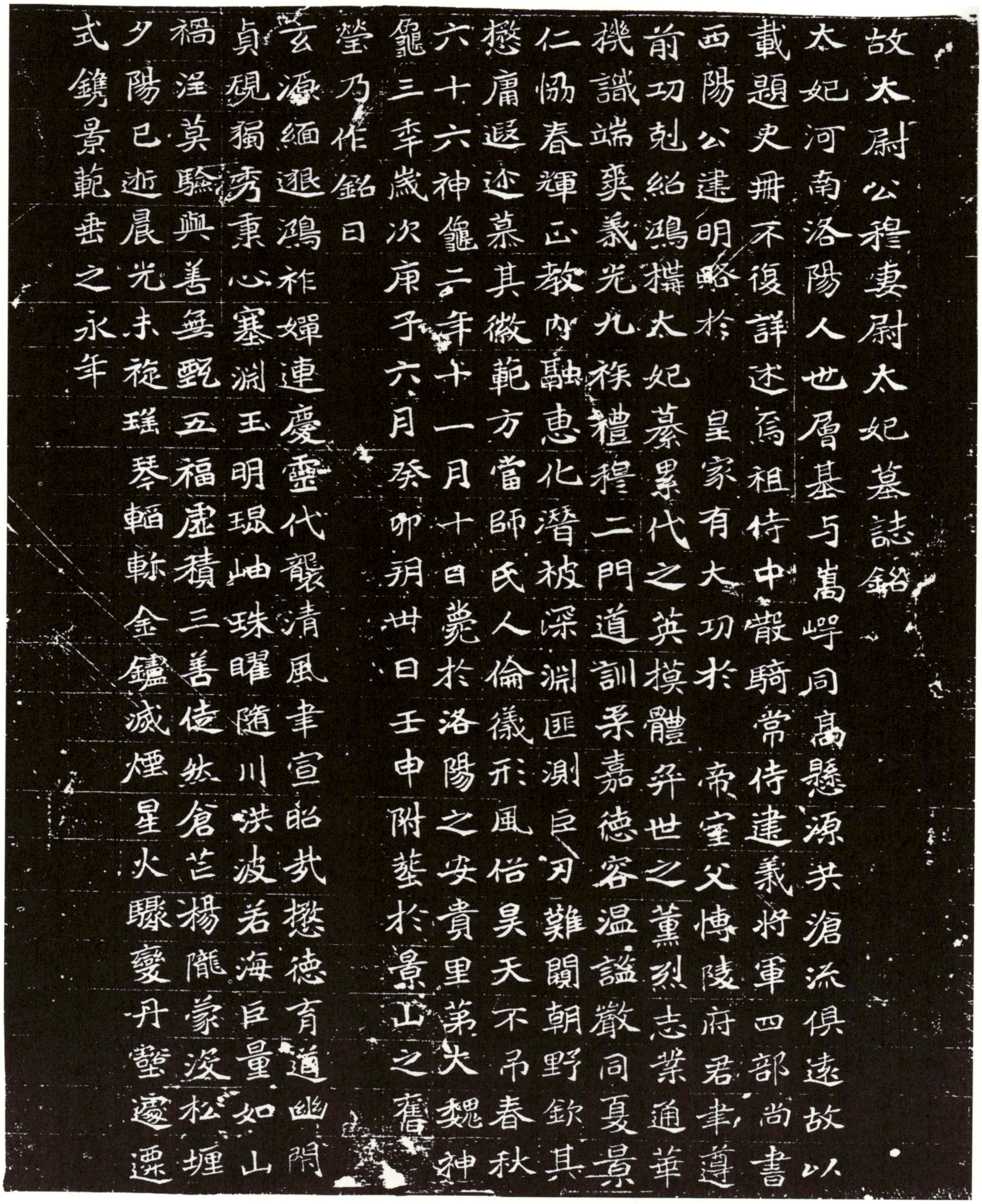

故太尉公穆妻尉太妃墓誌銘
太妃河南洛陽人也層基与嵩嶧同高懸源共滄流俱遠故以
載題史冊不復詳述爲祖侍中散騎常侍建義將軍四部尚書
西陽公遠明略於 皇家有大功於 帝室父博陵府君聿遵
前功克紹鴻構太妃纂累代之英摸體弈世之薰烈志業通華
機識端爽義光九族禮穆二門道訓柔嘉德容溫謐徽同夏景
仁協春輝正教內融惠化潛被深淵匪測巨刃難闚朝野欽其
懋庸遐迩慕其徽範方當師氏人倫儀形風俗昊天不弔春秋
六十六神龜二年十一月十日薨於洛陽之安貴里第大魏神
龜三季歲次庚子六月癸卯朔卅日壬申附葬於景山之舊
塋乃作銘曰
玄源緬邈鴻祚嬋連慶靈代襲清風聿宣昭哉懋德育道幽閑
貞規獨秀秉心塞淵玉明琨岫珠曜隨川洪波若海巨量如山
禍淫莫驗與善無甄五福虛積三善徒然倉芒楊隴蒙浚松埏
夕陽已逝晨光未旋瑤琴韜軫金鑪滅煙星火驟變丹塋遽遷
式鐫景範垂之永年

一四五 故太尉公穆【亮】妻尉太妃墓誌銘

神龜二年（519）十一月十日卒，神龜三年（520）六月三十日葬。

誌文16行，滿行24字，楷書。誌石高53.7釐米，寬54.5釐米，河南洛陽出土。

【释文】

太妃，河南洛陽人也。層基与嵩崿同高，懸源共滄流俱遠，故以載題史册，不復詳述焉。祖侍中、散騎常侍、建義将軍、四部尚書、西陽公，建明略於皇家，有大功於帝室。父博陵府君，聿遵前功，剋紹鴻構。太妃纂累代之英模，體弈世之薰烈，志業通華，機識端爽，義光九族，禮穆二門。道訓柔嘉，德容温謐，嚴同夏景，仁協春輝。正教内融，惠化潜被，深淵匪測，巨刃難窺。朝野欽其懋庸，遐迩慕其徽範。方當師氏人倫，儀形風俗，昊天不弔，春秋六十六，神龜二年十一月十日，薨於洛陽之安貴里第。大魏神龜三季歲次庚子六月癸卯朔卅日壬申，附葬於景山之舊塋。乃作銘曰：

玄源緬邈，鴻祚嬋連；慶靈代襲，清風聿宣。昭哉懋德，育道幽閑。貞規獨秀，秉心塞淵。玉明琨岫，珠曜随川。洪波若海，巨量如山。祸淫莫驗，與善無甄。五福虚積，三善徒然。倉芒楊隴，蒙没松壚。夕陽已逝，晨光未旋。瑶琴韜軫，金鑪減煙。星火驟變，丹壑遽遷。式鐫景範，垂之永年。

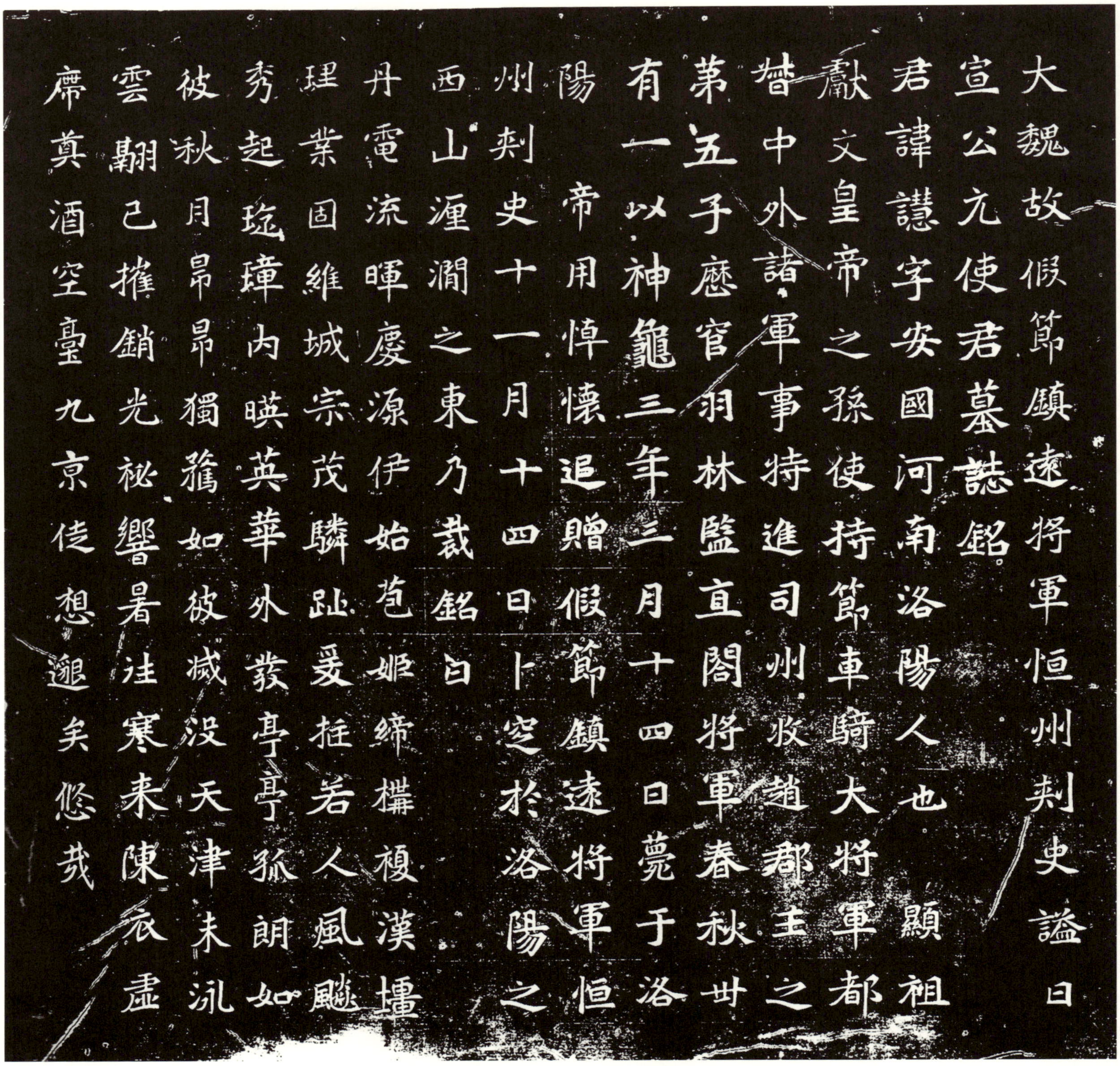

一四六 大魏故假節鎮遠将軍恒州刺史謚曰宣公元使君【譓】墓誌銘

神龜三年（520）三月十四日卒，同年十一月十四日葬。

誌文16行，滿行15字，楷書。誌石高61釐米，寬62釐米，河南洛陽出土。

【释文】

君諱譿，字安國，河南洛陽人也。顯祖獻文皇帝之孫，使持節、車騎大将軍、都督中外諸軍事、特進、司州牧、趙郡王之第五子。歷官羽林監、直閤将軍。春秋卅有一，以神龜三年三月十四日薨于洛陽。帝用悼懷，追贈假節鎮遠将軍、恒州刺史。十一月十四日，卜窆於洛陽之西山，瀍澗之東。乃裁銘曰：

丹電流暉，慶源伊始。苞姬締構，復漢疆理。業固維城，宗茂驎趾。爰挺若人，風飇秀起。琁璋内映，英華外發。亭亭孤朗，如彼秋月。昂昂獨鶩，如彼滅没。天津未泳，雲翮已摧。銷光祕響，暑往寒来。陳衣虛席，奠酒空臺。九京徒想，邈矣悠哉。

魏故給事中晉陽男元君墓誌銘
君諱孟輝字子明河南洛陽永里人也 太祖平文皇
帝高涼王七世孫祖輔國貞標塞愕領袖舊京作牧幽
川爲朝野所重考驃騎呂武烈承業克隆前緒始遇
高祖深知末爲 世宗心旅桐禁御廿餘載自侍中
至車騎將軍尚書左僕射八遷薨贈驃騎大將軍冀州
刺史君其元子也幼而聰惠生則孝弟永平之季解巾
給事中時始八歲矣有 詔入學聽不朝直季七齊視
衰毀過禮十三丞蔚幾致滅性兄弟少孤善相鞠育友
于之顯蹤迹所聞一負東省十有餘季朝廷呂肆業不
轉君呂樂道不還左琴右書逍遙自得宜控雲轡高步
九万旻天不弔嚴霜夏隊良苗始穎坐賓而落春秋十
有七呂神龜三季三月乙亥朔廿二日丙申終于萬恭
里第是歲也十一月辛未朔十五日乙酉窆于東垣之
陵驃騎同兆也若夫壇柯殖崐之深分葛河誕之潤弁
世山川之封子孫象賢之論足呂播德管弦刊彰篆素
雖懼簡策或虧陵谷易位故勒銘泉石爲不滅之紀其
詞曰
樊侯入贊維周之貞乃祖乃父彌魏之明象賢不絕世
誕其英一匡濟時万里肅平貽厥孫謀及尓君子播構
川河令問求已辟仁若山在智如水宜盡脩期終爲國
擬忽遇永夜冥冥不心哀哉

一四七 魏故給事中晉陽男元君【孟輝】墓誌銘

神龜三年（520）三月二十二日卒，同年十一月辛十五日葬。

誌文22行，滿行20字，楷書。誌石高50.8釐米，寬53.8釐米，河南洛陽出土。

【释文】

君諱孟輝，字子明，河南洛陽恭里人也，太祖平文皇帝高涼王七世孫。祖輔國，貞標蹇愕，領袖舊京，作牧幽州，爲朝野所重。考驃騎，㠯武烈承業，剋隆前緒，始遇高祖深知，末爲世宗心膂。稠□禁御廿餘載，自侍中至車騎将軍、尚書左僕射，八遷。薨贈驃騎大将軍、冀州刺史。君其元子也。幼而聰惠，生則孝弟。永平之季，解巾給事中，時始八歲矣。有詔入學，聽不朝直。季七喪親，哀毀過礼，十三亟罰，幾致滅性。兄弟少孤，善相鞠育，友于之顯，遐迩所聞。一員東省，十有餘季，朝廷㠯肆業不轉，君㠯樂道不遷。左琴右書，逍遥自得，宜控雲轡，高步九万。昊天不弔，嚴霜夏墜，良苗始穎，垂實而落，春秋十有七，㠯神龜三季三月乙亥朔廿二日丙申，終于篤恭里第。是歲也，十一月辛未朔十五日乙酉，窆于東垣之陵，驃騎同兆也。若夫瓊柯殖崐之深，瓜葛河誕之潤，弈世山川之封，子孫象賢之論，足㠯播德管弦，刊彰篆素。猶懼簡策或虧，陵谷易位，故勒銘泉石，爲不滅之紀。其詞曰：

樊侯入贊，維周之貞。乃祖乃父，弼魏之明。象賢不絶，世誕其英。一匡濟時，万里肅平。貽厥孫謀，及尔君子。播構川河，令問不已。譬仁若山，在智如水。宜盡脩期，終爲國擬。忽遇永夜，寘寘不止。哀哉！

一四八 張歡墓誌

神龜三年（520）葬。

誌文2行，滿行7字，楷書。誌石高32釐米，寬15釐米，河北出土。

【释文】

神龜三年易陽縣張鵲孫張歡銘。

一四九 元穆夫人墓誌

神龜年卒。

誌文4行，滿行5字，楷書。誌石高34.1釐米，寬34.1釐米，河南洛陽出土。

【释文】

魏故元穆夫人，河南洛陽人。不幸神龜年疾故。刊石。

一五〇 安憙僧達法度磚銘

正光元年（529）八月十四日葬。

誌文3行，滿行7字，楷書。誌石高23釐米，寬16釐米，河北定縣出土。

【释文】

正光元年八月十四日，安憙達法度銘。

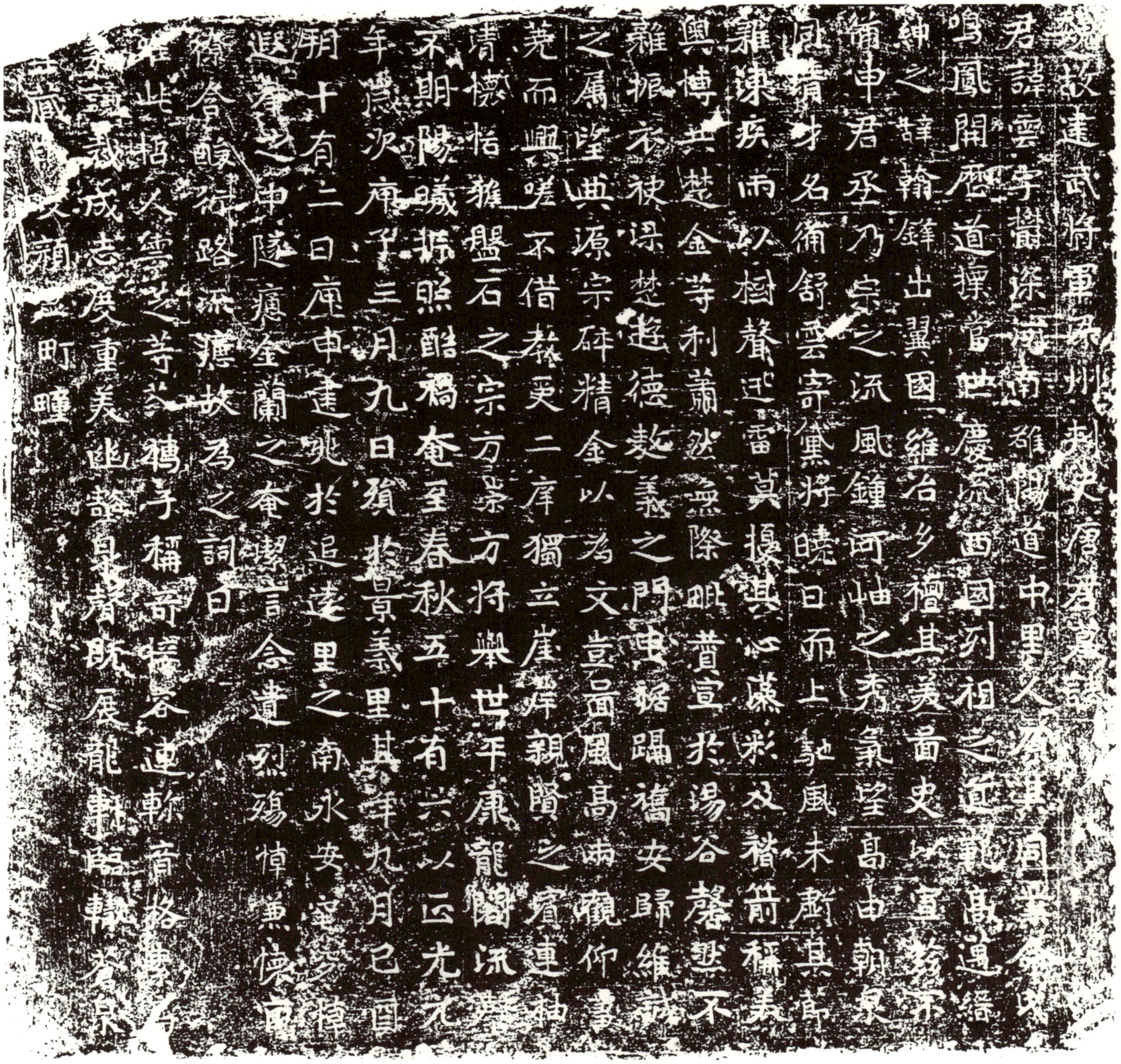

一五一 魏故建武将軍梁州刺史唐君【雲】墓誌

正光元年（520）三月九日卒，同年九月十二日葬。

誌文 20 行，滿行 20 字，楷書。誌石高 46 釐米，寬 46 釐米，河南洛陽出土。

【释文】

君諱雲，字鬱深，河南雒陽道中里人。源其同業命氏，鳴鳳開歷，道標當世，慶流西國。列祖之道覲高邁，縉紳之辞翰鋒出，翼國維冶，鄉禮其美，啚史以宣，兹不備申。君承乃宗之流風，鍾河岫之秀氣，望高由朝，泉同清才，名備舒雲。寄黛将曉日而上馳風，未虧其節，雜涷疾雨以樹聲，迅雷莫擾，其心藻彩。及秋箭稱美，奥博共楚金等利，蕭然無際，毗贊宣於湯谷，馨然不雜，振衣袂梁楚，游德敖義之門，身裾躡□，安歸維誠之屬，望典源宗，碎精金以為文。豈啚風高兩觀，仰莪蕘而興嗟。不借教受，二庠獨立。崖岸親賢之賓連袖，清懷恬雅，磐石之宗方崇，方将舉世平康，龍閣流馨。不期陽曦振照，酷禍奄至，春秋五十有六，以正光元年歲次庚子三月九日，殞於景義里。其年九月己酉朔十有二日庚申，建兆於追遠里之南，永安窀穸。悼遐峰之中隨，痛金蘭之奄潔，言念遺烈，殤悼兼懷，□僚含酸，行路流痛，故為之詞曰：

唯此哲人，雲芝等芬；孺子稱奇，愔容連軫。音格素□，義讓裁成；志度重美，幽壑泉聲。既展龍軒，臨轍蒼泉；□藏武文，颜虚町疃。

一五二 魏故齊郡韓府君【玄】墓誌銘

神龜二年（519）十一月二十六日卒，正光元年（520）十月二十一日葬。

誌文15行，滿行18字，楷書。誌石高46釐米，寬37釐米，出土地不詳。

【释文】

□□□，□澄寂，齊郡臨菑人也。漢故司徒公□□十世之孫。根胄新平，流移齊土，閨門孝□，從邑□誇。籍甚聲騰，遐迩矚望，文武兼懷，功績班宣。大魏永平初，新除臨菑令，未久遷□□除齊郡。降年不永，春秋八十二，神龜二年冬十一月廿六日卒。正光元年歲次庚子十月辛丑朔廿一日□□□臨菑南逢山之□阿。大夜無竟，長冥□□，□□□□，傳華□□。其辭曰：

猗歟名族，世範流馨；孝□□神，祀允單誠。□□□心，泛□抽情，□□□桀，□松如楨。穆□神儀，□□□□；蔚若蘭馥，□□霧□。卓爾□標，名甚□□；□□□月，和序允剋。榮蒞齊□，生民仰德；□□□□，□潛幽□。

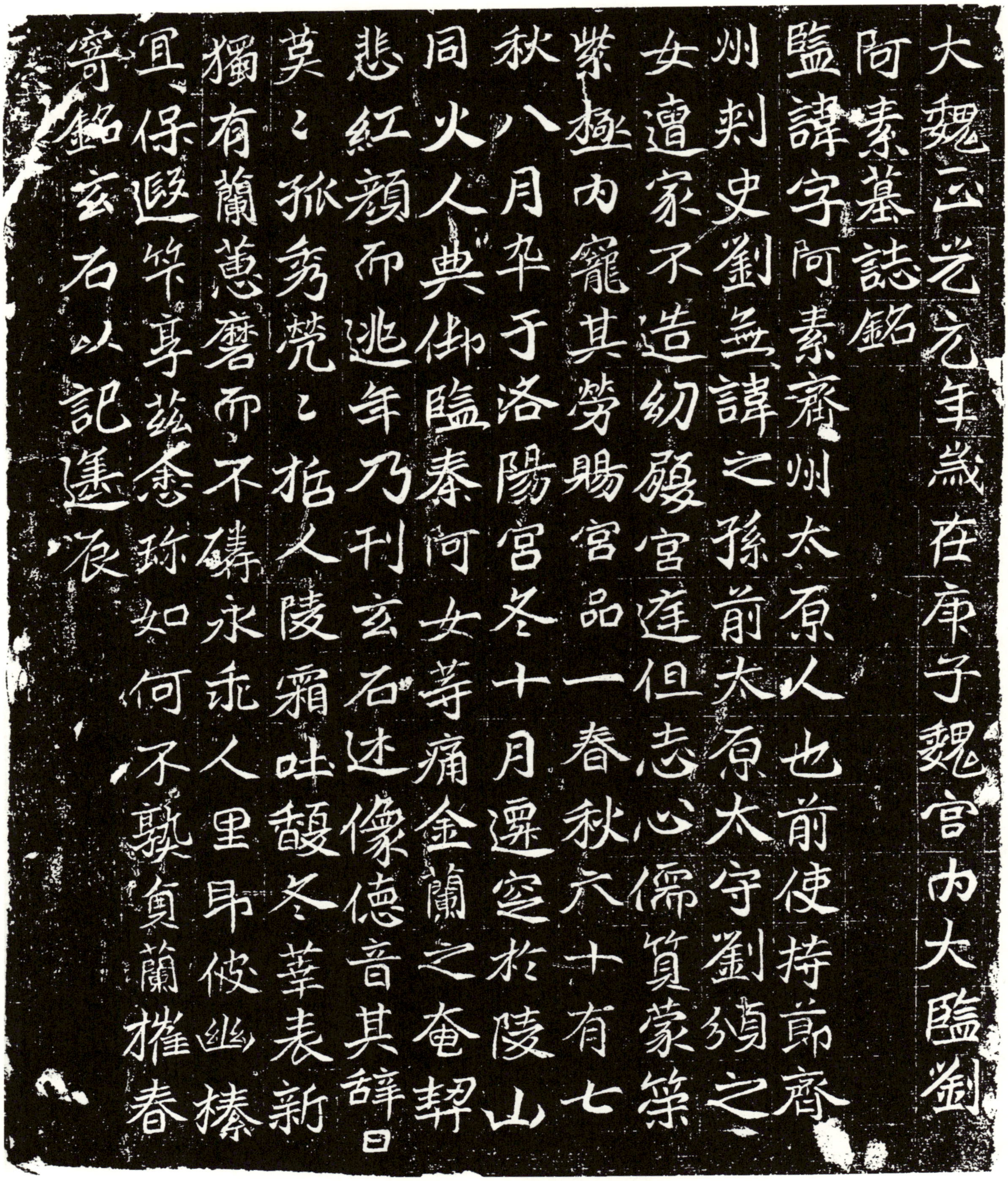

大魏正光元年歲在庚子魏宮内大監劉
阿素墓誌銘
監諱字阿素齊州太原人也前使持節齊
州刺史劉無諱之孫前太原太守劉須之
女遭家不造幼履宮廷但志心儒質蒙策
紫極内寵其勞賜宮品一春秋六十有七
秋八月卒于洛陽宮冬十月遷窆於陵山
同火人典御監秦阿女等痛金蘭之奄契
悲紅顏而逃年乃刊玄石述像德音其辭曰
莫ゝ孤秀煢ゝ指人陵霜吐馥冬華表新
獨有蘭蕙磨而不磷永乖人里早彼幽榛
宜ゝ保遐筭享茲悆珎如何不孰負蘭摧春
寄銘玄石以記遙哀

一五三 大魏正光元年歲在庚子魏宮内大監劉阿素墓誌銘

正光元年（520）歲在庚子八月卒，同年十月葬。

誌文13行，滿行16字，楷書。誌石高45釐米，寬36釐米，河南洛陽出土。

【释文】

監諱，字阿素，齊州太原人也。前使持節、齊州刺史劉無諱之孫，前太原太守劉颁之女。遭家不造，幼履官庭，但志心儒質，蒙策紫極，内寵其勞，賜官品一。春秋六十有七，秋八月卒于洛陽宫，冬十月遷窆於陵山。同火人典御監秦阿女等，痛金蘭之奄契，悲紅顏而逃年，乃刊玄石，述像德音。其辞曰：

英英孤秀，煢煢哲人。陵霜吐馥，冬華表新。獨有蘭蕙，磨而不磷。永乖人里，即彼幽榛。宜保遐算，享兹悆珍。如何不熟，貞蘭摧春。寄銘玄石，以記遥辰。

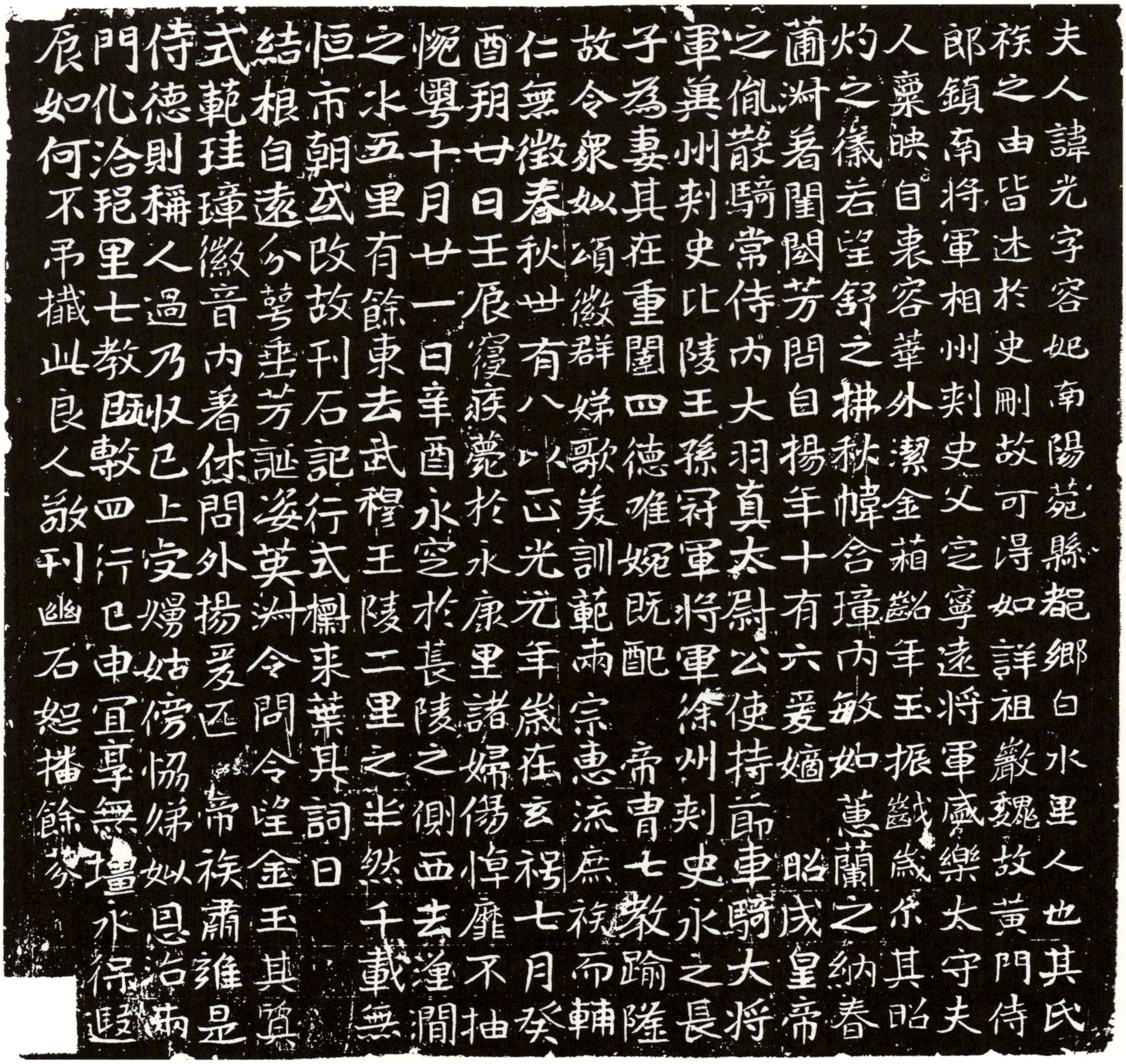

夫人諱光字容妃南陽菀縣趙鄉白水里人也其氏
族之由皆述於史删故可得如詳祖徽魏故黄門侍
郎鎮南将軍相州刺史父定寧遠将軍廣樂太守夫
人稟暎自衷容華外潔金葙谿年玉振戲歲尓其昭
灼之儀若望舒之拂秋幃含瑋內敏如蕙蘭之納春
薗澍着閨閫芳問自揚年十有六爰嬪 昭成皇帝
之偘散騎常侍內大羽真太尉公使持節車騎大将
軍冀州刺史比陵王孫冠軍将軍徐州刺史永之長
子為妻其在重闈四德唯婉既配 帝胄七教踰隆
故令衆姒頌徽群娣歌美訓範兩宗惠流庶族而輔
仁無徵春秋卌有八以正光元年歲在玄枵七月癸
酉朔廿日壬辰寢疾薨於永康里諸婦傷悼靡不抽
惋粤十月廿一日辛酉永窆於長陵之側西去瀍澗
之水五里有餘東去武穆王陵二里之半然千載無
恒市朝或改故刊石記行式欄来葉其詞曰
結根自遠分蕚垂芳誕姿英澍令問令望金玉其質
式範珪璋徽音內着休問外揚爰匹 帝族肅雍是
侍德則稱人過乃收己上安嫞姑傍協娣姒恩洽兩
門化洛汜里七教熙敷四行已申宜享無疆永保遐
辰如何不弔殲此良人敬刊幽石旣播餘芬

一五四 趙光墓誌

正光元年（520）七月二十日卒，同年十月二十日葬。誌文20行，滿行20字，楷書。誌石高44.5釐米，寬44.8釐米，河南洛陽出土。

【释文】

夫人諱光，字容妃，南陽菀縣䢵鄉白水里人也。其氏族之由，皆述於史冊，故可得如詳。祖巖，魏故黃門侍郎、鎮南将軍、相州刺史。父定，寧遠将軍、盛樂太守。夫人稟映自衷，容華外潔，金箱齠年，玉振齓歲。尔其昭灼之儀，若望舒之拂秋幃；含璋內敏，如蕙蘭之納春圃。淑著閨闥，芳問自揚。年十有六，爰嫡昭成皇帝之胤、散騎常侍、內大羽真、太尉公、使持節、車騎大将軍、冀州刺史、比陵王孫、冠軍将軍、徐州刺史永之長子為妻。其在重闈，四德唯婉；既配帝胄，七教踰隆。故令衆娰頌徽，群娣歌美，訓範兩宗，惠流庶族。而輔仁無徵，春秋卅有八，以正光元年歲在玄枵七月癸酉朔廿日壬辰，寢疾薨於永康里。諸婦傷悼，靡不抽惋。粤十月廿一日辛酉，永窆於蒖陵之側，西去瀍、澗之水五里有餘，東去武穆王陵二里之半。然千載無恒，市朝或改，故刊石記行，式標来葉。其詞曰：

結根自遠，分萼垂芳；誕姿英淑，令問令望。金玉其質，式範珪璋；徽音內著，休問外揚。爰匹帝族，肅雍是侍；德則稱人，過乃收已。上虔舅姑，傍協娣娰；恩沾兩門，化洽𢒀里。七教既敷，四行已申；宜享無疆，永保遐辰。如何不弔，殲此良人；敬刊幽石，娰播餘芬。

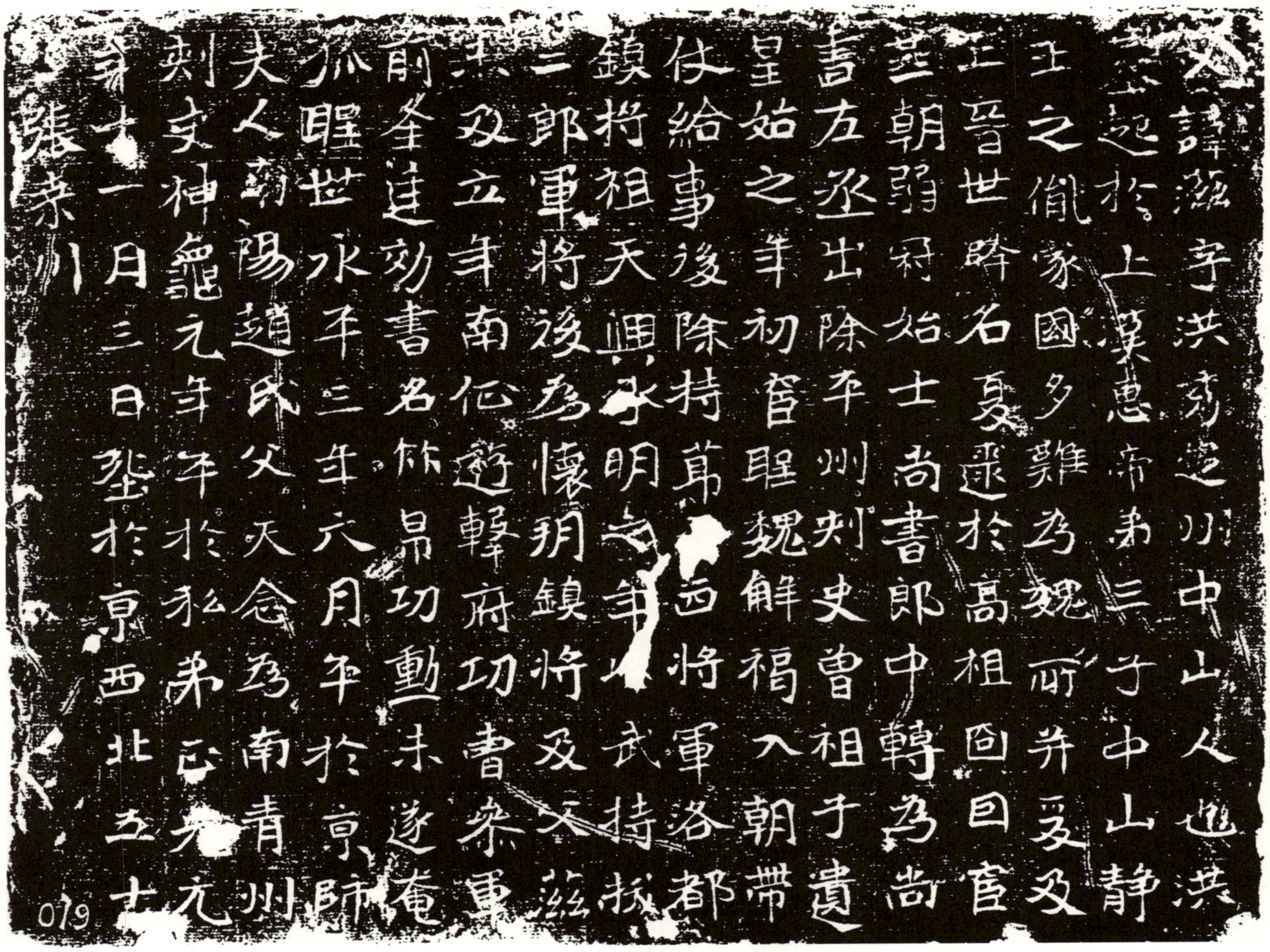

一五五　劉滋墓誌

永平三年（510）六月卒，正光元年（520）十一月三日葬。

誌文17行，滿行13字，楷書。誌石高27.1釐米，寬34釐米，河南洛陽出土。

【释文】

父諱滋，字洪秀，定州中山人也。洪基起於上漢，惠
帝第三子中山静王之胤。家國多難，為魏所并，爰及
亡晉，世辟名夏。逮於高祖囧，因宦燕朝，弱冠始（士）
［仕］尚書郎中，轉為尚書左丞，出除平州刺史。曾
祖子遺，皇始之年，初宦聖魏，解褐入朝，帶仗給事，後
除持節、平西将軍、洛都鎮将。祖天興，承明之年以
武特拔三郎軍将，後為懷朔鎮将。及父滋，未及立年，南
征遊擊府功曹參軍，前（夆）［鋒］建效，書名竹帛。功
勳未遂，奄孤聖世。永平三年六月，卒於京師。夫人
南陽趙氏，父天念，為南青州刺史。神龜元年卒於私
第。正光元年十一月三日，葬於京西北五十☐張桑川。

魏故鎮遠將軍安州刺史元[illegible]成公墓誌銘
君諱賭字多寶司州[illegible]人烈祖道武皇帝之玄孫
大宗明元皇帝之[illegible]武皇帝之弟孫侍中使持節
都督秦雍涇涼[illegible]府儀同三司衛大將軍長安鎮
都大將雍州刺史[illegible]孫侍中使持節都督冀定幽相四
州諸軍事開府儀同三司衛大將軍定州刺史樂安簡王之子[illegible]
繼從伯持節安南將軍[illegible]鎮都大將建寧㦤王之後君殖冥根
於幽極[illegible]中和以誕生承累葉之重光繼百代而不已幼如孝弟
仁義倫舉故松開寸葉已有通霜之狀長懷節儉恒守[illegible]雲之志
岳挺淵深獨拔不群之操內含虬虎之資不以[illegible]達爲慕太和中
高祖孝文皇帝以君宗尊守素策拜虎賁中郎將辭不獲已晚恭
朝命俄還威遠將軍統軍鎮援壽春玄策遠謀出自天機故能
振威淮楚使江湘夏[illegible]獻寧汳野令弱北知春西戎梁益岷蜀高
其義旋環闤闠翰廷稱其仁是以延昌二年世宗宣武皇帝以
君功績徽流擢爲陳郡太守臨政六載移風易俗限滿旋都民懷
遺路之泣昔卜商能正於西河午倫善治於會稽以古況今爲是
爲踰隊翮未終高風已憩春秋六十有七以神龜三年歲次庚子
四月甲辰朔廿六日己巳寢疾薨于第易名有典追贈鎮遠將軍
安州刺史謚曰成正光元年十一月十四日卜窆于景陵東阿步
龍之罔刊石勒誌遂作頌曰
魏魏帝構鬱鬱王基盤宗屬緒懋德聯暉寬恭敏直柔信宣慈逸
襟曠舉迈气遐飛出[illegible]黄[illegible]館[illegible]禁旅三龍戎衣宣化
杖[illegible]旬報政陳[illegible]民俗[illegible]紹[illegible]被歸善仁莫輔報施[illegible]賦風驟迅
[illegible]葉下霜[illegible]已陵宿草[illegible]之勤榮錫空[illegible]

一五六 魏故鎮遠將軍安州刺史元□□【賭】成公墓誌銘

神龜三年（520）四月二十六日卒，正光元年（520）十一月十四日葬。

誌文24行，滿行25字，楷書。誌石高68.51釐米，寬67.5釐米，河南洛陽出土。

【释文】

君諱晪，字多寶，司州河南洛陽人。烈祖道武皇帝之玄孫，太宗明元皇帝之□□也。□祖太武皇帝之弟孫，侍中、使持節、都督秦雍涇梁益五州□□事、開府儀同三司、衛大將軍、長安鎮都大将、雍州刺史、樂□□王之孫。侍中、使持節、都督冀定幽相四州諸軍事、開府儀同三司、衛大将軍、定州刺史、樂安簡王之子。旨繼從伯持節安南将軍、虎牢鎮都大将、建寧哀王之後。君殖冥根於幽極，任中和旨託生，承累葉之重光，繼百代而不已。幼如孝弟，仁義備舉。故松開寸葉，已有通霜之狀；長懷節儉，恒守風雲之志。岳挺淵深，獨拔不羣之操，内含虬虎之資，不旨士達為慕。太和中，高祖孝文皇帝旨君宗尊守素，策拜虎賁中郎将，辭不獲已，晚恭朝命。俄遷威遠将軍，統軍鎮援壽春，玄算遠謀，出自天機。故能振威淮楚，使江湘夏雪；厭寧沃野，令弱北知春。西戎梁益，岷高其義；旋瓔省闥，朝廷稱其仁。是旨延昌二季，世宗宣武皇帝旨君功績徽流，擢為陳郡太守。臨政六載，移風易俗，限滿旋都，民懷遮路之泣。昔卜商能正於西河，午倫善治於會稽，旨古况今，焉足為踰。峻翮未終，高風巳憩。春秋六十有七，以神龜三季歲次庚子四月甲辰朔廿六日己巳寢疾，薨于第。易名有典，追贈鎮遠将軍、安州刺史，謚曰成。正光元季十一月十四日，卜窆于景陵東阿步龍之剄。刊石勒誌，迺作頌曰：

巍巍帝構，鬱鬱王基，盤宗屬緒，懋德聯暉。寬恭敏直，柔信宣慈，遥襟曠舉，逸气遐飛。出辭黄館，入事丹闈，再兼禁旅，三襲戎衣。宣化楚甸，敷政陳畿，民俗載緝，冊望攸歸。善仁莫輔，報施多欺，風驅迅□，葉下霜時。重泉巳閟，宿草方衰，□□徒勒，榮錫空追。

一五七 魏故鎮南長史王府君【曦】墓誌

正光元年（520）九月十三日卒，同年十一月十四日葬。誌文18行，滿行35字，楷書。誌石高64釐米，寬37.5釐米，河南洛陽出土。

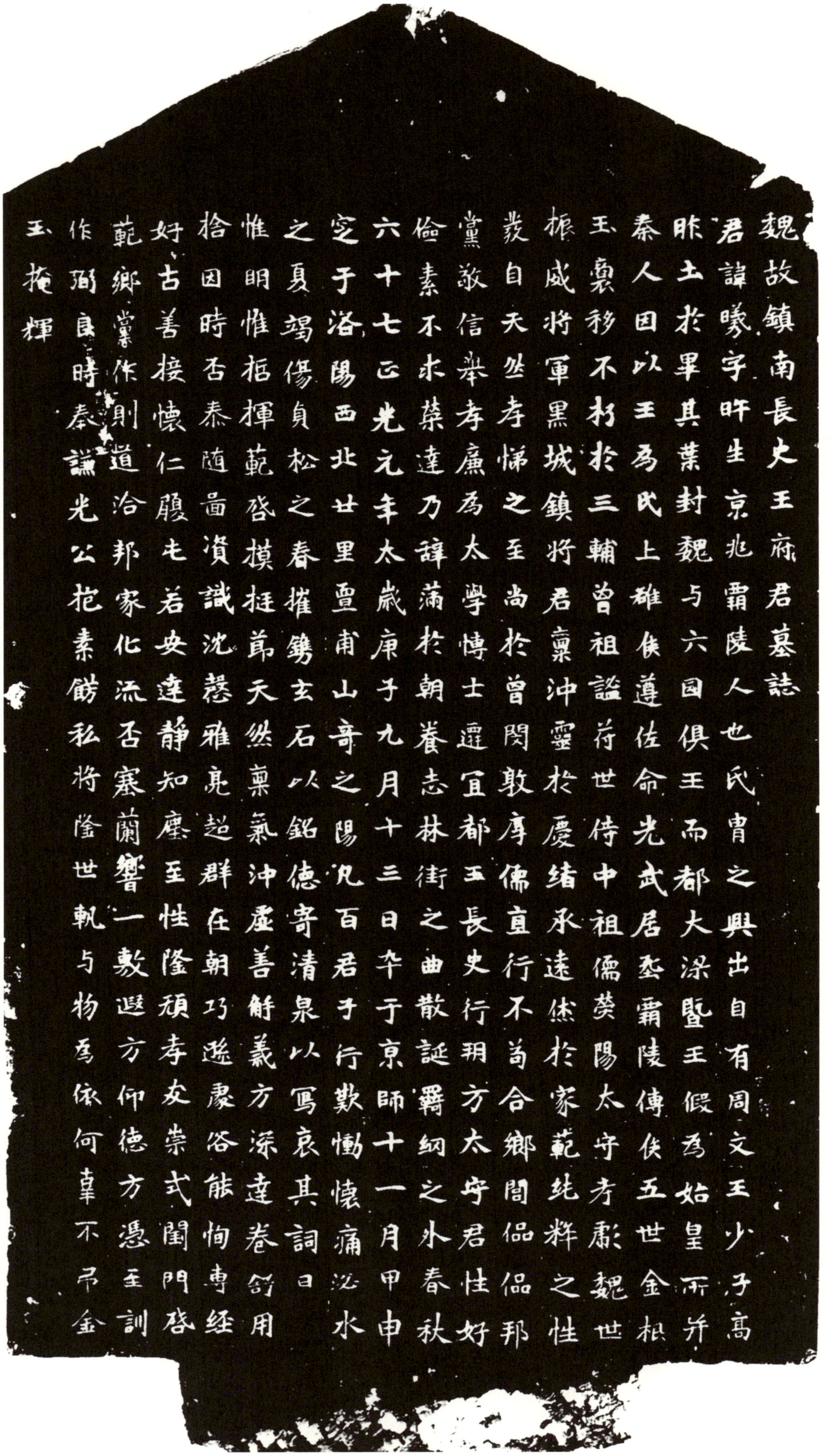

魏故鎮南長史王府君墓誌
君諱曦字昕生京兆霸陵人也氏胄之興出自有周文王少子高
肰土於畢其葉封魏与六國俱王而都大梁暨王假為始皇所并
秦人因以王為氏上雒侯遵佐命光武居丕霸陵傳侯五世金根
玉褭移不於三輔曾祖謐荷世侍中祖儒滎陽太守考彪魏世
振威將軍黑城鎮將君稟沖靈於慶緒承遠休於家範純粹之性
表自天然孝悌之至尚於曾閔敦序儒直行不苟合鄉閭偘偘邦
黨敬信舉孝廉為太學博士遷宜都王長史行朋方太守君性好
儉素不求榮達乃辭藩於朝養志林衢之曲散誕羇絅之外春秋
六十七正光元年太歲庚子九月十三日卒于京師十一月甲申
窆于洛陽西北廿里豊甫山奇之陽凡百君子行歎慟懷痛泌水
之夏竭傷貞松之春摧鐫玄石以銘德寄清泉以寫哀其詞曰
惟明惟哲揮範啓模挺節天然稟氣沖虛善解義方深達卷舒用
捨因時否泰隨面資識沈懿雅亮超群在朝巧遜處俗能恂專經
好古善接懷仁腹乇若安達靜知麼至性隆碩孝友崇式閨門啓
範鄉黨作則道洽邦家化流否塞蘭響一敷遐方仰德方憑王訓
作弼良時奉謀光公花素餞私將隆世軌与物為依何皐不吊金
玉掩輝

【释文】

君諱曦，字昕生，京兆霸陵人也。氏胄之興，出自有周。文王少子高，胙土於畢，其葉封魏，与六國俱王而都大梁。暨王假為始皇所并，秦人因以王為氏。上雒侯遵，佐命光武，居葬霸陵，傳侯五世，金根玉裔，移不朽於三輔。曾祖謐，苻世侍中。祖儒，熒陽太守。考彪，魏世振威将軍、黑城鎮将。君稟沖靈於慶緒，承遠休於家範。純粹之性，發自天然；孝悌之至，尚於曾閔。敦厚儒直，行不苟合；鄉閭偘偘，邦黨敬信。舉孝廉，為太學博士，遷宜都王長史，行朔方太守。君性好儉素，不求榮達，乃辭滿於朝，養志林街之曲，散誕羈綱之外。春秋六十七，正光元年太歲庚子九月十三日卒于京師。十一月甲申，窆于洛陽西北廿里亶甫山奇之陽。凡百君子，行嘆慟懷，痛泌水之夏竭，傷貞松之春摧。鐫玄石以銘德，寄清泉以寫哀。其詞曰：

惟明惟哲，揮範啟模。挺節天然，稟氣沖虛。善解義方，深達卷舒。用捨因時，否泰隨啚。資識沈愨，雅亮超群。在朝巧遜，處俗能恂。專經好古，善接懷仁。履屯若安，達静知塵。至性隆規，孝友崇式。閨門啟範，鄉黨作則。道洽邦家，化流否塞。蘭響一敷，遐方仰德。方憑至訓，作弼良時。奉謙光公，抱素餝私。将隆世軌，与物為依。何辜不弔，金玉掩輝。

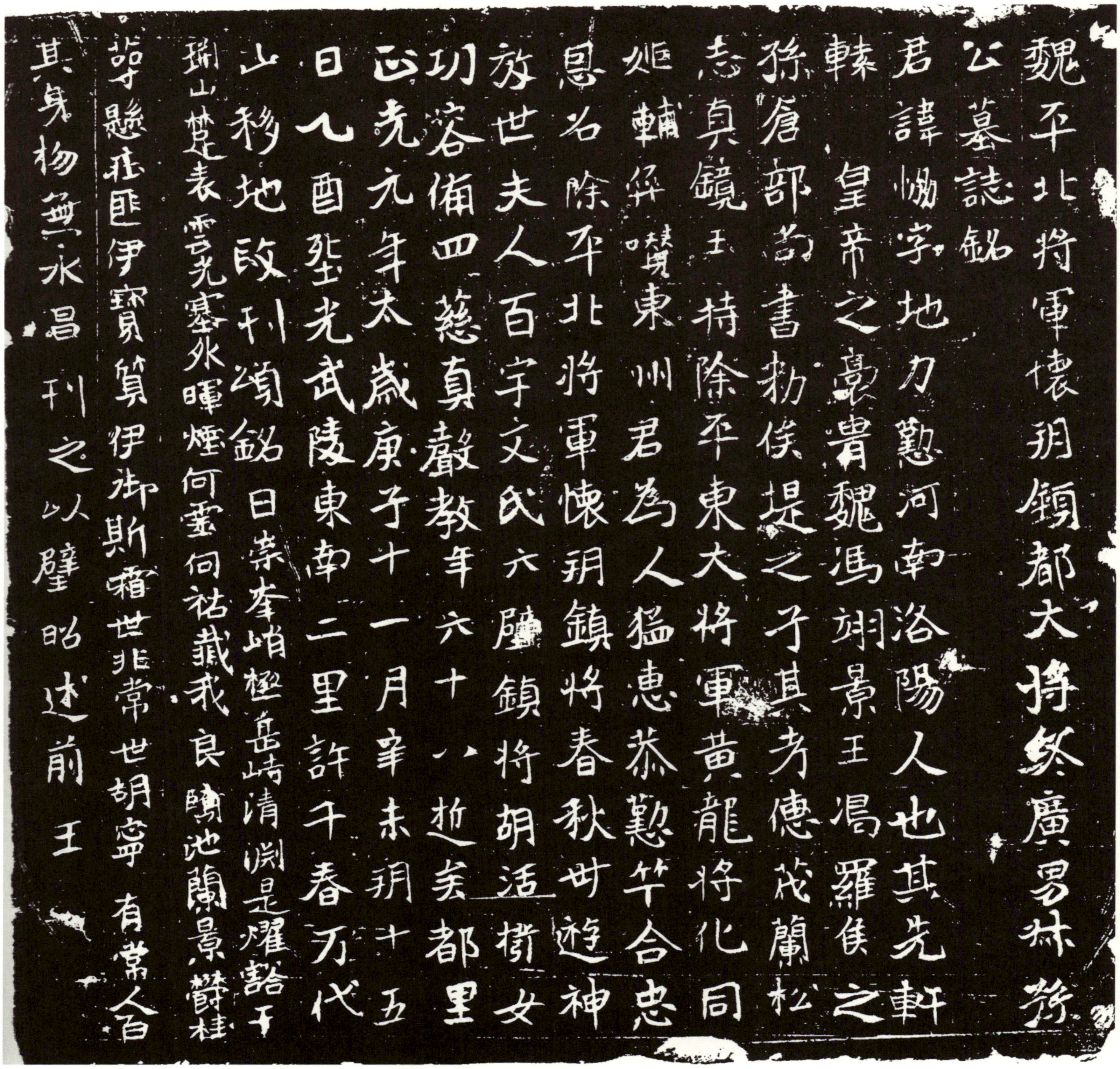

一五八 魏平北将軍懷朔鎮都大将終廣男叔孫公【協】墓誌銘

正光元年（520）十一月十五日葬。

誌文16行，行字數不等，楷書。誌石高37.1釐米，寬37.1釐米，河南洛陽出土。

【释文】

君諱協，字地力懃，河南洛陽人也。其先軒轅皇帝之裔胄。魏馮翊景王渴羅侯之孫，倉部尚書敕侯堤之子。其考德茂蘭松，志真鏡玉，特除平東大将軍、黄龍将。化同姬輔，弈贊東州。君為人猛惠恭懃，算合忠恩，召除平北将軍、懷朔鎮将。春秋卅，遊神放世。夫人百宇文氏，六壁鎮将胡活撥女，功容備四，慈真聲教，年六十八，逝矣都里。正光元年太歲庚子十一月辛未朔十五日乙酉，葬光武陵東南二里許。千春万代，山移地改，刊頌銘曰：

崇峯峭極，岳峙清淵。是耀，壑干荆山。楚表雲光，塞外暉煙。何靈何祐，殲我良賢。池蘭景鬱，桂蕚懸莊。匪伊寶質，伊御斯霜。世非常世，胡寧有常。人百其身，物無永昌。刊之以璧，昭述前王。

魏故持節左將軍平州刺史宜陽子司馬使
君墓誌銘
君諱昞字景和河內溫人也晉武帝之八世
孫淮南王播之曾孫魏平北將軍四州鎮太
將魚陽郡宜陽子興之子先室乇離宗□公
君乃祖歸國賞以令爵弈世承華仕葉孫著
君有拔群之奇挺世之用神風魁崖機悟高
絕少被朝命為奉朝請拔王主簿負外散騎
侍郎給事中從驃騎府上佐遷楊州車騎大
將軍府長史帶梁郡太守在邊有肆略之稱
轉授清河內史此郡名重特以人舉不幸遇
疾以正光元年七月廿五日薨於河內城朝
廷追美詔贈持節左將軍平州刺史非左行
感時熟能若此以庚子之年□朽之月廿六
日丙申塟於本鄉溫城西十五都鄉孝義之
里刊石誌文而為辞曰
君侯烈烈王孫金聲高風悍悍屢歷徽榮奄
然辤仕沒有餘馨鐫茲泉石用銘□負

一五九

魏故持節左將軍平州刺史宜陽子司馬使君【昞】墓誌銘

正光元年（520）七月二十五日卒，同年十一月二十六日葬。

誌文18行，滿行17字，楷書。誌石高54釐米，寬57釐米，河南溫縣出土。

【释文】

君諱昞，字景和，河内温人也。晉武帝之八世孫，淮南王播之曾孫，魏平北将軍固州鎮大将魚陽郡宜陽子興之子。先室屯離，宗□分否，乃祖歸國，賞以今爵。奕世承華，休榮弥著。君有拔群之奇，挺世之用，神風魁崖，機悟高绝。少被朝命，為奉朝請牧王主簿員外散騎侍郎给事中，從驃驤府上佐，遷楊州車騎大将軍府長史，帶梁郡太守。在邊有暐略之稱。轉授清河内史。此郡名重，特以人舉。不幸遇疾，以正光元年七月廿五日薨於河内城。朝廷追美，詔贈持節左将軍平州刺史。非至行感時，孰能若此。以庚子之年□枵之月廿六日丙申葬於本鄉温城西十五都鄉孝義之里。刊石誌文而為辞曰：

君侯烈烈，玉操金聲，高風愕愕，屢歷徽榮。奄然辞往，没有餘馨，鐫兹泉石，用銘休貞。

一六〇 李璧墓誌碑陽

神龜二年（519）二月二十一日卒，正光元年（520）十二月二十一日葬。

誌文33行，滿行31字，楷書。誌石高85釐米，寬85釐米，河北景縣出土。

【释文】

君諱璧，字元和，勃□條□□□鄉吉□□□也。其先□耳，□經於衰周。靈櫞神葉，輝弓劒於盛漢，載□□□，故餘□□。高祖司空，道協當時，行和州國，登翼王庭，風華帝閣。曾祖尚書，操履清白，鑒同水鏡，銓品燕朝，聲光龍部。祖東莞，乘榮違世。考齊郡，養性頤年。竝連芳遞映，繼寶相輝。君締靈結彩，維山育性，韻宇端華，風量淵遠，俶儻不羈，魁岸獨絶，猛氣煙張，雄心泉涌，藝因生機，學師心曉。少好春秋左氏傳，而不存章句，尤愛馬班兩史，談論事意，略無所違。性嚴毅，簡得言，工賞要，善尺牘。年十六，出膺州命，為西曹從事。十八舉秀才，對策高第，入除中書博士。譽溢一京，聲輝二國。昔晉人失馭，群書南徙。魏因沙鄉，文風北缺。高祖孝文皇帝追悦淹中，遊心稷下，觀書亡落，恨閲不周，與為連和，規借完典。而齊主昏迷，□□天意。為中書郎王融思狎淵雲，韻乘琳瑀，氣轢江南，聲蘭岱北，聳調孤遠，□賞絶倫，遠服君風，遥深紵縞，啟稱在朝，宜借副書。轉授尚書南主客郎，遷浮陽太守。分竹一邦，績輝千里。以母憂去任，戚深孺慕。服闋，中軍大将軍、彭城王翼陪鑾駕，振旆荊南，召君為皇子掾。參筭戎旅，謀協主襟。府□除司空掾。毗贊□階，增徽鼎味，每辭父老，申求鄉禄。高陽王親同魯衛，義齊分陜，出鎮冀岳，作牧□燕。除皇子别駕，兼護清河、勃海、長樂三郡，衣□遊鄉，物情影附，既而謡落還私，卧侍閑宇。京兆王作蕃海服，問鼎冀川，君逆鑒禍機，潛形河外。鎮東李公出□□北，都督六州，掃清叛命，復召君兼别駕，督護樂陵郡。君心希禄養，復乞史住，州頻表言，朝心未允。于時政出權門，事由外戚，君千里遥書，群公交轍，坐使諸王，情深□託。尋丁艱窮，沉哀鄉地，栖遊漳里廿餘年。是故零員亡次，落緒失源，妖賊大乘，勢連海右。州牧蕭玉，心危懸旆，聞君在邦，人情敬忌，召兼撫軍府長史，加鎮遠将軍、□道别将。衆裁一旅，破賊千群，漳東妖醜，望旗烏散。太傅清河王外膺上台，内荷遺輔，權寵攸歸，勢傾京野，妙簡才賢，用華朝望，召君太尉府諮議參軍事。獻贊槐庭，風輝天閣，雖希逸之佐廣陵，無以過也。天道芒昧，報善無聞，不幸遘疾，春秋六十，以魏神龜二年歲己亥春二月辛亥朔廿一日辛未，卒於洛陽里之宅。正光元年冬十二月廿一日，還葬冀州勃海郡條縣南古城之東堈。山壟之體，義兼遷缺，勒金石於泉阿，令聲猷而不滅。其辭曰：

至人窅眇，理絶名況；伊君之先，江海匪量。潛魂柱下，飛聲泗上；訓丘教僖，玄言以暢。靈櫞神葉，傳芳不已；漳海降祥，篤生夫子。學貫丘傳，藝洞遷史；觀物昭心，聞風曉理。賓王流譽，昇名鸞池；齊依江澳，魏薄桑湄。榮風未曙，雲長已知；登員憲省，分竹海湄。投影台庭，披繡還鄉；物情聳附，賓友生光。鞆擊大乘，猛氣煙張；獻軌宰門，槐風增芳。嗚呼天道，芒昧靡分，空傳餘慶，報善無聞。遥途未亢，逸影已淪；骨落青松，魂追白雲。無常之理，義兼山塜；釋之諫漢，文□心動。汲塋紀襄，魯墳旌孔；鐫銘泉陰，永昭芳涌。

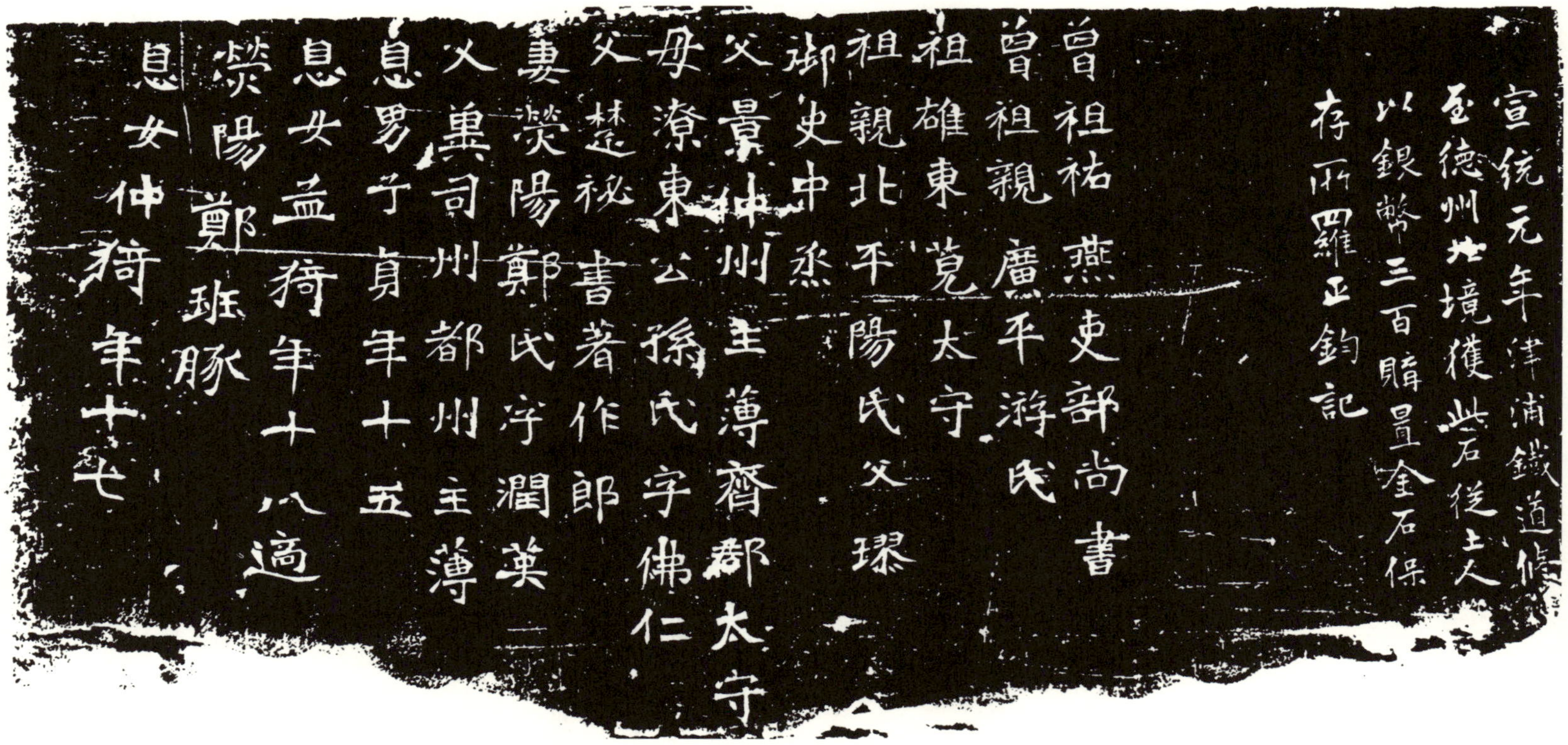

一六一　李璧墓誌碑陰

神龜二年（519）二月二十一日卒，正光元年（520）十二月二十一日葬。

誌文14行，滿行12字，楷書。誌石高85釐米，寬85釐米，河北景縣出土。

【释文】

宣统元年津浦鐵道修至德州北境獲此石，從土人以銀幣三百購置金石保存所，羅正鈞記。

曾祖祐，燕吏部尚書；曾祖親廣平游氏。祖雄，東莞太守；祖親北平陽氏，父璆，御史中丞。父景仲，州主簿、齊郡太守；母遼東公孫氏，字佛仁，父楚秘書，著作郎。妻滎陽鄭氏，字潤英，父冀，司州都州主簿。

息男子貞，年十五。息女孟猗，年十八，適滎陽鄭班豚。息女仲猗，年十七。

魏故世宗宣武皇帝第一貴嬪夫人司馬氏墓誌銘
夫人諱顯姿河內溫人豫州刺史烈公之第三
女也其先有晉之苗胄矣曾祖司徒琅邪貞王継芳績於
晉代祖司空康王播休譽於恒朔父烈公以才英傳舉流
清譽於司洛扶獻南藩振雷聲於豫夫人承聯華之妙
气育窈窕之靈姿閑淑發于髫年四德成於笄歲至於婉
娩纖紃早譽宗閨潔曰貞專遠聞天闕 帝欽其令問
正始初敕遣長秋納爲貴嬪夫人彼歸蕃心能成百兩之
禮潮那常清弗失蕭覃之訓虔心奉后令江汜再興下撫
嬪御使蠡斯重任 帝觀其無嫉之懷感其罔怨之志未
幾遷命爲第一貴嬪夫人自 世宗昇遐情毀過禮食减
重膳衣不色帛方當母訓衆媵班軌南宮而仁順無徵春
秋卅正光元年十二月十九日薨于金墉二年歲次辛丑
二月己亥朔廿二日庚申倍葬景陵六宮痛惜乃作神銘
其詞曰
瑜生高嶺寶育洪淵世隆道貴乃長貞賢情陵玉潔志厲
冰堅彰婉哥歲顯淑笄年翔鳴随野聲聞上日尸鳩在帷
累刃欽質靈龜定祥長秋納吉之子彼歸宜其帝室作
注天江雖勞靡愠如彼關雎哀如不傷心喝衆嬪嗟然斯
順小星重風蠡斯再訓既明善始當保令終如何不吊奄
謝清融形歸長夜魄返餘風勒銘玄石寄頌泉宮

一六二 魏故世宗宣武皇帝第一貴嬪夫人司馬氏【顯姿】墓誌銘

正光元年（520）十二月十九日卒，正光二年（521）二月二十二日葬。

誌文21行，滿行22字，楷書。誌石高67.2釐米，寬67.2釐米，河南洛陽出土。

【释文】

夫人諱顯姿，河内温人。豫郢豫青四州刺史烈公之第三女也。其先有晉之苗胄矣。曾祖司徒、琅邪貞王，垂芳績於晉代；祖司空、康王，播休譽於恒朔。父烈公，以才英儁舉，流清響於司洛；杖鉞南藩，振雷聲於郢豫。夫人承聯華之妙气，育窈窕之靈姿，閑淑發於髫秊，四德成於笄歲。至於婉娩織紃，早譽宗閨；潔白貞專，遠聞天閣。帝欽其令問，正始初敕遣長秋，納為貴華。夫人攸歸構止，能成百兩之禮；澣服常清，弗失葛覃之訓。虔心奉后，令江汜再興；下撫嬪御，使螽斯重作。帝觀其無娼之懷，感其罔怨之志。未幾，遷命爲第一貴嬪。夫人自世宗昇遐，情毀過禮，食減重膳，衣不色帛。方當母訓衆媵，班軌兩宫，而仁順無徵，春秋卅，正光元秊十二月十九日，薨于金墉。二秊歲次辛丑二月己亥朔廿二日庚申，倍葬景陵。六宫痛惜，乃作神銘。其詞曰：

瑜生高嶺，寶育洪淵，世隆道貴，乃長貞賢。情陵玉潔，志辱冰堅，彰婉奇歲，顯淑笄秊。翔鳴陋野，聲聞上日，尸鳩在帷，累功欽質。靈龜定祥，長秋納吉，之子攸歸，宜其帝室。作注天江，雖勞靡愠，如彼關雎，哀如不悋。心囑衆嬪，嘒然斯順，小星重風，螽斯再訓。既明善始，當保令終，如何不弔，奄謝清融。形歸長夜，魄返餘風，勒銘玄石，寄頌泉宫。

魏故東荊州長史征虜將軍潁川太守穆君墓誌銘
君諱纂字紹業洛陽人也侍中太尉公黃鉞將軍宜都貞公崇之後
冠軍將軍散騎常侍正國之孫司徒左長史駙馬都尉長成之子高
祖洛岌登太尉而七曜貞明曾祖壽乃作司徒而五品剋遜其德祉
蔵蕤洪勳彰晒既陸離於篆素不復具詳焉君資岳瀆之秘靈體重
明之純粹挺琳琅以秀影蘊衆美而成妙至如孝蹈江夏信重黃金
百練不銷九言尅慎固自多如君成形於岐嶷矣皇子高陽王之爲
太尉公盛簡門彥以備行叅軍時有結駟而求者君高挽而應顯命
又爲荊州刺史桓叔興亳夷狂敎背國重恩歸投僞主時召君爲東
荊長史加前將軍統軍追賊君弛叉振武塩衆感恩士不銜枚而自
嘿馬聞秣而能強追戰尅捷擒尸掩路君又好文而能武文隨風舉
武逐雲奔若乃鋒談電飛興連雲水皆稟然巧妙辭首於丶先覺之
士咸以爲王佐之才若使永保遐齡未可知也而昊天不吊景命云
徂折玉嶺之芳枝落中天之素月春秋卅以大魏正光二年二月己
亥朔十八日丙辰卒於京師宜年里宅朝廷追傷特贈潁川太守弔
問繽紛相望於路廿八日丙寅遷窆景陵之右禮而不反嗚呼哀哉
君秀而不實中過嚴霜曾落穎生之盛彩復浸天爻之雄光何以述
之銘石泉堂素骨遂玄泉而晝清風與白日俱揚其辭曰
惟海之淵惟岳之浚渀湛萬尋蒙籠千丈實生夫子因心作訓摠角
垂箱裁冠玉振昔在荀子有珎斯名君之立德恭允篤誠秋月開霄
子輿分明長松入漢子輿分貞瞻彼洛矣其水汪汪丼度百頃君之
洋洋方崇上爵以副含章如何如何指人其亡長楊森倚高松半雲
荒丘蕪沒寒隧無春何其一旦此地安君暮門風噎爲是啼人倒月
如電倏流迅疾未地詎六君生已卑於挽飄飄悲悲慓慓不悟黃埃
埋君素素生榮死哀自古先民未悵漸疎白楊已親勒銘九泉川馥
蘭蓀金石雖朽德音恒新

一六三 魏故東荊州長史征虜將軍潁川太守穆君【纂】墓誌銘

正光二年（521）二月十八日卒，同年同月二十八日葬。誌文 26 行，滿行 26 字，楷書。誌石高 55 釐米，寬 53.6 釐米，河南洛陽出土。

【释文】

君諱纂，字紹業，洛陽人也。侍中、大尉公、黄鉞将軍、宜都貞公崇之後，冠軍将軍、散騎常侍正國之孫，司徒左長史、駙馬都尉長成之子。高祖跋爰登太尉，而七曜貞明；曾祖壽乃作司徒，而五品剋遜。其德礼葳蕤，洪勳彪昞，既陸離於篆素，不復具詳焉。君資岳瀆之秘靈，體重明之純粹，挺琳琅以秀影，蘊衆美而成妙。至如孝踰江夏，信重黄金，百練不銷，九言剋慎，固自幼如老成，形於岐嶷矣。皇子高陽王之為太尉公，盛簡門彦，以備行參軍。時有結駟而求者，君高枕而應顯命。又南荆州刺史桓叔興蠻夷狂勃，背國重恩，歸投偽主。時召君為東荆長史，加前将軍，統軍追賊。君弛文振武，撫衆威恩，士不銜枚而自嘿，馬闕袜而能强。追戰剋捷，横尸掩路。君又好文而能武，文隨風舉，武逐雲奔。若乃鋒談電飛，興連雲水，皆率然巧妙，辭旨攸攸。先覺之士，盛以為王佐之才，若使永保遐齡，未可知也。而昊天不弔，景命云徂，折玉嶺之芳枝，落中天之素月。春秋卅，以大魏正光二年二月己亥朔十八日丙辰，卒於京師宜年里宅。朝廷追傷，特贈潁川太守。弔問繽紛，相望於路。廿八日丙寅，遷窆景陵之右。往而不反，嗚呼哀哉！君秀而不實，中遇嚴霜，曾落顔生之盛彩，復没天子之雄光。何以述之，銘石泉堂。素骨逐玄泉而盡，清風與白日俱揚。其辭曰：

惟海之淵，惟岳之浚，濟湛万尋，蒙籠千仞。寔生夫子，因心作訓，捴角金箱，裁冠玉振。昔在簡子，有珍斯名，君之立德，恭允篤誠。秋月開霄，子與分明，長松入漢，子與分貞。瞻彼洛矣，其水汪汪，叔度百頃，君亦洋洋。方崇上爵，以副含章，如何如何，哲人其亡。長揚森聳，高松半雲，荒丘蕪没，寒璲無春。何其一旦，此地安君，暮門風噎，為是啼人。倒月如電，崩流迅疾，天地詎央，君生已畢。旌挽飄飄，悲悲慄慄，不悟黄埃，覆君素裘。生榮死哀，自古先民，朱帳澌踈，白楊已親。勒銘九泉，川馥清塵，金石雖朽，德音恒新。

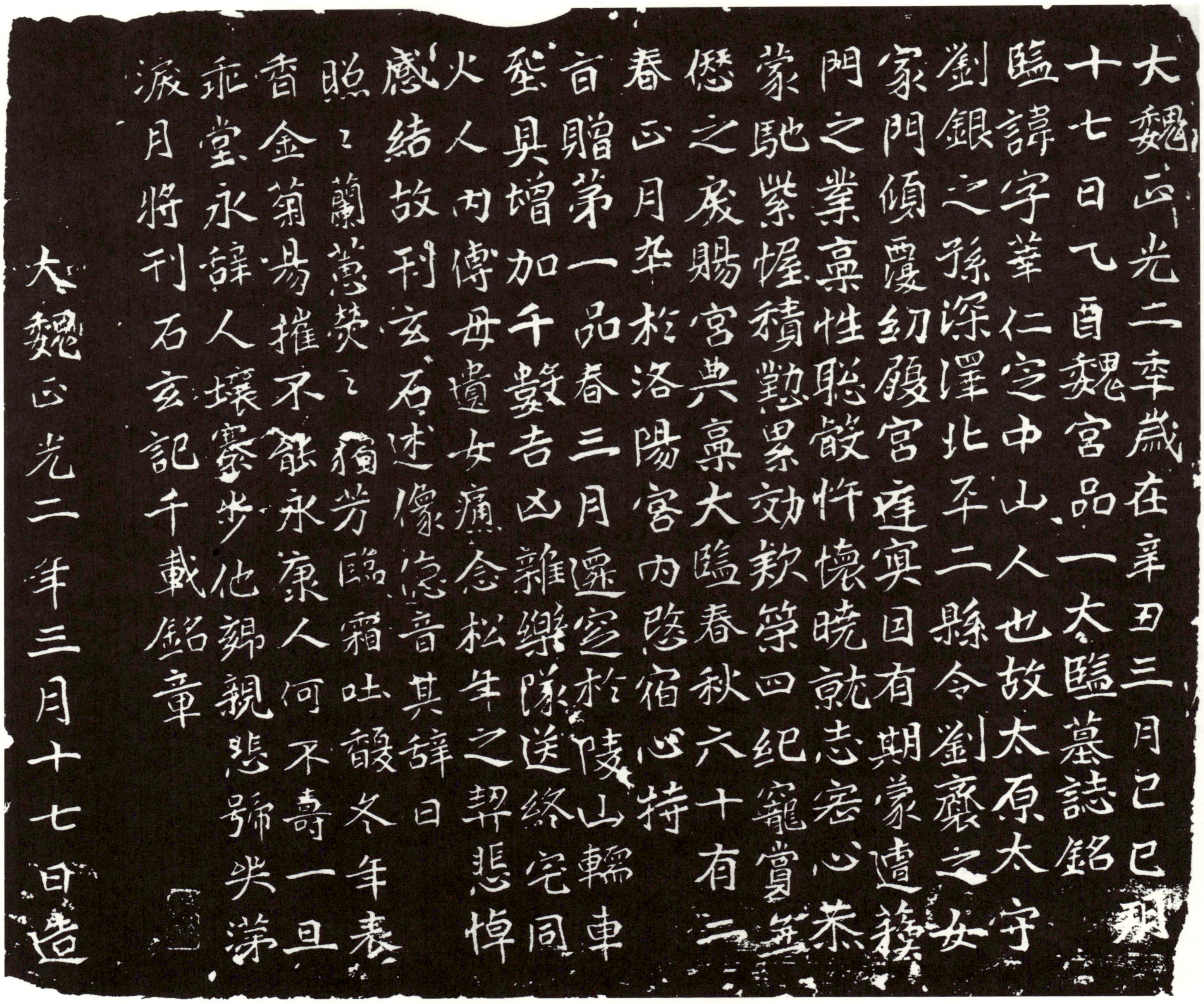

一六四

大魏正光二季歲在辛丑三月己巳朔十七日乙酉魏宮品一大監【劉華仁】墓誌銘

正光二年（521）三月十七日葬。

誌文18行，滿行15字，楷書。誌石高46.5釐米，寬53釐米，河南洛陽出土。

【释文】

監諱，字華仁，定中山人也。故太原太守劉銀之孫，深澤、北平二縣令劉齋之女。家門傾覆，幼履宫庭。冥因有期，蒙遭蘇門之業，稟性聰叡，忤懷曉就。志密心恭，蒙馳紫幄。積懃累效，款策四紀。寵賞無愆之戾，賜宫典稟大監。春秋六十有二，春正月卒於洛陽宫。内愍宿心，持旨贈第一品。春三月遷窆於陵山。轜車葬具，增加千數，吉凶雜樂，隊送終宅。同火人内傅母遺女痛念松年之契，悲悼感結，故刊玄石，述像德音。其辭曰：

照照蘭蕙，熒熒獨芳。臨霜吐馥，冬年表香。金菊易摧，不能永康。人何不壽，一旦乖堂。永辭人壤，褰步他鄉。親悲號哭，涕淚月將。刊石玄記，千載铭章。大魏正光二年三月十七日造。

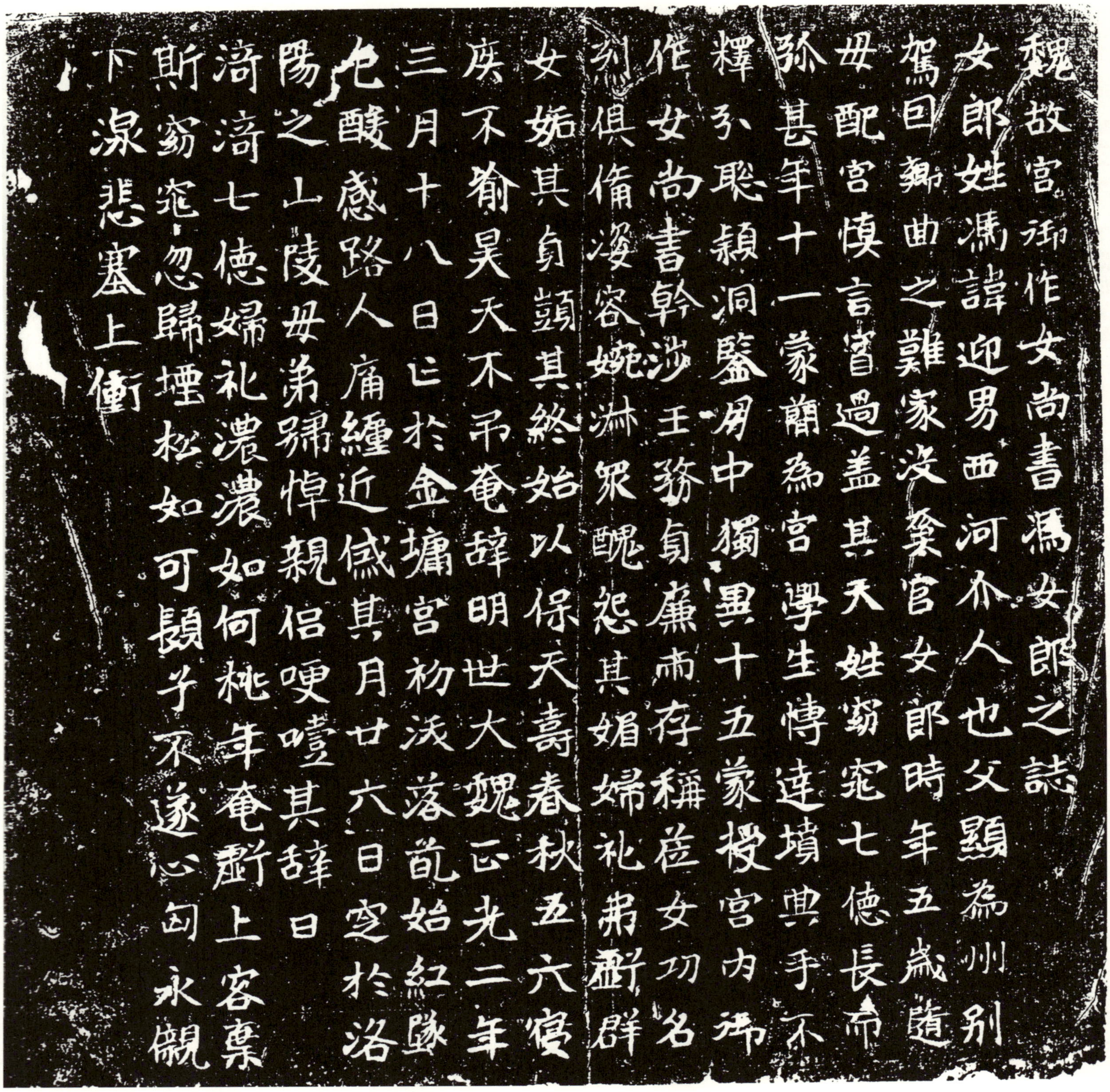
魏故宮御作女尚書馮女郎之誌
女郎姓馮諱迎男西河介人也父顯為州別
駕因鄉曲之難家沒奚官女郎時年五歲隨
母配宮慎言省過蓋其天姓窈窕七德長而
彌甚年十一蒙簡為宮學生博達墳典手不
釋紡聰穎洞鑒用中獨異十五蒙授宮內御
作女尚書幹涉王務貞廉而存稱莅女功名
烈俱脩婆容婉淑眾醜怨其媚婦禮弗猷群
女姤其貞顯其終始以保天壽春秋五六寢
疾不瘉昊天不弔奄辞明世大魏正光二年
三月十八日亡於金墉宮初淺落亂始紅蹤
色酸感路人痛纏近戚其月廿六日窆於洛
陽之山陵毋弟歸悼親侶哽噎其辭曰
濟濟七德婦禮濃濃如何桃年奄猷上容葉
斯窈窕忽歸壥松如可贖予不遂心匈永觀
下淚悲塞上衝

一六五 魏故宮御作女尚書馮女郎【迎男】之誌

正光二年（521）三月十八日卒，同年同月二十六日葬。

誌文16行，滿行17字，楷書。誌石高33.3釐米，寬33.3釐米，河南洛陽出土。

【释文】

女郎姓馮，諱迎男，西河介人也。父顯，為州別駕。因鄉曲之難，家没繫官。女郎時年五歲，隨母配宫。慎言寡過，蓋其天（姓）［性］，窈窕七德，長而弥甚。年十一，蒙簡為宫學生。博達墳典，手不釋卷，聰穎洞鑒，朋中獨異。十五，蒙授宫内御作女尚書，幹涉王務，貞廉兩存，稱莅女功，名烈俱備。姿容婉淑，衆醜怨其媚；婦礼弗虧，群女妬其貞。顛其終始，以保天壽。春秋五六，寢疾不喻，昊天不弔，奄辞明世。大魏正光二年三月十八日，亡於金墉宫。初沃落葩，始紅墜色，酸感路人，痛纏近戚。其月廿六日，窆於洛陽之山陵。母弟號悼，親侶哽噎。其辞曰：

渏渏七德，婦礼濃濃；如何桃年，奄虧上容。棄斯窈窕，忽歸堙松，如可□子，不遂心匈。永餽下泉，悲塞上衝。

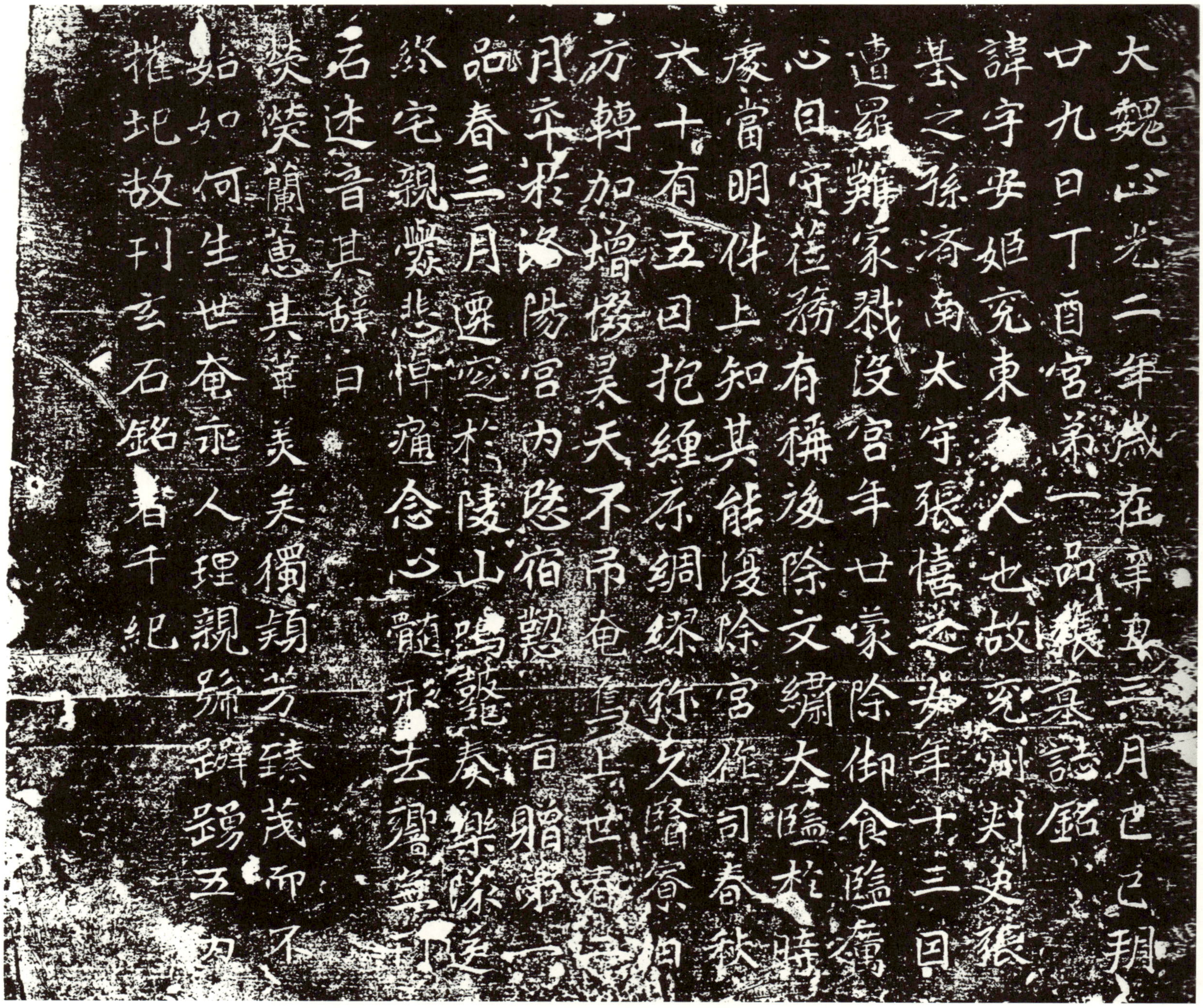

大魏正光二年歲在辛丑三月己巳朔
廿九日丁酉宮第一品張墓誌銘
諱安姬兗東郡人也故兗州刺史張
基之孫濟南太守張憘之女年十三因
遭羅難家戮沒宮年廿蒙除御食監[illegible]
心曰守莅務有稱後除文繡大監於時
處當明佚上知其能復除宮作司春秋
六十有五因抱纏疴綢繆彌久醫藥罔
方轉加增篤昊天不弔奄焉上世以其
月卒於洛陽宮內遂宿懃[illegible]贈第一
品春三月遷窆於陵山鳴鑾奏樂隊送
終宅親戚悲悼痛念心髓形去靈[illegible]
名迹音其辭曰
英英蘭蕙其華美矣獨穎芳臻茂而不
始如何生世奄爾人理親歸蹕踴五內
摧圮故刊玄石銘者千紀

一六六 大魏正光二年歲在辛丑三月己巳朔廿九日丁酉宮第一品張（安姬）墓誌銘

正光二年（521）三月二十九日葬。

誌文16行，滿行15字，楷書。誌石高46.3釐米，寬53.1釐米，河南洛陽出土。

【释文】

諱，字安姫，兖東平人也。故兖州刺史張基之孫，濟南太守張憘之女。年十三因遭羅難，家戮没宫。年廿蒙除御食監。厲心自守，莅務有稱。後除文繡大監，於時處當明件。上知其能，復除宫作司。春秋六十有五，因抱纏疹，綢繆弥久，醫療百方，轉加增惙。昊天不弔，奄焉上世。春二月卒於洛陽宫，内愍宿懃，旨贈第一品。春三月遷窆於陵山。嗚蕘奏樂，隊送終宅。親爨悲悼，痛念心髓。形去響無，刊石述音。其辞曰：

熒熒蘭蕙，其華美矣。獨穎芳臻，茂而不始。如何生世，奄乖人理。親號（躃）[擗]踴，五内摧圮。故刊玄石，銘著千紀。

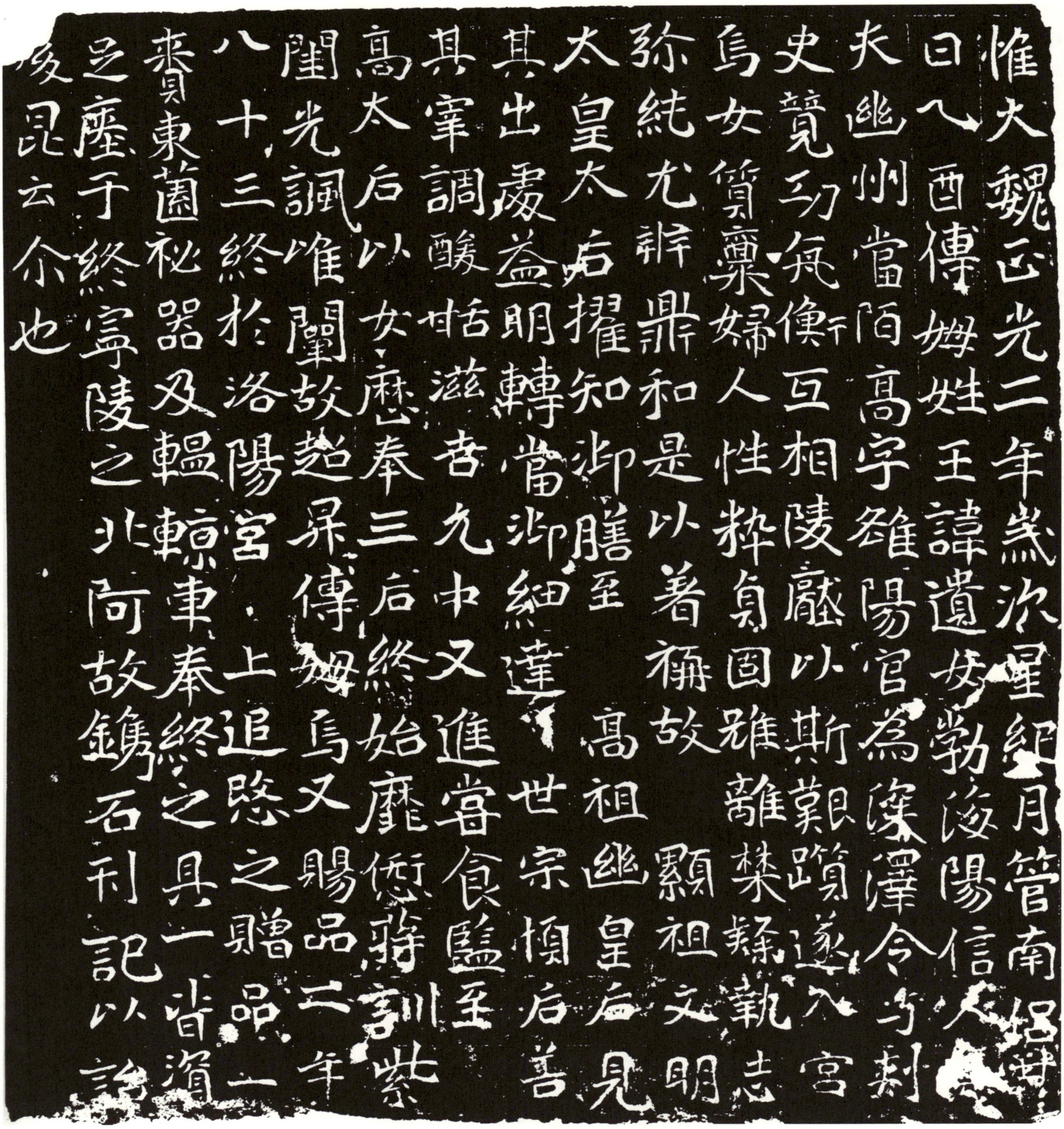

惟大魏正光二年歲次星紀月管南呂
曰八酉傳姆姓王諱遺女勃海陽信人
夫幽州當陌高宇雒陽官爲深澤令子封
史覽幼氣衝互相陵藏以斯艱蹟遂入宮
烏女質稟婦人性粹身固雖離棐繇執志
弥純尤祥鼎和是以着稱故顯祖文明
太皇太后擢知御膳至 高祖幽皇后見
其出處益明轉當御細達 世宗順后善
其寧調酸恬滋杏九中又進嘗食監至紫
高太后以女歷奉三后終始靡愆薛訓
閨光諷唯闈故超昇傳姆烏又賜品二年
八十三終於洛陽宮 上追悼之贈品一
賚東園秘器及轀輬車奉終之具一皆資
是塋于終寧陵之北向故鐫石刊記以詺
後昆云介也

一六七 王遺女墓誌

正光二年（521）八月二十日葬。

誌文15行，滿行16字，楷書。誌石高38.2釐米，寬35釐米，河南洛陽出土。

【释文】

惟大魏正光二年歲次星紀月管南侶廿日乙酉。傅姆姓王，諱遺女，勃海陽信人□。夫幽州當陌高，字雒陽，官為深澤令，与刺史競功亢衡，互相陵壓。以斯艱躓，遂入宫焉。女質稟婦人，性粹貞固，雖離禁隸，執志弥純，尤辨鼎和，是以著稱。故顯祖文明太皇太后擢知御膳。至高祖幽皇后，見其出處益明，轉當御細。逹世宗順后，善其宰調酸甜，滋味允中，又進嘗食監。至高太后，以女歷奉三后，終始靡愆，(蒋)[奬]訓紫闈，光諷唯闈，故超昇傅姆焉，又賜品二。年八十三，終於洛陽宫。上追愍之，贈品一，賚東園祕器及轀輬車。奉終之具，一皆資足，瘞于終寧陵之北阿。故鐫石刊記，以詒後昆云尔也。

安尚書王氏諱僧男安定煙陽人安定太
守舩之孫上洛太守郱之子地華徑隴淫
帝纂胄男父以雄俠因法渡馬招章由斯
尤彥惟男与母侌丁柰巢獨入宮為時年
有六聪令韶朗故簡充學生惠性敏悟日
誦千言聽受訓詁一聞持曉官由行陟超
昇女尚書秩班品三能記釋嬪嬙接進有
序剋當乾心使彤管楊輝故錫品二天不
報善殲茲良掐年六十八終於大魏金墉
宮　上以男歷奉二后宿德耆懃又追
贈品一賜東薗秘器及輼輬車宦之資賞
皆取公給瘞于終寧陵之北阿豊約折中
一從祀制故鏤石刊名詒之來昆云介
惟大魏正光二年歲星紀月侶無射廿
日乙卯記

魏品一
墓誌銘

一六八 王僧男墓誌

正光二年（521）九月二十日葬。

誌文15行，滿行16字，楷書。誌石高39.5釐米，寬39.5釐米，河南洛陽出土。

【释文】

女尚書王氏，諱僧男，安定煙陽人。安定太守觥之孫，上洛太守那之子。地華涇隴，望帶豪胄。男父以雄俠罔法，渡馬招辜，由斯尤戾。唯男与母，伶丁荼蓼，獨入宫焉。時年有六，聰令韶朗，故簡充學生。惠性敏悟，日誦千言，聽受訓詁，一聞持曉。宫由行陟，超昇女尚書，秩班品三。能記釋嬪嬙，接進有序，剋當乾心，使彤管揚輝，故錫品二。天不報善，殲茲良哲，年六十八，終於大魏金墉宫。上以男歷奉二后，宿德耆勳，又追贈品一，賜東園祕器及轀輬車。喪之資費，皆取公給，瘞于終寧陵之北阿。豐約折中，一從礼制。故鏤石刊号，詒之来昆云尔。惟大魏正光二年歲厘星紀月侣無射廿日乙卯記。

魏品一墓志銘。

魏故使持節平東將軍冀州刺史鞨兾定公封使君墓誌序
祖憨燕龍民尚書德陽鄉侯魏都坐大官章安子
父爵太原王國龍常侍夫人中山郎氏父和涼明威將軍
尋子四從兄鞨氣太守鑒台第五子継
君諱魔奴鞨氣循人也其先粤自潁陽是遷河朔本技盛子劉魏洪
統茂乎晉燕祖尚書酖峻遝二代歸美考常侍志業淹暢一世推
高君易集生銀早離家聲難而蒙剋濟雖君而已傳辛毒賫備營焉
然玉折丹摧匪文秘效慈宣猗而濟內行小任實聞
河岳能致感帷跋靈罷已伶之言憨撫生之
計議者命云狼境實有名山靈㬎斯憑煙而彼在西州冠冕舊
所者侍儃繙紳一人馳驅注禱靈饗德僾或有徵
君於是羊遣誠憨之動明靈可儶有事中北朝山風寨太
己臻上大奉即加遘馳威夋言雲殷至吏靈鹽俸上日有封
三品政也又捨即持節冠將軍賜爵增之致請弟
和七年冬十一月九日薨於代京時年六十有八君性屢淹詳談咲
帷樹媚飲憶仁台疾已解憂優遷爵高城俟降牽不永已驅
溫雅方能同通而不雖及其入東代京攬讒出噶尾詳笑風瑟
斯昭方當式衛文帷懷公諡日運倥朝野酸嗟有詔贈使持節
平東城將軍罩州刺史鞨氣魏公嘉聲巳顯茂績繪代
維正光二年冬十月乙丑朔廿日甲申政葬於本邑夫人郿氏同
德之底代實有秼宜備述聲徽或於今古但事歷冢楢先
瑩麗記全段云遷終天長閉斯乃存之丽永痛昭臨之河難忍是
用宣書遺迹不復立銘云

一六九
魏故使持節平東將軍冀州
刺史勃海定公封使君〔魔
奴〕墓誌序

太和七年（483）十一月九日
卒，正光二年（521）十月二十日
改葬。

誌文26行，滿行26字，楷
書。誌石高60釐米、寬60釐米，河
北景縣出土。

【释文】

祖懿，燕左民尚書、德陽鄉侯，魏⿰者巴坐大官、章安子。父㪺，太原王國左常侍。夫人中山⿰㞢巴氏。父和，涼明威将軍，森子，四從兄⿰孛巴海太守鑒吕第五子繼。君諱魔奴，⿰孛巴海脩人也。其先粤自潁陽，是遷河朔。本枝盛乎劉魏，洪統茂乎晉燕。祖尚書，聲猷峻邈，二代歸美；考常侍，志業淹暢，一世推高。君幼集生艱，早離家難，所蒙剋濟，唯君而已，伶俜辛毒，實備嘗焉。然玉折丹摧，匪移其性，清芬素譽，直置能遠。調為内行内小，任實闈帷，職惟文祕，夙霄勲慎，上甚奇焉。既而辰序愆陽，自春弥夏，遍祈河岳，莫能致感。帝幄惟矜，宸居以軫。流連罪己之言，慇懃拯生之計。議者僉云：張掖郡境，實有名山，靈異斯憑，煙雨攸在。西州冠冕，舊所奉依。宜遣縉紳一人，馳馹往禱。惟靈饗德，儻或有徵。上曰：有封君者，侍朕歷年，誠勲允著，迹其忠亮，足動明靈，可備珪幣，遣之致請。君於是奉旨星馳，受言雲騖。深誠剋應，至虔有感，惟馨未徹，俾滂已臻。上大悦，即加建威将軍，賜爵富城子。尋遷給事中，北朝此職第三品也。又除使持節、冠軍将軍、懷州刺史，進爵高城侯。攬轡馳風，褰帷樹政，孀孤飲惠，氓俗懷仁。吕疾乞解，優旨徵還。降季不永，吕太和七季冬十一月九日，薨於代京，時季六十有八。君性履淹詳，談笑温雅，方也能同，通而不雜。及其入參帷陛，出膺麾旆，嘉聲已顯，茂績斯昭。方當式叶衡文，剋調袞曜，道悠運促，朝野酸嗟。有詔贈使持節、平東将軍、冀州刺史、⿰孛巴海郡公，謚曰定，禮也。八季春二月，窆穸於代郡平城縣之桑干水南。屬皇家徙馭代洛云，遥方来拜，事成艱敻。維正光二年冬十月乙丑朔廿日甲申，改葬於本邑，夫人⿰㞢巴氏亦同徙窆。辰代無舍，陵壑有移，實宜備述聲徽，式流伊古。但事歷家禍，先塋靡記，今段云遷，終天長隔。斯乃存亡之所永痛，昭晦之所難忍。是吕直書遺迹，不復立銘云。

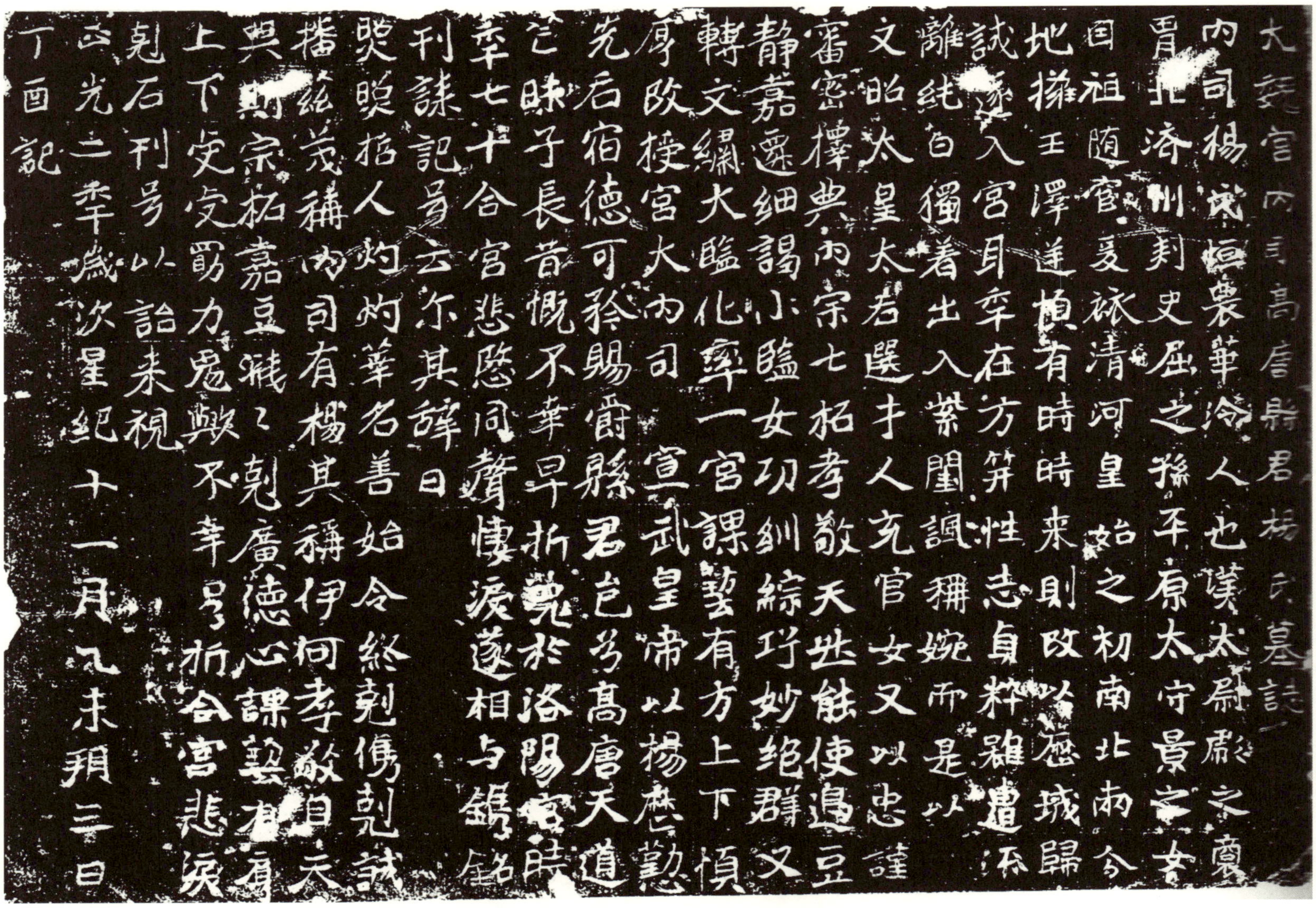

一七〇 大魏宮内司高唐縣君楊氏墓誌

正光二年（521）十一月三日葬。

誌文23行，滿行16字，楷書。誌石高36.8釐米，寬51.7釐米，河南洛陽出土。

【释文】

内司楊氏，恒農華泠人也。漢太尉彪之裔胄，北濟州刺史屈之孫，平原太守景之女。因祖随宦，爰旅清河。皇始之初，南北兩分，地擁王澤，逆順有時，時来則改，以歷城歸誠，遂入宫耳。季在方笄，性志貞粹，雖遭流離，純白獨著，出入紫闈，諷稱婉而，是以文昭太皇太后選才人充宫女。又以忠謹審密，擇典内宗七祏，孝敬天然，能使籩豆静嘉。遷細謁小監。女功絲綜，巧妙绝群。又轉文繡大監，化率一宫，課藝有方，上下順厚。改授宫大内司。宣武皇帝以楊歷勲先后，宿德可矜，賜爵縣君，邑号高唐。天道芒昧，子長昔慨，不幸早折，薨於洛陽宫，時季七十。合宫悲慜，同聲悽淚。遂相与鐫銘刊誄，記号云尔。其辞曰：

照照哲人，灼灼華名。善始令終，剋儁剋誠。播兹茂稱，内司有楊。其稱伊何，孝敬自天。興斯宗祏，嘉豆牋牋。剋廣德心，課藝有肩。上下虔虔，勗力勉歟。不幸号折，合宫悲淚。剋石刊号，以詒来視。正光二年歲次星紀十一月乙未朔三日丁酉記。

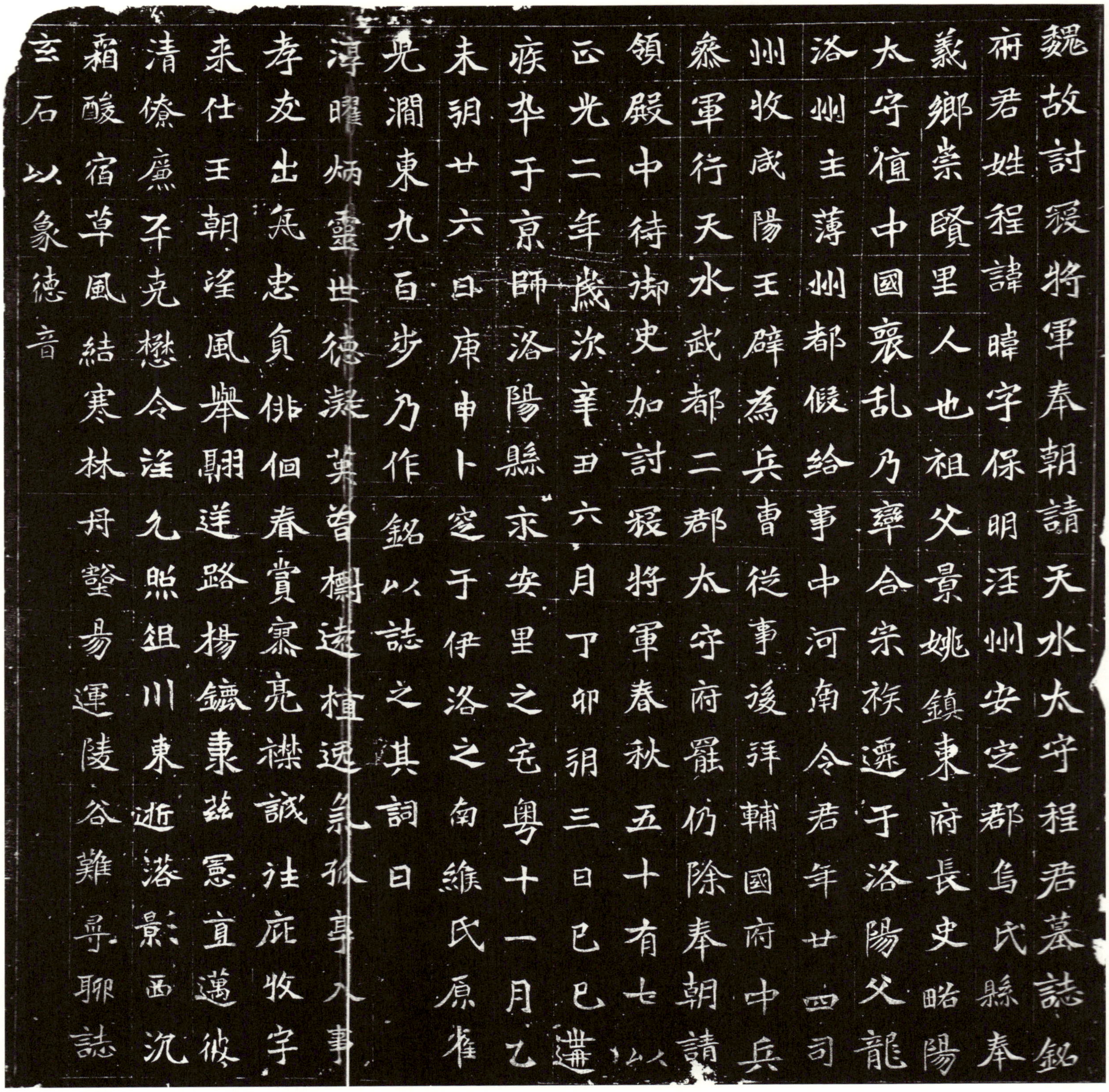

魏故討寇將軍奉朝請天水太守程君墓誌銘
府君姓程諱暐字保明涇州安定郡烏氏縣奉
義鄉崇賢里人也祖父景姚鎮東府長史略陽
太守值中國喪乱乃率合宗族遷于洛陽父龍
洛州主簿州都假給事中河南令君年廿四司
州牧咸陽王辟為兵曹從事後拜輔國府中兵
參軍行天水武都二郡太守府罷仍除奉朝請
領殿中侍御史加討寇將軍春秋五十有七以
正光二年歲次辛丑六月丁卯朔三日己巳薨
疾卒于京師洛陽縣求安里之宅粵十一月乙
未朔廿六日庚申卜窆于伊洛之南緱氏原准
光澗東九百步乃作銘以誌之其詞曰
淳曜炳靈世德凝英曾構遠植逸氣孤亭入事
孝友出氣忠貞俳佪春賞寒亮襟誠注庇牧字
來仕王朝浧風舉翮遂路揚鑣秉茲憲直邁彼
清僚靡不克懋令注允熙徂川東逝落影西沉
霜酸宿草風結寒林丹甍易運陵谷難尋聊誌
玄石以象德音

一七一 魏故討寇將軍奉朝請天水太守程君【暐】墓誌銘

正光二年（521）六月三日卒，同年十一月廿六日葬。誌文18行，滿行18字，楷書。誌石高58.7釐米、寬59.8釐米，河南洛陽出土。

【释文】

府君姓程，諱暐，字保明，涇州安定郡烏氏縣奉義鄉崇賢里人也。祖父景姚，鎮東府長史、略陽太守。州值中國喪亂，乃率合宗族遷于洛陽。父龍，洛州主簿、都假給事中、河南令。君年廿四，司州牧、咸陽王辟為兵曹從事，後拜輔國府中兵參軍，行天水、武都二郡太守。府罷，仍除奉朝請，領殿中侍御史，加討寇将軍。春秋五十有七，以正光二年歲次辛丑六月丁卯朔三日己巳遘疾，卒于京師洛陽縣永安里之宅。粤十一月乙未朔廿六日庚申，卜窆于伊洛之南緱氏原雀兒澗東九百步，乃作銘以誌之，其詞曰：

淳曜炳靈，世德凝英；曾標遠植，逸氣孤亭。入事孝友，出凡忠貞；徘徊眷賞，寥亮襟誠。往庇收宇，來仕王朝；望風舉翮，逆路揚鑣。秉茲憲直，邁彼清僚；廉平克懋，令望允照。徂川東逝，落影西沉；霜酸宿草，風結寒林。丹壑易運，陵谷難尋；聊誌玄石，以象德音。

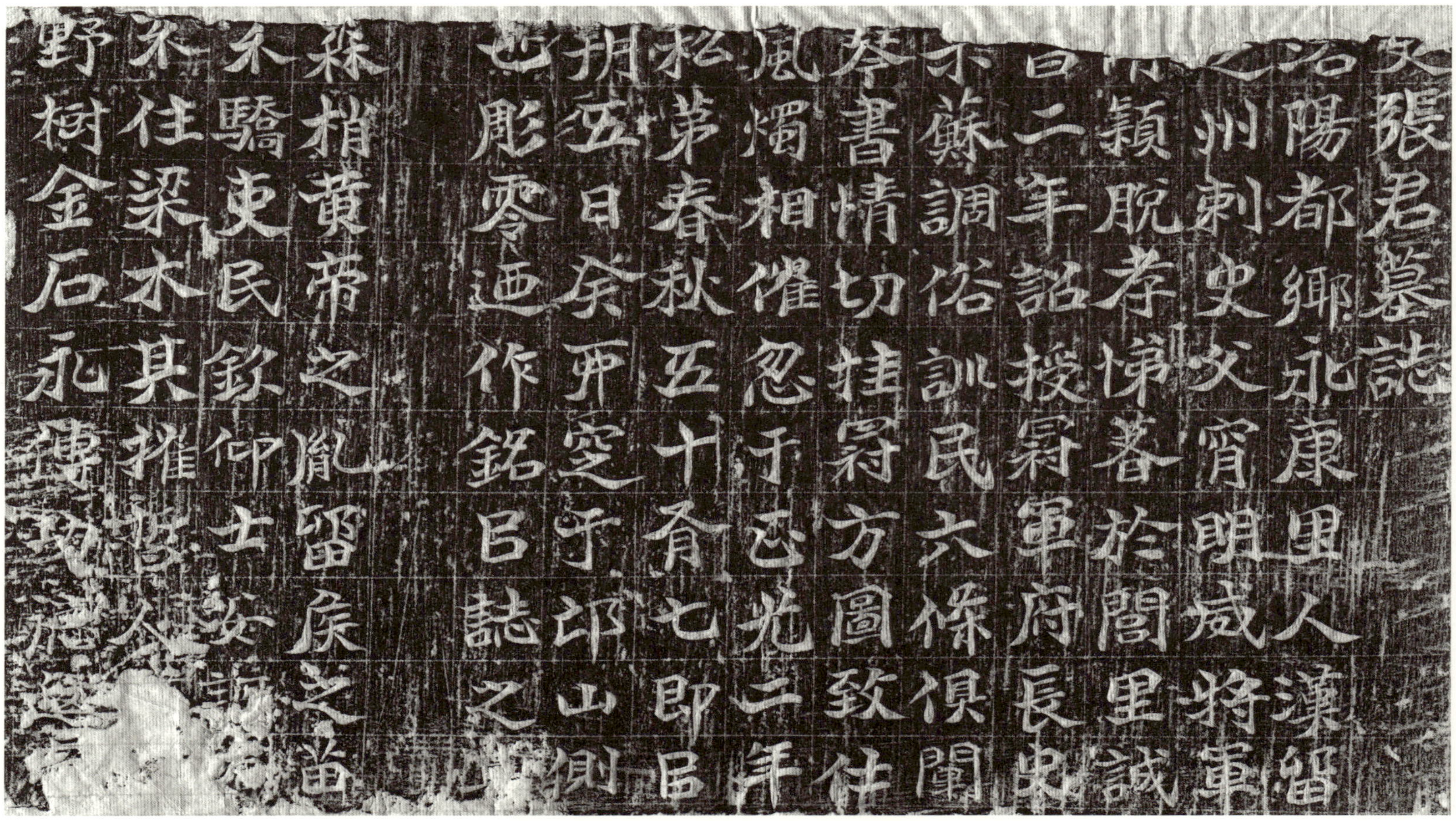

一七二 張君墓誌

正光二年（521）卒。

誌文16行，行字數不定，楷書。殘誌高25釐米，寬44釐米，河南洛陽出土。

【释文】

……史張君墓誌。

……洛陽都鄉永康里人，漢留……之州刺史。父宵，明威將軍……穎脱孝悌，著於閭里，誠……日。二年，詔授冠軍府長史，……蘇，調俗訓民，六條俱闡，……琴書，情切挂冠，方圖致仕。……風燭相催，忽于正光二年……私第，春秋五十有七，即日……朔五日癸酉窆于邙山側……世凋零，迺作銘曰誌之。

……森稍，黄帝之胤，留侯之苗，……不驕，吏民欽仰，士女……野樹。金石永傳，功德遐□。

一七三

魏故張府君【盧】墓誌銘

正光三年（522）三月二十三日葬。

誌文21行，滿行20字，楷書。誌石高50.5釐米，寬52釐米，河南洛陽出土。

【释文】

君諱盧，字香盧，馮翊高陸人也。乃祖先父，埋根三輔，殖德關西，冠冕相承，方伯不絶。考武衛，姚氏祚終，飜然依化，蒙國寵御，側在内侍，為給事阿干。其功未酬，奄尔傾背。主上欽惜，賜贈并州刺史。君藉斯基，遂仕聖世襄威将軍、大将軍府司馬。時蕭氏篡宋，帝忿斯逆，命廣陽王元嘉而討不義。以君文昭武烈，才毅過人，任為偏将，以先啟行。長旌遠拂，直掃淮南，申詔伐罪，振旅還北。帝嘉勳績，除中山太守。罷職停家，隨京遷洛。春秋八十有三，薨於京師。夫人慈孝，老而弥篤，臨終明悟，不忘婦道。行年八十，同月而殂。合葬窆於瀍、澗之東。道俗痛惜，乃作銘曰：

於穆斯公，德義顯著。忠孝露彰，唯功是務。帝怒興師，提戈踴起。立勳揚名，聿脩光趣。壽越期頤，文武備具。志年老彭，禍酷奄據。夫人恭慈，礼義有度。昊天不弔，外内俱去。嗚呼痛哉，竝潛幽處。

七世祖既，前魏凉雍二州刺史；六世祖緝，光禄大夫；高祖退，涼州刺史；曾祖瑀，晉扶風太守；祖雅，符氏秦州刺史；父善，姚武衛将軍；夫人恒農劉氏諱，法珠。正光三年歲次壬寅三月癸巳朔廿三日乙造。

魏故充華嬪盧氏墓誌銘　諡曰昭
嬪諱令媛范陽涿人魏司空容城成侯之十一世孫錄事府
君之元女衣冕盛於累朝風猷懋於弈葉固以昭晰簡牘紛
綸秘圖冠蓋縉紳羽儀邦國者矣嬪膺積善之餘慶稟妙氣
於山川爰始設帨灼然秀異姿見詳密舉動溫華故以擅綵
平林樹聲濯木年甫九齡召充椒掖天不愍遺遘疾弥留正
光三年龍集壬寅夏四月壬戌朔十六日丁丑卒於京室時
年十二以其月廿日辛卯窆於芒山成周西北廿里銘曰
姜水激波大風揚烈且清且素載搏載飈邁種無已龜符相
迭顯爲公大宜式仍世仍世熾昌遂衍英芳蔓蔓莫莫日就
月將脩婷窈窕玉瑩金相似星環撫如日照梁蘋藻畢閑蒲
掛洞啓九十其儀三千其禮玉鉤曜室金鈿映陛朝露溘盡
山原共體共體無際山原有歸靈脩眷命改物遷衣樂池一
畫就館長違空嗟佪顧帷中是非
曾祖度世字子遷散騎常侍太常卿使持節鎮遠將軍濟州
刺史固安惠侯　夫人清河崔氏　父賾散騎常侍大鴻
臚卿使持節平東將軍青冀二州刺史清河侯
祖諱淵字伯源散騎常侍尚書始平王師秘書監使持節安
北將軍幽州刺史固安懿侯　夫人趙郡李氏　父孝伯
散騎常侍尚書使持節平西將軍秦州刺史宣城公
父道約字季恭今司空錄事參軍　妻滎陽鄭氏　父道
昭國子祭酒秘書監使持節鎮北將軍光青相三州刺史文
恭侯

一七四　魏故充華嬪盧氏【令媛】墓誌銘

正光三年（522）四月十六日卒，同年同月三十日葬。誌文25行，滿行23字，楷書。誌石高54.7釐米，寬56釐米，河南洛陽出土。

【释文】

諡曰昭。嬪諱令媛，范陽涿人。魏司空、容城成侯之十一世孫，録事府君之元女。衣冕盛於累朝，風猷懋於弈葉。固以昭晰簡牘，紛綸秘圖，冠蓋縉紳，羽儀邦國者矣。嬪膺積善之餘慶，稟妙氣於山川。爰始設帨，灼然秀異，姿見詳密，舉動温華，故以擅綵平林，標聲灌木。年甫九齡，召充椒掖。天不整遺，構疾弥留，正光三年龍集壬寅夏四月壬戌朔十六日丁丑卒於京室，時年十二。以其月卅日辛卯，窆於芒山成周西北廿里。銘曰：

姜水激波，大風揚烈；且清且素，載搏載颺。邁種無已，龜符相迭；顯焉必大，宜哉仍世。仍世剋昌，遂衍英芳；萋萋莫莫，日就月将。修姱窈窕，玉瑩金相；似星環極，如日照梁。蘋藻畢閑，蒲椒洞啟；九十其儀，三千其礼。玉鈎曜室，金紐映陛；朝露溘盡，山原共體。共體無際，山原有歸；靈修眷命，改物遷衣。樂池一盡，就館長違；空嗟徊顧，帷中是非。

曾祖度世，字子遷，散騎常侍、太常卿、使持節、鎮遠将軍、濟州刺史、固安惠侯；夫人清河崔氏，父頤，散騎常侍、大鴻臚卿、使持節、平東将軍、青冀二州刺史、清河侯。祖諱淵，字伯源，散騎常侍、尚書、始平王師、秘書監、使持節、安北将軍、幽州刺史、固安懿侯；夫人趙郡李氏，父孝伯，散騎常侍、尚書、使持節、平西将軍、泰州刺史、宣城公。父道約，字季恭，今司空録事參軍；妻滎陽鄭氏，　父道昭，國子祭酒、秘書監、使持節、鎮北将軍、光青相三州刺史、文恭侯。

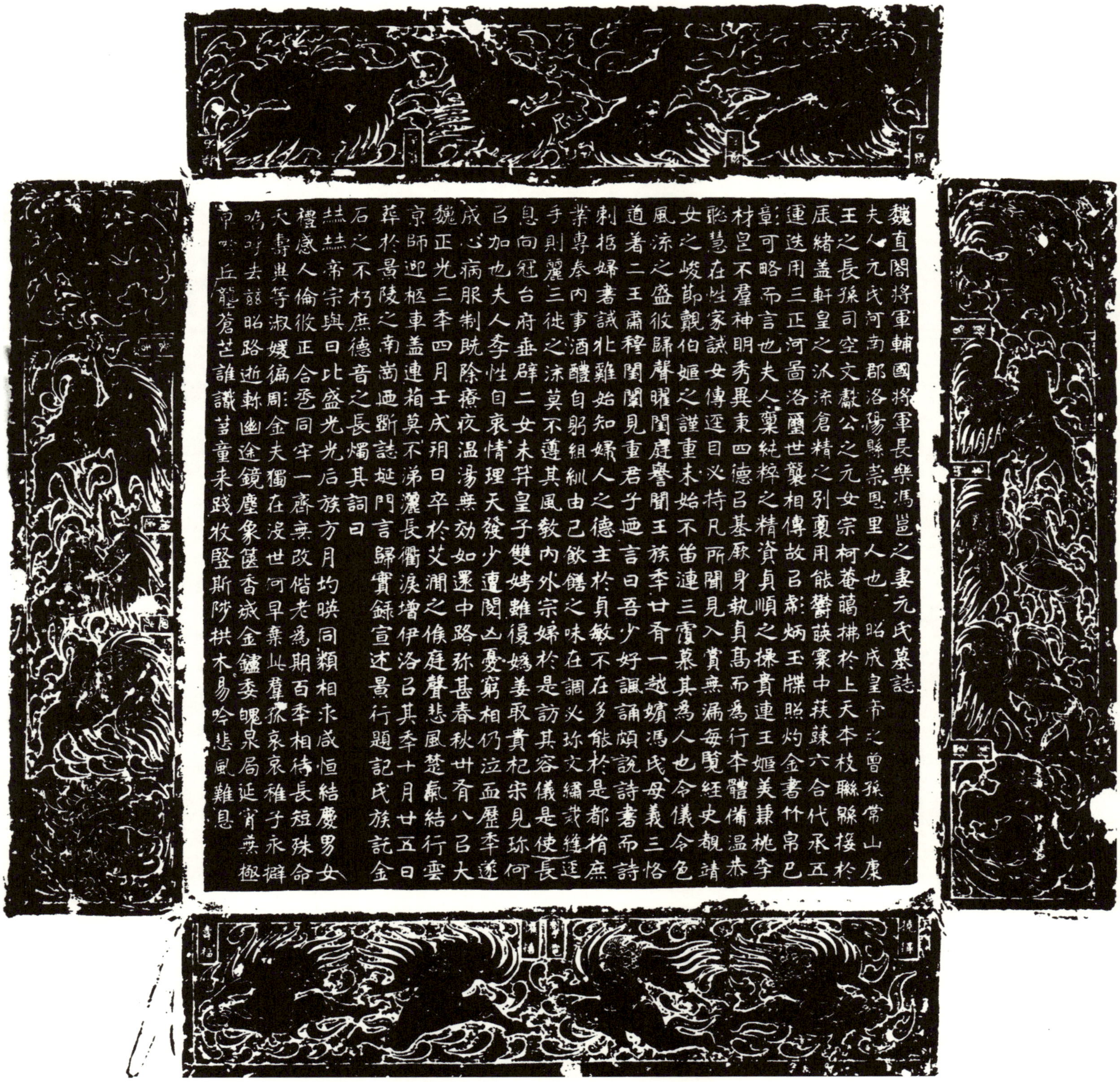
魏直閤將軍輔國將軍長樂馮邕之妻元氏墓誌
夫人元氏河南郡洛陽縣崇恩里人也昭成皇帝之曾孫常山康
王之長孫司空文獻公之元女宗柯菴藹拂於上天本枝聯縣接於
辰緒蓋軒皇之泒流倉精之別裔用能鬱蕤寰中茂蕤六合代承五
運迭用三正河圖洛靈世襲相傳故以肅炳玉牒照灼金書竹帛已
章可略而言也夫人稟純粹之精資貞順之操貴連王姬美兼桃李
材以不羣神明秀異秉四德以基厥身執貞高而為行李體備溫恭
聰慧在性家誡女傳逕目必持凡所聞見入賞無漏每覽經史覩請
女之峻節覩伯姬之謹重未始不留連三覆慕其為人也令儀令色
風流之盛彼歸聲曜閨庭譽聞王族年廿有一越嬪馮氏母義三恪
道著二王肅穆閨闈見重君子晒言曰吾少好諷誦頗說詩書而詩
剌指婦書誡北雞始知婦人之德主於貞敏不在多能於是都捐庶
業專奉內事酒醴自躬組紃由己飲饍之味在調必珍文繡哉維遲
手則麗三從之流莫不遵其風教內外宗婦於是訪其容儀是使長
息向冠台府垂辟二女未笄皇子雙娉雖復嫄姜取貴杞宋見珍何
以加也夫人孝性自衷情理天發少遭閔凶憂窮相仍泣血歷年遂
成心病服制既除痾疢溫湯無効如還中路弥甚春秋卅有八以大
魏正光三年四月壬戌朔日辛於艾澗之僑庭聲悲風楚氣結行雲
京師迎柩車蓋連箱莫不涕灑長衢淚增伊洛以其年十月廿五日
葬於景陵之南嵩西斷誌埏門言歸實錄宣述景行題記氏族託金
石之不朽庶德音之長燭其詞曰
赫赫帝宗與日比盛光光后族方月均暎同類相求咸恆結慶男女
禮感人倫彼正合巹同牢一齊無改偕老為期百年相待長短殊命
夭壽與等淑媛偏周金夫獨在沒世何早棄此羣孫哀哀稚子永辭
嗚呼去爾昭路逝軌幽途鏡塵象匣香滅金鑪委魄泉局延宵無極
卑塋丘龍蒼芒誰識芻童來踐牧豎斯陟拱木易吟悲風難息

一七五 魏直閤將軍輔國將軍長樂馮邕之妻元氏墓誌

正光三年（522）四月卒，同年十月二十五日葬。

誌文26行，滿行26字，楷書。誌石高68釐米，寬69.2釐米，河南洛陽出土。

【释文】

夫人元氏，河南郡洛陽縣崇恩里人也。昭成皇帝之曾孫，常山康王之長孫，司空、文獻公之元女。宗柯菴藹，拂於上天；本枝聯緜，接於辰緒。蓋軒皇之派流，倉精之别裔。用能鬱映寰中，扶踈六合，代承五運，迭用三正，河啚洛璽，世襲相傳。故吕彪炳玉牒，照灼金書，竹帛已彰，可略而言也。夫人稟純粹之精，資貞順之操，貴連王姬，美兼桃李，材貌不羣，神明秀異。秉四德吕基厥身，執貞高而為行本。體備温恭，聦慧在性，家誡女傳，逕目必持，凡所聞見，入賞無漏。每覽經史，睹靖女之峻節，覩伯姬之謹重，未始不留連三覆，慕其爲人也。令儀令色，風流之盛攸歸，聲曜閨庭，譽聞王族。年廿有一，越嬪馮氏。母義三恪，道著二王。肅穆閨闈，見重君子。迺言曰：吾少好諷誦，頗説詩書，而詩刺哲婦，書誡牝雞，始知婦人之德，主於貞敏，不在多能。於是都捐庶業，專奉内事，酒醴自躬，組紃由己，飲膳之味，在調必珍；文繡裁縫，逕手則麗。三徙之流，莫不遵其風教；内外宗婦，於是訪其容儀。是使長息向冠，台府垂辟。二女未笄，皇子雙娉。雖復嬀姜取貴，杞宋見珍，何吕加也。夫人孝性自衷，情理天發。少遭閔凶，憂窮相仍，泣血歷季，遂成心病。服制既除，療疚温湯，無效如還，中路弥甚。春秋卅有八，吕大魏正光三季四月壬戌朔日卒於艾澗之候庭。聲悲風楚，氣結行雲。京師迎柩，車盖連箱，莫不涕灑長衢，淚增伊洛。以其季十月廿五日葬於景陵之南崗。迺斵誌埏門，言歸實録，宣述景行，題記氏族。託金石之不朽，庶德音之長燭。其詞曰：

赫赫帝宗，與日比盛；光光后族，方月均映。同類相求，咸恒結慶；男女禮感，人倫攸正。合巹同牢，一齊無改；偕老爲期，百季相待。長短殊命，夭壽異等；淑媛偏彫，金夫獨在。没世何早，棄此羣孤；哀哀稚子，永擗嗚呼。去兹昭路，逝軫幽途；鏡塵象箆，香滅金鑪。委魄泉扃，延宵無極；草繁丘壟，蒼芒誰識。芻童來踐，牧豎斯陟；拱木易吟，悲風難息。

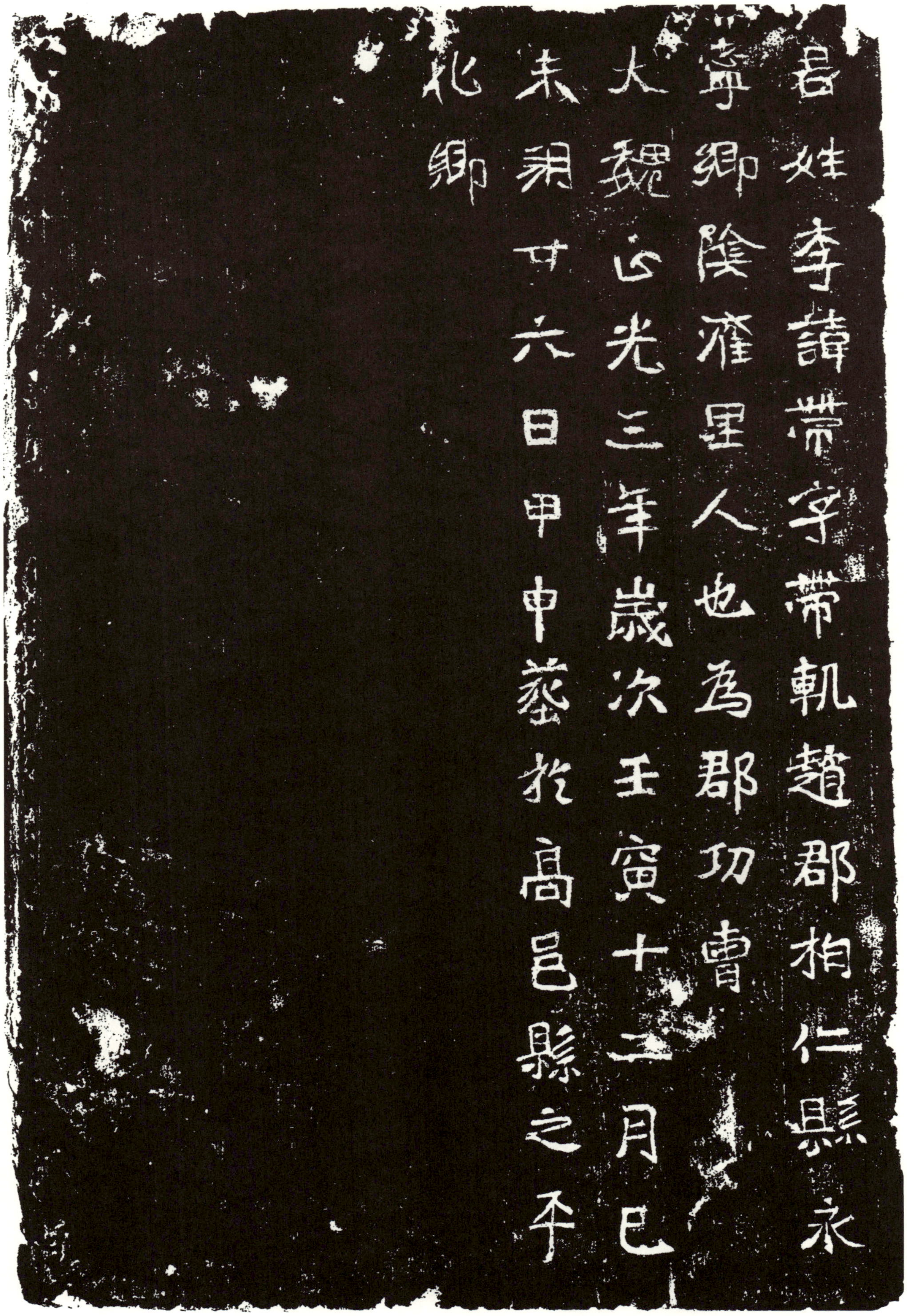
君姓李諱帶字帶軌趙郡柏仁縣永
寧鄉陰灌里人也為郡功曹
大魏正光三年歲次壬寅十二月巳
未朔廿六日甲申葬於高邑縣之平
化鄉

一七六
李帶墓誌

正光三年（522）十二月二十六日葬。誌文5行，滿行14字，楷書。誌石高50釐米、寬32釐米，河北高邑縣出土

【释文】

君姓李，諱帶，字帶執，趙郡柏仁縣永寧鄉陰灌里人也，為郡功曹。大魏正光三年歲次壬寅十二月己未朔廿六日甲申，葬於高邑縣之平北鄉。

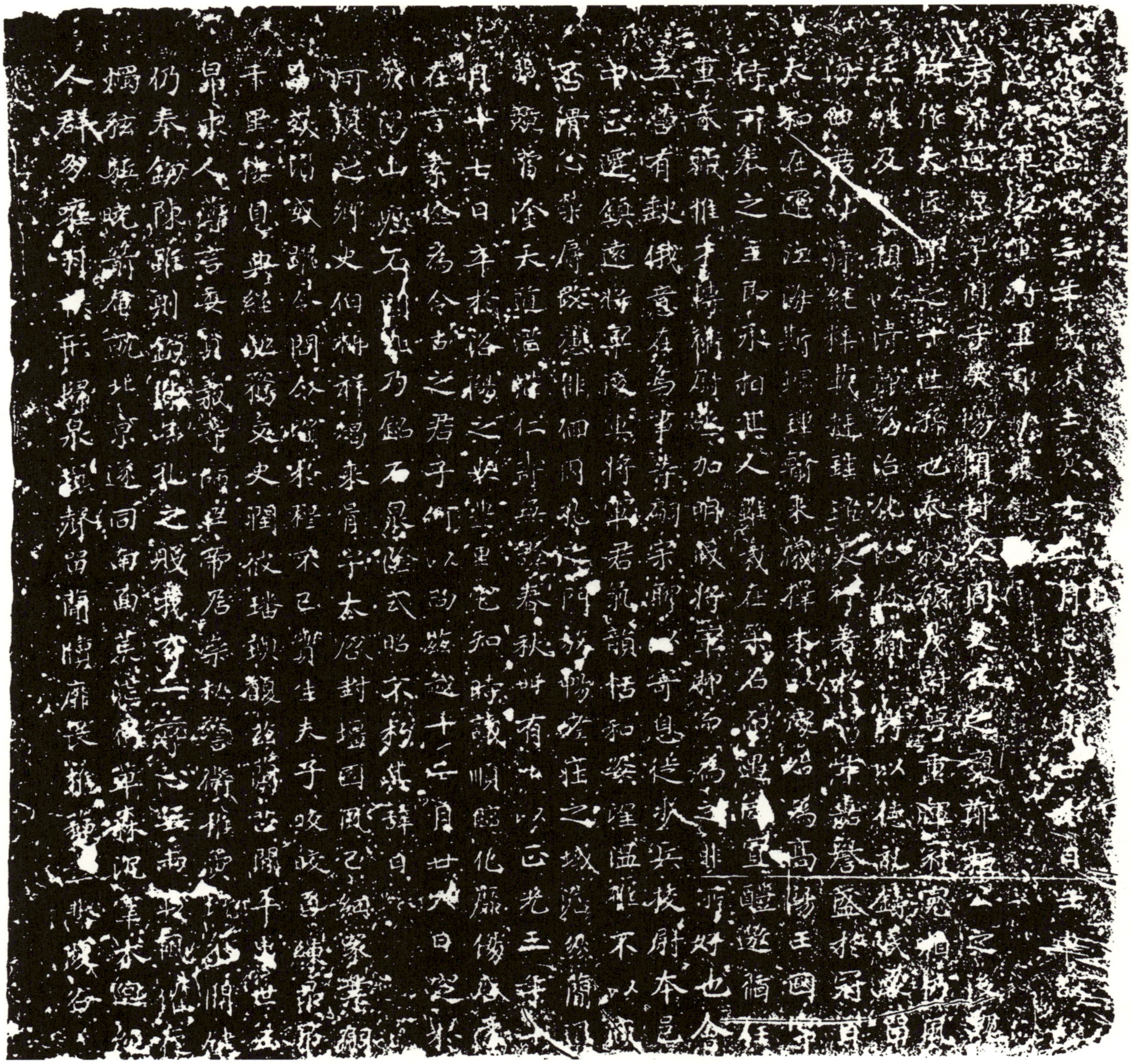

一七七 郑道忠墓誌

正光三年（522）十月十七日卒，同年十二月二十六日葬。

誌文 26 行，滿行 26 字，楷書。誌石高 62 釐米，寬 60 釐米，河南鄭州滎陽出土。

【释文】

□正光三年歲次壬寅十二月己未朔廿□日壬申故□□□軍統□将軍……君諱道忠，字周子，滎陽開封人。周文王之裔，鄭桓公之後，魏将作大匠□之十世孫也。本枝碩茂，跗萼重暉，冠冕相仍，風流繼及。祖以清静為治，化□枌楡。考以德礼鑄民，□留海曲。君□膺純粹，載挺珪璋，美行著於□年，嘉譽盛於冠日。太和在運，江海斯歸，理翰来儀，擇本以處。始為高陽王國常侍，所奉之主即（承）[丞]相其人，雖義在策名，而遇同置醴，邀循任重，貳職惟才。轉□尉丞，加明威将軍，抑而為之，非所好也。會五營有缺，俄意在焉，事等嗣宗，聊以寄息。徙步兵校尉、本邑中正，遷鎮遠将軍、後軍将軍。君氣韻恬和，姿望温雅，不以臧否滑心，榮辱改慮，徘徊周孔之門，放暢老莊之域，澹然簡退，弗競當途。天道茫茫，仁壽無證，春秋卌有七，以正光三年十月十七日卒於洛陽之安豊里宅。知時識順，臨化靡傷，啟予在言，素儉為令，古之君子，何以尚茲。越十二月廿六日，窆於滎陽山瀝石澗北。乃銘石泉陰，式昭不朽。其辞曰：

河潁之鄉，史伯稱祥；揭來胥宇，太啟封疆。國風已細，家業嗣昌；或潛或躍，令問令望。於穆不已，實生夫子；皎皎百練，昂昂千里。棲息典經，騁鶩文史；潤彼璠璵，馥茲蘭芷。閒平出世，玉帛求人；薄言委質，義等師臣。帝居崇秘，警衛惟賓；□□關鍵，仍奉鈎陳。雖則鈎陳，亦孔之賤；我有一尊，心無兩戰。風催夜燭，弦驅曉箭；奄就北京，遂同南面。荒茫宿草，森沉宰木；迥絶人群，朋嚾羽□。形歸泉壤，聲留簡牘；靡長樵蘇，豈悲陵谷。

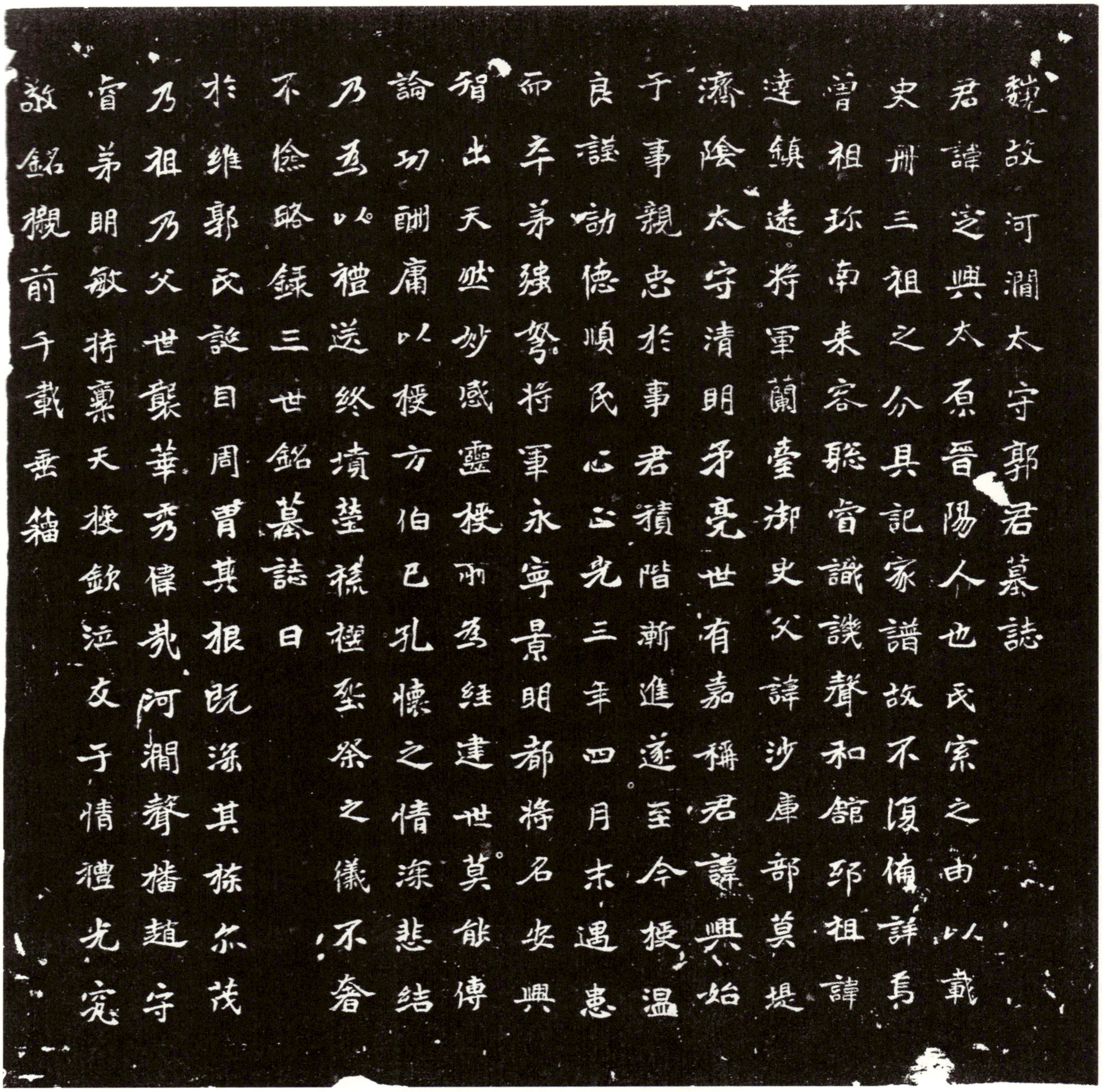

一七八 魏故河澗太守郭君【定興】墓誌

正光三年（522）四月卒。誌文17行，滿行16字，楷書。誌石高52釐米、寬51釐米，河南洛陽出土。

【释文】

君諱定興，太原晉陽人也。氏系之由，以載史冊；三祖之分，具記家譜，故不復備詳焉。曾祖珎，南来客，聡睿識議，聲和館邸。祖諱達，鎮遠将軍、蘭臺御史。父諱沙，庫部莫堤、濟陰太守。清明柔亮，世有嘉稱。君諱興，始于事親，忠於事君。積階漸進，遂至今授。温良謹勅，德順民心。正光三年四月末，遇患而卒。弟强弩将軍、永寧景明都将，名安興，智出天然，妙感靈授，所為經建，世莫能傳。論功酬庸，以授方伯。已孔懷之情深悲结，乃為以禮送終，墳塋禘□，葬祭之儀，不奢不儉。略録三世，銘墓誌曰：

於維郭氏，誕自周冑。其根既深，其族亦茂。乃祖乃父，世襲華秀。偉哉河潤，聲播趙守。睿弟明敏，特稟天授。欽泣友于，情禮光究。敬銘櫬前，千載垂籒。

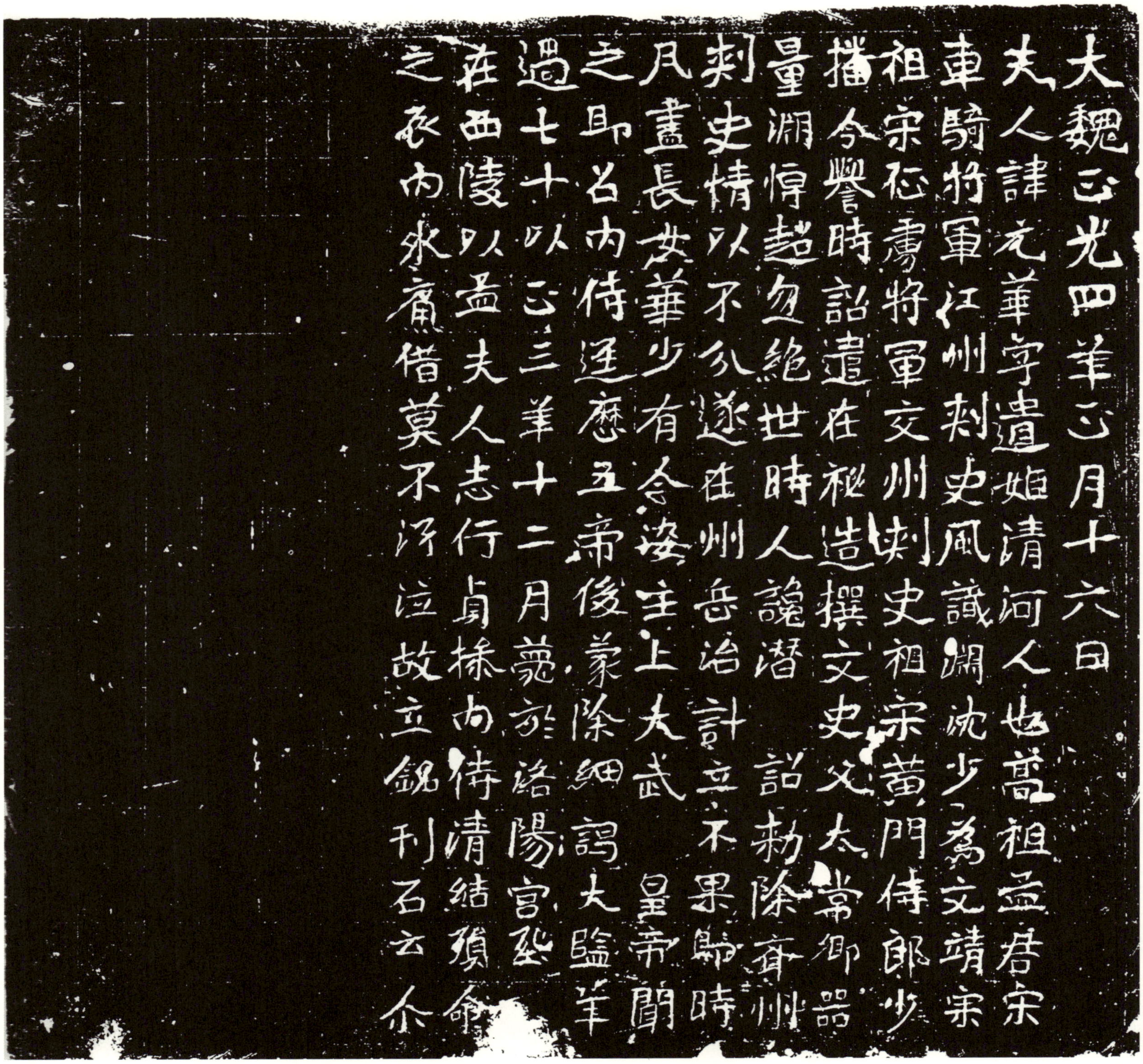
大魏正光四年正月十六日
夫人諱元華字遺姫清河人也高祖孟君宋
車騎將軍江州刺史風識淵洸少為文靖宋
祖宋征虜將軍文州刺史祖宋黃門侍郎少
播令譽時詔遣在秘造撰文史父太常卿器
量淵悍超忽絕世時人讒潛　詔勅除齊州
刺史情以不分遂在州岳治計立不果驍時
凡盡長女華少有令姿　主上大武　皇帝聞
之取為內侍逕歷五帝後蒙除細謁大監華
過七十以正三年十二月薨於洛陽宮瑩
在西陵以孟夫人志行貞操內侍清結殞命
之辰內外摧惜莫不悲泣故立銘刊石云介

一七九　孟元華墓誌

正光三年（522）十二月薨，正光四年（523）正月十六日葬。

誌文12行，滿行17字，楷書。誌石高42.8釐米，寬40.3釐米，河南洛陽出土。

【释文】

大魏正光四年正月十六日。
夫人諱元華，字遺姬，清河人也。高祖孟君，宋車騎将軍、江州刺史。風識淵沈，少為文靖。宗祖宋征虜将軍、交州刺史。祖宋黄門侍郎，少播令譽，時詔遣在衹，造撰文史。父太常卿，器量淵博，超忽絶世，時人讒潛，詔敕除齊州刺史。情以不分，遂在州岳治，計立不果，即時瓦盡。長女華，少有令姿，主上大武皇帝聞之，即召内侍，逕歷五帝，後蒙除細謁大監。年過七十，以正[光]三年十二月，薨於洛陽宫，葬在西陵。以孟夫人志行貞操，内侍清結，殞命之辰，内外痛惜，莫不流泣。故立銘刊石云尔。

魏故假節督洛州諸軍事驪驤將軍洛州刺史河南元使君之墓
誌銘
高祖世祖太武皇帝
曾祖侍中中軍大將軍參都坐事臨淮宣王
祖使持節侍中都督荊梁益雍四州諸軍事征西大將軍領護羌
戎校尉雍梁二州刺史臨淮懿王
父持節督齊州諸軍事冠軍將軍齊州刺史臨淮康王
君諱秀字士彥河南洛陽都鄉孝悌里人康王之第二子也君稟
黃中之逸氣懷万頃之淵量器宇深華風尚虛遠清蘭閑素才見
通洛故早樹聲徽務播令譽好讀書愛文義學該音緯博觀簡牒
既精書易尤善禮傳棲遲道藝之圃遊息儒術之藪雖伯業不倦
宣光從橫無已尚也及垂纓延閣握蘭禮閣秉筆載輝奏記彪炳
元瑜謝其翩翩廣微慙其多識若孝家忠國之性友愛密慎之風
此乃夙稟生知得之懷抱方將簪紱執笏左右帷扆追茂實於綿
古流英聲於後載而福善無徵餘慶空言落飛月於中天墜逸翮
於霞路正光三年秋八月庚午卒春秋三十三四年二月甲申葬
於北芒之西崗泉扃一夜千祀不晨陵谷儻移埏隧更遷故銘石
幽壤飾樣遺塵其詞曰
分光若水析緒丹陵連華崐岫通輝玉繩葳蕤休緒傳乂其興多
挺芳質夙表奇徽素情霞舉清猷日昇桂馥蘭芬露湛珠凝述遵
典誥儒訓是膺艷辭泉涌藻翰雲蒸秘室延譽會府著稱敬踰墉
之慎越履冰方騁長衢剋隆茂績逸驥未騁龍駕已夕儵同逝波
忽如過隙万古何往千祀焉適素幕夜褰悲挽晨悽既首埏路將
即塵灰金缸歇滅組帳幽摧鏤石深壤樣德銘哀

一八〇 魏故假節督洛州諸軍事驪驤將軍洛州刺史河南元使君【秀】之墓誌銘

正光三年（522）八月十一日卒，正光四年（523）二月二十七日葬。

誌文24行，滿行25字，楷書。誌石高66.5釐米，寬66.5釐米，河南洛陽出土。

【释文】

高祖世祖太武皇帝，曾祖侍中、中軍大將軍、參都坐事、臨淮宣王，祖使持節、侍中、都督荆梁益雍四州諸軍事征西大將軍領護羌戎校尉、雍梁二州刺史、臨淮懿王，父持節督齊州諸軍事、冠軍將軍、齊州刺史臨淮康王。君諱秀，字士彦，河南都鄉孝悌里人，康王之第二子也。君稟黄中之逸氣，懷万頃之淵量，器宇深華，風尚虚遠，清簡閑素，才見通洽，故早樹聲徽，幼播令譽。好讀書，愛文義，學該啚緯，博觀簡牒，既精書易，尤善禮傳，棲遲道藝之圃，遊息儒術之藪。雖伯業不倦，宣光從横，無吕尚也。及垂纓延閣，握蘭禮闥，科篆載輝，奏記彪炳。元瑜謝其翩翩，廣微慙其多識。若孝家忠國之性，友愛密慎之風，此乃夙稟生知，得之懷抱。方將簪貂執笏，左右帷扆，追茂實於綿古，流英聲於後載，而福善無徵，餘慶空言，落飛月於中天，墜逸翮於霞路。正光三季秋八日庚午卒，春秋三十三。四季二月甲申葬於北芒之西崗。泉扃一夜，千祀不晨，陵谷儻移，埏隧更遷，故銘石幽壤，飾旌遺塵。其詞曰：

分光若水，折綵丹陵，連華岷岫，通輝玉繩。葳蕤休緒，儁乂其興，幼挺芳質，夙表奇徽。素情霞舉，清猷日昇，桂馥蘭芬，露湛珠凝。述遵典誥，儒訓是膺，艷辭泉涌，藻翰雲蒸。祕室延譽，會府著稱，敬踰墻走，慎越履冰。方騁長衢，剋隆茂績，逸驥未駗，龍駕已夕。儵同逝波，忽如過隙，万古何往，千祀焉適。素幕夜褰，悲挽晨悽，既首埏路，將即塵灰。金釭歇滅，組帳幽摧，鏤石深壤，旌德銘哀。

一八 魏故齊郡王妃常氏【季繁】墓誌銘

正光三年（522）正月十九日卒，正光四年（523）二月二十七日葬。

誌文26行，滿行26字，楷書。誌石高62.7釐米，寬62釐米，河南洛陽出土。

【释文】

妃諱季繁，侍中、太宰、遼西獻王澄之曾孫，遼西公冏之季女。其先河内温人。永嘉之末，乃祖避地，遂居遼西郡之肥如縣焉。初照皇太后藉聖善之德，正坤元之位，阿保高宗，母儀天下，惠訓邁于當時，洪勳濟于来世。朝□□稽舊章，褒崇懿戚，是㠯王爵加隆於父兄，世禄廣貽於子姪。雖丁傅揚光於盛漢，羊庾振赫於有晉，蔑㠯過也。妃生稟淑靈之气，弱表柔敏之姿，懷琬琰而發暉光，蹈肅雍㠯穆貞懿。故明□之鑒，允昭於載弄之春；恭順之規，克懋於未笄之日。寔所謂四訓凝湛，七行昭宣，覃葛倫功，流淇比德矣。年廿五，作嬪故龍驤将軍、通直散騎常侍、齊郡王祐。所奉大太妃，即妃之從姑也。永平之季，齊王出為持節、督涇州諸軍事、征虜将軍、涇州刺史。薨，贈平東将軍、冀州刺史，謚曰敬。妃祇事慈姑，緝釐陰教，夙夜蔑違於婦道，終始不愆於禮度。是使柔政光被於遠迩，美化洋溢於邦國者，誠由厥姑嚴誨之有經，抑亦妃贊諧之所致也。暨妃姑薨殞，齊王徂棄，遺胤藐孤，負荷危綴。妃内撫惸弱，外穆親宗，理物必究其誠，推心每極其恕。不㠯浮華妨女功之用，不以私恩害家道之正，恂恂如，肅肅如，實可㠯踵烈樊孟，係美嬀妊者已。方享遠期，㠯融至善，而閔天不弔，兇禍荐臻，遘疾未旬，大漸惟棘，正光三年歲次壬寅正月十九日，薨于洛陽照洛里第，年卌有三。粤四年二月戊午□廿七日甲申，啟齊王之墓而合葬焉。以陵谷有移，乃作銘誌之。其詞曰：

濬源澄澈，曾構豊崇，慶昭陰德，功烈柔風。聯華戚閈，鬱美公宫，粹儀惟□，淑問載融。黄鳥集灌，岦水流淇，結襟遼館，釋憬蕃闈。祇勖恭懿，肅事宣慈，循圖習禮，顧史陳詩。舉言貽範，率行成則，政立閨闈，化形邦國。與仁芒昧，報善冥默，飛轡晨駈，遊塵夜塞。玄房洞啟，素柳禁欑，□□□□，□□悽寒。高松煜煜，厚穸曼曼，有鐫金石，蔑絶椒蘭。

一八二 魏故鎮遠将軍前軍将軍贈冠軍将軍正平太守元君【仙】之墓誌銘

正光二年（521）八月二十二日卒，正光四年（523）二月二十七日葬。

誌文25行，滿行25字，楷書。

誌石高54.2釐米，寬53釐米，河南洛陽出土。

【释文】

君諱仙，字延生，河南洛陽人也。太宗明元皇帝之曾孫；使持節、侍中、都督秦雍涇梁益五州諸軍事、衛大将軍、雍州刺史、内都大官、開府儀同三司、長安鎮都大将、樂安宣王之孫；使持節、侍中、都督秦雍涇梁益五州諸軍事、衛大将軍、開府儀同三司、長安鎮都大将、内都大官、使持節、侍中、都督冀定幽相四州諸軍事、開［府］儀同三司、定州刺史、樂安簡王㞢第四子也。君稟三珠之叡氣，承八桂㞢餘風，馨香發於竹馬之年，令問播於紈綺㞢歲。而器寓巍巍，千刃未足況其高；心途浩浩，万頃不得擬其博。雖世承皇孫㞢貴，家積千金之富，瘦駘支步，不願如龍㞢飾；凍練為袍，無羡若月㞢華。故宗黨服其遠大，鄉里欽其素風。太和中，起家為散騎。又博園始開，龍樓初闢，君以孝敬光於閨門，忠清著於朝野，擢為太子舍人，尋轉員外散騎侍郎、給事中、輕車将軍、司空皇子、中兵參軍。及珥筆雲閨，曳裾楚席。清譽之德，超孟公而獨絶；風流㞢稱，邁申穆而不追。俄遷員外常侍、鎮遠将軍、前軍将軍。雖金璫曜首，紫綬明腰，蔭則皇孫，貴為通宦，約身轉敬，降志惟卑，謙虚接物，泯然無際。方振纓天闕，高步帝宫，而冥造無心，春秋五十，以大魏□□二年八月廿二日寢疾，薨於第。聖上悼賢，朝［□］悲仁，故贈冠軍□軍、正平太守，謚曰貞。祭以少牢。四年二月廿七日甲申，葬於景陵之東阿。泉門一閉，白日淪光，行聞鳥思，日見松萇，魂兮焉在，刊石留□。乃作銘曰：

資玉崐山，承珠海岸，層峰罔極，長漪無畔。之子誕生，稟兹靈幹，温明類玉，寛富如漢。齠年結譽，丱歲風流，器延世賞，德為時求。始登鳳闕，即入龍樓，重官遂積，好爵方收。鉛童伺戶，金雞候晨，塗車寢駕，絲竹委塵。今人從古，古從今人，不啚泉石，誰識其新。

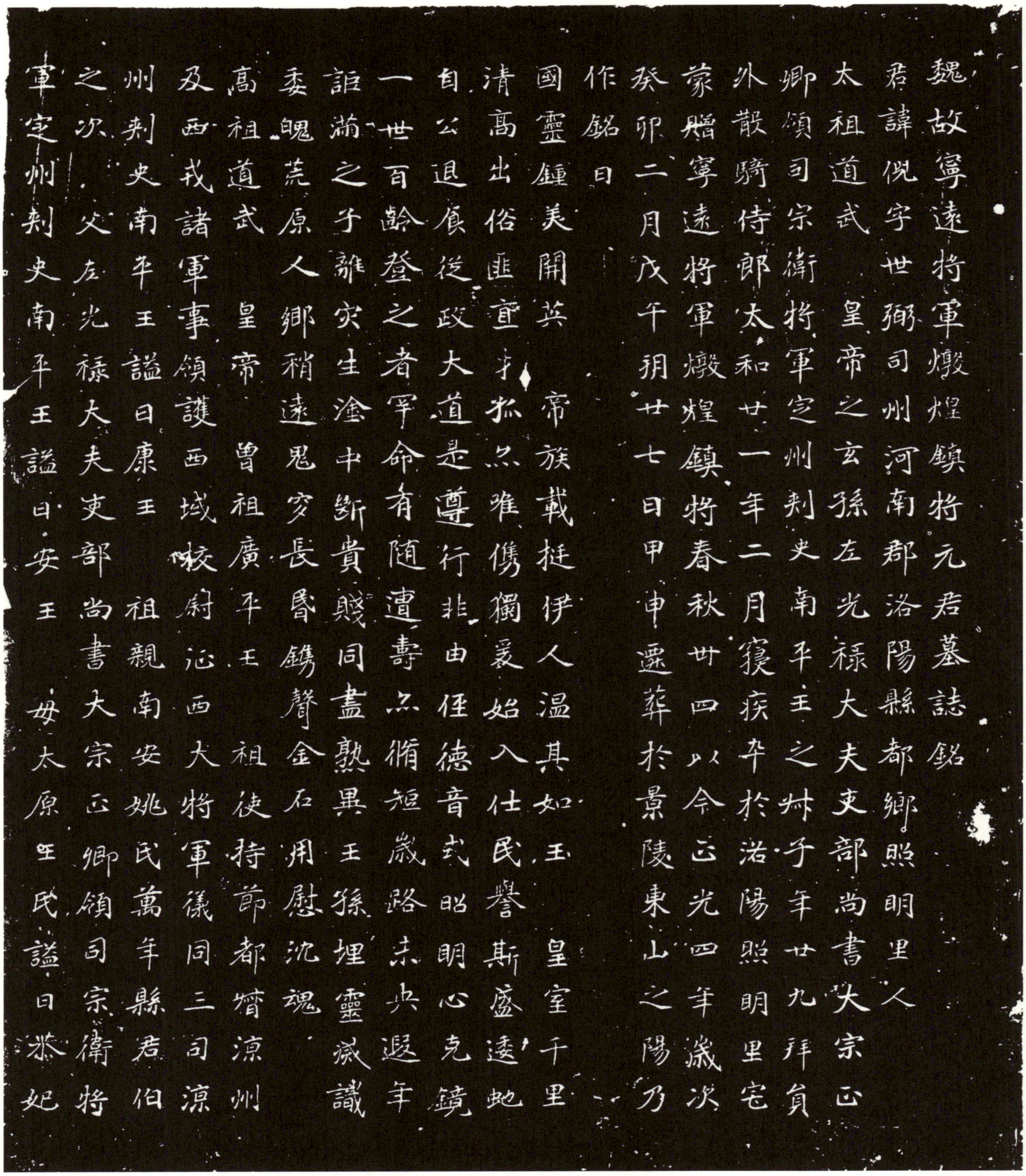
魏故寧遠将軍燉煌鎮将元君墓誌銘
君諱倪字世㒨司州河南郡洛陽縣都鄉照明里人
太祖道武皇帝之玄孫左光祿大夫吏部尚書大宗正
卿領司宗衛將軍定州刺史南平王之材子年廿九拜員
外散騎侍郎太和廿一年二月寢疾卒於洛陽照明里宅
蒙贈寧遠將軍燉煌鎮將春秋廿四以今正光四年歲次
癸卯二月戊午朔廿七日甲申遷葬於景陵東山之陽乃
作銘曰
國靈鍾美開英帝族載挺伊人温其如玉 皇室千里
清高出俗匪宣才弘亦唯儁獨戞始入仕民譽斯盛逶虵
自公退食從政大道是遵行非由任德音式昭明心克鏡
一世百齡登之者罕命有随遭壽亦脩短歲路未央遐年
詎滿之子離突生塗中斷貴賤同盡熟異王孫埋靈滅識
委魄荒原人鄉稍遠鬼穸長昏鐫聲金石用慰沈魂
高祖道武 皇帝 曾祖廣平王 祖使持節都督涼州
及西戎諸軍事領護西域校尉沁西大將軍儀同三司涼
州刺史南平王謚曰康王 祖親南安姚氏萬年縣君伯
之次 父左光祿大夫吏部尚書大宗正卿領司宗衛將
軍定州刺史南平王謚曰安王 母太原王氏謚曰恭妃

一八三 魏故寧遠将軍燉煌鎮将元君【倪】墓誌銘

太和二十一年（497）二月卒，正光四年（523）二月二十七日遷葬。

誌文19行，滿行22字，楷書。誌石高72.5釐米，寬62.5釐米，河南洛陽出土。

【释文】

君諱俔，字世弼，司州河南郡洛陽縣都鄉照明里人。太祖道武皇帝之玄孫，左光禄大夫、吏部尚書、大宗正卿、領司宗、衛将軍、定州刺史、南平王之叔子。年廿九，拜員外散騎侍郎。太和廿一年二月寢疾，卒於洛陽照明里宅。蒙贈寧遠将軍、燉煌鎮将。春秋卅四。以今正光四年歲次癸卯二月戊午朔廿七日甲申，遷葬於景陵東山之陽。乃作銘曰：

國靈踵美，開英帝族，載挺伊人，温其如玉。皇室千里，清高出俗，匪直才孤，亦唯儁獨。爰始入仕，民譽斯盛，逶蛇自公，退食從政。大道是遵，行非由徑，德音式昭，明心克鏡。一世百齡，登之者罕，命有隨遭，壽亦脩短。歲路未央，遐年詎滿。之子離灾，生塗中断。貴賤同盡，孰異王孫，埋靈滅識，委魄荒原。人鄉稍遠，鬼穸長昏，鐫聲金石，用慰沉魂。

高祖道武皇帝；曾祖廣平王；祖使持節、都督涼州及西戎諸軍事、領護西域校尉、征西大将軍、儀同三司、涼州刺史、南平王，謚曰康王；祖親南安姚氏，萬年縣君伯之次。父左光禄大夫、吏部尚書、大宗正卿、領司宗、衛将軍、定州刺史、南平王，謚曰安王。母太原王氏，謚曰恭妃。

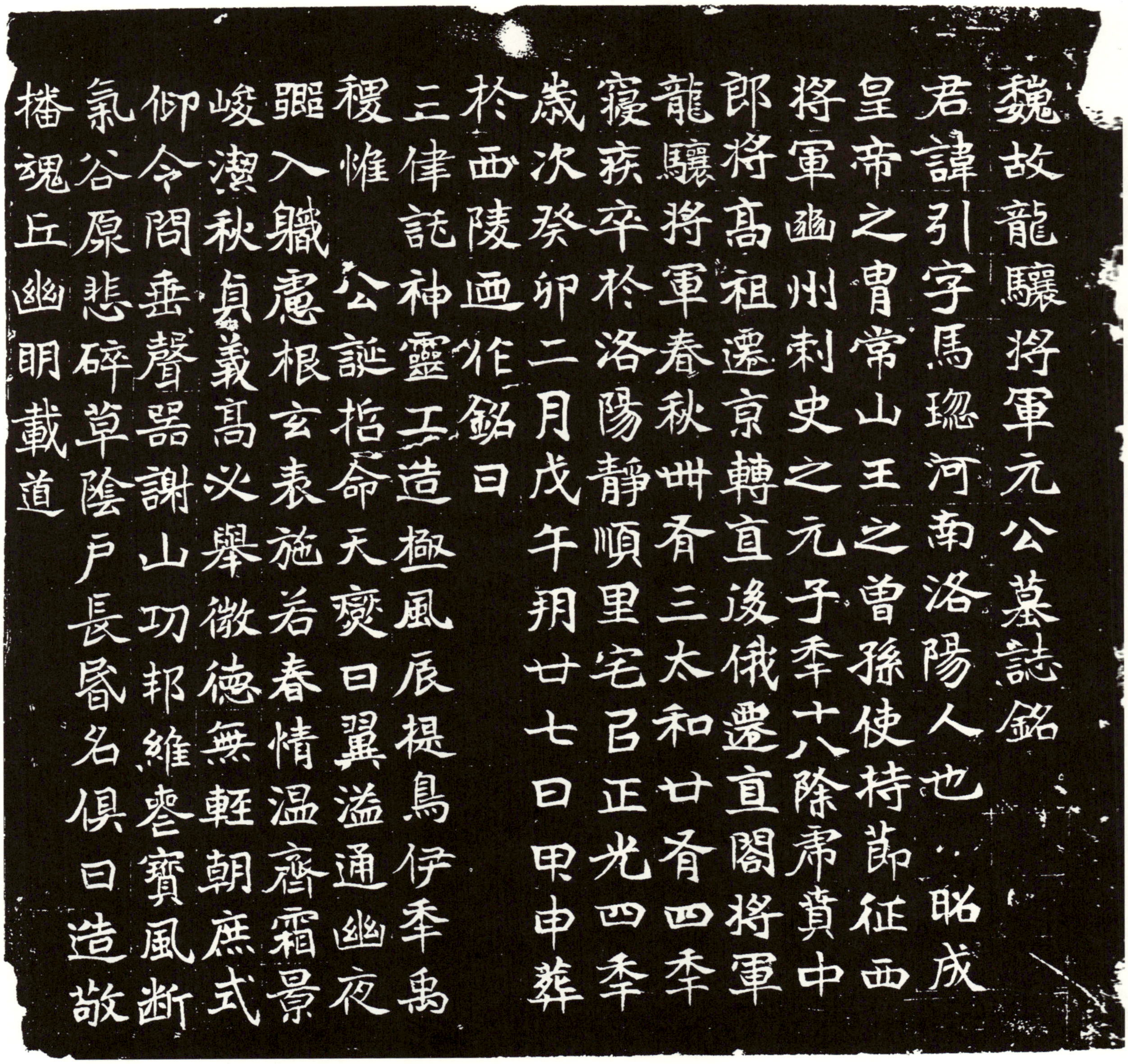

魏故龍驤將軍元公墓誌銘
君諱引字馬𤥨河南洛陽人也昭成
皇帝之冑常山王之曾孫使持節征西
將軍幽州刺史之元子年十八除肅貞中
郎將高祖還京轉直後俄遷直閤將軍
龍驤將軍春秋卌有三太和廿有四年
寢疾卒於洛陽靜順里宅以正光四年
歲次癸卯二月戊午朔廿七日甲申葬
於西陵西作銘曰
三律託神靈工造極風辰提鳥伊年禹
稷惟公誕指命天變日翼溢通幽夜
蹈入職慮根玄表施若春情溫齊霜景
峻潔秋貞義高必舉徽德無輕朝庶式
仰令問垂聲器謝山功邦維譽寶風斷
氣谷原悲碎草陰戶長昬名俱曰造敬
播魂丘幽明載道

一八四 魏故龍驤將軍元公【引】墓誌銘

太和二十四年（500）卒，正光四年（523）二月二十七日葬。誌文16行，滿行15字，楷書。誌石高41.9釐米，寬43.5釐米，河南洛陽出土。

【释文】

君諱引，字馬璁，河南洛陽人也。昭成皇帝之胄，常山王之曾孫，使持節、征西将軍、幽州刺史之元子。季十八，除虎賁中郎将。高祖遷京，轉直後，俄還直閤将軍、龍驤将軍。春秋卌有三，太和廿有四季寢疾，卒於洛陽静順里宅。㠯正光四季歲次癸卯二月戊午朔廿七日甲申，葬於西陵。迺作銘曰：

三律託神，靈工造極，風辰提烏，伊季禹稷。惟公誕哲，命天燮日，翼溢通幽，夜虩入職。慮根玄表，施若春情，温齊霜景，峻潔秋貞。義高必舉，微德無輕，朝庶式仰，令問垂聲。器謝山功，邦維喪寶，風斷氣谷，原悲碎草。陰戸常昏，名俱日造，敬播魂丘，幽明載道。

魏故張孃墓誌銘
孃姓張字豐姬年卅三南陽人也祖潘宣城
太守父敬郡功曹兄弟友于閨門離睦鄉國
用為美談年始二四考心則厚十歲能女功
之事至於佩巾垂悅仰可觀紅頰艷麗終陳
古獨絕十五而筓許嫁同郡何氏鴻幣未陳
為壙揚小虞撩來至此承奉貴姒無失機敏
至於栽綵制服昂為圖行小心戰戰如履氷
火君子嘉其善意舍為河陰部民趙道敏
為妻生二男三歐宜壽退年永俯中饋而敏
天不吊山頹奄及以正光三年歲次壬寅十
二月戊申朔十九日丙寅終于中練里正光
四年二月戊午朔廿七日甲申藝于魚園之
西丘夫山谷句秘金石難毀故勒銘玄房以
旌其羙哀哉

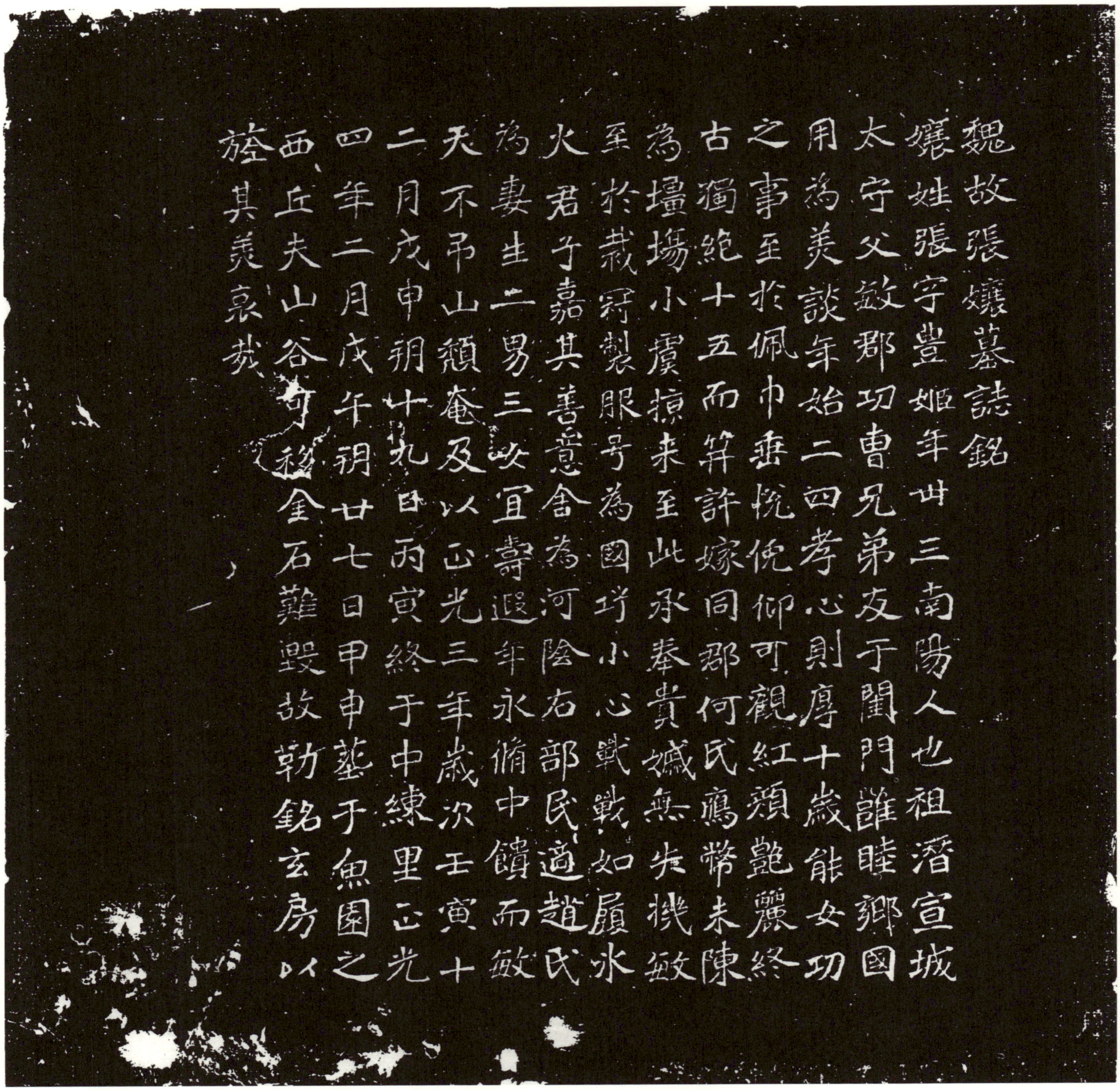

一八五 魏故張孃墓誌銘

正光三年（522）十二月十九日卒，正光四年（523）二月廿七日葬。

誌文15行，滿行17字，楷書。誌石高50釐米，寬49.5釐米，河南洛陽出土。

【释文】

孃，姓張，字豐姬，年卅三，南陽人也。祖濳，宣城太守；父敏，郡功曹。兄弟友于閨門，雝睦鄉國，用為美談。年始二四，孝心則厚。十歲，能女功之事。至於佩巾垂悦，俛仰可觀；紅颜艷麗，終古獨絶。十五而笄，許嫁同郡何氏。鴈幣未陳，為疆場小虜掠来，至此承奉貴戚，無失機敏。至於裁冠製服，号為國巧，小心戰戰，如履冰火。君子嘉其善意，舍為河陰右部民，適趙氏為妻，生二男三女。宜壽遐年，永脩中饋。而敏天不弔，山頹奄及，以正光三年歲次壬寅十二月戊申朔十九日丙寅終于中練里。正光四年二月戊午朔廿七日甲申葬于魚園之西丘。夫山谷可移，金石難毁，故勒銘玄房，以旌其美哀哉。

一八六 魏故餚藏令王君【虬】墓誌銘

正光三年（522）正月二十六日卒，正光四年（523）二月二十七日葬。

誌文28行，滿行28字，楷書。誌石高64釐米，寬63.5釐米，河南洛陽孟津出土。

【释文】

君諱虬，字臺龍，并州太原人也。其先周穆王之後，因以王為氏焉。祖還，兗州都長史，帶太山太守。父欣，北京之年，官為中校，一丁窮憂，仍留不仕。或作元弼於東夏，栽錦千里；或感虞丘之林動，飜影素門。故使逝湍可盡而休問有餘，寒松或彫而美談無歇。君醇粹貞固，發自天真，從横之奇，資於懷抱。栽素月以為心，不明此明；練白璧以為質，豈浄斯浄。是能金玉其箱，令問令望，陵顔閔而電飛，為衆妙之筍篋。高祖孝文皇帝籍甚代都，盛開庠序，自不問一知十跨，躡三嵎之才，穎氣拂霄，籠罩白雲之表，則無以聞道成，均栖矜義，菀及一見。君十三選為太學生，十八通經，擢為六品中校。不次而上，猶孤峯之拔，万尋厥美。悠悠若綺霞之覆錦海，雖文舉之從魯國，終軍之出濟南，取其英聲茂實，何㠯加焉。及神龜之歲，除為餚藏令。玉饍之重，高委斯人。年卌八，遭父憂，不繼之至，綿同子睪。君性美雄談，富戎略觀，其撮孫吴之秘言，吐韓彭之電氣，若使捴徧師，跨百萬足可，置之死地而忘生；投之白刃而不顧。威信舊於九圍，王問彰於朝聽。故小祥之末，值荊門未静，吴地垂塵，将飛旆江南，掃茲鯨醜。㠯南秦刺史曹敬為别将，敬擬君録事參軍，省以本官，起為伏波将軍、羽林監。昔馬援懸旌南海，栽臨此号，君遠志飄飄，㠯憨憂固遜。暨正光三季正月廿六日，因毀滅性，卒於京師河陰之宜季里。四季二月廿七日，卜窆於北芒之阿。君初娉董門，未幾而喪。後婚劉氏，尋焉復沒。但董窀亡失，唯劉氏合葬。惟君體仁，足以長人嘉德，足以合礼精靈，微妙幽恭於神，宜享黄耇，元龜一代，而望舒埋映。芳樹摧柯，悲公孫於東里；比之非切，痛黄鳥於西國，曾何足云。出萼宫，入荒兆，白雪多，春風少，扶桑日舉天昭昭，玄隧長昏不復曉。其辞曰：

惟海有靈，惟嶽有神。飜波瀉月，崇嶺干雲。篤生夫子，邈乎天真。金箱拔俗，令問出群。出群伊何，固誕淳風。拔俗伊何，凝若衡嵩。簡言靡口，擇行非躬。既明且哲，剋始能終。如淵之浄，如玉之奇。激而不濁，涅而不缁。横翮二溟，逸足九逵。一朝落彩，秋風見危。青峯倚漢，白楊掃天。荒涼如此，留君是山。榆柳送月，春燕迎季。千齡代盡，仍是黄泉。謝此琴書，詣彼窀穴。馱馬低徊，行幹結轍。雲傪松間，悲□烈烈。白日昏明，德音不滅。

祖親趙，母劉氏。

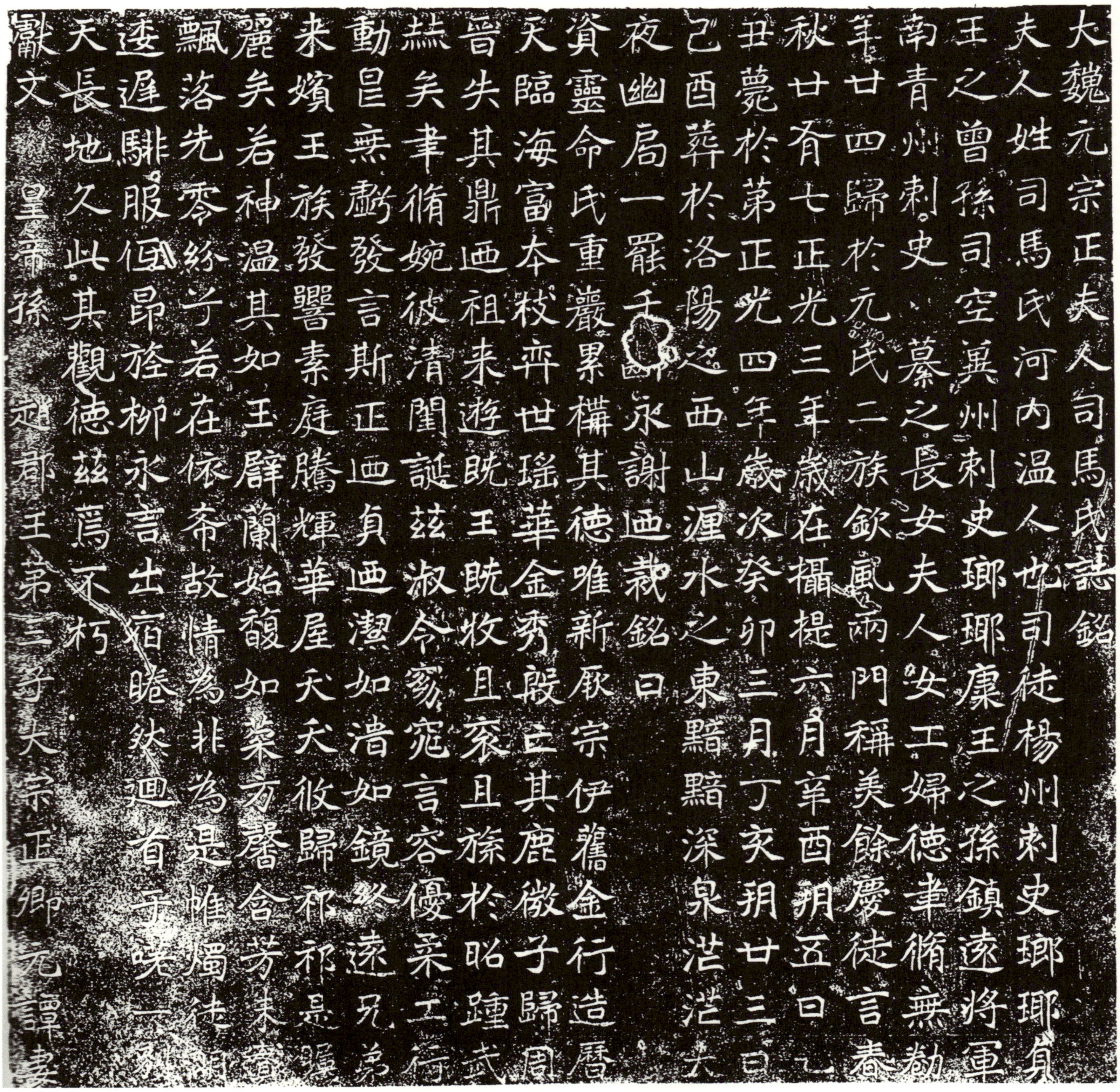
大魏元宗正夫人司馬氏誌銘
夫人姓司馬氏河内溫人也司徒楊州刺史琅耶貞
王之曾孫司空冀州刺史琅耶康王之孫鎮遠將軍
南青州刺史、纂之長女夫人女工婦德聿脩無勸
年廿四歸於元氏二族欽風兩門稱美餘慶徒言春
秋廿有七正光三年歲在攝提六月辛酉朔五日乙
丑薨於第正光四年歲次癸卯三月丁亥朔廿三日
己酉葬於洛陽之西山瀍水之東黯黯深泉茫茫大
夜幽扃一罷千齡永謝迺裁銘曰
資靈命氏重叢累構其德唯新厥宗伊舊金行造曆
天臨海富本枝弈世瑶華金秀殷亡其鹿徽子歸周
晉失其鼎迺祖來遊既王既牧且袞且旒於昭踵武
𤋮矣聿脩婉彼清閨誕茲淑令窈窕言容優柔工行
動邑無虧發言斯正迺貞迺潔如漕如鏡終遠兄弟
來嬪王族發譽素庭騰輝華屋夭夭彼歸祁祁是[illegible]
麗矣若神溫其如玉辟蘭始馥如桑方馨含芳未[illegible]
飄落先零紛兮若在依希故情為非為是帷燭徒[illegible]
逶遲騑服低昂旌柳永言出宿睠然迴首千嗟一[illegible]
天長地久此其觀德茲焉不朽
獻文皇帝孫趙郡王第三子大宗正卿元譚妻

一八七 大魏元宗正夫人司馬氏誌銘

正光三年（522）六月五日卒，正光四年（523）三月二十三日葬。

誌文20行，滿行20字，楷書。誌石高56.8釐米，寬56.8釐米，河南洛陽出土。

【释文】

夫人姓司馬氏，河内温人也。司徒、揚州刺史、瑯瑘貞王之曾孫，司空、冀州刺史、瑯瑘康王之孫，鎮遠将軍、南青州刺史纂之長女。夫人女工婦德，聿修無勌。年廿四，歸於元氏。二族欽風，兩門稱美，餘慶徒言。春秋廿有七，正光三年歲在攝提六月辛酉朔五日乙丑，薨於第。正光四年歲次癸卯三月丁亥朔廿三日己酉，葬於洛陽之西山瀍水之東。黯黯深泉，茫茫大夜，幽扃一罷，千齡永謝。迺裁銘曰：

資靈命氏，重巖累構，其德唯新，厥宗伊舊。金行造暦，天臨海富，本枝弈世，瑶華金秀。殷亡其鹿，微子歸周，晉失其鼎，迺祖來遊。既王既牧，且宄且族，於昭踵武，赫矣聿脩。婉彼清閨，誕兹淑令，窈窕言容，優柔工行。動貌無虧，發言斯正，迺貞迺潔，如淄如鏡。終遠兄弟，来嬪王族，發響素庭，騰輝華屋。夭夭攸歸，祁祁是矚，麗矣若神，温其如玉。譬蘭始馥，如菊方馨，含芳未實，飄落先零。紛兮若在，依希故情，為非為是，帷燭徒明。逶遲騑服，低昂旌柳，永言出宿，睠然迴首。于嗟一别，天長地久，此其觀德，兹焉不朽。

獻文皇帝孫，趙郡王第三子，大宗正卿元譚妻。

魏故征虜將軍平州刺史元使君墓誌序銘
君諱靈曜字靈曜河南洛陽安衆鄉崇讓里人也　恭宗景穆皇帝之
曾孫使持節侍中征南大將軍啓府儀同三司青雍二州刺史京兆康
王之孫荊州刺史之第二子瓊峰芬藹之感遠源綿茂之華炳符簡牒
事光篆素者也若天資秀逸之美悅芳於弱年岐嶷桂壇之性播彩於
少齡容韻優裕早負出群之才風則韶綺幼挺不羈之質少傾乾蔭孤
出自立童丱之中灼然楚異愛甫就學師逸功倍該鏡衆經深窮隱滯
而朗水和神謨遐遠風德寬明志局恢雅抱緯緯畢刃未高詞懷汪
汪万頃非擬孝友之譽夙彰於閨門貞白之操備聞於鄉國宗黨欽其
仁經緯莫其槩弱冠起家為秘書郎□樹麟閣多徒嗟尚以母憂去職
歷司徒騎兵參軍司徒廣武穆王以帝姊之尊親賢攸屬東閤啓扉
孫崇具選以君宗英識□字通懿名為錄事參軍深相敬委君秉笏
登朝懔然正色孤峰獨峙甚有佳譽轉輕車將軍尚書殿中郎中及懷
蘭建閣佩組崇闈履蹈貞明有光禮闈遷射聲校尉鎮遠將軍右軍將
軍驍騎將軍仍領郎任主如小心懃敬抱案未乏加爲廉清顯錫月青
豈能尚也楷是聲價日隆□音蹤軌方信臺鼎旣揖哀哀□昊天不弔
以正光三年歲次壬寅十一月己丑朔十日戊戌遘疾薨於宅時年卅
七哀慟宮靈感惻行路詔贈征虜將軍平州刺史賵賻之禮有加常
典越四年歲次癸卯三月丁亥朔廿三日己酉祔葬長陵乃作銘曰
退矣滄源道邈星軒灼灼夫子皎皎王孫陵峰秀穎盡韶埋根中負朝
國孝友閨門瑩之徽猷即之也溫累子豈副万頃北量德穿恢器邑
堂堂愛歸入仕為龍為光芬似蘭孫琬瑤捧言不可擇令問令望嶋
翼已汎將馳千里半岳頹峰臨途斃驥如春須秀由嚴殘跡報善焉期
哀哉夫子空悲倫交徒鐫嘗美丘壟深沉松門蕭瑟秘宮鍬蘭玄庭奄
質永夜方久曉晨無日千今難再方古長畢式銘幽石播芳泉室
夫人河南尉氏　祖充司徒淮陽景桓王　父詡侍中尚書博陵順公
夫人上谷張氏　祖白曜殿中尚書廣平簡公　父倫前將軍司農卿

一八八　魏故征虜將軍平州刺史元使君【靈曜】墓誌序銘

正光三年（522）十一月十日卒，正光四年（523）三月二十三日葬。

誌文27行，滿行27字，楷書。誌石高74.5釐米，寬74.5釐米，河南洛陽出土。

【释文】

君諱靈曜，字靈曜，河南洛陽安衆鄉崇讓里人也。恭宗景穆皇帝之曾孫，使持節、侍中、征南大将軍、盛府儀同三司、青雍二州刺史、京兆康王之孫，荆州刺史之第二子。瓊峰芬藹之盛，琁源綿茂之華，炳符簡牒，事光篆素者也。君天資秀逸之美，收芳於弱年；岐嶷珪璋之性，播彩於少齡。容韻優裕，早負出群之才；風則韶綺，幼挺不羈之質。少傾乾陰，孤苦自立，童丱之中，灼然楚異。爰甫就學，師逸功倍，該鏡衆經，深窮隠滞。内朗外和，神謨邃遠，風德寬明，志局恢雅。衿抱綽綽，累刃未高；匈懷汪汪，万頃非擬。孝友之譽，夙彰於閨門；貞白之操，備聞於鄉國。宗黨欽其仁，縉紳慕其槩。弱冠起家，為秘書郎，聲標麟闈，朋徒嗟尚。以母憂去職。歷司徒騎兵參軍。司徒廣平武穆王以帝叔之尊，親賢攸屬。東閤啟扉，弥崇其選，以君宗英戚髦，識字通愍，召為録事參軍，深相敬委。君秉笏登朝，懔然正色，孤峰獨峙，甚有匡益。轉輕車将軍、尚書殿中郎中。及懷蘭建閣，佩組崇闈，履蹈貞明，有光礼闥，遷射聲校尉、鎮遠将軍、右軍将軍、驍騎将軍，仍領郎任。至如小心懃敬，抱案未足加焉；廉清顯錫，月賚豈能尚也。猶是聲價日隆，徽音驟軫。方倍鑾蹕岱，獨宄承宸，旻天不弔，以正光三年歲次壬寅十一月己丑朔十日戊戌，遘疾薨於宅，時年卅七。哀慟穹靈，感惻行路，詔贈征虜将軍、平州刺史。賻贈之礼，有加常典。越四年歲次癸卯三月丁亥朔廿三日己酉，祔葬長陵。乃作銘曰：

邈矣鴻源，道邁皇軒，灼灼夫子，皎皎王孫。陵峰秀穎，盡壑埋根，中貞朝國，孝友閨門。望之嚴然，即之也温，累刃豈測，万頃非量。德宇恢恢，器皃堂堂，爰歸入仕，為龍為光。芬似蘭蓀，琬若珪璋，言不可擇，令問令望。鴻翼己汎，将馳千里，半嶽頹峯，臨途斃驥。如春殞秀，由巖殘趾，報善焉期，哀哉夫子。空悲倫友，徒鐫聲美，丘壟深沉，松門蕭瑟。祕宫鍬蘭，玄庭奄質，永夜方久，曉晨無日。千今難再，万古長畢，式銘幽石，播芳泉室。

夫人河南尉氏，祖元，司徒、淮陽景桓王；父翊，侍中、尚書、博陵順公。夫人上谷張氏，祖白澤，殿中尚書、廣平簡公；父倫、前将軍、司農卿。

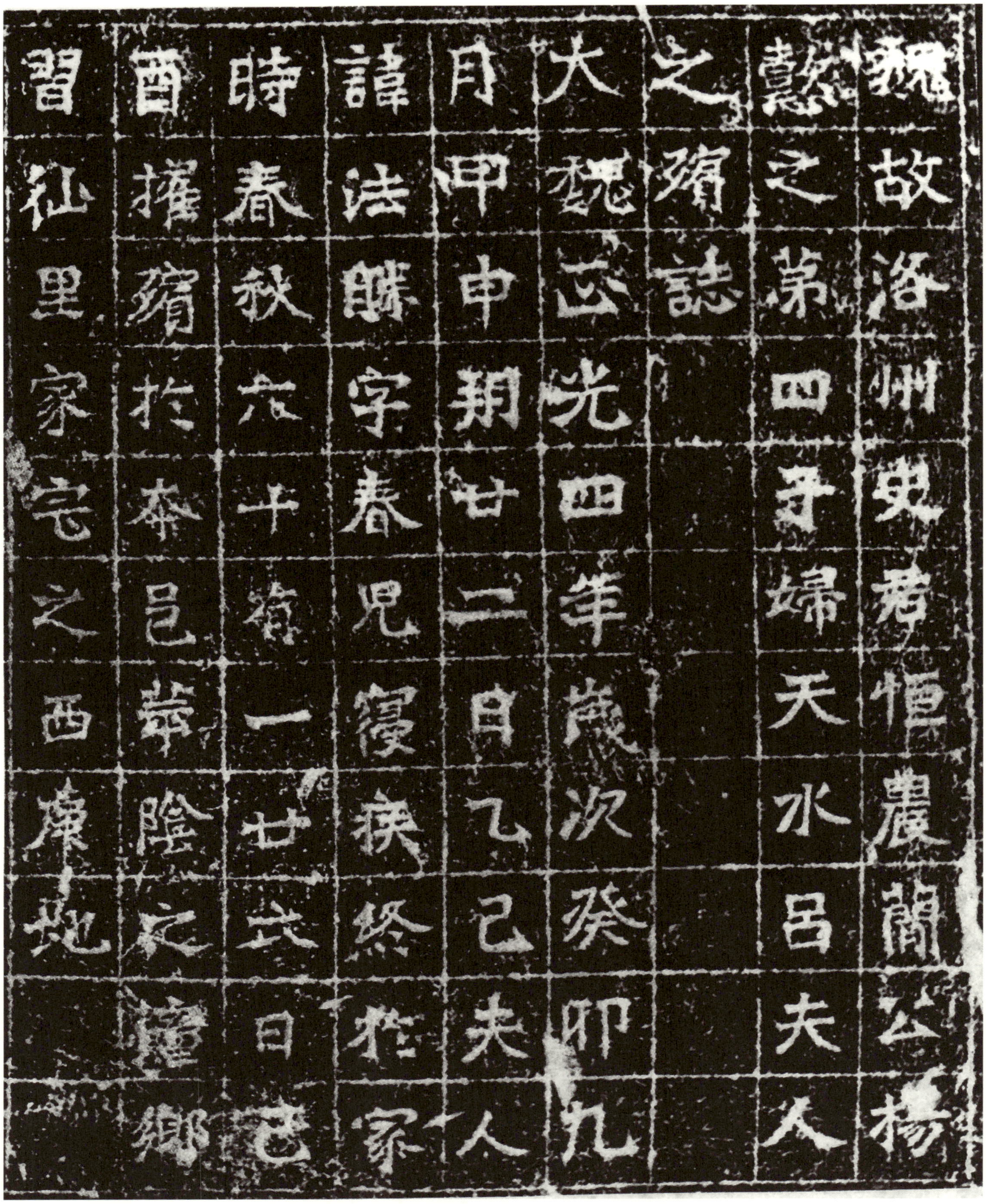

一八九 魏故洛州史君恒農簡公楊懿之第四子婦天水呂夫人【法勝】之殯誌

正光四年（523）九月二十六日葬。誌文9行，滿行11字，楷書。誌石高33釐米，寬33釐米，陝西華陰出土。

【释文】

大魏正光四年歲次癸卯九月甲申朔廿二日乙巳，夫人諱法勝，字春兒，寢疾終於家，時春秋六十有一。廿六日己酉，權殯於本邑華陰之潼鄉習仙里家宅之西庚地。

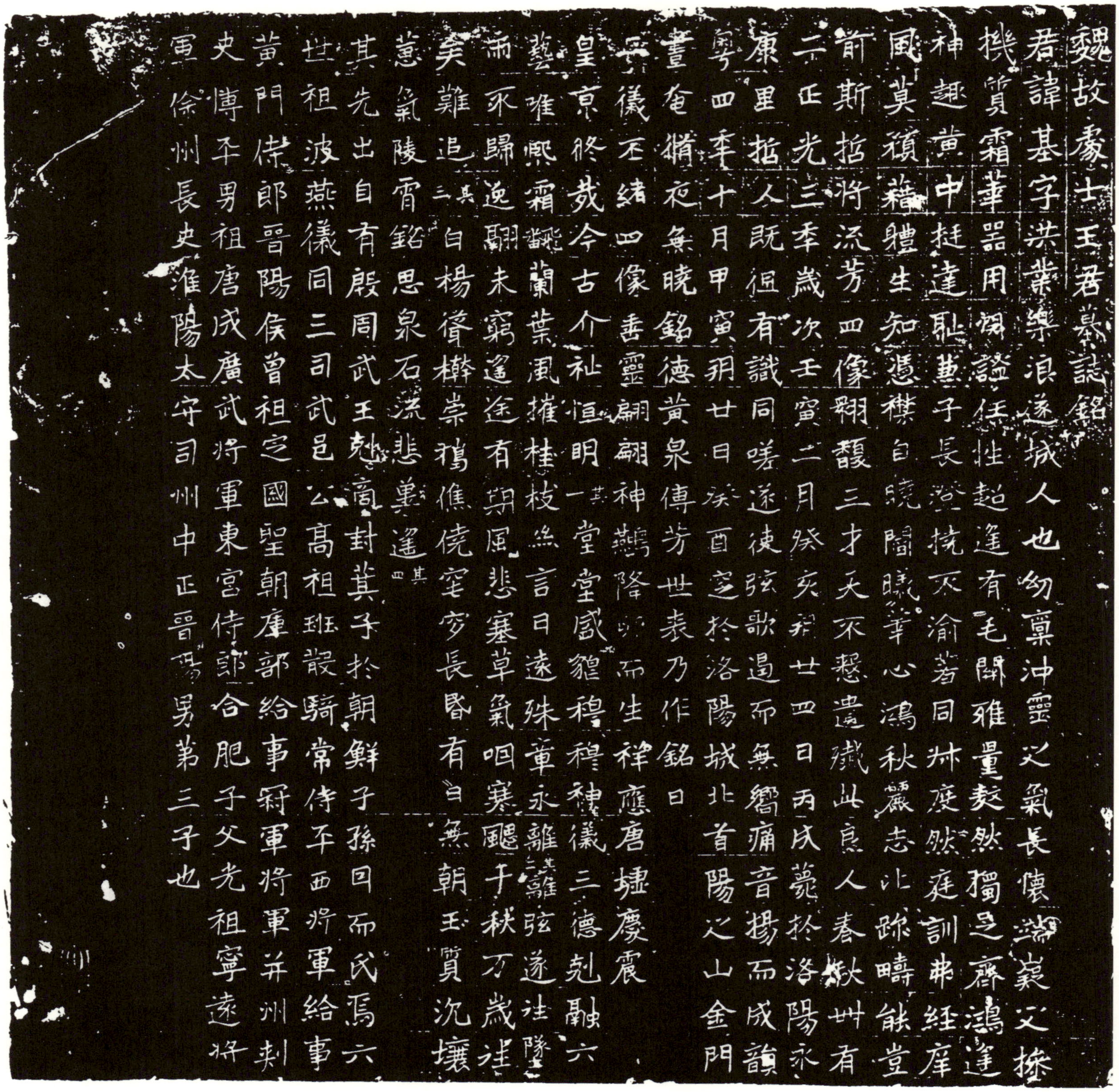
魏故處士王君墓誌銘
君諱基字洪業樂浪遂城人也幼稟沖靈之氣長懷淵嶷之操
機質霜華器用淵懿任性超邁有毛鬪雅量致然獨是齊鴻逢
神趣黃中挺達恥慕子長澄撓不渝著同林度然庭訓弗經庠
風莫窺藉體生知憑襟自曉闇曉華心鴻秋嚴志北跡疇能豈
前斯指將流芳四像翱翔三才天不慭遺殲此良人春秋卅有
二正光三年歲次壬寅二月癸亥朔廿四日丙戌薨於洛陽永
康里哲人既徂有識同嗟遂使弦歌遏而無響痛音揚而成韻
粵四年十月甲寅朔廿日癸酉窆於洛陽城北首陽之山金門
晝奄脩夜無曉銘德黃泉傳芳世表乃作銘曰
彝儀不緒四像垂靈翩翩神鶴降以而生祥應唐墟慶震
皇京終哉今古介祉恒明其一堂堂威貌穆穆神儀三德剋融六
藝唯熙霜凝蘭葉風摧桂枝絲言日遠殊華永離其二離弦遂往墜
而不歸逸翮未窮遥途有與風悲塞草氣咽寒飂千秋万歲往
矣難追其三白楊聳櫛崇鴟僬僥窒穸長昏有白無朝玉質沉壤
蕙氣陵霄銘思泉石流悲巢遙其四
其先出自有殷周武王剋商封箕子於朝鮮子孫因而氏焉六
世祖波燕儀同三司武邑公高祖班散騎常侍平西將軍給事
黃門侍郎晉陽侯曾祖定國聖朝庫部給事冠軍將軍并州刺
史博平男祖唐成廣武將軍東宮侍郎合肥子父光祖寧遠將
軍徐州長史淮陽太守司州中正晉陽男第三子也

一九〇

魏故處士王君【基】墓誌銘

正光三年（522）二月二十四日卒，正光四年（523）十月二十日葬。

誌文21行，滿行24字，楷書。誌石高52.4釐米，寬52.1釐米，河南洛陽出土。

【释文】

君諱墓，字洪業，樂浪遂城人也。幼禀沖靈之氣，長懷端嶷之操。機質霜華，器用淵謐。任性超遥，有毛闕雅量；傲然獨足，齊鴻遥神趣。黄中挺達，耻兼子長；澄撓不渝，羞同叔度。然庭訓弗經，庠風莫預，藉體生知，憑襟自曉。閻曦華心，鴻秋麗志，比跡疇能，豈前斯哲。将流芳四像，翾馥三才，天不慭遺，殲此良人。春秋卌有二，正光三季歲次壬寅二月癸亥朔廿四日丙戌，薨於洛陽永康里。哲人既徂，有識同嗟，遂使弦歌遏而無嚮，痛音揚而成韻。粤四季十月甲寅朔廿日癸酉，窆於洛陽城北首陽之山。金門晝奄，倐夜無曉，銘德黄泉，傳芳世表。乃作銘曰：

二儀丕緒，四像垂靈。翩翩神燕，降卵而生。祥應唐墟，慶震皇京。悠哉今古，介祉恒明。其一。堂堂盛貌，穆穆神儀。三德剋融，六藝唯熙。霜飄蘭葉，風摧桂枝。絲言日遠，殊章永離。其二。離弦遂往，墜雨不歸。逸翮未窮，遥途有期。風悲塞草，氣咽寒颸。千秋万歲，往矣難追。其三。白楊聳幹，崇竭僬僥。窀穸長昏，有日無朝。玉質沉壤，蕙氣陵霄。銘思泉石，流悲冀遥。其四。

其先出自有殷，周武王剋商，封箕子於朝鮮，子孫因而氏焉。六世祖波，燕儀同三司、武邑公；高祖班，散騎常侍、平西将軍、給事黄門侍郎、晉陽侯；曾祖定國，聖朝庫部給事、冠軍将軍、并州刺史、博平男；祖唐成，廣武将軍、東宫侍郎、合肥子；父光祖，寧遠将軍、徐州長史、准陽太守、司州中正、晉陽男第三子也。

一九一 平珍顯妻李貞姬銘

正光四年（524）十月葬。

誌文4行，滿行5字，楷書。誌石高15釐米、寬14釐米，出土地不詳。

【释文】

正光四年十月，故平珍顯妻李貞姬在此。

一九二 魏故使持節侍中都督冀州諸軍事車騎大將軍司空公冀州刺史駙馬都尉勃海郡開國公高公【猛】誌銘

正光四年（523）四月十日卒，同年十一月二日葬。

誌文31行，滿行31字，楷書。誌石高86釐米，寬86釐米，河南洛陽出土。

【释文】

公諱猛，字景略，勃海脩人也。左光禄大夫、勃海敬公之孫，使持節、都督冀瀛相幽平五州諸軍事、鎮東大将軍、冀州刺史、勃海静公之元子，文照皇太后之長姪。其氏族所出，弈葉之華，固已備諸方策，可得而詳焉，不復一二言也。公體靈川岳，質備珪璋，風流著於綺年，問望成於弁歲，具瞻俄然在己，美談發自衆口。以元舅之子，賜封勃海郡開國公，食邑二千戶。選尚長樂長公主，即世宗之同母妹也。于時寵傾椒掖，德冠宫闈。雖易貴幾望，詩稱桃李，亦何以加焉。公歷位通直散騎常侍、北中郎将、散騎常侍、平東将軍、光禄勳卿、使持節都督夏州□軍事、安西将軍、夏州刺史、金紫光禄大夫、中書令、使持節、都督雍州諸軍事、撫軍将軍、雍州刺史、征西将軍、散騎常侍、殿中尚書。公之立身也，唯正唯清，不驕不諂，有武有文，能小能大。處帷幄，揔絲綸，則獻替有聞，王言載穆。牧方夏，子黔黎，則化等若神，風同勿翦。雖闘子毁家之忠，去病辭館之節，亡以過也。方六彼五臣，三兹二伯，被兖登階，燮和鼎味，上天不弔，春秋卌有一，正光四年夏四月丁巳朔十日丙寅，薨于位。二宫哀悼於上，百辟嗟痛於下。暨仲冬将葬，天子迺詔有司曰：故散騎常侍、征西将軍、殿中尚書、駙馬都尉、勃海郡開國公猛，姻戚令器，承暉爵胄，識具夷雅，理懷沉篤。内敷禮閣，聲績聿宣，外綏蕃政，美譽剋播。方資良幹，光讚治猷，徽業不永，寔用傷惻。卜遠有期，宜申榮寵，可贈使持節、侍中、都督冀州諸軍事、車騎大将軍、司空公、冀州刺史，公如故。十有一月癸未朔二日甲申，窆于芒山之陽。一息不還，万春斯在，勒鴻名與茂實，弊金石而無改。其詞曰：

穆穆文昭，作配高祖。辟姒歸周，篤生聖武。厥胄伊何，於乎鴻緒。以德以親，比華申吕。藹藹舅宗，有螭有龍。哲人秀出，高岸奇峯。外温内敏，匪順伊恭。若兹翹楚，鬱彼蘭叢。赫赫大姬，平王之子。德盛幾望，顔如桃李。曖矣来儀，温其容止。唯肅唯雍，迺終迺始。夫和妻柔，既仁且義。見善必從，臨財能施。留連友朋，綢繆讌戲。清風可期，白雲斯寄。大邦云啟，朱紱方来。六轡沃若，四牡徘佪。馳道直指，應門洞開。出入温殿，昇降雲臺。迹著能官，聲稱善職。不二其心，匪素其食。敬事恂恂，勞謙翼翼。見賢思齊，古訓是式。膴膴周原，悠悠雍服。帝曰尔諧，欽哉作牧。金鉞朱旄，眷言出宿。澤如雲雨，恩同覆育。有成朞月，亦既名揚。納言加首，鳴玉鏘鏘。方仁等亂，将成棟梁。遽同朝露，捐此高堂。何以追終，爰台爰岳。旟輅葳蕤，騆騋蹉跼。眇眇北京，茫茫西麓。藴我名臣，于兹巖曲。

維大魏正光四年歲次癸卯十一月癸未朔二日甲申刊。

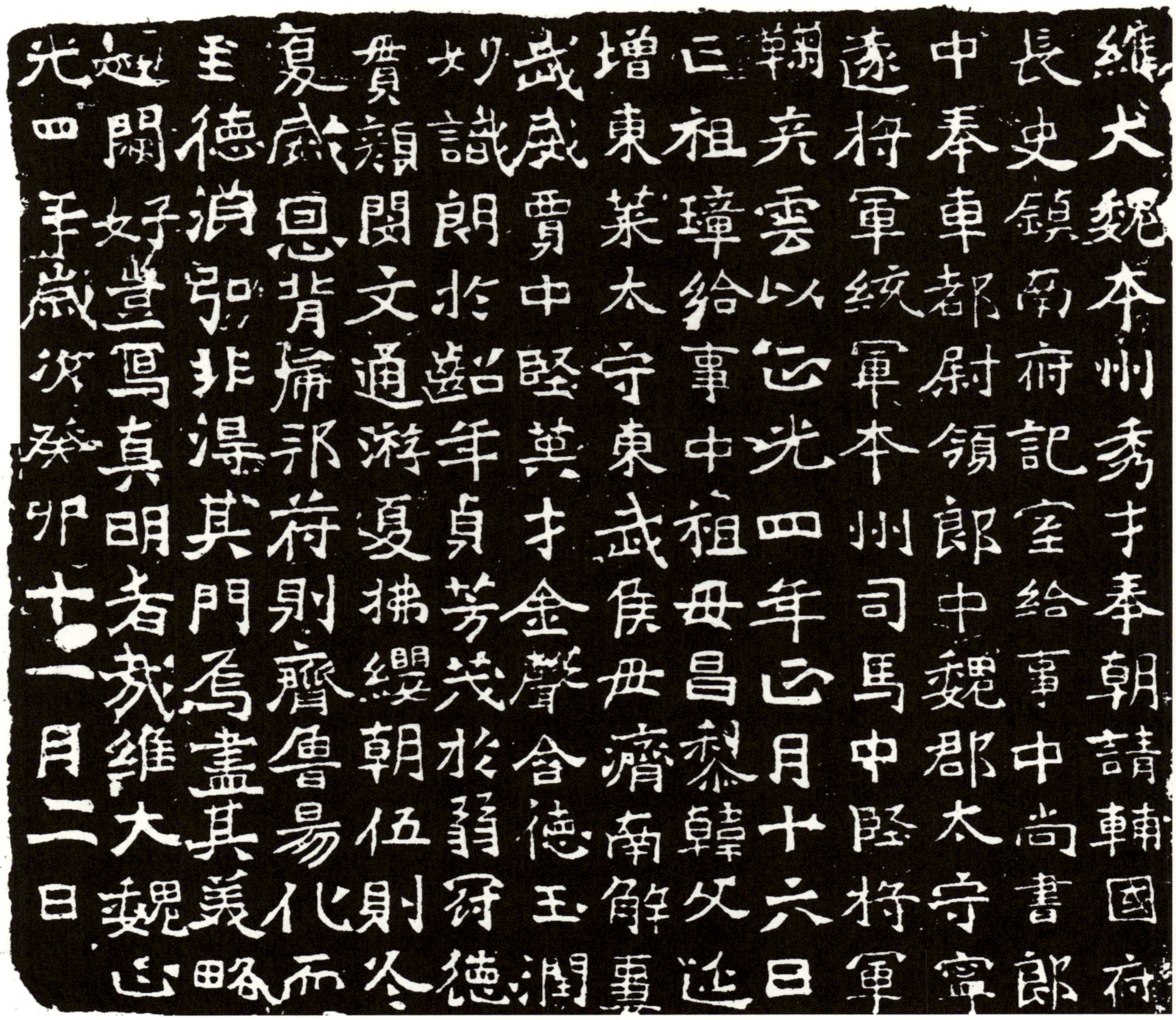

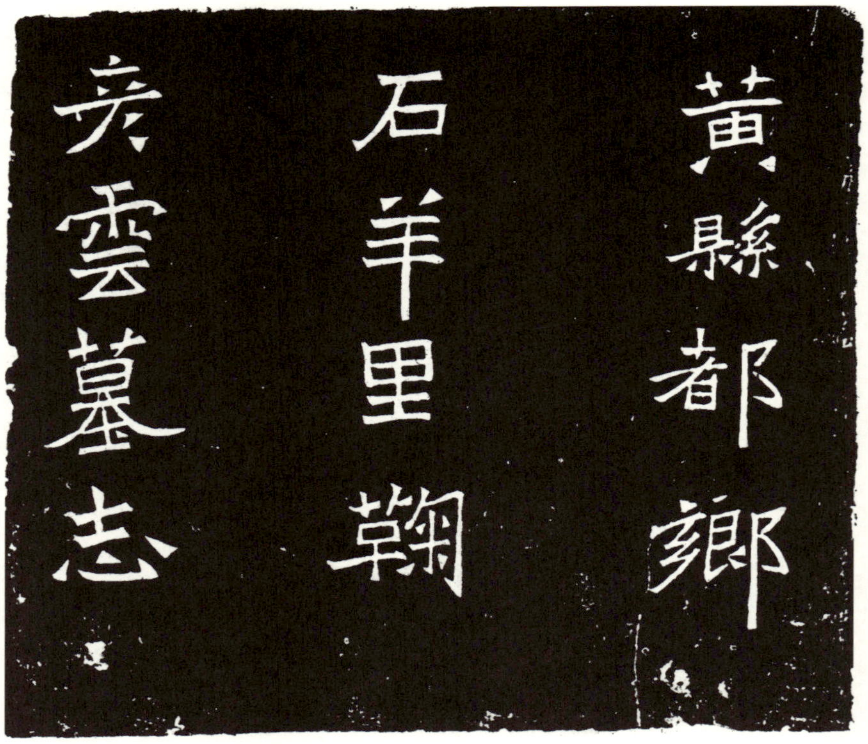

一九三 鞠彥雲墓誌

正光四年（523）十一月二日葬。

誌文14行，滿行13字，楷書。誌石高26釐米，寬28釐米，山東黃縣出土。

【释文】

維大魏本州秀才、奉朝請、輔國府長史、鎮南府記室、給事中、尚書郎中、奉車都尉、領郎中、魏郡太守、寧遠将軍、統軍、本州司馬、中堅将軍鞠彦雲，以正光四年正月十六日亡。祖璋，給事中；祖母昌黎韓。父延增，東莱太守、東武侯；母濟南解。妻武威賈。中堅英才金聲，含德玉潤，妙識朗於齠年，貞芳茂於弱冠。德貫顔閔，文通游夏，拂纓朝伍，則冬夏威恩；背庸邦符，則齊魯易化。而至德淵弘，非得其門，焉盡其美。略題闕好，豈寫真明者哉。維大魏正光四年歲次癸卯十一月二日。

黄縣都鄉石羊裏鞠彦雲墓志。

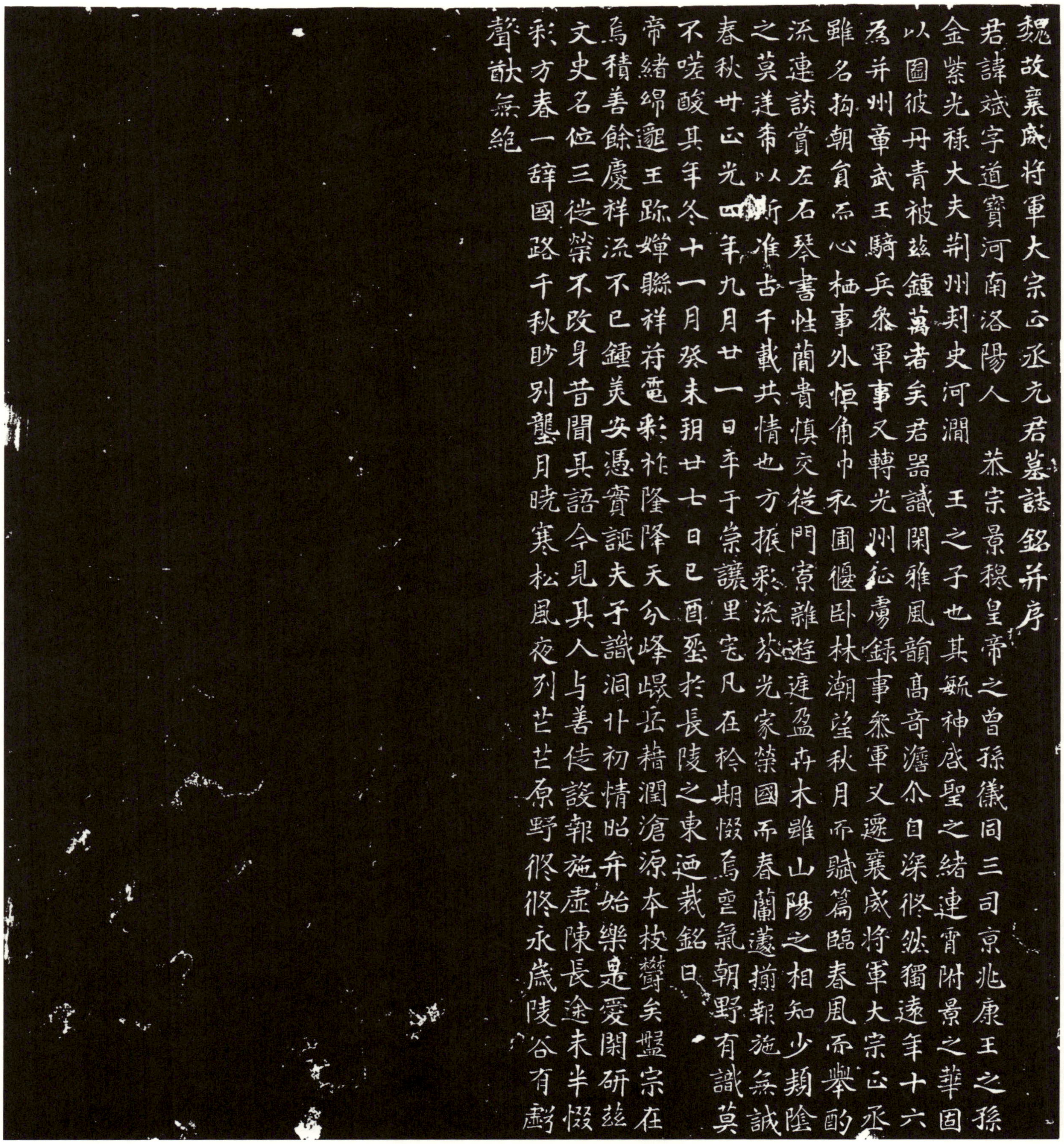
魏故襄威将軍大宗正丞元君墓誌銘并序
君諱斌字道賓河南洛陽人　恭宗景穆皇帝之曾孫儀同三司京兆康王之孫
金紫光禄大夫荊州刺史河澗　王之子也其毓神啟聖之緒連霄附景之華固
以圖彼丹青被茲鍾萬者矣君器識閑雅風韻高奇瀶介自深悠然獨遠年十六
爲并州章武王騎兵參軍事又轉光州祕虜錄事參軍又遷襄威将軍大宗正丞
雖名拘朝貟而心栖事外恒角巾私圃偃卧林潮望秋月而賦篇臨春風而舉酌
流連談賞左右琴書性簡貴慎交從門賓雜遊庭盈卉木雖山陽之相知少類陰
之莫逆希以斯准古千載共情也方振彩流芬光家榮國而春蘭蘧擿報施無誠
春秋卅正光四年九月廿一日卒于崇讓里宅凡在衿期慨焉噎氣朝野有識莫
不嗟酸其年冬十一月癸未朔廿七日己酉窆於長陵之東迺裁銘曰
帝緒綿邈王跡嬋聯祥符電彩祚隆降天分峰崐岳精潤滄源本枝鬱矣盤宗在
爲積善餘慶祥流不已鍾美安憑實誕夫子識洞卝初情昭弁始樂是愛閑研茲
文史名位三從榮不改身昔聞其語今見其人与善徒設報施虛陳長途未半悽
彩方春一辭國路千秋眇別壟月曉寒松風夜列芒芒原野悠悠永歲陵谷有虧
聲猷無絕

一九四

魏故襄威将軍大宗正丞元君【斌】墓誌銘并序

正光四年（523）九月二十一日卒，同年十一月二十七日葬。誌文15行，滿行31字，楷書。誌石高63.8釐米，寬64.6釐米，河南洛陽出土。

【释文】

君諱斌，字道寶，河南洛陽人。恭宗景穆皇帝之曾孫，儀同三司、京兆康王之孫，金紫光禄大夫、荆州刺史、河澗王之子也。其毓神啟聖之緒，連霄附景之華，固以圖彼丹青，被兹鍾萬者矣。君器識閑雅，風韻高奇，澹尔自深，攸然獨遠。年十六，為并州章武王騎兵參軍事，又轉光州征虜録事參軍，又遷襄威将軍、大宗正丞。雖名拘朝員，而心栖事外，恒角巾私圃，偃卧林潮。望秋月而賦篇，臨春風而舉酌，流連談賞，左右琴書。性簡貴，慎交從，門寮雜遊，庭盈卉木。雖山陽之相知少，穎陰之莫逆希，以斯准古，千載共情也。方振彩流芬，光家榮國，而春蘭遽揃，報施無諴，春秋卅，正光四年九月廿一日卒於崇讓里宅。凡在衿期，惙焉喪氣，朝野有識，莫不嗟酸。其年冬十一月癸未朔廿七日己酉葬於長陵之東。迺裁銘曰：

帝緒綿邈，王跡嬋聯，祥符電彩，祚隆降天。分峰崑岳，藉潤滄源，本枝鬱矣，盤宗在焉。積善餘慶，祥流不已，鍾美安憑，實誕夫子。識洞丱初，情昭弁始，樂是愛閑，研兹文史。名位三徙，榮不改身，昔聞其語，今見其人。与善徒設，報施虚陳，長途未半，惙彩方春。一辭國路，千秋眇別，壟月曉寒，松風夜冽。芒芒原野，攸攸永歲，陵谷有虧，聲猷無絶。

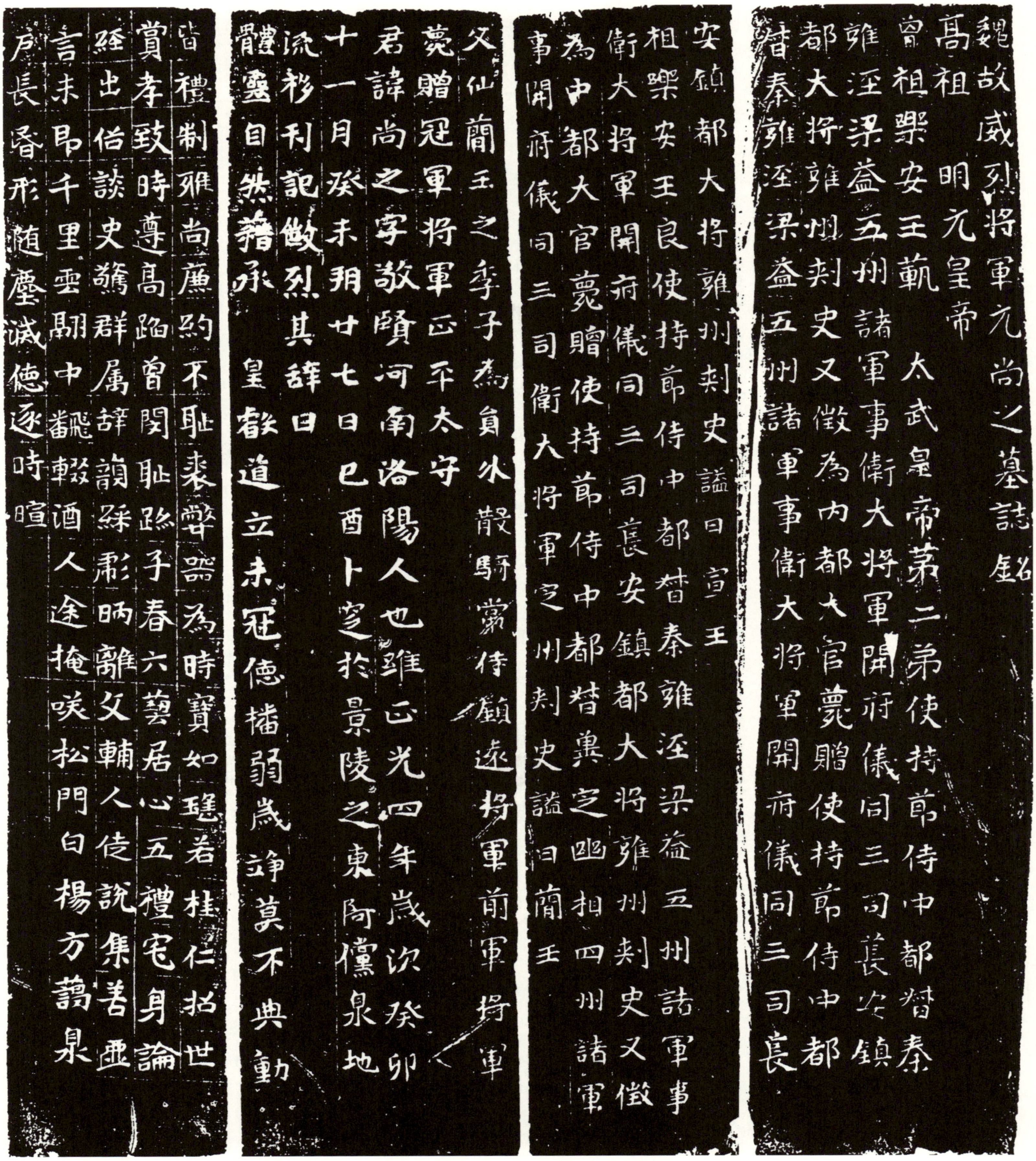

魏故威烈將軍元尚之墓誌銘
高祖明元皇帝
曾祖樂安王範　太武皇帝第二弟使持節侍中都督秦
雍涇梁益五州諸軍事衛大將軍開府儀同三司長安鎮
都大將雍州刺史又徵為内都大官贈使持節侍中都
督秦雍涇梁益五州諸軍事衛大將軍開府儀同三司長
安鎮都大將雍州刺史謚曰宣王
祖樂安王良使持節侍中都督秦雍涇梁益五州諸軍事
衛大將軍開府儀同三司長安鎮都大將雍州刺史又徵
為中都大官贈使持節侍中都督冀定幽相四州諸軍
事開府儀同三司衛大將軍定州刺史謚曰簡王
父仙簡王之季子為員外散騎常侍顧遠將軍前軍將軍
薨贈冠軍將軍正平太守
君諱尚之字敬頤河南洛陽人也維正光四年歲次癸卯
十一月癸未朔廿七日己酉卜窆於景陵之東阿儻泉地
流移刊記皦烈其辭曰
體靈自然籍承　皇繇道立未冠德播弱歲諍莫不典動
皆禮制雖尚廉約不恥褒譽器為時寶如瑤若桂仁招世
賞孝致時尊遊高路曾閔恥跡子春六藝居心五禮宅身論
經出佁談史鱗群屬辭韻殊彩晒離文輔人佳說集善匪
言未昂千里雲翮中翻輟酒人途掩咲松門白楊方藹泉
扃長昏形隨塵滅德逐時暄

一九五　魏故威烈將軍元尚之墓誌銘

正光四年（523）十一月二十七日葬。

誌文22行，滿行22字，楷書。誌石高49.5釐米，寬49.5釐米，河南洛陽出土。

【释文】

高祖明元皇帝；曾祖樂安王範；太武皇帝第二弟，使持節、侍中、都督秦雍涇梁益五州諸軍事、衛大将軍、開府儀同三司、長安鎮都大将、雍州刺史，又徵為内都大官，薨，贈使持節、侍中、都督秦雍涇梁益五州諸軍事、衛大将軍、開府儀同三司、長安鎮都大将、雍州刺史，謚曰宣王；祖樂安王良，使持節、侍中、都督秦雍涇梁益五州諸軍事、衛大将軍、開府儀同三司、長安鎮都大将、雍州刺史，又徵為中都大官，薨，贈使持節、侍中、都督冀定幽相四州諸軍事、開府儀同三司、衛大将軍、定州刺史，謚曰簡王；父仙，簡王之季子，為員外散騎常侍、鎮遠将軍、前軍将軍，薨，贈冠軍将軍、正平太守。君諱尚之，字敬賢，河南洛陽人也。維正光四年歲次癸卯十一月癸未朔廿七日己酉，卜窆於景陵之東阿。儻泉地流移，刊記徽烈，其辞曰：

體靈自然，藉承皇叡。道立未冠，德播弱歲。竫莫不典，動皆禮制。雅尚廉約，不耻裘弊。器為時寶，如瑶若桂。仁哲世賞，孝致時遵。高蹈曾閔，耻跡子春。六藝居心，五禮宅身。論經出俗，談史驚群。屬辞韻綵，彪昞離文。輔人徒説，集善虚言。未即千里，雲翮中飜。輟酒人途，掩笑松門。白楊方藹，泉戶長昏。形隨塵滅，德逐時喧。

魏故孝廉奚君墓誌銘
君諱真字景琳河陰中練里人也其先蓋肇傒軒轅
作蕃幽都分柯 皇魏世庇瓊蔭綿奕部民代王
政可謂芬桂千齡松茂百世者矣高祖大人烏籌量
淵凝雅若岳鎮矚國紀經始百務怠殷偉謀幄議無
象列顯故外撫黎庶內讚樞衡又冀爲昭成皇帝
戶位尊公傅式擬王儀象賜雜人之官肅衹之衛曾
祖使持節鎮西將軍雲中鎮大將千氣略勇毅威優
邊夷並添聲績勳利秘際祖治中長史韓弱冠多
藝書劍兩開佐州冀府無著能跡父徵君智自生蘭
亮眷黜玄賾養德閭蔭不干榮利君資累葉之損棄
氣而慧內稟宗門外和鄉邑故爲邦人所宗奉郡察
孝爲怨保永筆位登邦社如何不吊釁茲患禍春秋
卅有二染於河陰西鄉宗親嗶愕痛故悲惻子思禮等
既傾穹旻結楚出河乃刊玄名悕銘不朽其辭曰
慶自福生驗若符契君稟先靈誕降而慧易色奉親
肅躬當世治家外接雨滴能濟如何不弔遘患殂粹
也亨長淪泉門永翳
大魏正光四年歲在癸卯十一月癸未朔廿七日己
酉葬於洛京西瀍泉之源夫人樂安孫氏合塟

一九六

魏故孝廉奚君【真】墓誌銘

正光四年（523）十一月廿七日葬。

誌文20行，滿行20字，楷書。誌石高47.3釐米，寬46釐米，河南洛陽出土。

【释文】

君諱真，字景琳，河陰中練里人也。其先蓋肇傒軒轅，佐蕃幽都，分柯皇魏，世庇瓊蔭，綿弈部民，代匡王政。可謂芬桂千齡，松茂百世者矣。高祖大人烏籌，量淵凝雅，若岳鎮矚，國祚經始，百務怠殷，幃謀幄議，每蒙引預，故外撫黎庶，內讚樞衡。又嘗為昭成皇帝尸，位尊公傅，式擬王儀，蒙賜雞人之官，肅旅之衛。曾祖使持節、鎮西将軍、雲中鎮大将干，氣略勇毅，威偃邊夷。並流聲所莅，勳刊秘牒。祖治中長史翰，弱冠多藝，書劍兩閑，佐州翼府，每著能跡。父徵君智，自生簡亮，卷默玄頤，養德閭簷，不干榮利。君資累葉之楨，稟氣而慧，內穆宗門，外和鄉邑。故為邦人所宗，本郡察孝焉。恕保永算，位登邦社，如何不弔，瘼兹患禍。春秋六十，卒於河陰西鄉。宗親噪愕，朋故悲惻，子思禮等，既傾穹旻，結楚山河，廼刊玄石，悕銘不朽。其辭曰：

慶自福生，驗若符契，君稟先靈，誕降而慧。易色奉親，肅躬當世，治家外接，兩脩能濟。如何不弔，選患殂弊，山宇長淪，泉門永翳。

大魏正光四年歲在癸卯十一月癸未朔廿七日己酉，葬於洛京西瀍泉之源；夫人樂安孫氏合葬。

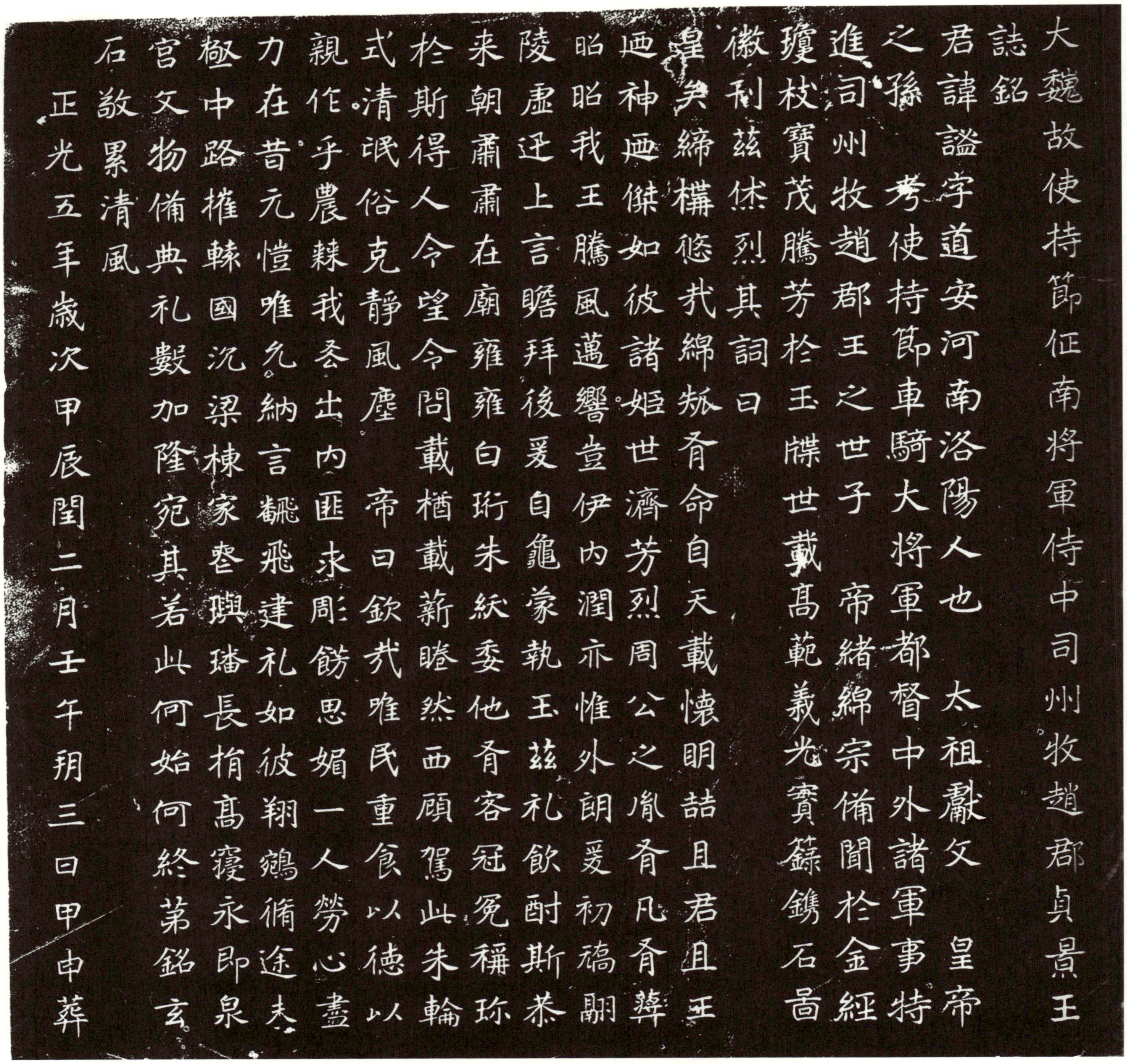

大魏故使持節征南将軍侍中司州牧趙郡貞景王
誌銘
君諱謐字道安河南洛陽人也　太祖獻文　皇帝
之孫　考使持節車騎大将軍都督中外諸軍事特
進司州牧趙郡王之世子　帝緒綿宗備聞扵金經
瓊枝寶茂騰芳扵玉牒世載高範義光賓籙鐫石啚
徽刊兹休烈其詞曰
皇矣綿構悠哉綿瓞育命自天載懷明喆且君且王
迺神迺傑如彼諸姬世濟芳烈周公之胤育凡育葬
昭昭我王騰風邁響豈伊內潤亦惟外朗爰初禱翮
陵虛迁上言瞻拜後爰自龜象執玉兹礼飲酎斯恭
来朝肅肅在廟雍雍白珩朱紱委佗賁容冠冕稱珎
扵斯得人令望令問載楢載薪睠然西顧駕此朱輪
式清氓俗克靜風塵　帝曰欽哉唯民重食以德以
親作乎農棘我叅出內匪求彫餝思媚一人勞心盡
力在昔元愷唯允納言鸞飛建礼如彼翔鵷循途未
極中路摧轅國沉梁棟家喪璵璠長捐高寢永即泉
宮文物備典礼數加隆宛其若此何始何終茅銘玄
石敬累清風
正光五年歲次甲辰閏二月壬午朔三日甲申葬

一九七 大魏故使持節征南将軍侍中司州牧趙郡貞景王【元謐】誌銘

正光五年（524）閏二月三日葬。

誌文20行，滿行20字，楷書。誌石高86.5釐米，寬89釐米，河南洛陽出土。

【释文】

君諱謐，字道安，河南洛陽人也。太祖獻文皇帝之孫，考使持節、車騎大将軍、都督中外諸軍事、特進、司州牧、趙郡王之世子。帝緒綿宗，備聞於金經；瓊枝寶茂，騰芳於玉牒。世載高範，義光實錄，鐫石啚徽，刊茲休烈。其詞曰：

皇矣締構，悠哉綿瓞，有命自天，載懷明喆。且君且王，廼神廼傑，如彼諸姬，世濟芳烈。周公之胤，有凡有獎，昭昭我王，騰風邁響。豈伊內潤，亦惟外朗，爰初矯翮，陵虛迅上。言瞻拜後，爰自龜蒙，執玉茲礼，飲酎斯恭。来朝肅肅，在廟雍雍，白珩朱紱，委他有容。冠冕稱珍，於斯得人，令望令問，載楢載薪。睠然西顧，駕此朱輪，式清氓俗，克静風塵。帝曰欽哉，唯民重食，以德以親，作乎農棘。我咨出內，匪求彫飾，思媚一人，勞心盡力。在昔元愷，唯允納言，黼飛建礼，如彼翔鵷。脩途未極，中路摧轅，國沉梁棟，家喪璵璠。長捐高寢，永即泉宮，文物備典，礼數加隆。宛其若此，何始何終，第銘玄石，敬累清風。

正光五年歲次甲辰閏二月壬午朔三日甲申葬。

一九八

大魏故宣威将軍白水太守小劒戍主元公【平】墓誌銘

正光五年（524）三月十日葬。誌文18行，滿行18字，楷書。誌石高47.5釐米，寬48.5釐米，河南洛陽出土。

【释文】

君諱平，字平國，河南洛陽人也。其先魏照成皇帝之後，驃騎大将軍、左（承）[丞]相、衛王泥之孫，羽真尚書、冠軍将軍、使持節、吐京鎮大都将陵之次子也。君幼稟貞凝，童衿開賞；長端雅素，姿懷肅順。氣桀雄逸，豁達大度，金玉不遷其心，貧儉無變其色。善仁孝，好弓馬，蔑浮榮典藉。年廿，弱冠為奉朝請。優游華僚，逍遥自得，風韻超奇，聲隨日舉。轉為青州安東府功曹參軍。夙懃從政，日月高尚，故加君宣威将軍、白水太守、帶小劒戍主。敷化岷蜀，愛深勿翦，宜延遐算，助隆聖魏。昊天不弔，春秋卌七薨於家。正光五年歲次甲辰三月十日庚申，卜窆于先陵。刊石幽泉，綴不朽於千載矣。其辭曰：

璸琅玉葉，暈萼攸綿。風光共馥，雲飛等遷。連華疊耀，曠代流煙。美哉夫子，稟質殊英。沖衿振響，弱冠朝榮。輕金蔑玉，墳籍是營。夙懃忠裂，劒蜀委節。于嗟上靈，殲此良哲。鄰方泣慟，邦里鳴咽。

魏故持節督恒州諸軍事平北將軍恒州刺史元君墓誌銘
君諱隱字禮安河南洛陽人也 大宗明元皇帝之玄孫使持節侍中
都督秦雍涇梁益五州諸軍事衛大將軍開府儀同三司雍州刺史中
都大官樂安宣王之曾孫使持節都督冀定相四州諸軍事衛大將
軍定州刺史內都大官樂安簡王之孫鎮遠將軍安州刺史成公之子
也天津之別流岷浪之分緒玉牒金書故已詳矣君資靈神嶽挺秀蘭
叢越自垂髫建扶天之志爰始勝髮立拓日之功年十有五屆駕南討
經緯戎幃俳佪幕府塞井之謀每簡於 帝心觀師之勢妻中於
聖策是以 高祖見如奇之師還 詔忝相州皇子南安王軍事君優
遊閑府志存典籍進行范會之規退遵鄒穀之務忱禮敦詩密言不窾
神仙閱記逐目必持史傳文翰入賞無漏大師高陽王聞如器之即辟
忝軍事君立言於翰無細不中正色當官強而必抑歷任雖煩執之則
簡清通水鏡何以加焉府遷進賞長兼給事中高陽之臨太尉復除戶
曹忝軍廣平之莅司徒舉為從事中郎敬德優賢加寧朔之号東南簡
書則君光赴寢竊邊壃任如必獲是以讚調鼎味使台光昡曜出毗蕃
岳則分野流輝旌拂九山令七澤霧塵整指三關而五湖息浪文武之
略君實兼為轉拜前軍將軍荊洛二州大使下車宣化兆庶來蘇冊闡
王言黎元緝禮上天不弔報善空陳春秋卌有四卒於荊州之邸行露
未施欒車已結翰野銜哀有感宸極璽冊降臨爰加褒譽贈持節平北
將軍恒州刺史謚曰在公以正光五年歲次甲辰三月辛亥朔十一日
辛酉卜窆於長陵之東阿門生故吏歎深梁木昭銘幽壙言歸實錄宣
述景行題記代族託金石之不朽庶德音之長燭其辭曰
赫赫帝宗使日扶天魏魏皇族作鎮五山始基由聖中興須賢時惟夫
子降神生為多隨龍肅少值風雲立功七澤遊志三墳運籌莫府制勝
六軍方揮勿攄踵武繼文即世何早棄此功名三蕃流響二府遺聲上
感宸極 詔冊臨庭分郊誰嗣五教誰聽泉扉一奄万載靡通草繁丘
壟誰識王公方遊仅竪復誠蒲蕈曰揚雖樹徒欲悲風

一九九 魏故持節督恒州諸軍事平北將軍恒州刺史元君【隱】墓誌銘

正光五年（524）三月十一日葬。

誌文27行，滿行27字，楷書。誌石高65.1釐米，寬61.5釐米，河南洛陽出土。

【释文】

君諱隠，字禮安，河南洛陽人也。太宗明元皇帝之玄孫；使持節、侍中、都督秦雍涇梁益五州諸軍事、衛大将軍、開府儀同三司、雍州刺史、中都大官、樂安宣之曾孫；使持節、都督冀定幽相四州諸軍事、衛大将軍、定州刺史、内都大官、樂安簡王之孫；鎮遠将軍、安州刺史、成公之子也。天津之别流，崐浪之分緒，玉牒金書，故已詳矣。君資靈神嶽，挺秀蘭叢，越自垂髦，建扶天之志；爰始揔髮，立拓日之功。季十有五，扈駕南討，繾綣戎緯，徘徊英府。塞井之謀，每簡於帝心；觀師之勢，屢中於聖策，是吕高祖見如奇之。師還，詔參相州皇子南安王軍事。君優遊閑府，志存典籍，進行范會之規，退遵郄縠之務。悦禮敦詩，寤言不寐，神仙闕記，逕目必持，史傳文翰，入賞森漏。太師高陽王聞如器之，即辟參軍事。君立言於朝，無細不申；正色當官，强而必抑。歷任雖煩，執之則簡，清通水鏡，何吕加焉。府還進賞長，兼給事中。高陽之臨太尉，復除戶曹參軍；廣平之莅司徒，舉為從事中郎。敬德優賢，加寧朔之號。東南簡書，則君光赴，寇竊邊疆，往如必獲。是吕讚調鼎味，使台光眩曜；出毗蕃岳，則分野流輝。旌拂九山，令七澤無塵；塹指三關，而五湖息浪。文武之略，君實兼焉。轉拜前軍将軍、荆洛二州大使。下車宣化，兆庶来蘇，再聞王言，黎元緝穆。上天不弔，報善空陳，春秋卌有四，卒於荆州之邸。行露未施，舉車已結，朝野銜哀，有感辰極。璽册降臨，爰加褒譽，贈持節、平北将軍、恒州刺史，謚曰庄公。吕正光五季歲次甲辰三月辛亥朔十一日辛酉，卜窆於長陵之東阿。門生故吏，嘆深梁木，略銘幽墳，言歸實録。宣述景行，題記氏族，託金石之不朽，庶德音之長燭。其辞曰：

赫赫帝宗，俠日扶天，巍巍皇族，作鎮五山。始基由聖，中興須賢，時惟夫子，降神生焉。幼隨龍虎，少值風雲，立功七澤，遊志三墳。運籌幕府，制勝六軍，方揮勿揃，踵武繼文。即世何早，棄此功名，三蕃流響，二府遺聲。上感宸極，詔册臨庭，分郏誰嗣，五教誰聽。泉扉一奄，万載靡通，草繁丘壟，誰識王公。方遊牧豎，復戲芻童，白楊雖樹，徒致悲風。

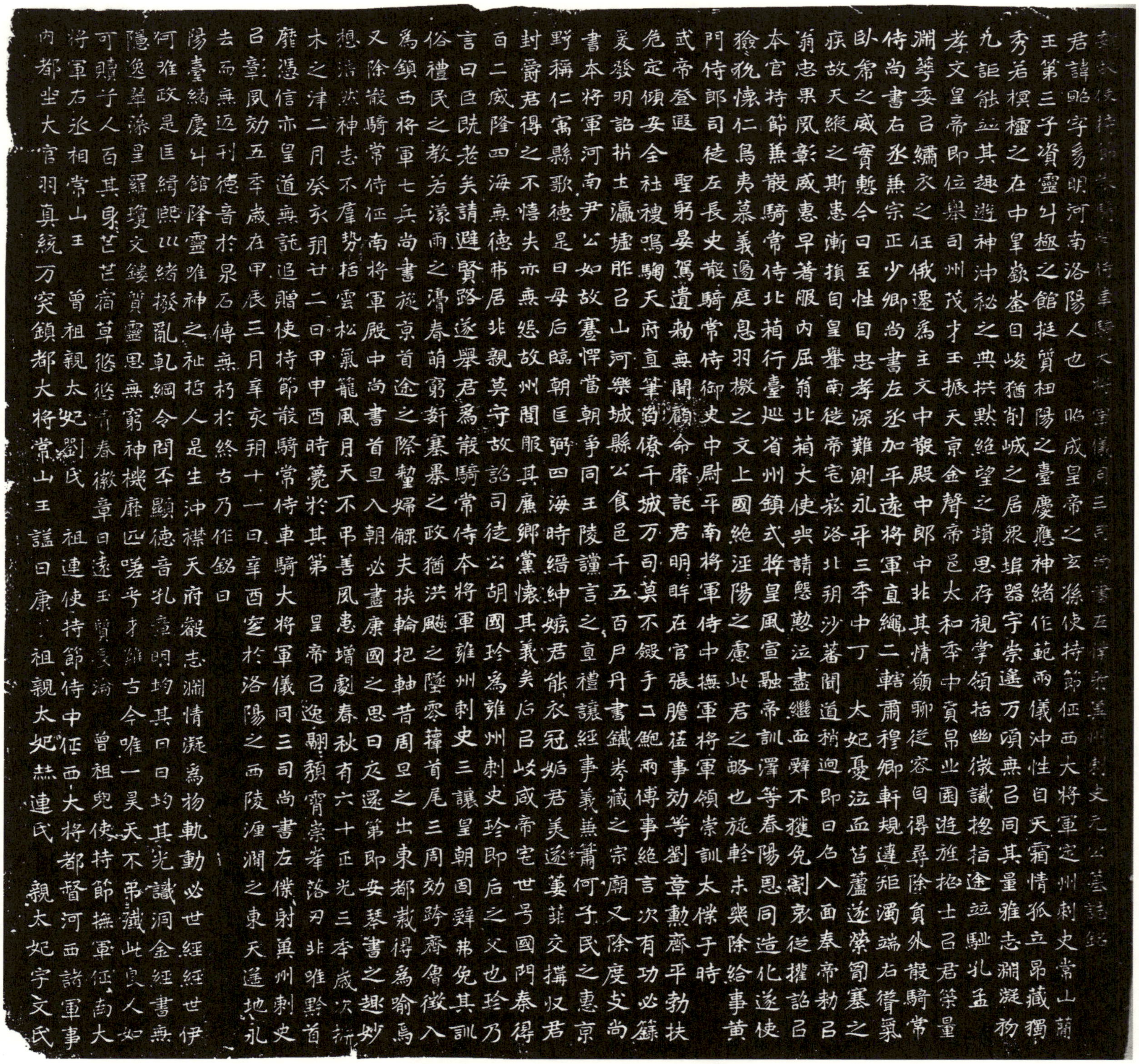

二〇〇 魏故使持節散騎常侍車騎大将軍儀同三司尚書左僕射冀州刺史元公【昭】墓誌銘

正光三年（522）二月二十二日卒，正光五年（524）十一日葬。誌文36行，滿行35字，楷書。誌石高77.5釐米，寬80釐米，河南洛陽出土。

【释文】

君諱昭，字幼明，河南洛陽人也。昭成皇帝之玄孫，使持節、征西大将軍、定州刺史、常山簡王第三子。資靈斗極之館，挺質杻陽之臺。慶應神緒，作範兩儀，沖性自天，霜情孤立。昂藏獨秀，若槙櫨之在中皋；嶔崟自峻，猶削城之居衆埠。器宇崇遥，万頃無𠂆同其量；雅志淵凝，初九詎能竝其趣。遊神沖祕之典，拱默絶望之墳。思存視掌，領括幽微，識揔指途，竝驜孔孟。孝文皇帝即位，舉司州茂才，玉振天京，金聲帝邑。太和季中，賁帛丘園，遊旌招士，𠂆君策量淵華，委𠂆繡衣之任。俄還為主文中散、殿中郎中。非其情願，聊從容自得。尋除員外散騎常侍、尚書右丞、兼宗正少卿、尚書左丞，加平遠将軍。直繩二轄，肅穆卿軒，規違矩濁，端右聳氣，卧虎之威，實慙今日，至性自忠，孝深難測。永平三季中，丁太妃憂，泣血苫廬，遂縈胸塞之疾。故天縱之，斯患漸損。自皇轝南徙，帝宅崧洛，北朔沙蕃，聞道稍迴。即日召入，面奉帝敕。𠂆翁忠果夙彰，威惠早著，服内屈翁北蕃大使。哭請慇懃，泣盡繼血，辭不獲免，割哀從權。詔𠂆本官持節，兼散騎常侍、北蕃行臺。巡省州鎮，式奬皇風，宣融帝訓，澤等春陽，恩同造化。遂使獫狁懷仁，烏夷慕義，邊庭息羽檄之文，上國絶涇陽之慮，此君之略也。旋軫未幾，除給事黄門侍郎、司徒左長史、散騎常侍、御史中尉、平南将軍、侍中、撫軍将軍、領崇訓太僕。于時武帝登遐，聖躬晏駕，遺敕無聞，顧命靡託。君明眸在官，張膽莅事，效等劉章，勳齊平勃，扶危定傾，安全社稷。鳴騶天府，直筆百僚，千城万司，莫不斂手。二鮑兩傅，事絶言次。有功必籙，爰發明詔，析土瀛墟，胙𠂆山河。樂城縣公，食邑千五百戶，丹書鐵券，藏之宗廟。又除度支尚書、本将軍、河南尹，公如故。謇愕當朝，争同王陵讜言之直；禮讓經事，義兼簫何子民之惠。京野稱仁，寓縣歌德。是日母后臨朝，匡弼四海。時縉紳嫉君能，衣冠妬君美，遂萋菲交構，收君封爵。君得之不憘，失亦無怨。故州閭服其廉，鄉黨懷其義矣。后𠂆㟗咸帝宅，世號國門，秦得百二，威隆四海，無德弗居，非親莫守。故詔司公胡國珍為雍州刺史，珍即后之父也。珍乃言曰：臣既老矣，請避賢路。遂舉君爲散騎常侍、本将軍、雍州刺史。三讓皇朝，固辭弗免。其訓俗禮民之教，若濛雨之膏春萌；窮奸塞暴之政，猶洪飈之墜零擇。首尾三周，效跨齊魯。徵入爲鎮西将軍、七兵尚書。旋京首途之際，釐婦鰥夫，挾輪抱軸。昔周旦之出東都，裁得為喻焉。又除散騎常侍，征南将軍、殿中尚書。首

今曰至性自忠孝湯難湞永平三季中丁太妃憂泣血苫蘆
患衛損自皇輦南徙帝宅嵩洛北朔沙蓄聞道稍迴即日名入
惠早著服內屈翁北藩大使興請懇懃泣盡繼血辭不獲免劇
騎常侍北藩行臺巡省州鎮式揚皇風宣融帝訓澤等春陽恩
慕義邊庭息羽檄之文上國絶涇陽之慮此君之略也旋軫未
長史散騎常侍御史中尉平南將軍侍中撫軍將軍領崇訓太
躬晏駕遺勅無聞顧命靡託君明畔在宮張膽莅事効等劉章
禋鳴騶天府直筆省僚千城万司莫不綴手二鮑兩傳事絶言
瀛墟胙呂山河樂城縣公食邑千五百戶丹書鐵券藏之宗廟
尹公如故蹇悍當朝爭同王陵讜言之直禮讓經事義兼蕭何
德是曰母后臨朝匡弼四海時縉紳嫉君能衣冠妬君美遂蔓
愭失亦無愆故州閭服其廉鄉黨懷其義矣后呂岐咸帝宅世
無德弗居非親莫守故詔司徒公胡國珍為雍州刺史珍即后
請避賢路遂舉君為散騎常侍本將軍雍州刺史三讓皇朝固
濛雨之潤春萌窮蚚塞暴之政猶洪飈之墜零籜首尾三周効
兵尚書旋京首途之際嫠婦鰥夫挾輪抱軸昔周旦之出東都
征南將軍殿中尚書首旦入朝必盡康國之思曰夜遐第即安

旦入朝，必盡康國之思；日仄還第，即安琴書之趣。妙想浩然，神志不羣，勢括雲松，氣籠風月。天不弔善，夙患增劇，　春秋有六十，正光三秊歲次析木之津二月癸亥朔廿二日甲申酉時，薨於其第。皇帝呂逸翮頹霄，崇峯落刃，非唯黔首靡憑，信亦皇道無託，追贈使持節、散騎常侍、車騎大将軍、儀同三司、尚書左僕射、冀州刺史，呂彰夙効。五年，歲在甲辰三月辛亥朔十一日辛酉，窆於洛陽之西陵瀍澗之東。天遥地永，去而無返。刊德音於泉石，傳無朽於終古。乃作銘曰：沖

陽臺緒慶，斗館降靈，唯神之祉，哲人是生。沖襟天府，叡志淵情，凝爲物軌，動必世經。經世伊何，唯政是匡，緝熙巛緒，撥亂乾綱。令問丕顯，德音孔章，明均其日，日均其光。識洞金經，書無隱逸，翠藻星羅，瓊文鏤質。靈思無窮，神機靡匹，嗟乎才難，古今唯一。昊天不弔，殲此良人，如可贖兮，人百其身。芒芒宿草，悠悠青春，徽章日遠，玉質長淪。

曾祖兜，使持節撫軍、征南大将軍、右丞相、常山王；曾祖親太妃劉氏。祖連，使持節、侍中、征西大将、都督河西諸軍事、内都坐大官、羽真、統万突鎮都大将、常山王、謚曰康；祖親太妃赫連氏。親太妃宇文氏。

誌主索引（依漢語拼音音序排列）

Z